*Rich*致富 299

一帶一路：
全球發展的中國邏輯

馮並◎著

高寶書版集團

對於一帶一路，
台灣期待什麼？害怕什麼？

文／中國廣播公司董事長　趙少康

　　中國國家主席習近平提出「一帶一路」的經濟外交戰略主張後，立刻引起全球的矚目，在各國經濟激烈動盪起伏的時刻，沒有哪個國家能夠承受不參加的風險。

　　作者馮並除了在中國西北有長時間工作的經驗，深入了解自古以來絲綢之路對貫通歐亞與中國之間貿易的情況與重要性，他也是中國《經濟日報》的前總編輯，對於當今中國及整個世界的經濟外貿形勢瞭如指掌，由他來寫這本《一帶一路：全球發展的中國邏輯》，實在是再也適合不過了。

　　台灣對中國大陸的感情複雜，但不論你喜不喜歡，都不能忽視大陸對台灣的影響，美國發動的 TPP、中國主導的 RCEP 及「一帶一路」，台灣都是既期待又怕受傷害。台灣到底要如何取捨，台灣準備好了沒有，這本書都提供了很多寶貴的資料，非常值得關心台灣、兩岸及全球經濟前景的有志之士一讀。

專家推薦語

「一帶一路」為當前中國大陸積極推動的大戰略，將影響未來亞太地區的政治與經濟發展，甚至牽動全球的大國關係。本書的出版，提供關心此一戰略的讀者一本及時的參考著作。

——淡江大學國際研究學院院長　王高成

「一帶一路」經濟發展戰略，從提出到呈現出宏大氣象，時間還不到兩年，影響遍及沿線國家。《一帶一路：全球發展的中國邏輯》是我所看到的一本系統論述「一帶一路」的著作。

——中國國務院發展中心原副主任、
中國企業評價協會會長　侯雲春

新絲路建設為 21 世紀經濟全球化輸入巨大的正能量，作者廣闊的視野與深刻獨到的解說視角，有助於我們全面理解「一帶一路」發展戰略構想提出的重要背景。

——中國國際公關協會常務副會長　鄭硯農

目錄

作者自序

　　1980年代之前，我在西北地方工作了較長的時間，對絲綢之路的各種資訊比較關注，工作之餘，對古絲綢之路的歷史資訊和現實狀況都有興趣獵涉和觀察。儘管那時身居大漠中古絲路上的一個小小的城鎮，考察和吸取資訊的範圍很小，但也還是盡力收集有關的資料。

　　記得在80年代中期，新疆與陝西、甘肅的出版部門分別組織了有關絲路的研究叢書，陝西、甘肅多著眼於漢唐絲路研究，新疆則全方位地從西北的草原文化和西南的石文化與圖騰文化角度，推出許多學術著作。在此同時，他們也出版了西方早期「探險家」的系列記述作品，如斯文‧赫定發現樓蘭和他在羌塘探險的自述等等。這些書籍過去都被視為西方「探險家」懷著不可告人的目的的一種紀錄，能在中國再次翻譯出版，是與中國改革開放的背景分不開的。當時西部的交通十分不便利，人們只能從間接得來的資訊中，認識西部輝煌的過去和夢想著西部新的復興。後來我從事經濟類新聞工作，范長江的經典新聞通訊集《中國的西北角》也就成為必讀之書。

　　閱讀這些考察論文和寫實作品，你可以感知一個世紀前羅布泊的真實存在和那時的生態環境，也能夠感知古絲綢之路的壯闊，而不完全是被人視為畏途且難以想像的艱難跋涉。這應當是中國改革開放後對絲綢之路的研究和引起關注的一次熱潮，又或是人們從歷史上關注絲路的一股認識的衝動，但整體概念還停留在對歷史文化的認識上，尚未脫離文化考察和歷史考察的階段。

第二座歐亞大陸橋，帶動西部大開發

絲綢之路研究在 1990 年代初開始進入了新的階段，也就是現實經濟活動階段，而這種現實經濟活動的焦點就是西部大開發。而在西部大開發拉開布幕之前，則是對「第二座歐亞大陸橋」的研究。

人們對西部的關注，必然要伴隨著對絲綢之路的關注，從而關注與絲綢之路有著必然關聯的「第二座歐亞大陸橋」。西部大開發與「第二座歐亞大陸橋」的延伸，為人們打開了絲綢之路研究更為開闊的歷史視野和現實視野。人們不再是只從二十四史和世代交替的文獻資料裡翻閱一些人盡皆知的史實，或在歷史文化的領域裡尋覓，或在歷史風情中緬懷中華民族輝煌的過去，而是開始了區域發展中文化因素的各種分析和探尋，或者把絲路文化作為一種經濟資源，推動西部經濟發展。文化搭臺，經濟唱戲，成為那段時間裡絲路研究比較常見的形式。至於古代絲綢之路作為一種曾經在昨日世界裡長時間大範圍跨地域廣泛發生，並對世界文明發生根本影響的超地緣經濟技術與文化交流現象，蘊含著什麼樣的歷史能量，對中國的未來和對世界的未來還會產生何種深遠巨大的影響？誰也沒想過這個問題，也很難想到。

或許可以這樣說，就學術界而言，對於絲綢之路的研究和認識大致上已經經過了兩個階段。

一是古代絲路的歷史學階段。較早著有《中西文化交流史》的蘇州大學教授沈福偉在其〈絲綢之路與絲路學研究〉一文中提到：「絲路學是 20 世紀才問世的新學問，也是涵蓋了文化、歷史、宗教、民族、考古等人文學科，以及地理、氣象、地質、生物等自然科學，匯集了眾多學科、綜合研究多元化的學問。」這種研究最早起源於國際，很快影響到絲綢之路的東方故鄉，出現了持續不斷的熱潮。

絲綢之路研究中，過去較偏重人文和歷史，偏重於歷史的經濟和

現實的旅遊經濟，這是無可厚非的。沒有這些重要的研究成果，既不能達成中國境內和國際上的人文共識，也難以談到絲綢之路復興的地緣基礎和文明交流傳統，但這只能找回對輝煌歷史的自信，對現在與未來的共同發展走勢尚未有十分的把握。

第二個階段是 1990 年代初，現代鐵路交通與物流專家提出了「歐亞大陸橋」運輸問題，開始跳出純學術研究和純文化研究的範圍，進入「大陸橋」運輸與物流研究階段。這個階段始於 1990 年 9 月 12 日中國北疆鐵路與蘇聯土西鐵路的接軌。中國北疆鐵路與蘇聯土西鐵路的接軌被稱為「新亞歐大陸橋」貫通，也被稱為「第二亞歐大陸橋」。一些學者提出「開創陸橋經濟新時代」和「第三亞歐大陸橋和亞歐合作」的論點，絲路經濟便以「大陸橋」的陸上運輸形態開始進入區域經濟學家和物流專家的視野。

所謂「大陸橋」，原是地理地貌概念，泛指連接大陸的海中島嶼與地理走廊。用「大陸橋」來描述跨洲和跨洋鐵路則是在 1950 年代之後，因為那時出現了橫貫北美大陸的跨洋鐵路和 60 年代末蘇聯修建的西伯利亞鐵路。「第二條歐亞大陸橋」和陸橋經濟觸及了跨國物流產業發展合作的研究範圍，甚至也成為西部大開發最初的呼籲。

那時我在經濟日報社擔任評論部主任，先後寫過關於東南沿海開放的系列解釋性新聞評論〈大戰略〉和〈大陸橋〉，算是關注西部開發的開始。但那時對西部開發還停留在產業梯度轉移的舊理論上，認識和研究並不能直擊到經濟全球化條件下，經濟共同發展的歷史要求與本質，更不能直擊到基於地緣經濟規律基礎上的絲路發展。對絲綢之路相關資訊的閱讀，只當作是一種文化背景，對大陸橋的思考也只能說是絲路重新進入現代國際經濟生活的一個朦朧的、零碎的、甚至是幻想式的模糊感知。

絲綢之路，一個在世界經濟史和人類文明發展史上永遠閃亮的名

字，究竟是輝煌的過去還是未來的繁榮？的確，絲綢之路曾經是一個歷史概念，因此引起大量中外學者的探尋與研究，並由此形成了熱極一時的「絲路學」。

就陸上絲綢之路來講，有著兩千多年的歷史，發展起伏，榮辱更替，過去曾是無可替代的歐亞大陸間的經濟、技術、文化交流的通道，是當時世界夢想的中心舞臺，承載起數之不盡的歷史內容和資訊。研究絲路的歷史，你可以說它是絲綢之路，也可以說它是彩陶之路、瓷器之路、青銅紅銅冶煉技術之路、鐵器之路、茶馬與車騎之路、火藥紙張印刷術科技傳播之路、農牧業產品基因交會之路、文化和不同國家民族的文明理念交流之路，還可以說它是民族遷徙、民族融合和亞歐近代民族國家的形成之路。

在中國的歷史上，絲綢、瓷器、茶和馬匹是流通其間的四種大規模交易產品。交易鏈最長的是絲綢，處於價值鏈頂端的也是絲綢，這就是李希霍芬將其命名為絲綢之路的根本原因。

絲綢之路復興，成為歐亞非經貿紐帶

說到底，絲綢是一個重要的貿易符號，而且是有生命的貿易符號。它代表著亞歐貿易很長一段時期的繁盛與繁榮，也代表未來亞歐與世界貿易的進一步繁盛與繁榮，在新的生命週期裡再次復興。

2013 年 9 月，中國國家主席習近平訪問哈薩克，他在阿斯坦納的納紮爾巴耶夫大學發表演講時，從古絲綢之路留下的寶貴啟示裡第一次明確指出，橫貫東西、連接歐亞的絲綢之路，完全可以成為不同種族、不同信仰、不同文化背景的國家共用和平、共同發展的新的絲綢之路。他闡明了絲綢之路經濟帶的基本特質：團結互信、平等互利、包容互鑑、合作共贏。緊接著他又在上海合作組織領導人會議上提出，上

海合作組織成員正在協商的交通便利化協定，將打通從太平洋到波羅的海的運輸大通道。中國願和各方積極探討完善跨境交通基礎設施，逐步形成連接東亞、西亞、南亞的交通運輸網路。

為使歐亞各國經濟聯繫更緊密，相互合作更加深入，發展空間更加廣闊，可以用創新的合作模式，共同建設絲綢之路經濟帶，造福沿線人民。時隔一個月後，他又在訪問印尼時進一步提出了共同建設二十一世紀海上絲綢之路。「一帶一路」發展構想作為一個極其重大的發展戰略，作為一個來自世界文明發展源頭深處，並將對中國、對世界、對當前世界經濟一體化和未來世界和平發展、共同發展產生重大歷史影響的戰略思想，完整地呈現在世人面前。

「一帶一路」發展構想的提出不僅象徵著絲路發展再次復興，絲綢之路再次成為連接亞、歐、非和東西方經濟文化聯動發展的紐帶，也充分體現了東方發展的戰略智慧。「一帶一路」發展戰略構想提出短短一年多時間裡就引起世界沿線國家的廣泛共鳴，共商、共建、共用的和平發展、共同發展理念不脛而走，沿線五十多個國家回應參與，並與他們各自的發展戰略積極對接，成為一種共同的戰略取向，形成一種活潑的國際經濟合作發展實踐，這是空前且罕見的。

「一帶一路」發展構想甫一問世，就成為當前世界最具影響力、最有操作前景的發展戰略理論，成為中國和沿線國家地區共同發展的共同地緣經濟財富和推動經濟全球化向前發展的重大理論創新，這同樣是空前和罕見的。

這不僅是因為絲綢之路承載著文明發展的市場傳統，也基於地緣經濟規律的一種永恆，這種永恆並不會因為「地球村」的出現就會發生改變，相反地還進一步拉近了互動的距離，拉近了人們審視過去、面向未來的視野。在這條歷史悠長的絲路上印滿的不僅是對中西經濟、文化和文明交流的記憶，還會印滿具有巨大可逆性的現實經濟發展的印

記。當前，經濟全球化和區域經濟一體化進入了新的關鍵階段，中國的發展也進入經濟轉型的新常態，中國國家主席習近平「一帶一路」的戰略構想舉重若輕，熔鑄古今，面向未來，對中國與世界的可持續發展作出了重要的戰略貢獻。

中國有句諺語說：「單絲不成線，獨木不成林。」在全球經濟一體化的背景下，亞洲各國各地區的經濟發展，誰也不可能「單打獨鬥」或「獨善其身」，也不會是「零和博弈」，必然是你中有我，我中有你，只有深度合作，才能產生「一加一等於二的疊加效應」，甚或「二乘二等於四的乘數效應」。

在這裡，地緣問題其實是「地利」，而「地利」之利，不僅在於認知，更在於蓄勢待發中的通盤謀劃。在人們的常識裡，大多都知曉地球上曾經存在過一條影響到人類文明發展的絲綢之路，但未必想得到，這條絲綢之路在未來還要深刻地影響到世界的發展軌跡，影響到世界經濟技術文明的繼續提升。

一帶一路是中國掌握話語權的重要基石

從歷史認知到現實實踐，是思維與思想的區別。一個經歷過「摸著石頭過河」的中國，首次出現了一個全面完整和成熟的經濟發展戰略，看似偉大不凡，其實是中國改革開放三十多年的必然結果。這是認知與實踐的「常青樹」上結出的果實，樸實無華，帶著昔日泥土的芳香，卻又像戈壁灘上千年不倒的胡楊樹，根深葉茂，更像是西亞與歐洲花園裡的「無花果」，在平實的思維枝幹的尖端上凝結出一種跨時空的東方智慧。

「一帶一路」發展構想不只是一個理論，而且具有深厚的內容與內涵。平等互利、和平發展、合作共贏是其靈魂，共商、共建、共用是

其追求，設施聯通、貿易暢通、資金融通、政策溝通、人心相通這五個通則是其方法論。因此，具有簡單易懂的可操作性。在一年多的時間裡，從經濟合作布局到建立不同形式、不同合作程度的經濟夥伴關係，從自貿（自由貿易試驗區）談判到專案合作，從貿易到投資，從金融合作到新的國際金融機構的籌備，成果巨大，尤其在第二十二次APEC 領導人會議在北京舉行期間，中國啟動了亞太自貿區路線圖，這其實也是「一帶一路」發展的新進展，顯示了「一帶一路」發展的影響力和巨大的能量。

「一帶一路」發展構想也使「絲路學」進入現實的跨大區域經濟發展實踐與地緣經濟戰略學階段。圍繞「一帶一路」，中國全新且全方位的絲路發展戰略學開始出現，並成為多種國內和國際發展戰略中的核心戰略。這個核心戰略扎根在傳統文化的土壤裡，樹冠與枝葉伸向世界，視野開闊，澤被全球，打破了近代西方戰略學，特別是形形色色的地緣政治學說話語系統「霸權」的一統天下，是奠定中國與開發中國家發展話語權的重要基石。

「一帶一路」發展戰略具有三個明顯繼承性的傳統特徵，即和平性、平等性和包容性；也具有三個新的特徵，即通透、開放與軟硬實力渾然一體、緊密結合。這些特徵貫穿了發展的硬道理，統領多種戰略研究，形成更明確、更具戰略自信和更具普世價值的發展戰略體系。

對絲綢之路的戰略理論研究，目前是理論落後於實踐，有些跟不上形勢發展的需要，需要系統開展。筆者研究水準有限，對「一帶一路」構想學習理解尚淺，能夠藉著中國民主法制出版社組織出版「中國國際戰略叢書」的機會拿出來與讀者交流，多少有些不揣淺陋，一些觀點也難免會有偏頗之處，希望能夠拋磚引玉，也歡迎批評指正。是為序。

馮並

2014 年 10 月

第 1 章

繼往開來
前所未有的全球經濟發展戰略

「一帶一路」構想是中國首次提出的重大全球經濟發展
戰略，為中國與世界經濟發展注入了巨大的正能量。
「一帶一路」宣示了亞歐曾經的輝煌，也揭示了創造輝
煌的規律。來自絲路貿易的歷史與現實特徵，是其歷久
彌新的魅力所在。

「一帶一路」發展是當代地緣學說的合理回歸與創新，
拉近了人們審視過去展望未來的發展視野，並為規避和
解除多種「全球風險」開闢了新的路徑。中國與世界的
發展共同進入了絲路新時代。

推動經濟全球化的重要戰略

　　「一帶一路」發展戰略是中國首次提出的重大經濟發展核心戰略，影響深遠，是持續推動中國崛起的極為重大的發展策略，也將成為 21 世紀主導經濟全球化的全球發展戰略。建設絲綢之路經濟帶與 21 世紀海上絲綢之路，不僅宣示了曾經的輝煌，也揭示了創造輝煌的規律。對於這個全球經濟發展戰略的深遠影響，人們將隨著時間的推移看得愈來愈清楚。

習近平的一帶一路提案布局與進程

　　2013 年 9 月，中國國家主席習近平訪問哈薩克，他在阿斯坦納的納紮爾巴耶夫大學（Nazarbayev University）發表演講時，從古絲綢之路留下的寶貴啟示裡首次明確指出，橫貫東西、連接歐亞的絲綢之路，完全可以成為不同種族、不同信仰、不同文化背景的國家共用和平、共同發展的新的絲綢之路。他闡明了絲綢之路經濟帶的基本特質：團結互信、平等互利、包容互鑑、合作共贏。

　　接著在吉爾吉斯斯坦共和國（The Kyrgyz Republic）的首都比斯凱克（Bishkek），舉行的上海合作組織元首理事會第十三次會議上，他又進一步提出，上海合作組織 6 個成員國和 5 個觀察員國家都位於古絲綢之路沿線，有責任將絲路精神傳承下去，發揚光大。並具體提出絲路合作的內容：

　　一是交通與物流的大流通，二是貿易投資便利化，三是加強金融

領域合作，四是成立能源俱樂部，五是建立糧食安全合作機制。

2013 年 10 月 3 日，習近平訪問印尼，在印尼國會演講中提出：「東南亞地區自古以來就是『海上絲綢之路』的重要樞紐，中國願和東盟國家加強海上合作，共同建設 21 世紀海上絲綢之路。中國願透過擴大和東盟國家各領域務實合作，互通有無、優勢互補，和東盟國家共用機遇、共迎挑戰，實現共同發展、共同繁榮。」以及「攜手建設更為緊密的中國—東盟命運共同體」，並提出了籌建「亞洲基礎設施投資銀行」（以下簡稱亞投行）的建議。

2014 年 4 月，習近平訪問歐洲，在比利時布魯日歐洲學院發表演講，再次提出中歐要建造和平、成長、改革、文明「四座橋樑」，要積極探討把中歐合作和絲綢之路經濟帶建設結合起來，以構建亞歐大市場為目標，讓兩大洲人員、企業、資金、技術積極活絡起來，使中國和歐洲成為世界經濟成長的「雙引擎」。

亞歐發展的「雙引擎」理念，進一步闡釋了建設絲綢之路經濟帶的全面含義，絲綢之路經濟帶建設的地緣結構與設計框架清晰可見。建設 21 世紀海上絲綢之路與建設絲綢之路經濟帶，共同組成了明確的、系統性的全球性發展構想，完整展現出一個具有深遠現實和歷史影響的全球性發展戰略思想。

2014 年 5 月 15 日，在中國人民對外友好協會成立 60 周年的紀念活動中，習近平要求中國國內各界「以更加開放的胸襟、更加包容的心態，更加寬廣的視角」，推動絲綢之路經濟帶和 21 世紀海上絲綢之路建設。

2014 年 5 月 21 日，習近平在「亞信會」（亞洲相互協作與信任措施高峰會）第四次高峰會上，提出中國堅持「睦鄰、安鄰、富鄰，踐

行親、誠、惠、容理念，努力使自身發展更好惠及亞洲國家」，「同各國一道，加快推進絲綢之路經濟帶和 21 世紀海上絲綢之路建設」。

2014 年 6 月，在北京舉行的中阿合作論壇第六屆部長級會議開幕式上，習近平回顧了中國和阿拉伯國家人民的交往歷史，提到中阿之間的絲綢之路與香料之路，論述了絲綢之路承載的和平合作、開放包容、互學互鑑、互利共贏的絲路精神，提出以絲路精神「為發展增動力，為合作添活力」，中阿是共建「一帶一路的天然合作夥伴」，推動「一帶一路戰略構想的行動原則」是「共商、共建、共用」。

「一帶一路」發展戰略構想的形成，這與中國對歐亞各民族的經濟發展史瞭若指掌的知識結構有關，更與中國對世界經濟一體化走勢瞭若指掌有關。在當今世界上，各國各地區的經濟聯繫從來沒有如此緊密，資源配置的範圍也從來沒有如此之大，推進與實現區域全面經濟合作，必然要與陸上絲綢之路經濟帶、21 世紀海上絲綢之路，以及跨國合作的多種形式結合在一起，以地緣經濟為平臺，全面發展經濟夥伴合作關係，為中國的發展增添新的動力，為世界經濟的發展開闢新的合作發展道路。「一帶一路」的戰略構想，將對世界的可持續發展作出重要的戰略貢獻。

「一帶一路」發展構想的提出，不僅象徵著絲路發展再次復興，絲綢之路再次成為連接亞、歐、非和東西方經濟文化聯動發展的樞紐，也充分展現了東方發展的戰略智慧。在「一帶一路」發展戰略構想提出短短一年多的時間裡，就引起世界沿線國家的廣泛共鳴，共商、共建、共用的和平發展、共同發展理念不脛而走，沿線 50 多個國家回應參與，並與他們各自的發展戰略積極對接，成為一種共同的戰略取向，成為極具活力與潛力的國際經濟合作發展實踐，這是空前且罕見的。

表 1-1　習近平一帶一路發展與布局大事記

時間	事件
2013 年 9 月	習近平訪問哈薩克，首次在國際場合公開提出「絲綢之路經濟帶」的戰略構想。
2013 年 10 月	習近平在印尼國會發表演講時，提出籌建亞投行的構想，以及共建「21 世紀海上絲綢之路」。
2014 年 2 月	習近平與俄羅斯總統普京，針對「一帶一路」的合作達成共識。
2014 年 4 月	習近平在比利時布魯日歐洲學院發表演講，提出中歐合作並結合絲綢之路經濟帶建設，以構建亞歐大市場為目標。
2014 年 5 月	1. 中國－哈薩克（連雲港）物流合作基地啟用，作為「絲綢之路經濟帶」第一個實體平臺。 2. 習近平在「亞信會」上，提出中國「同各國一道，加快推進一帶一路建設」。
2014 年 6 月	習近平在中阿合作論壇第六屆部長級會議開幕式上，表示中阿是共建「一帶一路的天然合作夥伴」，推動「一帶一路戰略構想的行動原則」是「共商、共建、共用」。
2014 年 11 月	1. 習近平在中央財經領導小組第八次會議中指出，一帶一路絲能夠把快速發展的中國經濟同沿線國家的利益結合起來。 2. 習近平在 2014 年中國ＡＰＥＣ會議上，宣佈中國將出資 400 億美元成立絲路基金，為「一帶一路」沿線國家提供融資支援。 3. 亞投行創始成員國，在北京簽署備忘錄。
2015 年 3 月	習近平在亞洲博鼇論壇上宣佈，推動共建絲綢之路經濟帶和 21 世紀海上絲綢之路的願景與行動檔正式發佈。
2015 年 11 月	兩岸領導人馬英九與習近平在「馬習會」會面，表示「歡迎臺灣加入亞投行及一帶一路的投資」。

　　「一帶一路」發展構想甫一問世，就成為當前世界最具影響力、最有操作前景的發展戰略理論，成為中國和沿線國家地區共同發展的共同地緣經濟財富，以及推動經濟全球化向前發展的重大理論創新，

這同樣是空前和罕見的。

這不僅是因為絲綢之路承載著文明發展的市場傳統，也基於地緣經濟規律的一種永恆，這種永恆並不會因為「地球村」的出現就會發生改變，相反地還會進一步拉近了互動的距離，拉近了人們審視過去面向未來的視野。在這條歷史悠長的絲路上印滿的，不僅是對中西經濟、文化和文明交流的記憶，還會印滿具有巨大可逆性的現實經濟發展的印記。

當前，經濟全球化和區域經濟一體化進入了新的關鍵階段，中國的發展也進入經濟轉型的新常態，圍繞「一帶一路」，中國全新且全視角的絲路發展戰略學開始出現，並成為多種國內和國際發展戰略中的核心戰略。

中國各大城市與企業，積極從中分一杯羹

在中國，2013 年年底，中國國家發改委（國家發展和改革委員會）與中國外交部，共同召開了「推進絲綢之路經濟帶和 21 世紀海上絲綢之路建設」座談會，學習理解習近平提出一帶一路戰略構想的深刻內涵。中國西部 9 省市負責人以及國家 12 個部門負責人出席座談會，提出加快研究推進有關戰略構想總體設計和框架方案的制訂，推動早期收穫，形成示範效應，實現全面發展。進入 2014 年，甘肅省與大陸外交部共同舉辦「亞洲合作對話絲綢之路務實合作論壇」，成立 12 年的「亞洲對話平臺」33 個成員國中的 28 個國家代表參會。

由中國國務院新聞辦主辦的「絲綢之路經濟帶國際研討會」，2014年 6 月也在新疆烏魯木齊市舉行，主題是「絲綢之路經濟帶——共建

共用與共贏共榮的新機遇」。提出在打造絲綢之路經濟帶核心區中，發揮新疆亞歐大陸橋核心地帶的地緣優勢、四大文明的交會優勢、資源的富集優勢，利用經濟社會發展的黃金時期，把新疆建成絲綢之路經濟帶的區域交通樞紐中心、商業貿易物流中心、金融中心、文化科教中心和醫療服務中心。

這次研討會有中國、俄羅斯、印度、哈薩克、吉爾吉斯斯坦、阿富汗、土耳其、美國等 20 多個國家的學者參加。2014 年 9 月，中國交通運輸部與新疆共同舉辦「絲綢之路經濟帶交通運輸高峰會」。貴州「生態文明貴陽國際論壇」設立共建綠色絲綢之路分論壇，以「新時期的絲綢之路建設與生態環保合作」、「絲綢之路建設與人文經貿合作」、「貴州與絲綢之路和互聯互通」為題進行研討，說明「一帶一路」的戰略構想，將會迅速地全面影響到中國西南絲路經濟帶建設的新思維和新實踐。

中國社會科學院「海上絲綢之路研究基地」在北京成立，並舉行了「一帶一路」學術研討會。有學者認為，構建「一帶一路」，就是以經濟合作和人文交流為主，以互聯互通和貿易投資便利化為優先方向，以利益共同體為目標，在平等協商、循序漸進的基礎上，與沿線國家一起打造一條共商、共建、共用、共贏的共同發展之路。有學者還提出，亞洲區域合作的複雜性、多樣性，決定了各國在積極參與貿易自由化和地區經濟一體化建設的同時，還要創造性地推動其他形式的合作。

在未來的「一帶一路」的建設中，有必要以亞投行為平臺，與亞太、歐亞相結合，進一步推動中國與絲綢之路沿線國家，積極參與歐亞互聯互通、海上互聯互通和泛亞能源網路體系的構建，盡可能地發揮中國新型工業化和農業現代化形成的經濟實力，以及擴大對外開放

戰略與沿線國家的對接效應和輻射效應，共同建設絲綢之路經濟帶與海上絲綢之路。中國社會科學院成立的「海上絲綢之路研究基地」，是中國境內第一家研究「一帶一路」的專門學術機構，主要研究地區經濟成長體系、人文交流體系和新型區域合作模式。

中國環球時報社與新浪網則以「建設21世紀海上絲綢之路與南海共同開發路徑」為議題，舉行了2014年「中國邊疆重鎮」高峰論壇。進入2015年，不僅國務院多次部署「一帶一路」發展協調工作，中國一些重要的城市（如泉州），也舉辦了海上絲路建設研討會，中俄首次商務會議也拉開了序幕。3月26日，博鰲亞洲論壇年會舉行，涉及宏觀經濟、區域合作、產業轉型、技術創新、政治安全、社會民生六個領域，「一帶一路」發展成為最大亮點。2015年年初，相關的投資學會也舉行了「一帶一路」投資研討會。

相較於學術理論研討，實際操作發展得更快。全面「升格」的「中國—南亞博覽會」、「中國—歐亞博覽會」、「中國—東盟博覽會」、「中國—東北亞博覽會」和「中國—阿拉伯博覽會」，先後在西部和東北地區舉行，鋪設了絲綢之路新的紅地毯。

2013年「中國—阿拉伯博覽會」簽約專案31個，金額664.91億元，中國還和20多個國家的旅行社達成30億元的旅遊合約，成立了「中阿貿易爭端解決諮詢委員會」和「中阿產業投資基金」，這是中阿首次大規模的金融合作。寧夏回族自治區把中阿博覽會視為「一帶一路」發展的「金牌」，在2015年繼續努力推進。

2013年「中國—東北亞博覽會」簽訂投資合約331個，其中10億元以上的就有75個。2013年「中國—歐亞博覽會」對外貿易成交額56億美元，對外經濟技術合約10億美元。新疆在「內引外聯、東聯西

出、西來東去」互聯互通格局下，2012 年進出口總額達到 251.71 億美元。2014 年的「中國－歐亞博覽會」簽約超過 2 千億元，對外貿易成交逾 60 億美元。

在「中國－南亞博覽會」及其前身的帶動下，2012 年雲南省與東盟國家雙邊貿易額達到 66.8 億美元。在「中國－東盟博覽會」的帶動下，2012 年廣西東興邊貿（邊境地區進行的商業交換活動）進出口成交額突破 192 億元，廣西北部灣銀行展開與東盟國家本幣兌換業務，正在成為面向東盟的本幣結算銀行。

2014 年的「中國－東盟博覽會」至今已成功舉辦十屆，十年來共吸引參展的廠商近 40 萬人，貿易成交總額 154.78 億美元，國際合作專案簽約投資總額 664.36 億美元。截至 2014 年 6 月，中國與東盟國家雙向投資額超過 1200 億美元。目前，地處北部灣（南中國海西北部分沿陸封閉式海灣）的南寧、湛江、海口「三地七方」一體化正在推進，為「中國－東盟博覽會」注入更大的活力。2014 年，已經舉辦 20 屆的蘭州洽談會再次拉開序幕，簽約 142 個項目，引資 1350 億元，近萬家廠商參會。

2012 年以來，中國先後批准設立新疆喀什、霍爾果斯經濟開發區、吉林琿春國際合作示範區和雲南瑞麗、內蒙古滿洲里開發開放試驗區。在重點邊貿口岸建設方面，廣西龍州、靖西、雲南猛臘、河口、西藏吉隆、新疆阿拉山口、塔城、內蒙古策克、甘其毛都等，擴大建設邊民互市貿易區和出口產品加工區，全方位沿邊開放的格局進一步形成和提升。

五大博覽會和眾多邊貿口岸分布在中國西部和東北地區，牽動著占全國總面積 80% 以上的國土和 62% 的人口，為絲綢之路經濟帶戰略

的全面啟動開通了一條「寬頻」，影響遍及絲綢之路經濟帶多維延伸面和多個輻射扇面（覆蓋的區域），形成了國內、國際經濟合作的新的縱橫陸路管道，這些管道與中國東部海上絲綢之路的沿海港口城市連接在一起，形成更加完整的經濟輻射面，在「一帶一路」構想的總體布局中發揮各自的作用，成為推動中國西、北、南、東全方位整體發展的新地緣經濟動力。

中國與歐洲及中亞，共同推動貿易投資一體化

國際上對「一帶一路」構想更是反應熱烈。在 2014 年 5 月舉辦的「亞信會」、上海合作組織成員元首理事會、阿拉伯國家合作論壇、第 22 次 AEPC 會議期間舉行的「互聯互通」對話會以及習近平 2014 年密集的國事出訪中，「一帶一路」構想都得到了直接和積極的呼應。

從全球經濟發展的總體走勢來看，在當前國際關係發生劇烈變化的背景下，國際經濟關係出現新的博弈格局，具有很多不確定性，但中國與世界各國的發展仍然處於大的機遇期。中國需要在新的發展階段裡繼續加快發展，把絲綢之路經濟帶、21 世紀海上絲路建設與國內的結構調整、產業升級相互配套結合，歐亞乃至世界各國、各地區也要在各自不同的發展階段裡，尋找經濟復甦和振興之路。

絲綢之路經濟帶和海上絲綢之路的構想，必然會在愈來愈多的國家和地區形成共識，產生愈來愈大的吸引力和愈來愈強的發展效應。從中亞五國到阿拉伯國家，從東南亞到東北亞以及歐洲，多個國家和地區的政府和國家領導人皆表示出強烈的興趣與深度合作的願望，他們已經和正在成為中國的全面經濟戰略夥伴。設施聯通、貿易貫通、

資金融通、政策溝通、民心相通的「一帶一路」操作總綱，直接關係到如何進一步打破制約貿易發展和經濟合作的瓶頸，關係到如何克服當前世界經濟的弱勢復甦，關係到未來可持續發展的共同認知。

相對於現代交通技術的快速發展，基礎設施落後和建設一再延遲，是有目共睹的世界性劣勢問題。在道路聯通中，遙遠的路途變得相對便捷，亞歐大陸的一些天然阻隔將會不斷消失，數位資訊技術又使人類從以烽火臺傳遞資訊的歲月切換到了光纖時代。

在新的絲綢之路經濟帶和海上絲路貿易中，各國、各地區和各民族的經濟文化交流將更直接、更有效率。推進經濟全球化和區域經濟一體化的各種措施，如多邊與雙邊的自貿談判、自貿區建設和相關的金融合作，將會進一步打通貿易、投資和經濟合作的各種政策瓶頸，也會為提升經濟合作效率與效益，創造前所未有的有利條件。

「一帶一路」發展構想，及時完整地反映了中國對全球經濟一體化和區域化進程的主動認知，在平等、互利、互補、多贏的框架下，讓歐亞以及世界各國和各民族進一步釋放自身的發展追求，在歷史的時空座標裡再次把握文明復興的歷史機遇，這不僅超越和改變了古老絲綢之路略顯單薄的自發形態，走上自覺自主的發展道路，也讓現代絲路經濟更像是一株生長在天地間的大樹，有發達的根系，扎根跨國經濟合作的肥沃土壤，有伸向四圍的樹冠，結出更多惠及多方的跨國經濟合作的果實。

在歐亞地區，德國總理梅克爾（Angela Merkel）2014 年第七次拜訪中國時，特地前往位於成都、汽車產能達 70 萬輛的德國「大眾」，同時也表示對中國西部發展的極大關注。她說：「我看到中國的發展不僅局限於沿海地區，也出現在西部地區，我期待開展深入的討論。」令

中德經貿關係「黃金 10 年」的延續，明顯地具有絲路指向的新特點。

希臘和義大利這兩個有著古老海上貿易傳統和絲綢之路文明的國家，對絲路建設同樣抱有巨大的熱情。希中兩國元首和政府首長在短短幾個月裡多次重申，兩國積極參與絲綢之路經濟帶和 21 世紀海上絲綢之路建設，使希臘成為中歐合作的「橋頭堡」（進攻的據點）與中轉門戶（中轉站）。這是古老的中國文明和希臘文明的再一次握手。

義大利總理馬泰奧・倫齊（Matteo Renzi）說：「絲綢之路是古代東西方文明交流的重要標誌，這一項倡議再度喚醒了人們對歷史的記憶。絲綢之路經濟帶對加強亞歐各國經貿合作的重要性不言而喻，建設絲綢之路經濟帶也是加強東西方文化、政治交流的好機會。特別是從維護整個世界和平的角度來看，我們今天需要的，不僅是一條有利於商品交換的絲綢之路，更是一條有助於對話和相互了解的絲綢之路。」

除了與中國共襄絲綢之路經濟帶建設發展盛舉的中亞 5 國和亞塞拜然等國家，俄羅斯總統普丁（Vladimir Putin）在 2014 年 2 月 6 日就已明確提到：「俄方積極回應中方建設絲綢之路經濟帶和海上絲綢之路的倡議，願將俄方跨歐亞鐵路與『一帶一路』對接，創造出更大效益。」俄羅斯已經意識到，俄羅斯不僅是中國西向中亞和歐洲的絲綢之路經濟帶的必經之地，俄羅斯的遠東地區、西伯利亞及西伯利亞鐵路，本身就在北方草原絲綢之路上。他們把遠東地區的經濟復興的長遠目光，放在絲路經濟上。

與中國有著 4710 公里邊界線的蒙古國，是絲綢之路經濟帶的重要腹地。蒙古國總統額勒貝格道爾吉說：「從歷史上來看，蒙中的參與合作，對絲綢之路項目是不可或缺的。」鐵路公路建設和天然氣管道的鋪設需要進一步加強合作。2014 年 8 月，習近平首次訪問蒙古國，對蒙

古國經濟發展走上絲綢之路的歷程意義重大。

在此後不久的塔吉克斯坦首都杜桑貝舉行的上海合作組織會議上，中、俄、蒙三國元首舉行首次三國會晤，確定了中國把絲綢之路經濟帶建設，與俄羅斯亞歐大陸橋和蒙古的草原絲路對接的提議，打造三大經濟走廊，「中國—中亞—西亞經濟走廊」、「新歐亞大陸橋經濟走廊」和「中、蒙、俄經濟走廊」，重點推動道路運輸便利化，確保按期開放有關線路，推動貿易投資一體化、建立融資保障機制，充分發揮能源俱樂部作用，加強上海合作組織成員國能源政策協調和供需合作。

引人注目的是，新當選的阿富汗新總統甘尼應邀拜訪中國，在會談中表示：「絲綢之路經濟帶建設對促進中阿合作和地區互聯互通具有重要意義，阿方願意積極參與，加強雙方油氣、礦產、基礎設施建設、民生等領域合作」。

東亞與東協，同聲支持海上絲綢之路經濟戰略

朝鮮半島的南韓，無論是從通向東北亞的海上絲路還是陸上絲路，都是舉足輕重的國家。當前中韓兩國都處於蓬勃發展的關鍵時期，兩國作為東北亞地區的重要近鄰和夥伴，共同發展的夥伴、致力於地區和平的夥伴、攜手振興亞洲的夥伴和促進世界繁榮的夥伴，戰略合作夥伴關係進入了更全面、更成熟的階段。雙方將在新能源、電子通信、智慧製造、環境、高新技術（先進技術）、綠色低碳等戰略新興產業領域緊密合作。

中韓始於 2012 年 5 月的自貿協定談判在 2014 年底完成，南韓首爾正在成為亞洲人民幣離岸中心，人民幣也將成為繼美元之後第二個

可直接與韓元兌換的貨幣。南韓總統朴槿惠在中韓經貿論壇上表示，中國提出的是「一帶一路」經濟戰略，南韓計畫的是「歐亞倡議」，其核心是透過歐亞地區國家間的經濟合作，擴大南韓對外貿易，創造就業機會，激發南韓經濟活力。

對未來經濟戰略的構想，中韓有異曲同工之處。因此，朴槿惠總統在論壇上說，需要考慮將南韓「歐亞倡議」和中國的絲綢之路經濟帶構想結合起來。中、韓都是亞洲的重要國家，也是世界的主要經濟體，雙方透過早日達成自貿協定，聯手推動區域經濟一體化，推動「歐亞倡議」和「一帶一路」建設。

東南亞的新、馬、泰是經濟活力較強的國家。馬來西亞總理納吉布說：「東盟和中國相互依賴，彼此是好鄰居也是好朋友。雙方要密切合作，共同致力於實現亞洲和平、穩定、繁榮。馬方願積極參與建設21世紀海上絲綢之路和亞洲基礎設施投資銀行。」

新加坡則是經濟發展成功的範例。中新合作，廣泛實質，互補共贏。新加坡是中國西南絲綢之路的東南終端國，也是未來「泛亞鐵路」與東南亞新絲綢之路的新起點，以及海上絲綢之路的交會點。

此外，在寮國國會批准「泛亞鐵路」寮國段之後，泰國議會也批准耗資233億美元直通中國雲南省的兩條高鐵，一條是從泰中部大城府到北部清萊，一條從中部羅勇到東北部廊開，尤其是廊開方向，直接與「泛亞鐵路」北部方案寮國段對接。「泛亞鐵路」不僅有可能成為第三條和第四條「歐亞大陸橋」，也會大幅改變與提升東南亞的經濟發展格局。

在南亞，不僅巴基斯坦總統胡笙高度評價中巴經濟走廊建設，是絲綢之路經濟帶和21世紀海上絲綢之路倡議的重要部分，斯里蘭卡前

總統拉賈帕克薩也表示：「斯方希望積極參與 21 世紀海上絲綢之路倡議」，「加強海上合作」。新組閣的政府雖然有調整某些具體專案的可能，但也表達了不會改變中斯關係的願望。印尼總統在拜訪中國時與中國政府發表聯合聲明，兩國將攜手打造「海洋發展夥伴」。

2014 年 9 月，習近平訪問南亞三國時，在馬爾地夫媒體上發表文章，把馬爾地夫稱為古代海上絲綢之路的重要驛站。習近平對印度的訪問，正像印度國家安全顧問阿吉特·多瓦爾所言，中印兩個大國的關係出現了進展。雙方提出，不讓邊界問題影響兩國關係。印方加快推進中、孟、緬、印經濟走廊建設，並明確表示尋求中國企業對鐵路建設的投資。鐵路在印度是「戰略資產」，一般是不允許外國企業涉足的。

海灣國家領導人沙烏地阿拉伯王國王儲薩勒曼和科威特首相賈比爾，也都對「一帶一路」構想表示贊同。卡達國家元首埃米爾拜訪中國，兩國元首共同宣布建立中卡戰略夥伴關係，埃米爾明確表示，「一帶一路」為兩國能源、基礎設施建設合作提供了重要機會。卡達官方表示，卡達也是亞洲國家，要考慮絲綢之路經濟帶的建設。

對「一帶一路」的理論認同，在西方已開發經濟體的重要政治家中也明確地出現了。2015 年 2 月 27 日，法國前總理德維爾潘在《回聲報》發表文章說，「全球化重心都在發生改變，真正能展現這種趨勢的是『一帶一路』」。這一項提議為「冷戰結束以來一直沒有共同發展計畫、強行推動自由主義民主化遭遇失敗後的世界提供了一個新思路」，「透過大量港口、鐵路、公路、金融和電信等基礎建設項目，填補歐洲和東南亞之間兩大繁榮區域之間的人文、政治和經濟真空，讓能源豐富的中東地區、甚至更遠的非洲也有望從中受益」。

表 1-2　亞投行大事記

時間	事件
2014 年 10 月	21 個意向創始成員國，在北京正式簽署《籌建亞投行備忘錄》。
2014 年 11 月	籌建亞投行首次談判代表會議在中國雲南昆明舉行，22 國代表出席。
2015 年 1 月	1. 紐西蘭、沙烏地阿拉伯、塔吉克等三國相繼獲准加入。 2. 籌建亞投行第二次談判代表會議在印度孟買舉行，26 國代表出席。
2015 年 3 月	1. 英國申請成為意向創始成員國，成為第一個申請加入亞投行的歐洲國家及主要西方國家，其後，法國、義大利和德國陸續申請加入。 2. 籌建亞投行第三次談判代表會議在哈薩克阿拉木圖舉行，29 國代表列席。 3. 美國透過世界銀行表達加入亞投行之意願。 4. 臺灣前副院長蕭萬長赴亞洲博鰲論壇，表達加入亞投行之意願。 5. 財政部向亞投行遞交參與意向書，表達申請為創始成員。
2015 年 4 月	1. 籌建亞投行第四次談判代表會議在中國北京舉行，55 國代表出席會議。 2. 國臺辦告知我方，未能成為亞投行創始會員國。 3. 日本首相暗批亞投行放高利貸，決定不加入該組織。
2015 年 5 月	籌建亞投行第五次談判代表會議在新加坡舉行，57 國代表出席。
2015 年 6 月	57 個意向創始成員國在北京簽署協定。
2015 年 11 月	兩岸領導人「馬習會」，中國表示「歡迎臺灣加入亞投行及一帶一路的投資」。

「在這個金融波動劇烈、動盪不安的世界，迫切需要透過一些多邊新工具（如亞投行）來提供一些長期的專案，並建立新的專案風險評估機制。中國希望與歐洲企業建立夥伴關係，在新絲路沿線開拓市場，並在技術、管理和商業方面形成協同效應」，「歐洲應當充分把握

這個機會，圍繞著新絲綢之路計畫制定發展路線，並將其與歐盟委員會主席容克所提出的 3 千億歐元的投資計畫對接」。

「我們應當抓住這條連接東西方的絲線，要轉變政策思路，要利用經濟的力量，給我們的企業明確的指引。不僅歐盟各成員國應為此而行動起來，而且歐洲地方政府、商會、企業、大學、智庫也應參與其中。」

第 22 屆 APEC 高峰會，明確支持一帶一路的發展

對「一帶一路」的高度共識，也集中展現在 2014 年於北京舉行的第 22 屆 APEC 領導人非正式會議中。此會議推出了醞釀 8 年多的亞太自貿區（FTAAP）路線圖，提出了共建面向未來的亞太夥伴關係，同時舉行了 APEC 所有成員參加的，與「一帶一路」和亞太自貿區建設共同關聯的互聯互通夥伴關係對話會。

會議發表新聞公報，明確表示支持「一帶一路」倡議，認為「倡議深受歷史啟迪又有鮮明的時代特色，與亞洲互聯互通建設相輔相成，將為沿線國家增進政治互信、深化經濟合作和密切民間往來及文化交流注入強大動力，具有巨大合作潛力和廣闊發展前景」，並歡迎中國成立絲路基金，為亞洲國家參與互聯互通合作提供投融資支援。公報中還提出「一帶一路」源於亞洲，應以亞洲國家為重點方向，「以陸路經濟走廊和海上經濟合作為依託，建立亞洲互聯互通基本框架」。

第 22 屆 APEC 會議批准了亞太自貿區北京路線圖，批准了全球價值鏈發展藍圖，批准了經濟創新發展共識，同時也批准了互聯互通藍圖。因此，「亞太自貿區建設」和「一帶一路」是一體兩面，既是全球

價值鏈發展藍圖、也是亞太經濟創新共識、亞太互聯互通藍圖，同時也是亞太經濟區一體發展的靈與肉，更是與「一帶一路」一體相連的靈與肉。

在會議期間，許多經濟體領導人在不同場合講到絲綢之路經濟帶和 21 世紀絲綢之路。泰國總理帕拉育希望和中方交流互鑑，深化合作，特別是借助絲綢之路經濟帶和 21 世紀絲綢之路建設推進農業、鐵路合作，促進地區互聯互通。

印尼內閣秘書安迪則表示，印尼總統佐科‧維多多在出席北京 APEC 高峰會期間，把印尼的世界海洋軸心概念，與建設 21 世紀海上絲綢之路戰略聯繫在一起，融會貫通。而在一年前的同一個時段裡，習近平在印尼國會發表的演講中，首次提出建設 21 世紀海上絲綢之路。

除了國際政界領袖，學者們的認識更加專業。印度漢學家、尼赫魯大學教授狄伯傑不僅回顧了印中的絲路交往，還認為海上絲綢之路「從中國到印尼、泰國、緬甸、斯里蘭卡以及非洲等地的港口的基礎設施將會整合在一起，相關的合作者可以共同利用。他說，如果印度也參與，將有助於解決印度國內部分發展問題。」他認為：「海上絲綢之路從共同安全、共同繁榮的立場出發，解決亞洲面臨的問題，非常有意義。」

新加坡的一位資深學者則認為，「一帶一路」涵納了重要文化意義，是以和平、開放和包容為重要精神元素的古老中華文明在釋放自信，彰顯復興。2015 年初，在由中國投資協會主辦、以「五通」為主題的「中國海外投資新年論壇」上，聯合國可持續發展委員會秘書長沙祖康說：「『一帶一路』是偉大的創舉，有巨大的潛力。經貿合作是共建『一帶一路』的核心目標，互利互通的基礎設施是建設『一帶一路』

的前提，不同文化、不同文明包容是共建『一帶一路』的基本保證。」

博鰲亞洲論壇，宣示「共商、共建、共用」精神

「一帶一路」的發展構想，在中國國內與國際的巨大迴響，彰顯了它的戰略重要性、建樹性和未來的指向性和操作實踐中的不可替代性。這是改革開放三十多年來，中國首次明確提出具有全面影響的全球性經濟發展核心戰略。

就中國來講，「一帶一路」發展是 2 千多年歷史發展的承接，是 30 年前東部沿海發展戰略，以及 20 年前西部大開發戰略的新突破，但並非是原有半徑和範圍的承接和突破，提升為世界各國各地區共同發展、和平發展的更高境界，具有更大的發展能量。換言之，是把中國的發展夢和世界的發展夢緊密地連在一起，成為影響世界和諧發展的戰略核心因素。

2015 年 3 月 26 日，博鰲亞洲論壇開幕，習近平發表「邁向命運共同體，開創亞洲新未來」的講話，全面提出和闡述了「堅持合作共贏、共同發展；堅持實行共同、綜合、合作、可持續的安全；堅持不同文明相容並蓄、交流互鑑」之理念。

習近平指出，「一帶一路」建設秉持的是共商、共建、共用原則，不是封閉的，而是開放包容的。不是中國一家的獨奏，而是沿線國家的合唱。在博鰲論壇舉行期間，中國國務院授權國家發改委 [1]、外交部、商務部聯合發布《推動共建絲綢之路經濟帶和 21 世紀海上絲綢之路的

1　中國國家發展和改革委員會。

願景與行動》，具體確定了建設開放、包容、歡迎世界各國和國際、地區組織積極參與的合作方向。絲綢之路經濟帶當前合作的重點是暢通中國經中亞、俄羅斯至歐洲；中國經中亞、西亞至波斯灣、地中海；中國至東南亞、南亞、印度洋的通道。

21 世紀海上絲綢之路重點方向是從中國沿海港口過南海到印度洋延伸到歐洲和從中國沿海港口過南海到南太平洋。在陸上，要依託國際大通道共同打造新亞歐大陸橋和中、蒙、俄，中國中亞西亞，中國中南半島等國際經濟走廊；進一步推動中巴，孟、中、印、緬經濟走廊建設。海上則以重點港口為節點 [2] 共建安全高效的運輸大通道。積極和沿線國家共商、共建自貿區，發展跨境電商（電子商務）等新業態（新的經營型態），加強旅遊合作。

「願景與行動」對國內重點涉及省區與城市進行明確定位：西北的 6 省區，新疆要打造絲綢之路經濟帶核心區；陝西西安要打造內陸型改革開放新高地 [3]；要加快蘭州、西寧開發開放，推進寧夏內陸開放型試驗區建設；發揮內蒙古聯通俄、蒙的區位優勢。東北 3 省則要建設向北開放的重要視窗，完善黑龍江對俄鐵路通道和區域鐵路網，以及黑、吉、遼與俄羅斯遠東地區陸海聯運。

西南地區，廣西要成為「一帶一路」有機銜接的重要門戶；雲南要打造大湄公河次區域經濟合作新高地，成為面向南亞、東南亞的經濟輻射中心；西藏則要推動與尼泊爾等國家的邊境貿易與旅遊文化合作。要打造重慶市西部開發，開放重要支撐（支柱）；成都、鄭州、武漢、

---

2 移動的起點和終點和轉運站，就稱為節點。
3 高地意指重要領域，有著決定性作用的地方。

長沙、南昌、合肥等內陸開放型經濟高地，打造「中歐班列⁴」品牌。

在沿海 5 省市，支持福建 21 世紀海上絲綢之路核心區建設；加強上海、天津、寧波－舟山、廣州、深圳、湛江、汕頭、青島、煙臺、大連、福州、廈門、泉州、海口、三亞等沿海城市港口建設。要發揮海外僑胞以及香港、澳門特別行政區的獨特優勢，並為臺灣地區參與「一帶一路」作出妥善安排。

在博鰲亞洲論壇上，建設命運共同體，推進「一帶一路」建設成為焦點與亮點主題，為「一帶一路」揭開新的一頁。

---

4 中國開往歐洲的快速貨物班列，適合裝運集裝箱的貨運編組列車。

絲路的歷史和現實魅力

　　絲綢之路在歷史上既有熱絡之時，也有相對沒落的時候，有不同的大宗貿易產品主流，如絲綢、茶葉、瓷器、香料等，有不同時段的貿易人群組合，也有官方與民間之分，兩千多年來從未間斷過。一直到清末民初茶葉貿易和生絲貿易依然興旺，第二次世界大戰發生之後中斷，計畫經濟年代裡難以復甦，深化改革擴大開放使它重放光彩，再次造福世界。

　　「一帶一路」在短時間裡產生了巨大的國際影響力，不僅僅是因為絲路歷史輝煌以及未來將帶給各國和各地區的誘人發展前景，更是由於絲路發展的歷史與現實特徵。歷史特徵主要是貿易的對稱性和平等性、文化與發展的包容性、絲路貿易的和平性。現實特徵則是共建、共用、合作內涵的延展性、絲路聯通的通透性，以及經濟和文化硬軟實力 [5] 交相融匯的渾然一體性。

　　「一帶一路」與古代絲綢之路有著明顯的承繼性，帶著各國經濟技術交流的歷史基因，甚至可以說是中國自古以來即存在著、意圖造福天下且樸素的「經濟全球化」貿易的萌芽。有了絲綢之路才會有四大發明的西傳，才會有後世文明發展的新動力。那種認為絲綢之路只是遙遠的過去，只有令人感觸萬千的「漢唐魏晉宋元」，而不知其有更為遠大未來的靜止的觀點，是一種對絲綢之路的誤解；認為中國對國際絲路的開拓從來都是被動的，這也是一種誤解。

5　硬實力：利用軍事力量、經濟實力等迫使或收買其他國家的實力。軟實力：文化、價值觀、意識形態等影響力，可說服或吸引他國服從。

　　說到底，絲綢之路是一個具有頑強生命力，以及具有文化包容性的人類文明溝通行為與連續活動，是一條千古不廢的發展之路。從中華文明和世界文明歷史深處走來，其生命力之頑強，猶如曠野裡見證絲路繁榮的胡楊，生千年，長千年，立千年，不死不倒又千年。從張騫通西域、馬可‧波羅遊東方再到鄭和航海，歷時 600 年，他們分別開啟和記錄了中國絲路發展的幾個偉大時代。到現在又一個 600 年過去了，中國在一度衰落之後再次復興，重新開啟新的絲路發展時代，並伴隨著中國的崛起與中華民族的即將全面復興。

　　就陸上絲綢之路來講，2 千多年裡榮辱更替，過去曾是無可替代的歐亞大陸間的經濟、技術和文化交流大通道，是當時世界夢想的中心舞臺，承載了數之不盡的歷史資訊。你可以說它是絲綢之路，也可以說它是彩陶之路、瓷器之路、青銅、紅銅、鐵器、火藥、紙張、印刷術科技傳播之路、茶馬與車騎之路、農牧業產品基因交會之路，和不同國家民族的文明理念交流之路；還可以說它是民族遷徙、民族融合和亞歐近代民族國家的形成之路。現在它更要承載更大的歷史使命，成為各國和各地區不斷推動貿易投資、經濟技術合作的共同發展之路。

　　在歷史上，絲綢、瓷器、茶葉和香料是流通在絲綢之路上的四種大規模交易產品。交易鏈最長的是絲綢，處於價值鏈頂端的也是絲綢，這就是德國旅行家李希霍芬將其命名為絲綢之路的根本原因。說到底，絲綢是一個重要且有生命的貿易符號，它代表著很長時期亞歐貿易的繁榮，也將代表未來亞歐與世界貿易的進一步繁榮。

　　在遙遠的古代，這條路如此漫長，轉運的環節又如此複雜繁多，不同國家地區裡參與販運交易的人群如此眾多，帶動各種商業鏈發展的拉動力量如此強大，影響文化、技術、藝術乃至宗教傳播等，各種

文明要素的能量與能力又是如此無與倫比，導致我們在初步了解它在中國的複雜的線路演變，與它在中亞、西亞的直接走向之後，依然未能完全弄清楚，它在地中海和歐洲輾轉間接的傳播路線。

馬可・波羅完整實現古代絲綢之路的全方位之旅

或者說，李希霍芬（Ferdinand von Richthofen）還發現了絲綢之路的源頭方向，但還來不及發現全視角的對流方向。倒是李約瑟的《中國科學技術史》，從西方的角度更詳盡地敘述了東方對西方的絲路影響。但不管怎麼說，這都不妨礙我們對它的過去和未來將要作出的貢獻進行評估。

事實上，絲路上千年流轉的不僅是「四大發明」的古代高技術，絲綢、瓷器、茶葉和香料「四大商品」也組成了古代中國高技術產品的陣容。對絲綢貿易、瓷器貿易、茶葉貿易，人們耳熟能詳，但對香料貿易，往往以為全是舶來品。香料中確實有從國外來的，如礦物性香料安息香產自西亞，動物性香料如龍涎香產自印度洋國家，但植物性香料如沉香、檀香的盛產地卻在中國的兩廣、西南地區和東南亞，在很長的一段時間裡，中國是植物性香料的輸出國。廣東中山市在歷史上稱為香山；隔珠江口相望以香名港的香港是香料的最大輸出輸入港；因為這些地區歷史上屬於東莞管轄，所以輸出的香料統稱為莞香。這都提示了香料貿易是與絲綢、瓷器、茶葉齊名的大宗商品，作為高檔奢侈品同樣價值不菲。

西方引以為傲的航海貿易，事實上也並非西方獨家專利，鄭和航海更早、更成熟也更有規模。近百艘大型商船，2 萬 7 千名船員，擱在

今天也蔚為壯觀。與鄭和齊名的還有《一千零一夜》中的阿拉伯水手「辛巴達」,「辛巴達」實有其人,其真實身分就是海上絲路古代目的地阿曼的航海家歐貝德。西元 8 世紀,他駕著一艘單桅杆木船,兩年裡航行萬里,到達中國的廣州,並在中國定居。

從更寬廣的角度看,古代中國人、阿拉伯人、中亞和印度人是海陸絲路共同的開拓者。當然,我們也不會忘記那位年輕的威尼斯商人馬可‧波羅,他是在「辛巴達」之後、鄭和之前「雙絲路」的唯一見證者。馬可‧波羅 17 歲離家,在中國度過了最精彩的 25 年年華,1295 年才回到威尼斯。威尼斯學者賴麥錫曾高度評價馬可‧波羅,認為他比哥倫布更偉大。

其實,他也比發現和命名絲綢之路的李希霍芬更有成就。李希霍芬發現了陸上絲綢之路,馬可‧波羅卻更早地海陸雙程走上了絲綢之路。他從霍爾木茲登岸,又從今天的阿富汗巴達克山地區的瓦罕走廊商道進入中國,在走過中國東南沿海地區和西南絲路地區遠至緬甸的蒲甘,最後在 1292 年啟程回鄉,由運河南下,經揚州、杭州到達泉州大港,踏上經由占婆(位於今越南中南部)再到麻六甲、安達曼海、錫蘭島、印度西岸、波斯灣的海上絲綢之路的全旅程,完整地實現了古代「一帶一路」的全方位偉大旅行,是世界上絕無僅有的第一人。

值得注意的是,馬可‧波羅回鄉之時,給威尼斯帶去了元代鹽幣、紙幣和絲綢幣的重要金融資訊,從他那裡,歐洲人第一次聽說了紙幣,並掀起了整個歐洲金融界和商界的一場革命。他帶回歐洲的鏡片也是歐洲顯微鏡與望遠鏡的創造原型。因此,對於絲綢之路文化與貿易所包容的歷史貢獻,似乎不能僅止於四大發明的西傳,歐洲文藝復興大門的開啟和歐洲的金融商業革命同樣源起於東方。

這裡並不是在貶低哥倫布的成就，東西方航海結局的根本區分在於殖民與非殖民的區分。只從海權貿易邏輯上講，中國同樣是一個歷史悠久、偉大的海權國家。或者說，陸上絲路與海上絲路的早期開拓與歐亞及非洲多元文明的直接交流有著更直接的關係。中國從古至今既是陸權國家也是海權國家。

絲路貿易的和平性

絲綢之路具有三個明顯的歷史特徵。一是貿易的對稱性和平等性，二是文化與貿易發展的包容性，三是絲路貿易的和平性。

習近平在 2014 年 6 月初舉行的阿拉伯合作論壇上，曾經提出了絲路精神。什麼是絲路精神？從絲綢之路歷史和現實的發展看，至少要有幾個統一的概念，那就是：和平協商的精神，共同建設共同享有的精神，包容互鑑的精神，自由貿易的精神，互惠互利的精神，貿易投資便利深度合作的精神。

在這諸多的精神裡，包容是最基本的，也就是一切文明傳統都是平等的、有價值的，一切國家都有基於自身傳統和國情的發展模式，一切經濟合作都要遵循平等交換的商業規律、市場規律。包容發展是中國文化傳統，也是一種絲路文化，展現了文明發展規律、社會發展規律和商業運行規律的重要內涵與前提。

事實上，絲路貿易從來都是多元主導，共同參與共同受惠的，恰如鄰里街坊門前的道路，共同擁有、共同行走，是共同的資產。絲路貿易也是互動的、開放的，在歷史的絲綢之路上，不會排斥誰，也沒有偏重誰，一切在自由交換的貿易中發生。這一點過去一直沒有變化，

現在也不會變化。包容合作其實也是各國經濟合作的規律。凡是按著這個規律運行和運轉的，貿易道路就會暢通。

新絲路的運轉一如往昔，一切都會在世界經濟一體化、區域化的引力場中發生，不僅是不同文明傳統的國家和地區可以緊密合作，不同體制和治理模式的經濟體也都可以進行緊密的貿易投資和經濟合作。習近平說，志同道合是夥伴，求同存異也是夥伴。這一思路深得絲路合作的精髓。絲綢之路經濟帶建設的寬廣之路，足以也應當容得下各種共同市場、各個大大小小的經濟圈，無論是歐盟國家還是「海灣國家合作委員會」國家，無論是東盟國家還是新成立的「歐亞經濟聯盟」國家，都是絲綢之路和絲綢之路經濟帶合作的一員。

現代絲綢之路，也就是「一帶一路」，也有新的特徵。這些新特徵有三個，即共建共用合作內涵的延展性、絲路聯通的通透性以及經濟和文化硬軟實力交相融會的渾然一體性。

共商、共建、共用是責、權、利的統一，是平等合作的出發點與落腳點，也是新型國家經濟關係的新準則。經濟全球化和區域經濟一體化下的經濟合作，必然會產生主權的部分讓渡，包括稅率、過境保稅和人員流動的大幅度放寬等等。事涉主權，必須在共商中平等讓渡。新絲路建設是一種跨國跨區域的系統工程，涉及不同國家的社會習慣與治理傳統，也關係到不同的國情和不同的現實發展水準與狀態，同樣需要在共商中求同存異，在相互諒解中達成一致。

共商的本質是話語權[6]平等。共建的要領是充分發揮市場機制的重

---

6 又稱說話權，控制輿論的能力，在現代也代表影響社會發展方向的能力。

要作用，實現雙贏和多贏的經濟互補，是市場平等。共用則是在平等互利中分享共同發展成果。共商、共建、共用就是對共同發展完整的詮釋，是最能形成人心相向合作效應的建設力量。

從一定意義上來講，共商、共建、共用也是宣導建立新的全球經濟治理模式，乃至世界秩序的「新絲路版」，新絲路的共商、共建、共用性將為人們追求合理的秩序，提供有益的參考標準，展現了絲路貿易從自發到自覺再到自在的歷史提升過程。

新絲路的通透性

新絲路的通透性在古絲路發育的自發過程中一直是一個可有可無的特點，這與傳統的交通運輸一直處於原始狀態相關。在陸路上，駝隊、驢子與馬幫是交通與物流千年不變的工具；在海路上，三桅船替代了單桅船已經是一場浩大的技術革命。自然阻隔影響效率也影響到絲路貿易的涵蓋範圍，形成了工業革命後輪船代替帆船、海路貿易比陸路貿易興盛的不均衡狀態，直接影響到一些內陸國家的發展。

而現代交通技術的發展為互聯互通與貿易暢通提供了新的條件，絲綢之路經濟帶的建設，既意味著貿易範圍的擴展，也意味著經濟合作與發展出現新的格局。經濟全球化與區域經濟一體化成為地理交通現實的可能。

但是，新絲路的通透性不止於此，「一帶一路」構想將兩個絲路（即陸上絲路與海上絲路）整合一起，通盤且多面向地去考察、去規劃，使絲路經濟貿易發展第一次跳出古絲路的地緣局限，以及海陸各自互不相屬的舊棋盤，著眼於海洋和陸地廣闊空間的地緣聯繫，產生

了海陸兼通的思維願景，形成絲路經濟發展全新且顯著的地緣經濟特徵，使陸上絲路與海上絲路出現前所未有的海陸並進的通透性。

從陸上新絲路的全線路來看，絲綢之路經濟帶連接著太平洋西岸與波羅的海，是名副其實的跨洋絲路。從海洋上看，已在籌畫的希臘港口與「匈塞高鐵」的聯通將在地中海與波羅的海之間搭建新的「橋樑」，而土耳其伊斯坦布爾海峽隧道的開通，也是歐亞進一步聯通的一個前奏。

從交通與物流角度來看，「一帶一路」目前只有海陸途徑的相對區分，在不斷推進的道路聯通中，海陸的阻隔終歸會消失。人們在探討希臘港口與「匈塞高鐵」海陸互通的同時，也會看到「一帶一路」的地理通透性將出現在更多的地方。例如，2017 年中巴經濟走廊臨海盡頭的瓜德爾港將會竣工，從中國遙遠的西部同樣會便捷地走向阿拉伯海與阿曼灣、波斯灣，走向蘇伊士運河。

早在 200 年前，就有泰國學者提出修建一條連接南中國海與安達曼的克拉地峽運河，現在，這個世紀設想再次浮現，並被稱為 21 世紀海上絲綢之路的一部分。

在人們的常識裡，麻六甲海峽是海上絲綢之路的要道，但它也有自己的通航極限。據測算，麻六甲海峽通過的貨值占世界的 15％ 至 20％，但其通過能力是 12.2 萬艘航船，到 2025 年，船隻通過數量將達 14 萬艘，達到飽和狀態。

儘管連接太平洋和印度洋的水道還有巽他海峽與龍目海峽，但航程是前者的兩倍至三倍。擬議中的克拉運河可以大幅度減少物流成本。雖然修建長近百公里、深 26 米的克拉運河，需要耗資 200 億美元，但

由南中國海到安達曼海，航程可以縮短 48 小時。

另外，從曼谷到中國昆明的準高鐵已經列入工程計畫，這是「一帶一路」地理通透性的又一案例。在各大洲大洋之間會有許多天然屏障，「一帶一路」正在改變未來的交通版圖，推動絲路經濟網路不斷延展。

然而，「一帶一路」構想的通透性還顯示在發展戰略本身的透徹性中，這就是重視歷史經驗又不拘泥於歷史經驗，連接了實踐認識的歷史長河，打通了經濟發展規律運行中的認知隔閡，極為明瞭透徹地點出經濟規律與地緣規律在經濟發展中的關鍵作用，符合和平、發展、合作、共贏的時代潮流，高度契合了經濟全球化、區域經濟一體化發展趨勢，引出廣泛的共識和操作上的順勢力量。

這種透徹性還展現了思維的創新和戰略創新。「一帶一路」構想具有前瞻性，同時具有一定的雙邊與多邊經濟合作的自由度和多維度，既和沿線各國共用發展成果，也和擁有廣泛利益的大經濟體務實合作，添加了與世界主要大國共同發展的「正能量」，即與多極化世界廣泛建立全面經濟發展關係，與開發中經濟體建立全面經濟合作夥伴關係，與已開發經濟體建立和平、成長、改革、文明四大夥伴關係，同時也為世人矚目的中美關係走上一條不衝突、不對抗、相互尊重、合作共贏的新型大國關係之路，添加了更為現實的選擇。

這樣一個看似老話題實則是新課題的構想，與眾多的西方地緣戰略家們的「理論」相比較，少了用政治地緣綁架經濟地緣的「虛偽」，多了用經濟地緣發展促使政治地緣從扭曲中回歸發展的真切，更貼近希望發展的人們的思維邏輯和行為邏輯。

經濟和文化硬軟實力交相融會的渾然一體性

　　「一帶一路」的和平與共同發展的內在核心和誠鄰、惠鄰、富鄰的理念，加上雙贏多贏的經濟合作，硬軟實力交相融會，必然形成巨大的影響力，讓這條路能走得更遠更長。

　　以中巴經濟合作為例，僅建設瓜德爾港的重點項目就有 30 多項，除港口將在 2017 年完工外，多數要在 2030 年竣工，耗資 450 億美元。在中巴合作需要更頻繁的語言交流和相互溝通的情況下，孔子學院變得不可或缺，伊斯蘭馬巴德的孔子學院擔負使命，在 2015 年開學。真誠的合作與絲路經濟專案的落實，使得雙方的硬軟實力渾然一體，水乳交融，中巴人文交流中出現「巴鐵」（brother，即兄弟）的常用問候開頭語，準確地傳達了新絲路的這種新特徵。

　　「一帶一路」發展構想的戰略創新是不言而喻的，它和古往今來東方西方的任何一種戰略都不同。這是一個以國際經濟合作為主旋律的戰略。縱觀近代歷史，從來沒有出現如此明確、如此清晰的國際經濟合作戰略。團結互信、平等互利、包容互鑑、合作共贏是其戰略核心。把經濟社會發展放在第一位，把改革開放與經濟的相互融入作為發展的動力，把與各國建立全面經濟合作戰略夥伴關係作為努力方向，對周邊國家實行「睦鄰、安鄰、富鄰」，對絲綢之路經濟帶國家實踐親、誠、惠、容的理念，「努力使自身發展更好惠及亞洲國家」。

　　這是一個以經濟全球化和經濟均衡發展為目標的戰略。世界經濟一體化和區域化是世界各個國家地區打破發展瓶頸，拉動經濟持續發展的重要途徑。特別是 2008 年美歐先後爆發金融危機和債務危機以來，

已開發經濟體經濟復甦緩慢，開發中經濟體也受到巨大影響。在經濟互利互補中建立多元經濟聯繫，相互之間進一步拓展貿易、投資和經濟合作。共同發展，既是各國各地區共同的願景，也是推動經濟可持續發展的唯一途徑。

尤其在資訊化社會發展條件下，市場要素的流動配置半徑發生你中有我、我中有你的重大變化，流動性從來沒有如此強烈，流動規模也從來沒有如此巨大，誰都不可能閉門發展，更不可能在一些經濟領域實行封閉，必須在經濟一體化的多種實現形式裡推動發展的巨輪，尋求新的發展軌道。

這也是一個以和平為出發點和落腳點的戰略，是地緣學說的一次回歸。在戰略學的辭典裡，不曾見到過「共商、共建、共用」的概念。從麥金德的「陸權論」、斯皮克曼的「邊緣地帶論」開始，西方戰略理論無一不在遏制與軍事戰爭裡兜圈子，並使戰略問題打上了不平等與主導權爭奪的深深烙印，甚至使「戰略」與謀取軍事與政治經濟，乃至文化「霸權」之間畫上了等號，其最終目標是把自己的發展利益凌駕於他國的發展利益之上，而不是如一帶一路所強調的，「自己活得好，也讓別人活得好」。

跨大區域經濟合作現象

「一帶一路」構想是當代地緣學說新的突破與創新。地緣學說建立在地緣認知的基礎上，地緣認知的第一動機是人類自身的發展，而經濟合作與平等市場競爭是發展的前提。「絲綢之路」為世界發展作出了篳路藍縷的貢獻，過去是歐亞經濟發展的紐帶和巨大的地緣經濟發展傳動帶，今後依然是世界經濟發展的傳動帶，地緣經濟發展規律並不會因為「地球村」的出現就會發生改變，相反地進一步拉近了傳導的距離，拉近了人們審視過去和展望未來的視野。

陸上絲路構造了絲綢之路經濟帶，21 世紀海上絲綢之路也將建構出未來學家奈斯比特所說的「南環經濟帶」，以及新的環太平洋經濟帶，經濟全球化將會在跨大區域合作發展中向前推進。

在漫長的人類歷史中，人類的各種活動是從陸地開始的，最具代表性的認知結果便是隨著漁獵文明、農業文明、工業文明和後工業資訊社會文明的陸續演進。人類擴大了資源利用開發的範圍，形成愈來愈緊密的經濟合作形式和配置方式，從政治形式到經濟聯繫到文化交流結構，都發生巨大的變化。

隨著科學技術的進步，人類的認知活動已經擴展到遠洋深海，擴展到太空與外太空，擴展到月球、火星和許多地外星球、銀河系。那麼地球作為過去和今日地球人的大陸家園，深植於其上的認知活動不會結束，組織形式的創新與更新的變化與轉換也不會停頓，這也就是人們把這種生產要素配置轉換方式稱為戰略的原因。

應該說，絲綢之路是中國與當時世界的人們最早的跨國地緣經濟

認知活動，這種認知活動是有效的，影響到世界文明發展歷史的進程，絲路經濟從古典形態演化為現代形態，也是一種發展的必然。新絲路建設不會是歷史的簡單重複和迴圈，而將在新的技術條件和市場條件下迅速發展。經濟全球化、區域經濟一體化是地緣經濟發展的最高階段，現代絲綢之路將是它最重要、最有效的戰略實現形式。

絲綢之路為世界發展作出了篳路藍縷的貢獻，過去是歐亞經濟發展的紐帶和巨大的地緣經濟發展傳動帶，今後依然是世界經濟發展的傳動帶，地緣經濟發展規律並不會因為「地球村」的出現就發生改變，相反地進一步拉近了傳導的距離。

目前，經濟全球化和區域經濟一體化已經經歷了多個發展階段，在經濟政策上，從最初的關稅同盟發展到自由貿易區，先行者如尚在不斷擴大的歐盟實現了貨幣金融的一體化；在合作範圍上，從單一的貨物貿易發展到服務貿易，從貿易進入相互投資和愈來愈深入的經濟技術全面合作，經濟夥伴關係成為各國經濟聯動發展的「熱門現象」；從合作方式上，由雙邊合作進入多邊合作，雙邊合作和多邊合作相互結合，形成新的網路格局；從地域和規模上，則出現了引人矚目的跨大區域經濟發展現象。

經濟全球化、區域經濟一體化在自身發展中進入跨大區域經濟發展階段，是經濟全球化發展的新進展。跨大區域經濟發展現象為「一帶一路」絲路發展提供了新機會，「一帶一路」絲路發展也為跨大區域經濟發展增添了新能量。絲路貿易合作的「集團化趨勢」，是新絲路發展的重要背景條件。

絲綢之路經濟帶建設構想的提出，有其歷史繼承性，更有地緣基礎。經濟全球化不是抽象的，是要透過地緣的接近性和相互聯結性去

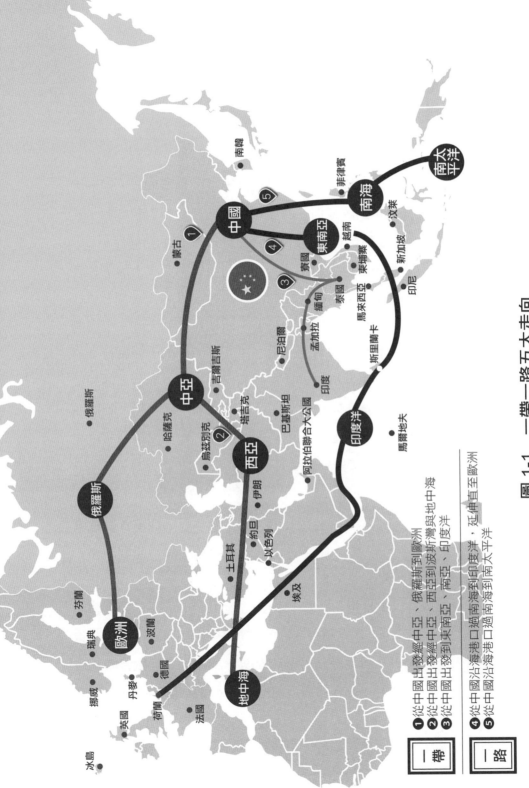

圖 1-1　一帶一路五大走向

① 從中國出發經中亞、俄羅斯到歐洲
② 從中國出發經中亞、西亞到波斯灣與地中海
③ 從中國出發到東南亞、南亞、印度洋
④ 從中國沿海港口過南海到印度洋，延伸直至歐洲
⑤ 從中國沿海港口過南海到南太平洋

一帶

一路

逐步實現的。即便是海上絲綢之路，也有海路聯結的地緣邏輯，形成由海洋進入內陸的經濟輻射與相互影響的經濟帶或經濟合作圈，合作範圍的擴大，使跨大區域經濟合作成為可能與現實。

　　首先看一下絲綢之路經濟帶之所以能夠形成的地緣邏輯。亞洲大陸的地緣地理結構很規則，東亞、西亞和中亞地理均衡對稱完整，甚至大陸邊緣的大小半島都具有地理對稱性和古老文明圈的對稱性。

　　亞洲南北與東西間距也大體相等，西伯利亞與南亞次大陸遙相呼應，輪廓分明，整個北半球幾乎位於在北緯 77 度至北緯 1 度間，包括地球各種地理地貌和氣候帶，是人口最多、面積最大的大陸。中國的地理位置決定了中國較早出現五洲四海乃至八卦方位的方向定位，而天圓地方的觀念也應當是在發現地球是圓的這個事實之前最前衛的認識。西元前 200 年的張騫使團和南來北往的使節團已經認知了整個亞洲，要不是地中海東岸的「商人」出於商業壟斷心理，詭稱向西已到無人居住的盡頭，歷史會是另一個樣子，而絲綢之路也會走得更遠。

　　2014 年，第十屆亞歐首腦會議在義大利米蘭舉行。亞歐首腦會議從 1996 年啟動至今已經運行 18 年，中國是創始國，除了亞歐國家，大洋洲的澳洲和紐西蘭也加入進來。

　　亞歐會議成立以來規模和影響不斷擴大，由最初的 26 個國家擴大到 51 個國家（中亞的哈薩克和東南歐的克羅埃西亞是最新成員），其經濟總量占全球 55％，貿易總量占全球 60％，而中國與亞歐會議其他成員的貿易額占中國對外貿易總額近 50％，它們對中國的投資也一度占到 50％。

　　亞歐會議雖然形式靈活鬆散，但參與者的位階高，已經成為亞歐

國家之間對話與合作的平臺，對建立平衡的全球政治、經濟秩序具有一定的戰略意義，在市場、勞動力、資金、技術方面有很強的互補性，因此也是絲綢之路經濟的重要作業平臺。

目前，正在實施的《中歐合作 2020 年戰略規劃》將為亞歐合作增添新的發展能量。第十屆亞歐首腦會議在義大利米蘭舉行具有歷史象徵意義，其首腦會議的主題是「構建負責任的夥伴關係，促進可持續成長與安全」，「一帶一路」的優先領域被列為會議的主要議題，亞歐首腦會議，展現了亞歐的緊密經濟關係。

中國國務院總理李克強出席亞歐首腦會議，提出三點主張：一是共同維護亞歐和平安全和穩定發展；二是共同推進互聯互通和貿易投資自由化；三是促進亞歐人文交流和社會發展。亞歐各國要不斷培育凝聚亞歐共同體意識。

與絲綢之路經濟帶相比，21 世紀海上絲綢之路更開闊、更有發散性，但似乎在地緣定位上沒有前者那麼明確或者確定。其實不然，21 世紀海上絲綢之路不僅是絲綢之路經濟帶如影隨形、相輔相成的海洋形式，同時也有巨大的獨立意義和建設走向。

約翰‧奈思比：「一路」推動「南環經濟帶」的發展

世界著名未來學家約翰‧奈思比（John Naisbitt）就從海上絲綢之路看到了另一個大趨勢，即「一帶一路」不僅在「一帶」的建設發展中全方位地促成了歐亞的密切合作，也通過「一路」構建形成和推動了「南環經濟帶」的發展。

在他看來，亞洲、非洲與拉丁美洲的經濟合作已經超越了一般的

雙邊貿易關係，構成了全球經濟一體化的另一個成就，即亞洲、非洲、拉丁美洲國家已經成為「南環經濟帶」的重要合作成員。特別是他在金磚國家俄羅斯、中國、南非和巴西之間劃出一條弧線，使得「南環經濟帶」的線條與輪廓非常清晰。

2015 年年初，奈思比帶著新的著作《大變革》到中國，書中強調了中國新的後發優勢，認為未來推動中國經濟成長的驅動力將是高效的投資，如在基礎設施、新能源、環保、外貿附加值，以及創新研發智慧財產權保護的領域加大投資，並不斷探索未來新興產業的發展趨勢，讓數位化與互聯網等新業態成為發展紅利。他還進一步提出，實質上是透過海上絲綢之路聯結的「南環經濟帶」。

他認為，中國的經濟發展不僅改變了全球的投資格局，中國所宣導的「一帶一路」和亞太自貿區取得的實質性進展，將成為新國際經貿格局的締造者。他說，目前拉丁美洲在建造的基礎設施項目中，中國投資總額已達 5000 億美元，自 2003 年起，中國金融機構為拉丁美洲提供 860 億美元貸款，超過世界銀行和美洲銀行貸款總和。

同時，中國也是拉丁美洲國家的債權國，到 2016 年，中國很可能超過歐盟成為拉丁美洲的第二大交易夥伴。2010 年，中國取代美國成為非洲最大的交易夥伴。2013 年，中非貿易額達到 2100 億美元，在過去 12 年間成長了 20 倍。拉丁美洲與非洲已經成為中國全球化整合的最大貿易贏家，明顯地展示出亞洲、非洲和拉丁美洲三大經濟板塊以中國和金磚國家為紐帶，正在聯結成一條愈來愈強大的「南環經濟帶」。

「南環經濟帶」其實也是環印度洋、大西洋甚至是環南太平洋經濟帶。「南環經濟帶」的提出，客觀上說明了 21 世紀海上絲綢之路的發展結構，也讓人們更清晰地看到「一帶一路」全面豐富的內涵。同

時也說明了一些人對中國進入印度洋的擔心是多餘的。

印度洋和大西洋一樣都是公海，也是海上絲路的「高速公路」，是共同發展之路。在奈斯比特看來，世界經濟重心不僅在東移，迎來亞洲世紀，同時也在向南移，在「亞洲世紀」之後也將會繼續出現亞非拉世紀。

顯然，如果從「一帶一路」整體發展應力的角度去看，我們正在著手打造的絲綢之路經濟帶，以及正在推進的亞太自貿區，或者也可以稱為全球的「北環經濟帶」，這條「北環經濟帶」與「南環經濟帶」一南一北，正在不斷重塑世界經濟版圖。

「南環經濟帶」的提出，進一步闡述了「一帶一路」的整體海陸概念，即一條連接歐洲的陸上絲綢之路經濟帶，一條連接非洲、拉丁美洲的海上經濟帶，共同構成了「一帶一路」所涵蓋的經濟全球化和區域經濟一體化的整體框架。

完全可以這樣說，「一帶一路」既是跨大經濟區域合作的範圍提升，也是經濟全球化和區域經濟一體化最恰當的實現形式和戰略平臺。

南環經濟帶與金磚五國發展相輔相成

值得再次強調的是，「南環經濟帶」的基本和主要推動力量是「金磚五國」。習近平訪問拉丁美洲和「中國—拉丁美洲加勒比共同體論壇」、「金磚國家發展銀行」的成功籌辦，以及在北京舉行的「中國—拉丁美洲共體論壇首屆部長級會議」都顯示了這一點。

過去，人們考察金磚國家，主要著眼於它們的經濟高成長，吉姆·奧尼爾發明金磚國家的概念，顯然也是從金磚國家對全球經濟拉

動和影響力出發。在一段時間裡，隨著全球經濟的深度調整，金磚國家的發展也出現了調整的跡象，一些人也開始像意欲唱衰中國一樣唱衰金磚國家，吉姆·奧尼爾奮起反駁，認為這是沒有根據的。如果他也能從「南環經濟帶」的形成與發展去考察，反駁將會更有力。

「金磚五國」分布在歐亞、東亞、南亞、南非和拉丁美洲構成的一條勻稱的弧線上，包括了世界上人口數量和土地面積數一數二的國家，各有各的資源優勢和產業優勢，儘管目前各自面臨的經濟課題不盡相同，但資源互補的優勢是舉世無雙的，它們還都帶有自身的區域發展能量，位居本區域經濟發展的領先地位，具有各自的區域經濟合作影響力。

目前，俄羅斯領銜的歐亞經濟聯盟從 2015 年 1 月開始啟動，成員將從俄、哈、白三國擴大到吉爾吉斯斯坦等；印度在南亞經濟同盟居於核心地位；南非是正在組建的南部非洲發展共同體（簡稱南共體）的中堅；巴西則是加勒比—拉丁美洲共同體的經濟重心。

中國則有絲綢之路經濟帶和正在逐步啟動的亞太自貿區路線圖。這些經濟聯盟與它們的帶動力構成了經濟發展的巨大潛能，經濟發展含金量的提升將會超過以往。而其稀有的市場屬性和整合中的乘數效應決定著它的最終價值，顯示著經濟全球化的光明未來，最終也展現了「一帶一路」構想的最高戰略價值。

無論是「南環」還是「北環」，都是環球發展，和平發展是世界永恆的主題，是各國人民的共同願望，共同發展則是世界的智慧抉擇，是各國人民的共同願景。「一帶一路」發展戰略，開闊的不僅是中國與世界經濟發展的視野，引起亞洲、歐洲和全世界許多國家和地區（包

括開發中國家和部分已開發國家和地區人們）的興趣、思考與實踐，同時也開闢了通往和平發展、共同發展的道路。

2014 年 7 月，在金磚國家領袖的見證下，金磚國家財務首長簽署成立金磚發展銀行協議，這也是推動南環經濟帶發展的歷史性協議。金磚國家橫跨亞、歐、非與拉丁美洲四個大陸，代表著全球經濟體系中的新生力量，各有各的資源稟賦和經濟發展模式，更有共同發展的強烈願望。

金磚發展銀行的目標是服務於金磚國家的經濟持續發展，促進基礎設施建設，自然也會直接促進南環經濟帶的發展。金磚發展銀行的股權分配是平均分配，不與各成員國的 GDP 比重有關，是金融治理機制的一種創新。

金磚發展銀行與有 57 個創始成員國的亞洲基礎設施建設銀行的融資業務，分別覆蓋絲綢之路經濟帶，還有以金磚國家為骨幹的南環經濟帶，將與其他國際金融組織相互協調互補，一起為全球基礎設施建設和全球經濟治理結構的不斷精進作出努力。

規避和解除「全球風險」

「一帶一路」發展戰略對世界、對中國的持續性發展既具有長遠的意義，也具有強烈的現實意義。

人們普遍認為，無論是從經濟全球化還是經濟全面復甦的角度來看，2015 年都是關鍵的一年，尤其是在全球聚焦於經濟新常態時，新的經濟變數不斷發生，利害互見，走勢分化，經濟復甦方向和全球化發展處在新的盤整階段，經濟動盪因素有所加大，不確定因素增多，更需要加強國際合作和默契，加強市場良性互動。

「一帶一路」為各國各地區經濟合作開闢了新的路徑，努力排除經濟下跌的預期困擾，增添發展後勁，推動在全球結構調整中走出困境。

習近平指出，發展是安全的總鑰匙，「一帶一路」建設的不斷推進，也為規避和解除多種「全球風險」提供了新路徑。

全球經濟後危機年，貨幣問題首當其衝

2014 年是全球經濟後危機年，也是不同資源稟賦、不同發展階段、不同經濟結構的國家和地區開始出現明顯分化的一年，這種分化在 2015 年或甚至更長的一段時間裡還會繼續。對全球經濟的預期，在 2014 年下半年看好的多，看空的少，但新的一年開始，樂觀情緒減少，悲觀情緒加大。

聯合國經濟與社會事務部在 2014 年年底發表預測報告，指出世界

生產總值 2015 年將會成長 3.1％；美國為 2.8％，高於 2014 年的 2.3％；歐元區雖然不樂觀，但也會成長 1.3％，比 2014 年高出 0.5 個百分點；日本為 1.2％；東亞地區仍是成長最快的地區，預計 2015 年與 2016 年穩定在 6％，居民消費增加，出口有所改善；非洲國家繼續成長，為 4.6％；南亞地區從 4.9％上升至 5.4％；拉丁美洲地區則由 2014 年的 1.3％上升至 2.4％，2016 年上升至 3.1％；俄羅斯則為 0.2％。國際貨幣基金組織（IMF）更加樂觀，曾在 2014 年 10 月預測，2015 年全球經濟會成長 3.8％，而且在油價下跌之後一度上調至 4.6％。

但是，同樣是 IMF，在 2015 年年初最新的《世界經濟展望》季度報告裡改變了口風，除了美國一枝獨秀的 3.6％，比聯合國預測高 0.8％，比它們自己上次的預測高 0.5％，對全球各地區的成長預期下調了 0.3％。對中國的預測依然是 6.8％，2016 年是 6.7％；對日本則下調到 0.6％；對歐元區也下調了 0.1％。

2015 年年初舉行的達沃斯論壇的調查也比較低。論壇討論的主題是「全球新局勢」，整體的基調是世界經濟強勢復甦的希望未能實現，經濟動盪有所加劇，還擔心由瑞士法郎退出歐元會不會發生「貨幣戰爭」，使全球化受到新的衝擊。

但是，擔心並不代表失望，論壇對經濟形勢的判斷，有幾個觀點具有代表性，也有一定的彈性：一是全球經濟成長的商業機會與破壞性事件並存；二是全球化雖受到打擊，但並沒有崩潰；三是世界要在合作與分裂之間作出選擇。這些觀點可說是一針見血。

在對歐洲央行同步推出歐版 QE，也就是美式量化寬鬆，歐巴馬總統在國情咨文中宣布美國已「走出危機陰影」，同時也對經濟的分化表

示了擔憂。歐洲央行推出歐版 QE 是因為歐元區發生了「通貨緊縮」（簡稱通縮），通膨率為 -0.2％，低於 2％的目標，也低於 1％的通行的「通縮」指標。量化寬鬆是一種維持寬鬆貨幣政策以刺激經濟成長的工具，主要透過大量購買債券（尤其是國債）的方式為市場注入大量流動性。增加放貸，匯率下跌，促進出口。

年初，QE 風再起，為了應對低油價對經濟成長的負面影響，瑞士、印度、秘魯、埃及、土耳其、丹麥和加拿大先後加入「全球降息潮」，瑞士還實行了與歐元脫鉤。因此又加深了對發生貨幣戰的擔心。頗有些深怕舊病未除，又添新疾之感。歐版 QE 對中國的影響是利弊參半，能夠緩衝美國退出 QE 的緊縮性影響，但也會引起外匯市場震盪，影響跨境資金流動。中國外匯充足，有能力應對。

對 2015 年全球經濟形勢的分析，世界各國的確有不同的看法，一種看法是烏雲密布，全球經濟將掀起風暴。進入 2015 年，歐盟經濟發生 5 年來首次通貨緊縮，不得不在 2016 年前注入 11,400 億歐元的流動性，每月購買 600 億歐元國債。

歐元區通貨緊縮資料引起再次陷入經濟危機的擔憂。日本在 2013 年 4 月實行超級量寬，當年 10 月再次追加，受低油價影響，日本核心通膨率可能再次進入負值區，因此有可能還會進一步實施量寬金融政策。美國與歐、日的經濟政策正好相反。美元升值，將會使資金轉向美國國債，但歐、日量寬版誘發降息潮，也會影響到美國，因此金融風險因素也會再次集聚。

在這種情況下，IMF 在 2015 年 2 月再次調低全球成長預測，從 2014 年的 3.3％、2015 年的 3.5％、2016 年的 3.7％，都下調了 0.3％。而在匯率方面，美元升值 6％，歐元、日元分別貶 2％與 8％。IMF 預

測 2015 年、2016 年歐元區為 1.2％、1.4％，日本為 0.6％、0.8％，中國為 6.8％、6.3％，印度 6.3％、6.5％，俄羅斯則為 -3％和 -1％。

　　歐元區的經濟存在問題，美國經濟走勢也有某種不確定性。美國三次量寬續量寬大量印鈔，導致流動性充裕，大部分流向了新興市場，推高了資產價格，一旦資產價格下跌，各個經濟體都會因此受到衝擊，同時也造成了美國有史以來的最大債務泡沫。此外則是油價繼續下沖，「頁岩泡沫」也會有破裂的可能。開採頁岩油氣的資金主要來自高回報的「垃圾」債券，頁岩油氣資本負債不斷增加，油氣供應過剩，價格再度下跌，也會危及頁岩繁榮。

　　但也有相對樂觀的聲音。高盛資產管理公司前董事長、布魯塞爾歐洲與全球經濟研究所訪問研究員吉姆‧奧尼爾說，IMF 聲稱，在 21 世紀最初 10 年，全球經濟平均年成長為 3.7％，1980 年代和 1990 年代則為 3.3％。在過去的 4 年裡，平均成長率為 3.4％。這遠遠低於許多人的預想，但事實上近年來令人大失所望的只有歐元區。日本、美國和英國的前景比較樂觀。它們的平均成長率應該能相對輕鬆地超越過去 10 年（包括金融危機尖峰時期）的水準。此外，原油價格急劇下跌相當於對消費者大幅減稅，有鑑於此，「我對 IMF 決定下調全世界許多地區的成長預測感到困惑」。

　　世界銀行目前的看法也是比較樂觀的，預測美國 2015 年經濟成長速度將比去年快 0.4 個百分點，達到 3％。其依據是美國的失業率下降，製造業也開始恢復元氣。歐巴馬總統在 2015 年國情咨文中宣布美國的經濟衰退已經結束，一些媒體也開始宣稱「美國經濟迎來新的春天」。但是，華盛頓的許多經濟學家對美國經濟走勢並不願意太過樂觀，在他們看來，美國的不平等在加劇，中產階級的收入還在停滯和

下滑。事實上，美國也面臨著低通膨或通縮壓力問題，這也是美國聯準會對何時加息拿捏再三的原因。2015 年年初，美國製造業就連續 3 個月出現下滑。經濟學家們不得不調低年化成長率估值。

　　對於歐元區的經濟走勢，歐盟委員會也有自己的看法。他們在 2015 年年初對歐元區的成長預期由 1.1％上調到 1.3％。對通縮風險，則認為通縮的原因主要來自低油價，2015 年還會繼續，但 2016 年會重新出現 1.3％的價格升幅。在投資方面，2015 年也會由 2014 年的 2.2％升至 3％，其中愛爾蘭最快，為 9.7％，希臘為 8.4％，英國為 6.9％。2016 年希臘則會增至 15％。目前歐盟與歐元區的主要任務是治理通縮與降低失業率。

　　應該說，各種預測都有自己的道理，但著眼點不同，而且都是線性的。事實上，經濟成長的前景在很大程度上取決於經濟結構改革力量的大小。2015 年年初，經合組織（經濟合作暨發展組織）發布了題為《走向成長》的各國經濟結構改革評估報告，該報告認為，中國的經濟結構改革取得明顯進展，主要展現為利率改革傾向保護儲蓄者、簡化外資進入的行政審核手續以及開放私人資本進入更大市場的空間。報告強調說，2014 年的 20 國集團（G20）布里斯班高峰會提出，全球經濟要在 2018 年產出提升兩個百分點，但前提是結構改革，改革有望使人均 GDP 再提升 10％，相當於人均收入成長 3000 美元。但 20 國集團實行改革的國家寥寥無幾，這才是問題所在。

　　無論如何，2015 年的確是關鍵的一年，而首當其衝的問題應當是全球貨幣問題。相對的，人民幣是全球目前表現最好的貨幣之一，從實際情況來看，人民幣匯率雖然參考各國貨幣，但與美元關係並不密

切，美元升值對人民幣匯率影響並不十分巨大，自 2014 年下半年以來，美元對世界上交易最多的 7 種貨幣升值 18％，對人民幣升值為 0.6％至 3.2％。

人民幣貶值有利出口，但也可能刺激資本外流，更重要的是，一國貨幣的相對穩定可以在其他貨幣陷入混亂時發揮安全港作用。在亞洲金融危機和全球金融危機發生時，中國維持了對美元的匯率穩定，並因此提升了人民幣的可靠性，這對正在國際化的人民幣來說，意義重大。因此，中國既有人民幣貶值的理由，也有保持人民幣匯率相對穩定的理由。

目前，人民幣匯率波動比很多貨幣小很多，在低通膨和實體經濟面臨下跌壓力的背景之下，中國央行在降準和適當降低基準利率，努力保持實際利率的基本穩定，將會有更靈活的反應，但中性和穩健的貨幣政策不會發生根本變化。儘管石油價格疲軟，通膨壓力下跌，亞洲許多國家競相放鬆貨幣政策，但這並不意味著中國會加入所謂的「貨幣戰」。

倒是美國會真正出現貨幣戰。美國聯準會升息決策有兩個參考指標，一是失業率保持在 5.2％至 5.5％，這個指標已經接近，另一個是物價水準。油價下跌雖然是美國經濟復甦「天上掉下來的禮物」，但油價持續低迷也會影響到物價水準，2014 年 12 月，美國物價下降 0.4％，通膨率也從 2.1％跌至 1％以下。通膨率走勢成為美國聯準會升息決策的關鍵點。在爭相放寬貨幣政策的背景下，美國聯準會升息將使美元過快升值，最終結果並不有利於美國經濟復甦，因此美國聯準會同樣面臨兩難。

「2015 年年初，美元指數創下新高，對歐元升值 7％，這雖然明顯刺激了美國經濟，但會加劇全球貨幣動盪。美元強勢其實也是雙刃劍，影響到美國出口的製造業回流。2014 年美國貿易逆差高達 5050 億美元，增加了 6％，很有可能繼續以所謂操縱匯率為武器，對新興國家的貨幣發難，使已經開始出現的『貨幣戰繼續升溫』。匯率問題甚至會成為大選中的重要話題。」

摩根史坦萊曾預言，2015 年將是各國央行與「低通膨」鬥爭的一年，這可能是一個事實。「低通膨」抑制經濟活動，但成因複雜，也有利有弊，與外部環境密切相關。相較而言，中國的政策選項較多，有較大的進退空間，在「一帶一路」發展中加快結構調整，經濟成長的潛力將不會低於 7％。

中國現階段的經濟問題：通膨、負債與外資企業轉移

中國國家統計局在中國 2015 年「兩會」前發布了《2014 年世界經濟形勢回顧與 2015 年展望》公報，認為 2014 年全球經濟成長低迷，但 2015 年將好於 2014 年，主要是外需有所回暖，這與聯合國預測的全球貿易加快 1.1 個百分點和成長 4.5％是基本一致的。但公報也指出，美國聯準會升息也會使新興經濟體面臨兩難選擇。

對中國來講，2015 年面臨著幾個主要問題。

一是對通膨率走向的判斷。2015 年 1 月，中國社會消費指數（CPI）為 0.8％，而上一年年底是 1.5％。但就 2014 年全年來講，中國 CPI 為 2％，2015 年定為 3％，不能說是發生通縮。2014 年中國經濟仍就亮眼，服務業增加值比重由 46.9％提高到 48.2％，能耗強度下

降 4.8％，研究經費占 GDP 比重超過 2％。

　　財政政策有所加力，金融利率市場化不斷推進，貨幣政策鬆緊適度，2014 年狹義貨幣供應量（M1）餘額為 34.8 兆元，只成長了 3.2％，廣義貨幣 M2 成長 12.5％，2015 年廣義貨幣 M2 預期成長 12％或略高，根本還不到金融出現系統性問題的程度。中國的銀行本外幣存款餘額達 117.4 兆元人民幣，比年初增加 10.2 億元人民幣，外匯儲備近 4 兆美元，2014 年中國的人均可支配收入 20167 元人民幣，比去年成長了 10.1％。這顯然也是中國經濟的實力所在。

　　還有一種說法是所謂負債嚴重，但渣打銀行在其統計的 17 個國家中，中國的總負債水準占 GDP 的比率排名居中，遠低於日本與美國。中國也有影子銀行[7]造成的問題，但其規模為正規銀行的 28％，而美國是 200％。在博鰲亞洲論壇上，中國財政部長表示，或許將再推行債務置換措施，意味著中國地方債務壓力將進一步減少。

　　二是中國開始出現了外資企業轉移出去的問題，如西鐵城、微軟計畫關閉在廣州、東莞、北京的工廠，松下、大金、夏普和 TDK 等企業準備遷回本土。但中國企業走出去（海外設廠或拓展海外業務之意），同時也意味著外國企業也會出現因應產業布局調整，進進出出不是奇怪的事情。根據中國商務部的資料，2014 年流入中國的外國投資總計 1195.6 億美元，成長 1.3％，其中 622 億美元投向服務業，較去年同期成長 7.8％，占到 55.4％。對製造業投資為 399 億美元，占 33.4％。目前，中國仍生產全球 80％的空調、90％的個人電腦、75％的太

7　又稱影子銀行系統，指銀行貸款被加工成有價證券，交易到資本市場。房地產業傳統上由
　銀行承擔的融資功能被投資替代，是銀行的證券化活動。

陽能板、80％的手機和63％的鞋類，加快處理過剩產能的同時，提升創新和創業力十分重要。

中國國家統計局2015年3月發布了2013年中國創新指數，以2005年為100，2013年為152.8。同年規模以上工業企業勞動生產率為91.8萬元／人，比去年成長11.5％。目前中國大眾創新活動方興未艾，潛力巨大，2015年年初，《富比士》雙週刊網站報導，世界73家初創公司，「10億美元俱樂部」成員中，入圍的中國企業有8家，占到11％，中國小米以460億美元排名第一。在新常態中，中國經濟成長有所下降，整體仍將維持7％的成長。

在此同時，新常態給出了更為巨大的發展空間：消費比重成長有較大空間，創新驅動發展有較大空間，都市化發展有巨大空間，綠色能源產業發展有巨大空間，這同樣是中國迎戰未來全球經濟調整的實力所在。

三是眾所關心中國房地產業走向問題，但中國房地產業並不像外界說的那樣危機重重，美國的彼得森國際經濟研究所在2014年8月就提出報告，認為中國房地產的波動與日本或杜拜不可相提並論，按揭[8]負債率比較低，投資投機情況也被限制，有利於房地產業健康發展。更重要的是，隨著都市化的推進，到2023年將再有約兩億人遷往城鎮，從長遠來看中國房地產業還是有前景的。

總之，對2015年或更長時間的經濟走勢無論做出何種判斷，有一個共識是顯而易見的，那就是利害相間、因素複雜。在這樣的情勢下

---

8 土地抵押貸款。

要想規避和解除「全球風險」，最有幫助也是最有效的方式是在「一帶一路」中共同發展。在經濟全球化的大趨勢中，沒有一個國家和地區可以獨善其身，許多外部因素往往都會成為內部因素，只有「抱團取暖」、強化合作，才能走出各種經濟陰影。中國的發展是如此，世界各國的發展也是如此。從這個意義上來講，「一帶一路」發展戰略是化解經濟風險的金鑰匙。

與這把鑰匙相呼應的是 2015 年年初出現的一個稱之為 CIA 的新創概念。這個 CIA 不是美國中央情報局的縮寫，而是中、印、美的一個新縮寫。有人依據購買力平價（又稱相對購買力指標）計算，說 CIA 占全球 GDP 的 40％，占全球 GDP 成長的 65％。他們說，領導這個「集團」的是美國，最大的贏家是中國。預計中國又要開始一輪新的成長週期，因為中國將在今後兩年裡投入 1 兆美元的基礎設施建設資金，中國對世界名義 GDP 的成長貢獻最終會超過美國，而印度經濟的成長也會加快。

在 CIA「三駕馬車」裡，中印是金磚國家的重要成員，從這個角度看，或者也可以把這個拉動結構稱為「火車頭」。大約也是出於同一種分析，聯合國拉丁美洲─加勒比經濟委員會向「中國─拉丁美洲共同體論壇首屆部長級會議」提出報告說，「中國已經成為正確理解全球化進程的關鍵因素」。

國際經貿市場需關注的四大問題

■問題 1：油價

第一個問題是油價的持續下跌。

　　用 IMF 首席經濟學家布朗夏爾的話說，油價的下跌對石油進口國是好消息，對石油輸出國是壞消息；對大宗商品進口國是好消息，對大宗商品出口國是壞消息；對與歐元和日元關係緊密的國家是好消息，對與美元關係緊密的國家是壞消息。一好一壞，也就出現了經濟走向的分化。

　　2015 年年初，油價已經跌到 46 美元一桶，是 2014 年 147 美元一桶的三分之一。四十多年前的最低油價是 1.8 美元，1973 年中東第四次戰爭時也不過 11 美元左右，而 2000 年時的油價是 20 美元，2014 年油價飆升到 147 美元，後來的飆升顯然是不正常的。2015 年發生的葉門戰事或因原油航道受阻促使油價上漲，但這未必就意味著低油價的結束。

　　有人說，是中國的需求影響油價，這是不成立的，一個明顯的例子是油價下跌之後，中國一定會增加進口提高儲備量，但對油價並未產生拉升的影響，說明中國的需求因素不是價格變化的決定因素。目前的問題是由於石油輸出國生產成本所決定的榮枯線大多數在 80 美元到 100 美元左右，油價一直下跌或者長期處在低位，對高油價時期拉動的高成本油藏的勘探與開採具有擠出效應，但也會重新分配全球收入，讓收入從能源生產國轉移到能源消費國，加重經濟兩極分化，即在助力於部分經濟體的同時削弱了另一部分，甚至引起新的混亂和利益衝突。油價暴跌伴隨著原料市場價格的下跌，鐵礦的價格在半年裡也出現了價格低落的情形，甚至被認為是其長達 10 年的「超級週期」開始結束。

　　更重要的是走向。石油主要生產國沙烏地阿拉伯堅持不減產且完全有能力堅持下去，油價持續下跌不會短期結束。儘管沙烏地阿拉伯

新國王即位，石油期貨一時上漲，加劇油價波動，但石油供應充裕的局面短時間不會改變。美國總統歐巴馬訪印前匆匆赴利雅德弔唁沙烏地阿拉伯老國王，並沒有影響沙烏地阿拉伯的石油生產政策，他的外交活動日程表上，油價問題顯然排在地緣政治之後。

在油價問題上，美國是拿沙烏地阿拉伯沒有辦法的。油價低迷以久，最終會消減美國「頁岩油革命」的效應。美國頁岩油一般生產成本是每桶 60 美元左右，40 美元則是底線。美國頁岩氣繁榮是建立在三次量化寬鬆大量低廉貸款之上的，貸款規模約為 2 千億美元，儘管目前不良貸款率是 8％，但美國已經出現小頁岩氣企業破產案，生產商股價下跌，融資環境開始惡化，能源業面臨重新洗牌，並影響到鋼鐵、建築、地產和銀行。因此，歐佩克的擠出策略還不能說不奏效。沙烏地阿拉伯等石油輸出國不減產的政策不會半途而廢，這場石油價格大戰會不會引起美國頁岩氣企業危機，進而出現如同「兩房」（房利美和房地美）破產引起的那種「次貸危機」，也是一個問號。

低油價對美國整體上是有弊有利的。一般的計算，油價降 10％，可提升 0.15％的 GDP，降低 0.25％的通膨率，而 IMF 上調美國 GDP 的 0.5％，主要也是這個因素。美國經濟的確有好看的一面，股市看漲，千禧一代開始進入住宅市場，通膨保持溫和，再工業化降低失業率，經濟走勢開始走穩，但不能說無憂。目前問題是石油輸出國組織成員國與美國的頁岩氣企業，誰能堅持得更久。對於前者來講，石油業是國家命脈，要不惜動用國家財政來捍衛。美國的頁岩氣企業是得之市場，失之市場，並沒有死拼的信心，若美國聯準會升息或升息幅度大，頁岩氣繁榮結束得會更快。因此，一度由頁岩氣繁榮就認定美國經濟從此走上康莊大道、唯有美國才是拉動世界經濟的「火車頭」的

說法，目前也還不能說是確定且絕無改變的事。

低油價對其他石油生產國也各有各的壓力，從俄羅斯到拉丁美洲的委內瑞拉和非洲的奈及利亞，都受到不同程度的影響。低油價對奈及利亞的衝擊甚至猛於「伊波拉」病毒，物價飛漲，收支狀況惡化，2015 年經濟成長預期下降 2%。對俄羅斯的經濟成長預期下降到 3%。這些國家或者經濟結構單一，或者過多依賴化石能源產業，有一定的脆弱性，但韌性也足夠強，因此也有人預言，「最能忍的一方將成為勝利者」。低油價的衝擊，迫使加拿大等產油國和大宗商品供應國澳洲開始降息，相對來講，低油價對中國、印度等國家，客觀上居於比美國更有利的地位，但不能因此放鬆能源結構調整。

從長遠來看油價，有低落也就會有反彈，只是遲早的問題。在能源結構沒有發生明顯變化之前，油價變化對世界經濟的衝擊是不可低估的。油價變化會影響資金投入。石油公司紛紛削減投入，因此國際投行總體看空油價。有關機構研究，2015 年初，石油資金餘額大約在 3 兆美元至 5 兆美元之間，其中海灣六國 2.7 兆美元。對油價博弈結果也有另一種不同分析，認為此輪博弈雖然使傳統產油國守住了市場份額，但從長遠看，傳統產油國未必能夠勝出，油價博弈打壓了成本高的原油生產，同時也使一些原油生產國開採銳減。相比之下，北美的頁岩油的生產成本一般在 30 美元至 80 美元之間，運輸條件較好，更具有應變能力。

美國頁岩油氣目前占全球生產 5%，俄羅斯、中國、阿根廷、利比亞有巨額儲量，但處於起步階段。頁岩油氣比中東石油開採成本高，需要高價位支援，因此啟動新專案非常困難。這都預告了未來供應的短缺。美國資訊服務社資料顯示，2014 年全球新發現油氣儲量創 20 年

來新低,相當於 160 億桶石油,沒有發現一處可採儲量為 5 億桶的巨型油田。英國石油公司的《能源展望報告》也認為,到 2035 年,全球經濟成長 115%,即使在能源效率提高的情況下,能源消耗量只成長 37%,推動對能源的需求的情勢是不變的。

2013 年到 2035 年間,預計可再生能源成長 320%,但其份額只占到 6.7%,頁岩氣與緻密油的份額將占 10%。因此,在 2035 年前依然處於「化石燃料時代」。誠然,也不可低估互聯網與數位革命推動能源轉型的力量。在未來,分散的新能源發電將會日益取代傳統大型電廠,德國計畫 2050 年 80%的能源來自可再生能源,但這必須透過高效的智慧電網和動態調控才能完成。資訊技術在能源經濟中廣泛應用,才能宣告「化石燃料時代」開始走向終結。在此之前,化石燃料依然是重要的。因此,中國必須在「一帶一路」建設中繼續加快完成能源安全布局,加快新能源技術的開發。

2015 年年初,石油輸出國組織秘書長表示,油價已經觸底,似乎有些安慰市場的意思,但他說,三、五年內,低油價造成的投資不足將使油價飆升,甚至會突破 200 美元,這同樣是值得注意的。不管怎麼說,在一段時間裡,低油價是一種新常態,影響到大宗商品價格走向,影響到國際貿易值,更影響到物價的下跌和低通膨的物價走勢。在低油價下,低通膨也很有可能是一段為時不短的經濟新常態,這倒是應當引起關注和研究的。

■問題 2:世界性「低通膨」

第二是世界性「低通膨」和歐元區通縮是否會影響中國。

低通膨問題與石油問題有聯繫,但要比石油問題更重要。低油價

只是加重了物價的下跌，而低通膨或通貨緊縮是與物價持續下跌互為表裡的貨幣現象。在傳統分析中，CPI漲幅較去年同期低於1%，而且持續6個月以上，就預示出現通貨緊縮，而通貨緊縮將會導致經濟持續低迷。

從2014年以來，中國的CPI曾經有過「1時代」的月份，但全年是2%，因此並沒有出現通貨緊縮，但「低通膨」與通貨緊縮相隔並不遙遠，而且因為世界經濟的緊密關聯，外部的通貨緊縮也會輸入一國內部，需要努力防止。目前，不僅在一般製造業和房地產行業產能過剩嚴重，上游的原料行業更嚴重。而且，這不是一兩個國家的問題，還涉及許多已開發經濟體和開發中經濟體，發展下去會引起全面的企業恐慌。因此，IMF在最新的《世界經濟展望》季度報告裡強調，通貨緊縮是全球經濟最大的威脅，並非杞人憂天。

並不是所有國家都要像美國一樣量化寬鬆和像日本一樣超級量寬，但精準寬鬆是需要的。在此同時，在繼續擴大消費需求的同時，還要進一步加大「一帶一路」建設力度。積極推動外貿初期收穫是「一帶一路」的應該有的表現，透過「一帶一路」的溢出效應穩定全球經濟，也是一種擔當。

正像中國總理李克強在達沃斯論壇上所講，促進貿易投資自由化與便利化，進一步擴大服務業、中西部地區發展資本市場，鼓勵企業走出去，與各國在相互開放中共同發展，國際社會也應堅持和平穩定的底線，秉持開放包容的理念，啟動改革創新的動力，攜手開創美好的未來。

他說，中國經濟無疑有成長速度下跌的壓力，但即使是7%左右，每年增加的絕對值也在8000億美元以上，相當於一個中等國家的總

值。而且，隨著基數加大，增幅與增量不會在同一個基準點上。如今的7%相當於5年前的10%。多種因素決定了中國經濟不會發生區域性系統性風險。

■問題3：投資、消費、外需

第三個問題是，當前投資、消費、外需這「三駕馬車」誰駕轅的問題。

三駕馬車的優先順序也是個老問題。目前，世界性的市場蕭條已經露出端倪，或者說是普遍的市場疲軟，我們雖然不能拿來與1930年代的市場蕭條簡單相比，但在市場過剩的某些方面有相似之處。把過剩分為落後產能過剩和先進產能不足，固然有其道理，但新的產銷特點是產品週期愈來愈短，個性化需求愈來愈興盛，而消費的族群與發展時間差也決定了，除了環保與安全和技術升級的剛性要求外，很難講什麼是市場需要或不需要的，因此，產業與產能的轉移是需要優先考慮的。

特別是需求不振主要來自服務供給不足，需要加快提升服務業，擴大服務業的內涵與外延，同時也要加大投資力度。在互聯互通中，基礎設施建設的有效投資拉動，具有多方面的帶動效果。在1930年代的市場蕭條中，凱恩斯經濟學發揮了決定性的作用，需要重新引起關注。基礎設施建設需要廣大的人力物力投入，既為經濟的再度起飛奠定新的基礎，也能有效地刺激消費。投資拉動與擴大消費並不矛盾，內需與外需也不是天然對立，一切要以時間、地點和條件為轉移。

目前，「一帶一路」互聯互通中的基礎設施建設，是拉動世界經濟走出低潮的有效措施。近年來，中國的基礎設施建設取得巨大進展，

但需求依然巨大。2014 年單單中國西部新開工的項目就有 33 項，其中包括 8 條鐵路和多條高速公路、西部支線機場等。東部的城際鐵路與軌道交通需要投入大量資金，約需 8353 億元投資的聯通山東，以及遼東的跨海隧道與跨海鐵路也在討論之中。

　　基礎設施建設，開發中國家需要，已開發國家也需要。歐巴馬在他的國情咨文裡提出了「中產階級經濟學」的七大目標，其中一條就是加強基礎建設。他說，21 世紀需要 21 世紀的基礎設施，包括現代化港口、更堅固的橋樑、更快的火車、最快的互聯網。在基礎設施建設上集中強化投入，既是內需也是外需，是三駕馬車一體發力，一起給力。現代基礎設施本質上也是高技術產業，與製造業中的裝備製造業直接形成上下游關係，也為服務業如旅遊業、物流業的發展拓展了空間。

　　2014 年，中國消費對 GDP 成長的貢獻達到 48％以上，接近 27 兆元，消費市場規模僅次於美國，居世界第二位。資訊消費、住房消費、旅遊消費、教育文化體育消費、高齡化消費與綠色消費是今後的重點。2015 年還會設立 400 億元的創業引導基金，也會提高到兆元規模。但是，在經濟低迷的情況下，經濟平穩發展同樣離不開投資的關鍵作用。

　　2014 年，中國國內在啟動基礎設施建設之外，也推出包括生態環保、農業水利等 7 大類投資包，推出 80 個社會資本參與投資專案，全年固定資產投資規模超過 5 兆元，和去年同期比較成長 16％以上。2015 年也不會低於這個水準。

　　從國際投資需求來看，2013 年中國對外投資金額首次突破千億美元，由商品出口到資本出口，這是象徵性的轉變。國外需要直接投資的領域很多，有關機構進行調查，一是能源生產與設施，特別是再生能源。已開發國家如德國 2022 年要關閉核電，太陽能發電會有較大發

展，合作機會也會增多。一些國家電力缺乏如巴基斯坦，其火力與水力發電有巨大的發展空間，甚至在阿富汗也有修建水電大壩、公路和鐵路的需求。

二是基礎設施，東南亞、南亞、拉丁美洲和非洲都有較大缺口，尤其是高鐵，光是土耳其就要建設 1 萬公里。三是環保採礦業升級，資源富集國家如巴西，智利、秘魯等，對採礦和重載遠端運輸都有較大需求市場。四是農業投資，南美的葡萄酒、巴西的牛肉、荷蘭的乳製品和鮮花業，都有在補償貿易中投資合作的願望。

在「一帶一路」發展中，2014 年中國對外直接投資首次超過千億美元，這是一個歷史性的轉變。1992 年到 2012 年的 20 年裡，中國對外投資占 GDP 的 8.5％，美國與歐盟則為 2.6％。下一步，中國將會提高對外投資的數量，開工建設一批互聯互通項目，建設境外經貿合作區，加快優勢產業的富餘產能向外轉移。總之是要在經濟全球化的大格局下，讓「三駕馬車」在絲綢之路上一起跑起來。

■問題 4：國際貿易走軟

2014 年的國際貿易增加的幅度在低位徘徊，遠低於國際金融危機爆發前的水準，全球投資則在開發中經濟體的帶動下有所回升。世界貿易組織發布的《2014 年世界貿易報告》顯示：2014 年全球貿易成長 3.1％，中國外貿成長 2.3％，按美元計為 3.4％，總量為 26.43 兆元人民幣，出口高於進口，主要是受大宗商品價格下跌的影響，拉低進口值，出現 45.9％的高順差。

2014 年中國外貿是有成果的，對經濟成長的貢獻率達到 10.5％，占全球份額進一步上升，服務貿易成長較快，轉變經濟成長方式和經濟

結構調整步伐加快。2015 年全球外貿預計增幅為 4％，低於 1993 年至 2013 年 20 年間的 5.3％的平均水準，但會略高於 2014 年。中國的目標是 6％。

不久前，世貿組織總理事會幾經波折後通過《貿易便利化協定》，並納入《世貿組織協定》。《貿易便利化協定》將創造新的經濟合作環境。根據國際機構計算，這個協定將使發達成員貿易成本降低 10％，發展中成員降低 13％至 15.5％，最高可使發展中成員出口年成長 9.9％，約為 5690 億美元，發達成員成長 4.9％，約為 4750 億美元，帶動全球 GDP 成長 9600 億美元。這是一種積極的變化。

《2014 年世界貿易報告》曾提出，世界貿易出現了四個新的趨勢。一是開發中經濟體重要性提升，在世界產出中的份額占一半。二是全球價值鏈持續擴展，開發中經濟體更多參與到全球價值鏈中，並以較低成本融入世界經濟。三是大宗商品價格上漲，部分大宗商品輸出國得益於價格上漲，經濟發展加快。四是各經濟體相互依賴程度加深，宏觀經濟衝擊對全球影響愈來愈大。其中的一、二、四點分析得不錯，但大宗商品價格的上升情勢回落，是一個新的變數。

這份報告特別指出，中國經濟轉型是世界貿易的新特徵，2013 年，中國成為全球最大貿易國，同時也成為第二大服務貿易進口國。在「一帶一路」發展中，中國的經濟轉型最終會為國際貿易增添後勁，而互聯互通基礎設施建設與中國企業「走出去」，更是拉動國際貿易的生力軍。從這個角度來看，「一帶一路」是真正的希望所在，將會進一步加快貿易復甦的步伐。

「一帶一路」構想在 2013 年提出，正是恰逢其時。從 2013 年開始，全球經濟出現後危機明顯症候，已開發經濟體的經濟走向開始分

化，開發中經濟體與已開發經濟體之間的貿易摩擦多有發生，影響到經濟全球化的進程。「一帶一路」構想不僅以和平發展與共同發展的理念正面影響了世界發展的方向，還以明確的具有操作性的「五通」打開了發展的思路，迅速成為推動經濟全球化與區域經濟一體化的戰略平臺，成為對沖後經濟危機的重要策略。

　　世界經濟論壇（也就是達沃斯論壇）在年會舉行前曾經發布《2015年全球風險報告》，該報告將人們關注的 28 項全球風險分為經濟、環境、地緣政治、社會和技術五大類，邀請全球 900 位專家參加「風險意見調查」，對這些風險在未來 10 年中發生的可能性和潛在影響進行分析預測。

　　在可能性方面，排在前五位的是政治地緣、極端天氣事件、國家治理失敗、國家解體或危機、結構性失業率高和未充分就業。在風險潛在影響方面，是水資源危機、傳染病擴散、大規模殺傷性武器以及應對氣候變化不力等。報告還審視了各種風險之間的關聯度。可能性中與經濟有直接關係的「前五」只有一個就業問題。

　　從某種意義上來講，這是有各種專家參加的「打勾題」，是用已然的印象判斷現在與未來。因此，這只能說是一種關於論壇主題外部聯繫的背景參考。而且，如果用「關注」這個更直接的詞來講，發生機率高的，無非還是人們常談論的複雜大國關係下的「世界秩序」治理結構、氣候問題、恐怖主義或局部經濟問題導致的治理失效、「伊波拉」病毒一類的公共衛生安全和經濟下跌的社會後果。由此就得出 2015 年是「地緣政治風險年」的結論多少有些離題，或者帶有有話在先「勿謂言之不喻」的意思。因為，恰好是這個政治地緣論要搶經濟全球化

的風頭，攪經濟一體化的局，這個問題後面會有詳細的闡述。

這些問題當然都值得關注，也必須認真討論、認真應對，但問題在於用什麼思路應對，是在和平發展和共同發展的全球化中合作應對？還是在所謂「去全球化」中去應對？這是兩種截然不同的思路。

中國改革的總設計師鄧小平說，發展是硬道理；「一帶一路」發展的宣導者習近平說，發展是安全的「總鑰匙」。習近平在 2014 年 5 月舉行的「亞信會」上提出發展是安全的總鑰匙的重要論斷，是鄧小平發展思想的進一步繼承與完善，和平發展、共同發展的「一帶一路」戰略構想，是從根本上，全面防止全球性政治、經濟、社會以及相關安全風險的重要策略與方法論。

第 2 章

走出國門
中國國內經濟模式的全面轉變

經濟發展方式的轉變需要發展戰略的同步轉型。三十多年來，中國的經濟開放經歷了東部沿海發展、中部崛起、西部大開發和沿邊發展的不斷升級，「一帶一路」是使中國經濟走向更大開放的 4.0 全球市場版。

中國從「打開國門」全面轉向「走出國門」，全面發展開放型經濟，是通向發展新境界的強國富民之路。

「引進來」和「走出去」是開放型經濟起飛的兩翼，中國資金、資本伴隨和支撐中國企業「走出去」，反映了中國在國際分工與全球價值鏈中的地位，正在發生巨大變化。

中國開放的 4.0 全球市場版

「一帶一路」發展戰略是基於對中國國內發展與國際經濟的準確深刻的判斷。從國內來看,中國的可持續發展需要新的發展戰略,需要在經濟轉型中同時實現發展戰略轉型。轉型不僅意味著經濟發展方式的轉變,意味著產業升級,更意味著深刻廣泛的改革與更加全方位的開放。

戰略轉型是經濟發展新常態的必經之路,甚至在經濟新常態中有著決定性的作用。戰略轉型並不是簡單的轉換,是承前啟後,是在與世界經濟互相融入中繼續抓住發展機會、擴大機會、創造機會,實現生產要素和資源配置的更大循環。

三十多年來,中國的經濟開放戰略經歷了東部沿海發展、沿邊發展和西部大開發的逐步升級階段,「一帶一路」是中國經濟開放的 4.0 全球市場版。

「一帶一路」發展戰略也是中國經過三十多年的改革開放、推進東部沿海發展戰略、推進沿邊發展和推進西部大開發之後的又一個重大經濟戰略選擇。在可預見的十幾年和幾十年裡,陸上絲綢之路將會出現週期性的大復興,繼續成為千古不廢、充滿活力的經濟發展的高速路,在亞歐大陸的經濟發展中再次發揮舉足輕重的作用。海上絲綢之路也會變得更加活躍,成為推動經濟全球化嶄新的動力來源。

中國東部沿海發展戰略、西部大開發和沿邊開放,是中國改革開放的三部曲,而經濟全球化也從小規模小範圍的經濟聯合體、較大的經濟共同體再到跨大經濟區域合作發展,走過了步伐參差不齊、程度

不一的三個發展歷程，目前都進入了新的深化階段。如果說，中國東部沿海發展是中國開始接入經濟全球化的 1.0 版，西部大開發包括振興東北老工業基地是 2.0 版，沿邊開放是過渡性的 3.0 版，「一帶一路」發展就是 4.0 版的新的開端。

中國改革開放首部曲：東部沿海

在中國改革開放之初，中國改革開放的總設計師鄧小平主席把發展機會的發動點放在了中國東南沿海，特別是與香港地區這個老資格自由港相連的深圳特區，一舉推出了東南沿海經濟戰略。事實證明，這是一個影響全域且意義深遠的歷史性選擇。

經過三十多年的發展，中國東南沿海地區包括廣東、福建、浙江、上海、江蘇以及山東和後來設置的海南省，已經成為中國經濟發展的第一批核心地區，經濟總產出占到全國的一半以上。兩個黃金三角「珠三角」和「長三角」前後形成，一批有高成長潛力的沿海開放城市也成為經濟開放的前沿。

伴隨東部的發展，一時間「孔雀東南飛」，持續不斷的「民工潮」以及各種資源，包括各種生產要素即資本、技術、能源、人才與勞動力一路向東南沿海先發展的地區流去，出現了蔚為壯觀的下深圳、渡海南的歷史性大開發現象。「深圳速度」成為東南沿海發展速度和中國發展速度的代名詞。在這個過程中，土地這種稀缺的不可再生資源也從傳統的農業用地中分化出來，出現工業用地、商業用地乃至整鄉整村用來建設新開發區和新城的「地方政府政策用地」。

新的令人心動的「城市化」「都市化」浪潮湧現，並以「城市化」

的名義占去數量驚人的耕地，房地產業從無到有，從小到大，從東南沿海地區起步向內陸擴散，東南沿海地區發展成占全國 GDP 的 12％ 至 16％ 的龐大產業和產業群聚集地區。

東部沿海發展的起點並不高，基本是承接當時環繞東部沿海地帶「陣起飛雁」的「四小龍」，也就是日本、新加坡和臺灣、香港地區的產業轉移，是在國際產業水準分工的最上游和最下游，具有「三來一補 [9]」「兩頭在外」的特點，或是加工業或是組裝業，技術性低，勞動密集，但好用好使，初步完成了東南地區的原始積累。

隨著東部產業自發升級和進一步發展，引起中部和西部人們的發展聯想和強烈願望。梯度發展理論由此引起關注，即從東部發展的起點基於及時承接亞太「四小龍」產業轉移的事實，認為按照產業轉移的規律，接下來會是中部，然後是西部。

殊不知，梯度發展走向的判斷，在本質和經濟學意義上首先是價值窪地理論，而不完全與地理地緣有關。因此，預想中的勞動密集型產業轉移並沒有按照梯度發展的時間表轉移，而是出現了更複雜的發展不平衡現象。

中國改革開放二部曲：中部 6 省

2003 年，中國中部 6 省在發展的　喊中迎來中國中央政府的決策，要求及時解決中部地區經濟發展「塌陷」的問題。從 1980 年到 2003 年，在東部經濟占的比例由 50.2％ 上升到 58.86％ 的時候，中部經

9　三來：來料加工、來樣加工、來件裝配。一補：補償貿易。

濟一路下滑，人均 GDP 只到全國平均水準的 75％。解決中部經濟「塌陷」問題最終取得了一定程度的成功。

這種成功，主要是因為找準了切入點和操作點，鎖定糧食基地、煤炭能源基地建設，鎖定現代裝備製造業，鎖定迴圈經濟，鎖定長江、隴海、京廣、京九「兩橫兩縱」交通資源優化配置和相應的「兩橫兩縱」經濟帶的發展。後來又明確為「三個基地，一個樞紐」，在糧食、煤炭之外，加上同樣重要的水資源基地建設。

中部有沒有承接「長三角」「珠三角」產業轉移呢？當然有，但不是主要因素。因為那時候的「長三角」、「珠三角」以出口為主導的外向性經濟發展正歡，無暇西顧，在機會成本上也未必有這種動力，倒是中部從「兩橫兩縱」交通水準提升中，從「兩橫兩縱」經濟帶之間聯繫度加大的發展格局中，找到了融入發展的機會。人們記得，那時湖南省一個重要的發展想法是融入「珠三角」，安徽是融入「長三角」，而不是被動反向承接。

從 2006 年到 2010 年、2012 年到 2014 年，中部崛起之路走了將近 10 年。中國中央政府先後公布實行了至少四個促進中部崛起的意見和規劃。「兩橫兩縱」經濟帶戰略效果明顯，諸如武漢都市圈、鄭汴一體化、鄱陽湖迴圈經濟試點、湖南「長沙、瀟湘、湘西」三個文化產業帶等，表現優異，這個擁有 3.6 億人口，人口與經濟總量分別占全國 28％和 20％的經濟「塌陷區」，終於全部進入經濟總量「億元俱樂部」。

中國西部開發的聲音在時間上要比中部崛起得早，但地理因素、基礎因素和環境制約決定了這是一個跨世紀的工程。產業轉移規律能不能很快奏效並順理成章地複製東部的發展，人們寄予很大期望，但事情要複雜得多。2006 年，有學者選取製造業發達的浙江和廣東兩省

中9個具有代表性的勞動密集型產業，即食品加工、食品製造、飲料製造、紡織業、服裝、皮革、家具製造、造紙、塑膠製造業變化狀況，對照西部人口相對密集的西南地區，即四川、重慶、雲南、貴州四地的產業發展情況，進行區位商數（Location Quotient，LQ）評價方法研究分析，得出兩個結論。

一是浙江省在選取的9個勞動密集型產業中，除了食品和飲料製造業，其餘6個產業的區位商數都大於1，其中紡織業和皮革、毛皮製造的區位商數超過了2，而廣東省除了食品、飲料、紡織業，其他5個產業的區位商數都大於1。說明浙江和廣東兩省依然是勞動密集型企業集中地區。

二是西南四省的大多數勞動密集型產業都沒有比較優勢，而東部地區的勞動密集型產業在整體上仍具有比較優勢。也就是說，在東部地區發展二十多年之後，預想中的勞動密集型產業從東部沿海向西南地區轉移是延遲落後的。那麼，西部是否就此陷入發展的絕望中，答案是否定的。西部也有自己的發展計畫，有自身的擔當，當然也不排除對自身優勢的的誤判。

首先，中國東部的發展對西部是個市場啟蒙，「浙商」與「溫商」就是啟蒙的「教師」。他們走遍了西部，是中國西部開發的第一批生力軍，有效地改變了西部的經濟封閉觀念，有效地改變了西部商業市場的地圖，有效地提升了西部市場的人文環境，有效地幫助西部居民改變了經濟生活的「匱乏」狀態。

他們的努力，在客觀上提升了西部人的產業理念和對就業的開

放，可以在繼續「孔雀東南飛」中去「打工」，也可以從事從保母到「月嫂」的更多服務業，還可以「孔雀西北飛」；或者像溫州人一樣去創業，而這是西部開發中最具價值的人才和人力資源條件。

其次，勞動密集型產業沒有大量轉移，並不意味著生產要素不會在新的市場組合裡發生轉移。例如一般人認為西部能源相對豐富，能源產業和重化工產業開始大量發展，並吸引了東部的企業投資，房地產業也出現了畸輕畸重的發展。

但這也留住了許多「精明」的東部商人。因為商業開發（特別是過度的商業開發）也是把雙刃劍，例如在都市化中與內地努力想要發展房地產業，那不僅是對西部廣闊土地資源的破壞，也是在西部發展環境制約瓶頸下的一種敗筆。

研究者也注意到一個事實，中國東部地區的勞動密集型產業雖然在成本優勢上開始降低，但在參與國內外分工中仍居重要地位。而且，由市場便利性和物流商業成本規律所決定，東部地區在參與跨國公司的全球分工中，產業升級呈現高低並存、高低搭配的經濟群落狀態。產業集群的聚集效應，又使集群內形成了完善的產業鏈條分工，可以就近找到專業的配套生產服務，從而可以集中於產品價值鏈上的各個關鍵環節，節省了企業的採購和交易成本，也實現了規模經濟生產。

在這種情況下，即使西南部物流條件有所改善，但它既不是勞動力密集流向地區，又相對遠離終端市場，並不能引發產業「捨近求遠，捨易求難」的轉移衝動。更普遍的情況倒是，在中國勞動力價格提升，企業盈利空間大為壓縮以後，它們的產業轉移方向不完全是中部，或者是勞動力資源相對稀少且人才正在外流的西部，而是位於海上絲綢之路沿線、人口相對密集的開發中國家和地區，如越南等。

事實上，一直到 2014 年，浙江的義烏和廣東的東莞，依然是中國勞動密集型行業和商業的重鎮。東莞的國內唯一的國家級加工貿易博覽會，在 2014 年吸引了 1210 家知名企業和上萬種產品參展，6300 多家國外採購商、1.6 萬多名專業買家赴會採購。加工貿易博覽會的前身是創辦於 2009 年的廣東外商投資企業產品博覽會，2012 年升級後的兩年裡達成商貿專案 13000 個。

儘管加工貿易具有「代工生產」的技術含量和附加值低的特點，在中國對外貿易的結構中地位有所降低，需要向價值鏈的高端環節拓展，但勞動密集型產業比重依然高於 30％。它們在現代陸上絲路貿易大格局尚未完全形成之前，還要在海上絲路的發展格局中發展與提高。

東部發展與西部開發的關係也顯示出，它們之間不存在一條直線，不是線性的，就算存有一條線，也是曲線。它們之間也不是單一的海拔關係、梯度關係，而是多維多元視角中的一種函數關係。梯度理論是在更大經濟範圍裡經濟中心發生轉化與轉換的輻射規律理論，並非單一的經濟地緣概念，運用在產業轉移中要有更多的前置條件。何況，在未來的經濟合作發展中，經濟輻射和傳導的途徑各式各樣，有著更複雜有效的組合。

中國改革三部曲：一帶，西部迅速發展加速器

西部開發自然讓人聯想到美國的西部大開發，也想到美國舊金山的來歷——華人的淘金歷史和美洲第一條跨洋鐵路。但是，美國腹背緊臨兩大洋，中部雖有「馬鞍」，卻不是猶如駱駝的直立的「單峰」與「雙峰」，更不是在當時經濟技術歷史條件下的不可逾越。美國的西部

大開發是美國國內區域經濟發展的必然選擇，最後的結果則是東西發展出現「啞鈴」式平衡和經濟發展的「雙核」。但這也說明，區域發展不一定是水平進行的，美國的西部開發當時就跳過了中部。

中國西部大開發從 1999 年開始提出。儘管多方面的思考，但要如何將東部發展後剩餘的經濟發展力注入西部，成為最初思考的重點。但西部大開發令人更深刻的原因，還是地區發展的不平衡。中國西部大開發的範圍包括重慶、四川、貴州、雲南、西藏自治區、陝西、甘肅、青海、寧夏回族自治區、新疆維吾爾自治區、內蒙古自治區、廣西壯族自治區等 12 個省、自治區、直轄市，面積 685 萬平方公里，占全國的 71.4％。2002 年末人口 3.67 億人，占全國的 28.8％。2003 年國內生產總值 22660 億元，占全國當時總量的 16.8％。

西部地區資源相對豐富，戰略位置更重要，但由於自然、歷史、社會等原因，西部地區經濟發展相對落後，人均 GDP 僅相當於全國平均水準的三分之二，不到東部地區平均水準的 40％，迫切需要加快改革開放和現代化建設的步伐。

西部大開發從 2000 年起步，已經進入第 15 個年頭，按照有關規劃，前 10 年建立基礎，再過 20 年是加速發展階段，接著再用 20 年進入全面推進階段。目前應當是處於加速發展階段的開始，如何接續十分重要。如果按照原來的規劃，至少還要經過 30 多年才有點成績，但現在看來不需這麼久時間。因為絲綢之路經濟帶的建設，不僅是西部發展加速的要求，也是西部迅速發展真正的加速器。

2004 年，在肯定西部大開發四年開發成果的基礎上，中國政府發布意見認為，基礎設施落後是制約西部地區發展的弱點，生態總體惡化趨勢尚未扭轉，水資源短缺，教育、衛生等社會事業嚴重落後，需

要進行持續不懈的努力。

　　另還推出各項措施，在繼續加快基礎設施重點工程建設的同時，還要推進生態建設和環境保護。並要求建立以企業為主體的對外招商吸引外資新機制，逐步放寬西部地區保險、旅遊、運輸等服務領域的外資準入限制條件，開拓國際貿易和邊境貿易。

　　把生態建設和環境保護看作西部大開發的切入點，在退耕還林、退牧還草、天然林保護、京津風沙源治理和已墾草原退耕還草等生態建設上，在江河源頭及兩岸、湖泊水庫周圍，以及北方乾旱和半乾旱土地沙化區、黃土高原水土流失嚴重區、南方岩溶石漠化集中區、長江中上游大江大湖周邊區、青藏高原江河源頭區和京津風沙源區等區域加強治理，繼續推進天然林保護等工程，逐步恢復生態系統自我修復，落實重要生態功能區保護，並提出把水資源的合理開發利用和節約保護放在首要位置，加強各類節水設施建設。

　　推進重點流域綜合治理、水資源科學調配、水源涵養地保護。有效防治水汙染，促進汙水資源化，以水資源的承受能力為前提，合理規劃產業布局，禁止在缺水地區上的高耗水項目。

　　中國還提出 5 年內建成「五縱七橫」國道骨幹西部路段，到 2010 年建成西部開發八條公路幹線，逐步完成以幹線機場為中心、幹線機場與支線機場相協調的航空網路和加強內河航運基礎設施建設，這些都是基礎建設的重點。

　　提出加強綜合能源體系建設，發揮西部地區作為全國石油、天然氣生產和加工基地的作用，建設一批大型高產、高效、低排汙煤炭生產基地，並發揮西部地區氣候多樣化和生物多樣性的優勢，積極發展

特色農產品及其深加工，加強市場流通基礎設施建設，推進農業產業化經營，並密切結合西部地區資源特點和產業優勢，以市場為導向，積極發展能源、礦業、機械，在有條件的地方發展尖端技術產業，探索一條適合西部地區的新型工業化道路。從這種想法衍生的出發點也不錯，但要如何理解這個新型工業化，還是一個問題。

特別提出以線串點、以點帶面的區域發展指導方針，依水陸交通幹線，重點發展一批中心城市，培育西隴海蘭新線經濟帶、長江上游經濟帶和南貴昆經濟區等重點經濟區域，形成新的經濟增長極。如此對西部開發給出有希望的答案，但也在重點突破中忽視了西部經濟內部巨大的差異性。

在西部大開發的前 10 年裡，西部大開發邁出了實質性步伐，除了生態問題還要繼續付出長期努力，在製造業產業結構上還需要進行實事求是的調整。西部大開發還出現了新亮點，其中最矚目的就是西部大開發的標誌性工程——西氣東輸、西電東送。

在基礎設施建設方面，青藏鐵路和拉日鐵路通車，拉薩到林芝、日喀則到亞東和吉隆口岸的鐵路也列入計畫。西藏等級公路已經接近 5 萬公里。蘭新鐵路三條複綫建設、通向中亞的連霍公路建設、優化西安咸陽國際機場和建設成都雙流機場、昆明巫家壩機場、蘭州中川機場和烏魯木齊機場的航空網，也都表現優異。

根據不同的計算口徑，2000 年到 2008 年，累計工程 102 項，投資規模 1.7 兆元。全口徑統計，2000 年到 2009 年，中國中央財政累計投入 3.5 兆元，包括財政建設資金 5500 億元，財政轉移支付 7500 億元，長期國債資金 3100 億元。2000 年到 2008 年，西部地區經濟總量從 16655 億元飆升到 58237 億元，年均成長率 11.7%。

就鐵路建設而言，在 2011 年至 2015 年期間，中國不僅建立世界獨有的「四縱四橫」鐵路網，還在中西部地區投資 1.85 億元，投產新線 2.3 萬公里。2014 年投資比例進一步加大，未來兩年裡，中西部鐵路投資至少 7000 億元，投入新線 1.6 萬公里。中國交通部還提出，占比只有 64％（2013 年）的普通國、省道建設要加快推進，到 2020 年做到所有具備條件的縣城通二級以上公路，這大部分涉及西部地區。

最艱難的生態建設也開始上路，2005 年的最初幾年裡，退耕還林 8600 萬畝，退牧還草 2.9 億畝。三江源生態有所改善，連中國人民最為憂心的國內最大的鹹水湖青海湖水位也開始上漲，在 2013 年年末回到 40 年前的狀態，增加了 6 個西湖的水量。京津風沙源區林進沙退，相關四省區在 2009 年後沙化土地面積減少 4060 平方公里，森林覆蓋率提高到 23.64％。但從全國來看，森林覆蓋率由 16.55％增加到 20.36％，仍不及世界平均水準的三分之二，人均森林面積不到世界平均水準的四分之一。

生態系統的核心是荒漠化、石漠化——在中國西部，要區分沙漠、石漠和荒漠化、石漠化。沙漠邊緣區也會有人為開發的歷史因素，多數具有地理地質上的原生態性，荒漠化則主要歸因於人類的過度開發——中國是世界上荒漠化面積大、分布廣、類型複雜的國家之一。據監測，截至 2009 年年底，全國荒漠化面積 262.37 萬平方公里、沙化土地 173.11 萬平方公里，分別占國土總面積 27.33％和 18.03％。中國水土流失面積也達 367 萬平方公里，占國土面積的 38.3％。荒漠化面積主要分布在中亞一線和草原一線，水土嚴重流失區域也在中國西部黃河流域地區，在西南絲路上還有大面積的石漠化地區，改造起來難度更高。

中國是世界上 13 個貧水區之一，目前人均水資源量居世界第 121 位，為世界人均水準的四分之一，全國 18 個省份人均水資源低於嚴重缺水線。到 2030 年，隨著人口增加到 16 億，人均水資源將比現在減少四分之一。中國缺水 400 億立方公尺，地下水過度抽水的面積達 19 萬平方公里。

中國西北部降雨量低，西南部許多地區有較多降雨但降雨的時間分布不均，石漠化又留不住地表徑流，乾旱時有發生，成為經濟發展的一大瓶頸。特別是地下水資源，占全國總供水量的 20％、飲用水量的 70％、農田灌溉水量的 40％、工業用水量的 38％，但分布很不均勻，在西南紅層地區、西部黃土高原和內陸盆地，都是典型的缺水區域。

中國西部礦產資源相對較多，但中國人均礦產資源僅為世界平均水準的 58％。國民經濟需求量大的主要礦產如石油、天然氣、鐵礦等嚴重短缺。已經開採的 45 種主要礦產，從 2010 年起已有三分之二難以保證發展的需求。

2010 年，西部大開發又更上層樓。在建設國家能源基地、資源加工基地的同時，生態建設再次上路，劃分了西北荒漠化防治區、黃土高原水土保持區、青藏高原水源涵養區、西南石漠化防治區、重要森林生態功能區，在功能保持與建設中遏制生態惡化趨勢。在交通設施方面則提出「五橫四縱」高速公路網，連接東西南北，並形成東北亞、東南亞、中亞和南亞「四出境」國際通道。

2012 年，西部大開發規劃編制發布。在 2011 年至 2015 年期間，西部大開發的主要目標為：區域經濟成長和城鄉居民收入成長「雙高於」全國平均水準，新增鐵路營業里程 1.5 萬公里，森林覆蓋率力爭達

到 19％左右，單位地區生產總值能源消耗下降 15％左右，單位工業增加值用水量降低 30％，九年義務教育鞏固率達到 90％以上，都市化率超過 45％等等。

根據中國主體功能區規劃要求，在 2011 年至 2015 年期間，西部地區空間開發格局也進行了規劃：提出支持成渝經濟區、關中天水、廣西北部灣等 11 個重點經濟區率先發展，支持河套灌區等 8 個農產品主產區優化發展，支持西北草原荒漠化防治區等 5 個重點區可持續發展，支持攀西—六盤水等 8 個資源富集區集約發展，支持沿邊開放區加快發展，支持秦巴山區等集中連片特殊困難地區跨越發展。

應當說，西部大開發的規劃愈來愈清晰，但依然存在長遠經濟戰略布局的深刻矛盾。其一是在西部自然地理和經濟地理的大結構中，不同地區的發展條件與起始點有很大差異，必須在共同的發展目標下尋求不同的地緣發展路徑。其二是生態建設必須放在首位，在一些地區甚至要在生態方面進一步「休養生息」、「以逸待勞」下，盡可能地摒除與生態建設要求相悖的產業發展要求。問題主要出現在重化工與對「都市化」一般理解下的房地產業的過度發展。

重化工產業價值鏈比較長，產業效益附加值也比較高，加上西部的煤炭油氣自然資源相對豐富，成為西部（特別是西北地方）趨之若鶩的發展產業，煤制油、煤化工不斷展開作業，在一個時期裡成為不小的熱點。西部的其他礦產資源也成為競相開發的對象。特別是煤炭採掘帶動火力發電和全產業鏈煤化工，成為西部一些資源富集地區加速發展的動力來源，在生態環境剛有好轉的情況下出現二次汙染且更加難以可逆的環境變化，成為西部發展的另一個瓶頸。這是西部開發

最大也是影響最深刻的發展問題。

由於西部的資源稟賦和資源流轉的重要區位位置，國家需要在重要的節點地區建立能源和能源加工基地，在有條件的地方發展高新技術裝備產業，這些都是重要的產業發展戰略決策，但這不意味著都要按照「俄羅斯娃娃」的模式讓各地發展。為了當下的工業產量而犧牲長遠發展，這絕非長久之計。而且，在不分地區，不僅不能持續發展，當下也無法繼續運作，以煤制油而言，一噸油需要 7 噸水，在水貴如油的西北地方，怎麼可能支持下去，更別說在工業製造過程裡又要產生多少二次汙染，機會成本又將如何高漲。由煤礦產業鏈和盲目推動西部房地產業發展的「鄂爾多斯現象」是一個典型的例證，而這樣的例證並不止一個。

生態環境問題，是中西部可否持續發展的重點

如果只是以上這些制約因素，或許還可以透過多種途徑去應對，但是，由於粗放式的經濟發展模式的長期影響，包括在產業結構中過度依賴高價值但也是高消耗的重化工業，不僅嚴重浪費資源，投入產出不成比例，也造成了生態環境二次制約的嚴重問題。自然生態惡化，汙水開始超出水體自然交換的自淨能力。空氣汙染嚴重。農業生產中過度使用化肥、農藥與生長素，土壤汙染面積不斷增加，多方面多途徑的汙染提高了環保壓力。

當然，西部地區並非不能發展化石能源與重化工專案，但要有嚴格的論證與環評。例如陝西榆林地區是世界七大煤田之一，僅榆陽區、神木、府穀煤儲量就達 1000 億噸以上，煤種低水、低灰、低硫，屬於

高發熱量值標準煤，而且水資源相對豐富，又是西煤東運、西電東送、西氣東輸的能源節點地區，就要重點發展。但即使是這樣的地區，人們更看重的是它的具有自主智慧財產權的新型炭素材料產業「蘭炭」產業。缺少這樣的綜合資源技術條件，就要從根本上控制。

生態環境的二次制約與環境惡化，不同程度地影響到中國的絲路沿線地區。生態環境問題是中西部可持續發展的首要制約因素，是絲路建設必須關心和解決的重要問題。從根本上講，生態環境建設不僅是絲路經濟發展可持續的開門鑰匙，更是絲路建設重要的基礎。

2010 年，中國環保部在對環渤海沿海地區、海峽西岸經濟區進行環評的同時，就對北部灣經濟區沿海、成渝經濟區和黃河中上游能源化工區進行了同步環評。2012 年，首次啟動西部大開發戰略環評，實施專案區域化環境準入標準，彌補了區域戰略環評在雲貴和甘青新的空白。雖然在「妥協」中留有餘地，但也明確地指出一些西部省份的「規劃」具有濃重的重化工色彩。環保專家指出，西部發展不能複製東部的老路，更不能只看到重化工業的規模優勢而「營利至上」，忽視當地生態的完整性，最終造成不可逆轉的生態災難。中國國土資源部專家也提出，應當禁止在黃河上游和空氣汙染擴散條件差的地區發展重化工。

西部要開發，開發發展模式又有先天與後天的重大制約，難道就等著東部發展帶來最後的「平衡」效應嗎？正確的答案只能從絲綢之路經濟帶建設中去尋找。也就是說，絲綢之路經濟帶建設構想的卓越不凡，不僅是西部大開發徹底擺脫開發矛盾與資源環境的經濟發展戰略，也為西部大開發帶來近乎無限的發展操作空間，是西部大開發真

正的原動力。這個動力是國內、國際兩個市場的動力，是更大市場流通空間帶來的動力。

市場流通拉動發展的效應，在中國西部歷史上就曾塑造了與古揚州一東一西齊名發展的「旌旗十萬家」的古涼州，也是古長安真正成為國際大都市、並與古羅馬齊名的關鍵因素。歷史發生作用的商業規律將在今天的「設施聯通」、「貿易暢通」、「資金融通」的更大規模裡發生更大作用，這是對新絲綢之路拉動發展效應的基本判斷，也是對西部大開發前景實現的戰略構想的基礎。

推動和實現西部大開發走上絲綢之路經濟帶建設之路，不僅要在近十多年來取得成果，特別是在基礎設施建設的成果的基礎上「互聯互通」，繼續發展完善，更要在加強生態基礎建設的前提下，更準確地規劃西部具體區域發展和產業構成。

一方面，按照絲綢之路經濟帶的具體走向，即中亞綠洲絲綢之路經濟帶、西南絲綢之路經濟帶和北方草原絲綢之路經濟帶，以及經濟帶內各段落和各區域的生態特徵和貿易投資經濟合作中明顯或潛在的前景與應對，作出科學的論證與自身的角色安排。另一方面，要根據實際情況調整自身的產業結構。除了國家從總體經濟戰略高度進行的「基地」性建設和涉及歷史安排的項目，一般主要從幾個重點方向優先考慮。

一是與絲路交通有關的物流產業鏈和生產性、生活性服務產業，包括區域合作金融服務業。

這應當是絲路經濟發展的主導產業。貿易、流通需要服務業的配套，國家能源基地和重要產業基地也需要服務業的配套。尤其是在西

部仍屬於剛開發階段的金融業，更需要跟進。物流貿易與金融是相輔相成的孿生產業。在 2010 年有關西部開發的意見中，十分強調拓寬資金管道，為西部大開發提供資金保障，但主要是用長期建設國債等中央建設性資金支持西部開發的投資力度，並且採取多種方式籌集西部開發專項資金。

雖然也提出採取多種方式鼓勵和引導社會資金和境外資金參與基礎設施建設，強調進一步加大中央財政對西部地區的轉移支付力度，提出拓寬西部開發間接和直接融資管道。鼓勵各金融機構採取銀團貸款、混合貸款、委託理財、融資租賃、股權信託等多種方式，加大對西部地區的金融支持，以及加快商業銀行對西部的支持和國家政策性銀行擴大貸款規模，延長貸款期限，支援西部地區基礎設施建設、進出口貿易。但對推進西部地區金融體系建設，僅僅是局限於「三農」和支持西部符合條件的企業優先發行企業債券股票。為什麼西部就不能有跨地區甚至跨國經營的發展銀行？

服務業相對綠色產業，能耗小，就業量大。在經濟一體化與區域化的推動下，在資訊技術廣泛應用的條件下，服務業與製造業的融合，製造業服務化的發展趨勢明顯，並逐漸成為推動產業升級的重要驅動力。

目前，愈來愈多的國家將製造業服務化作為實現產業轉型升級、提升製造業發展水準的重大戰略。在美國，生產性服務企業一直貫穿在製造業的價值鏈中。2011 年，美國製造業的中間產品有四分之一出自服務業，在有的行業裡，比例高達一半。生產性服務業包括傳統出版業和軟體出版、電影與錄音產品、廣播與電信、資訊和資料服務、銀行與信貸仲介、證券與投資服務、保險與租賃、法律服務、各種科技服務、企業管理甚至批發貿易、運輸和通信等。1980 年以來，美國

的生產性服務業成長 59％，是整體服務業的兩倍多。生產性服務業的內容與功能的定位，並不是一個對服務業的分類問題，而是文化創意產業與製造業的結合。絲路經濟的發展為服務業創造了更大的空間，人們在從事一般生活性服務業的同時，要把更多目光投向這些以「知識經濟」為基石的產業上。

二是現代跨國旅遊業。

跨國旅遊業是絲路經濟發展的先導產業，業態豐富，就業容量大，還有品牌傳播效應。尤其是西北絲路網申請成為世界遺產成功之後和「紐西蘭（新疆烏魯木齊—青海西寧—甘肅蘭州）」第三條高鐵複綫的開通，以及蘭寶、鄭西高鐵的陸續對接，中國國內全絲路旅行已經成為現實。中亞跨國公路的聯通與亞歐鐵路的對接，也使全絲路旅行成為可能。哈薩克提出「絲綢之路旅遊節」的創意，為絲路旅遊做好準備，需要在各個層面上緊密連結。

目前，咸陽國際機場年乘降人次可達 1700 萬，鄭州國際機場與蘭州、烏魯木齊國際機場也形成了主支配套的航空網路，絲路旅遊將給絲綢之路經濟帶帶來更高的人氣和更多的商機。西安旅遊是絲路跨國旅遊最大的品牌，老絲路景點固有的吸引力，加上新絲路景點「絲綢之路博覽園」、「絲路國際博覽會」、「大唐西市絲街」以及「網上絲路」和培養絲路文化人才的「中亞學院」等，都產生了嶄新的歷史魅力。在新疆喀什，民營企業投資百億元的文化主題「阿凡提」樂園也成為古絲路旅遊新地標。海上絲路旅遊也在大連港國際郵輪中心啟航，與「郵輪經濟」結合，有望帶動千億郵輪產業集群，提高環渤海與東北亞經濟的附加值。

　　據世界旅遊組織預測，到 2020 年，中國出境旅遊規模可達到 10 億人次，每年一億多人次，外國入境旅遊規模可達到 1.7 億人次。2011 年，中國入境遊客從 2008 年的 5305 萬人次增至 5758 萬人次。從世界第四大入境旅遊接待國升至第四大入境旅遊接待國和世界第三大旅遊出境輸出國，2013 年入境旅遊為 1.3 億人次，入境旅遊外匯收入近 500 億美元。中國國家旅遊局預計，2015 年國內旅遊將突破 33 億人次，入境旅遊突破 1.5 億人次，2020 年超過 1.7 億人次，是合理的成長預期，屆時中國將成為世界最大旅遊輸出國和接待國。

　　目前，中國與其他國家和地區簽訂雙邊航運協定有 110 多個，通航城市也達 100 多個。文化產業有自身獨立的市場實現價值，但與絲路旅遊產業融合，產生的效應會更大。具有商業貿易和文化雙重特徵的國際、國內絲路旅遊將成為最大的成長亮點。這是西部的大好機會。西部旅遊資源總量占全國 40％，實施西部大開發以來，入境旅遊規模成長 1.25 倍，達到近 1000 萬人次，旅遊總收入成長 2.19 倍，達到 5279 億元人民幣，年均成長率分別為 14％和 24.5％，均高於同期西部各省 GDP 成長率。旅遊已經成為西部許多地區的支柱產業。但是，中國的旅遊業（特別是西部的旅遊業）也面臨新挑戰。

　　世界旅遊組織公布，國際旅遊人數 2014 年上半年成長 4.6％，旅遊人次 5.17 億，比 2013 年同期增加 2200 萬人次，其中美洲成長 6％，亞太地區 5％，而日本、南韓和馬來西亞成長率達到兩位數，預計 2014 年國際旅遊會達到 11.3 億人次。據中國旅遊研究院推算，中國有可能達到 1.16 億人次。但出境旅遊與入境旅遊差別較大。2014 年上半年，出境旅遊 5410 萬人次，入境旅遊為 2683 萬人次。上半年海外遊客在中國國內消費的金額為 248 億美元，而中國遊客在海外消費達 688

億美元，逆差 440 億美元，估計全年為 1000 億美元。

在外貿差評結構裡，旅遊業屬服務貿易，差距從 2009 年就開始了，2012 年超過德國，成為世界最大旅遊收支逆差國。原因有三：一是環境汙染與食品安全問題；二是頂級消費品價格高出海外兩倍左右；三是服務水準不高，在類似性質「農家樂」和遊山玩水中徘徊，旅遊業品質需要提高。絲路旅遊不能沿襲過往，出現清一色的「劉老根」（喻成功的農民企業家）。

三是現代農業產業同樣是西部產業的亮點，也是西部加工業的首要資源。

西部，不論西北還是西南，都是動植物垂直與地理生態分布的豐富基因庫，土地資源多，光照溫差適宜，是發展特色農牧業、草業與育種業的首選地區。生態保護與水資源節約利用下的生物產業有前景、有後勁，將是中國西部帶給世界的厚禮。由於缺水，中國西部的生態環境還要在持之以恆的努力中逐步改善。但也有不甘等待的新一代絲路人在奮進。他們為絲路產業發展帶來了「沙產業」的具體經濟模式，這就是「庫布其經驗」。

庫布其沙漠是中國第七大沙漠，面積 1.86 萬平方公里。內蒙古億利資源集團在庫布其沙漠裡經營了 25 年，綠化了 3500 平方公里的荒漠化土地，不毛之地開始變成綠洲，雨水也開始豐沛了。2013 年的半年裡，庫布其已經下了大小 17 場雨。最重要的是，這裡出現了小村鎮，原來散居的牧民們在這裡建立了種草業與旅遊業。這已經不是沙退人進或者沙進人退的故事，而是已故著名科學家錢學森提出的「沙產業」發展的典型案例。庫布其經驗引起聯合國環境規劃署的注意和重視。

聯合國防治荒漠化國際公約秘書處秘書長呂克‧尼亞卡賈說，全球有3800萬平方公里的荒漠，占陸地面積四分之一，10多億人遭受威脅，如果都像庫布其一樣，荒漠化的問題也會減輕。聯合國防治荒漠化國際公約秘書處在2012年聯合國「里約＋20」高峰會上推薦了庫布其經驗，並由此提出2030年全球實現荒漠化零成長的目標。

四是可再生能源與環保產業。

西部化石能源優勢並不是可持續的長久優勢，或者只能說是能源過渡性的一種優勢，尤其是煤炭資源，在一次能源消費中比率不斷降低。與石油相比，天然氣是綠色能源，但在一次能源消費中，綠色能源特別是可再生能源產業的發展，是目前的重要方向。在中國西北和西南，太陽能、風能、水電能資源豐富，特別是沙漠地區，再生能源豐富。雖然再生能源目前在規模開發中遇到資金投入高、塵沙與高溫降低轉化效率以及電能儲存和輸出問題，但作為相對封閉的能源系統，是適用於西部居民小集中、大分散的分布結構的。從生態環境建設和未來發展方向上來講，不失為好的選擇。

綠色發展就是把環境要求和資源消耗作為一種剛性約束要求，做到低汙染。綠色發展取決於兩個變數，一個是資源節約減量，一個是能源效率的提高。前一個問題的解決，要靠發展迴圈經濟在產業發展中的具體路徑，就是打造資源迴圈利用的迴圈經濟產業鏈，化害為利，促進生產、流通、消費全過程資源減量化、再利用化和廢棄排放的最大限度無害化。後一個問題的解決，要靠低碳發展節能減排，在發展中推行以低消耗、低汙染、低排放為特徵的能源利用模式，盡力減少化石能源使用，盡可能地使用綠色能源和再生能源。在絲路經濟帶建

設綠色發展中加強生態環境文明建設，新能源與可再生能源的開發利用，是重要的一環。

儘管絲路上不缺化石能源，但減少化石能源的利用數量，提高效能，是絲路經濟發展的根本方向。2004 年，中國的水力發電裝機規模就居世界第一，突破 1 億千瓦。2011 年，中國成為世界風力發電的第一大市場。2012 年，中國水力發電、風力發電裝機容量已經突破 2.3 億千瓦和 5258 千瓦，均居世界首位。在 2012 年中國國家能源局發布的《風電發展「十二五」規劃》（在 2011 年至 2015 年期間，風力發電的規劃）裡，2015 年風力發電並網（發電機組的輸電線路和輸電網接通，可緩解電力供應的不足）裝機容量要達到 1 億千瓦，2020 年達到 2 億千瓦。在並網發電運用的成效方面，2012 年，內蒙古東部、西部、甘肅和河北北部，風力發電日發電量占用電量的比例最高分別達到 72％、28％、26％、20％，中國電網運用風力發電的能力已經處於世界領先水準。

太陽能光熱發電是能源領域的新亮點。太陽能取之不盡，到達地球表面的太陽能，在理論上相當於目前全世界總發電能力的 20 萬倍，地球每天接收的太陽能，相當於全球一年消耗的總能量的 200 倍。人類只要利用太陽每天光照的 5％，就可以滿足全球的能源需要。

國際能源署預測，在 2050 年，全球 23％的電力來自太陽能。在中國西部和北部的絲綢之路經濟帶上，太陽光是最具優勢的自然資源，大規模的太陽能發電站可以運行，農民在發展特色農業的同時，也會進入太陽能發電業與風力發電業，這正是絲路經濟的活力所在。據研究，一片 64 平方公里面積的沙漠所獲取的太陽能，就能滿足全世界的電力需求。中國每年未開發的太陽能資源總量約為 109 萬兆瓦，大部

分在西部。中國每年未開發的風力能源資源總量也有 45 億千瓦，大部分也在西部。在沙漠上建設太陽能發電站，在產出電能的同時，還可以降低沙漠氣溫，增加土壤含水量，有利於沙漠作物生長，形成生態的正循環系統。

　　目前，太陽能發電已大幅降低成本，過去 10 年成本下降了 80％，據業內人士預測，到 2020 年以後的幾年裡，還能下降一半，與天然氣發電成本基本上一致，在沿海地區可降到最低每度電 0.5 元，與煤發電成本一致，產業化前景比較明朗。中國國家能源局的「十二五」（在 2011 年至 2015 年期間）規劃中，太陽能發電並網裝機容量 2015 年為 2100 千瓦，2020 年是 5000 千瓦。光熱發電的發展前景，也許比規劃的要快。

　　西部產業結構合理構成的剛性要求，決定了西部不能簡單複製東部的繁榮。產業轉移的非梯度模式和發展的非線性「函數」關係，決定了西部大開發並非東部的西部延長。東部與西部都有各自的歷史使命和歷史角色，而中部作為經濟腹地，對東部、西部的雙向支撐、托舉，必然形成經濟能量向東西南北全方位輻射的一種開放性結構。這是發展的歷史慣性，也是發展的未來走向。這種結構必然解釋了歷史貿易走向為什麼是四面絲路、八門齊開，相互聯繫、有分有合。

　　這種結構也解釋了兩千多年以來，陸上絲綢之路的開通與海上絲路的開啟幾乎是在同一個時間裡形成海陸並舉、互為犄角的對外貿易格局。中國的對外經濟開放在經歷了沿海、沿邊和西部大開發幾個階段之後，必然要作為一個整體全面開放，必須在經濟全球化和區域經濟一體化的深度發展的更大空間裡取得新的突破和進展。

實現百年強國夢

　　「中國夢」是和平發展的夢，也是與世界共同發展的夢。實現「中國夢」離不開開放型經濟。改革是中國經濟發展的機制動力，對外開放的經濟戰略選擇是地緣發展動力。改革開放初期，中國在百廢待興裡毅然「打開國門」迎接發展機會，30 年後經濟總量達到 10 兆美元，成為位居世界第二的經濟體，向百年強國的夢想邁出了重要一步。實現「兩個一百年」夢想，需要在開放的道路上繼續奮進，從「打開國門」全面轉向「走出國門」。

　　新絲綢之路是全面發展開放型經濟，通向新的發展境界的富強之路，是最寶貴的地緣經濟財富和戰略資產，將會讓中國的發展夢、富強夢在物質和精神上不斷增值放大，造福中國與世界。

　　強國首先是個經濟發展概念。2014 年年初，世界銀行提出的按照購買力平價來計算，中國經濟在 2011 年就與美國旗鼓相當，這引起了美國的再一次擔憂，但事實上國與國的經濟比較通常使用的方法是名義 GDP，它統計一國出售的商品與服務的價值，並將其轉換為美元。按照這種通用的標準計算，中國的 GDP 不到美國的約 56%。

　　正如美國國內一些評論者所言，購買力平價不是衡量中國在世界經濟中所占比重的最好方法，但卻是測量中國人消費水準的好方法，中國消費水準提高，更能惠及歐美出口。但不必疑慮是一回事，疑慮又是一回事，對於中國來講，無論外間有多少聲音，還是要走自己的發展道路，這種發展需要更大的舞臺，需要沿著絲綢之路經濟帶和海上絲綢之路的路徑來實現。因此，歸根究底，絲綢之路經濟帶和海上

絲綢之路建設，最大的誘因和動力還是來自經濟發展的開放規律，來自中國國內經濟發展的階段需要和對經濟全球化的準確判斷。而這種判斷有幾個層次。

中國邁向強國之路一：國際貿易

最一般的層次是國際貿易層次。中國改革開放初期面對的是「亞洲四小龍」的經濟發展和產業轉移的強烈走勢，沒有任何理由將這種歷史機會擋在門外。中國當時是沿海周邊發展中的價值窪地，勞動力豐富且價格便宜，有可能吸收外來過剩產能、產業以及相應的投資，首先在特區建設和東南沿海地帶的「三來一補」的加工貿易和勞動密集型產業發展企業引進中「殺出一條血路」，實現了把外來投資看成是機會的歷史大轉變，從此開啟了發展之門，走上了一條外向經濟成為拉動發展重要因素之路。

但是，在 2007 年後，隨著中國貿易順差變大，認識上開始有所分歧，把一些經濟問題歸因於出口過多，並因此提出經濟轉型，經濟需求由外向需求轉向內向需求。2008 年美國發生次貸危機，歐盟國家也先後陷入經濟衰退之中，全球經濟普遍處於低迷狀態，國際消費需求疲軟，貿易出口受到直接的衝擊，開發中經濟體的外向經濟活動也受到嚴重牽連。中國雖然依舊保持了最大貿易國之一的地位，但成長幅度縮小，甚至在近年來出現淨出口對成長的貢獻率下降趨勢。

例如 2014 年 7 月外需雖然創 17 個月新高，但上半年為 -2.9％，GDP 成長負拉動 0.2 個百分點。2014 年全年外貿成長 2.3％（以美元計算為 3.4％），出現的困難雖然比預想的多，成績卻比預想的好。中國

外貿對 GDP 成長的貢獻率達到 10％以上。這無疑來自「一帶一路」的早期收穫效應。

擴大內需無疑是重要的，2014 年國內消費市場整體平穩，全年社會消費品零售總額 26.2 兆元，和去年同期比較成長 12％，對 GDP 成長的貢獻率達到 51.2％，比 2013 年提高了 3 個百分點，成為拉動經濟成長的重要引擎。

但這是不是意味著進出口和外向型經濟真的不那麼重要了？答案顯然不是這樣。因為進出口和外向型經濟不僅對增強經濟國際競爭力重要，其與擴大內需消費也不是對立的。大國的經濟成長離不開內需的持續成長，並不等於壓縮外需和聽任外需疲軟。

事實上，擴大內需消費與擴大外需是拉動經濟的雙引擎，兩個引擎要比一個好，內需消費提升取決於產品市場結構的不斷改善，也取決於居民收入分配水準的提高與結構的合理性。外需則同樣受到產品市場結構與需求能力的影響。例如服務業發展落後既是內需消費的制約，也拖累了外需的成長。在開放型經濟中，兩個市場最終是一個市場，關鍵是有效需求和性價比的比較。

一個明顯的情況是，中國早已經告別了短缺經濟，甚至在一些方面出現了積壓過剩。這種積壓過剩在不同的消費結構裡並不一定表現為數量上的絕對過剩。正常情況下，只有流通的不足和流通半徑的狹窄，沒有絕對化的積壓，除非是已經淘汰的落後產品和產能。

尤其在全球市場中，市場差別與消費差別很大，在開拓市場中打通內需與外需的對流通道，才能形成完整的市場。簡單地去切割內外需比例是多少為好，顯然是一種偏頗。內外需並重也有利於產品的創新和品質的提升，市場眼界有多寬，產品的層次有多高，企業的競爭

力就有多強,「門檻裡的大王」是成不了氣候的。

外需也是刺激內需的一個積極因素,近年來,中國國內市場消費的層級在不斷提升,再也不復見市場封閉時期商品幾十年「一貫制」,是個很好的例證。因此,在重視擴大內需消費的同時,不把內需與外需對立起來,內外市場「通吃」,是更好的選擇。

國際金融危機緩解之後,包括歐美在內的已開發經濟體,都把外需拉動作為經濟復甦與經濟振興的重要突破口,提出了重振製造業和出口,美國的歐巴馬政府在重振製造業的同時,還推出了「五年出口倍增計畫」,說明出口與進一步發展外向型經濟的戰略重要性。

從根本上來說,進出口和發展外向型經濟取決於兩個變數,一個是外需旺不旺盛所依賴的國際經濟形勢的變化,這是有不確定性的。另一個變數卻掌握在自己手裡,那就是適銷對路[10]。沒有適銷對路這一條,內需也難以啟動。能不能適銷對路,不僅取決於國內產業結構和國際外貿產品結構的良性互動,也取決於產業結構的調整和對外經貿體制的改革。

變化是永恆的,不變是暫時的,在一段時間裡,中國的產業結構和相應的外貿結構變化不大,勞動密集型產品、代工產品和部分核心技術和零件在別人手裡的組裝產品的「老三樣」產品不少;單一貨物貿易、勞務貿易和低端貿易「老三樣」貿易不少。這種情況正在改變。這是進一步擴大貿易亟須解決的問題。

應該說,中國製造業目前已經逐步度過在全球產業鏈低端分工的

10　促銷手段需得到消費者心理認可,才能發揮最佳銷售功效。

階段，開始在全球價值鏈中出現上漲走向，在一些「高大精尖[11]」領域占有一席之地，特別在交通運輸、基礎設施建設和裝備製造業方面形成新的優勢，但在全球價值鏈中，西方已開發國家依然處於高端；在一般消費品生產領域，中國保有龐大的內需外需市場需求，但也受到後開發中國家的競爭。

如何在全球市場競爭中進一步提升各個生產領域的技術含量與附加值，全面提高經濟效益，進而加強外向經濟的國際競爭力，目前進入關鍵階段。中國在全球市場裡，創業、創新、創牌三創結合，「一帶一路」及時提供了明確的市場通路和廣闊的市場天地。

中國邁向強國之路二：產能和產業轉移

第二個層次是產能和產業轉移。產業轉移是世界產業發展的一條定律，即便在古絲路的時代，經濟的流動節奏緩慢，自發的產業轉移也在發生。絲綢業與瓷器業甚至茶業在歐亞大陸出現，是產業轉移最早的表現。在現代規模經濟發展中，產能過剩和勞動力價格的上升，也是一種必然。中國的「老三樣」能夠維持近 30 年的週期，依然還有自身不斷升級的競爭力，已經是了不起的事情。

但轉移又是遲早要發生的，正像當年的中國是價值窪地，絲路沿線同樣有新的價值窪地，即使已開發經濟體，也有產業轉移之後的結構上的缺口，形成了「產業窪地」，這就給產業轉移和經濟互補創造了一次次的機會。

11　高級、精密、尖端的技術或產品。

　　產業轉移的本質是投資與合作，也是市場趨利的微觀經濟活動。封閉中的產能過剩會造成經濟危機，也會造成生產力的破壞，開放中的轉移則是要素於資源的再配置。

　　產能過剩有幾種，一種是落後產能過剩，包括技術落後、產品落後和環境汙染，必須做「減法」，不管是國內轉移還是國際轉移，都沒有存在的資格。一種是市場需要但受制於要素變化、成本上升、缺少市場競爭力和發展的可持續，「智慧化」和「第四次工業革命」是化解的途徑。一種則是盲目投資重複建設引起的。後兩種是產業轉移的重點。

　　在中國，人力成本的上升，必然迫使這些過剩產能走出去，到生產要素價值相對低窪的國家和地區尋找新的機會。這種轉移是數量轉移而非落後產能轉移。伴隨著產業轉移，資本轉移和技術轉移將同時實現，經濟的深層次合作也就隨之出現。

　　然而，僅限於這個層次還是不夠的，在世界經濟一體化發展的新環境裡，許多開發中國家和地區經濟開始邁入加速期，許多已開發國家和地區經濟也面臨調整，需要在要素配置上高層次、全口徑地推動經濟合作，優勢互補，這就涉及金融合作、能源合作和技術合作，也涉及經濟發展戰略合作。

　　已開發經濟體產業優勢各有不同，開發中經濟體也有先發展與後發展的互補性。這在客觀上形成了經濟合作的「生態三角」。就已開發經濟體來講，優勢在於新的產業技術和以高新技術為核心的產品，如晶片、高端記憶體、民用發動機、資料庫及作業系統、汽車核心零件、高端數控機床、積體電路以及醫療設備、生物技術產品和綠色能源技術和能源、大宗農產品等，基礎設施技術、大型裝備製造、一般消費品和投資品相對緊缺。

　　後發展經濟體則普遍缺乏互聯互通的各種基礎設施，特別是對能夠改善經濟發展環境，推動物流發展，並且具有資金流與產業流結合特點的眾多貿易投資合作計畫尤為需要。

　　先發展的經濟體走過了發展的第一程，往往在基礎設施貿易模組、一般消費品貿易模組和部分高科技產品技術模組上，形成「高低搭配」的混搭優勢，加上在發展中最為欠稀的資本與資金，在優勢互補中共同發展開放型經濟，是必然的選擇。中國在港口建設、鐵路建設、公路橋樑建設、管道建設、電網建設乃至通信設備等各方面都有這樣的相對優勢，不僅開發中國家需要，已開發國家也需要。為貿易投資和全面經濟合作提供了多種選項，這是「一帶一路」能夠暢通無阻走向全球的物質條件。

國際產業的「三來一補」，
與一帶一路「五通」共融互補

　　從貿易到投資到全面經濟合作，是國際經濟發展必經的幾個階段，從一般到複雜，從低效應到高效應，外貿創新的空間是很大的。在國際經濟的往來中，資源利用方式也有著多種組合。在中國的經濟開放中，一開始是與加工業相關但沒有直接外貿管道的「三來一補」，後來進入「中外合資」，出現以企業為主體的貿易投資合作，再到開放外資獨資及中資股份化，隨著利用內外兩種市場資源的企業法人體系的形成和產業形態逐步向高端發展，中國的對外貿易投資與經濟合作進入新的階段。

　　在未來，由於國際產業分工的要求，多種形式的「三來一補」還

會存在，特別是在自然資源缺少、勞動人口相對密集的後開發中國家裡，這是開放型經濟起步的跳板。在自然資源豐富、勞動人口相對稀少的國家和地區裡，更需要在國際產業分工中實現產品、產品模組與經濟模組的整合交流。稀少資源和欠缺的資金、資本作為其中的「催化劑」與經濟發展的「稀土」，將對推動經濟發展發揮重要的作用。

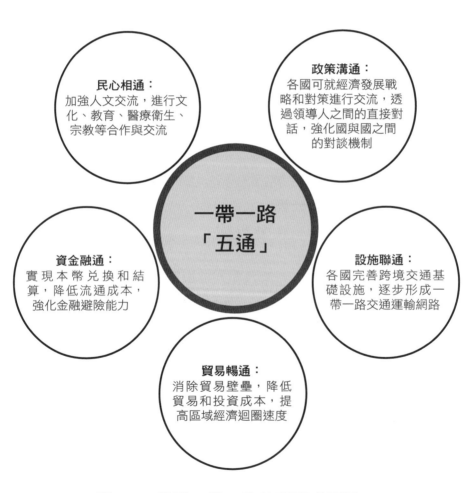

民心相通：
加強人文交流，進行文化、教育、醫療衛生、宗教等合作與交流

政策溝通：
各國可就經濟發展戰略和對策進行交流，透過領導人之間的直接對話，強化國與國之間的對談機制

一帶一路
「五通」

設施聯通：
各國完善跨境交通基礎設施，逐步形成一帶一路交通運輸網路

資金融通：
實現本幣兌換和結算，降低流通成本，強化金融避險能力

貿易暢通：
消除貿易壁壘，降低貿易和投資成本，提高區域經濟迴圈速度

圖 2-2　推動一帶一路的重要「五通」

　　經濟互補是經濟合作的基礎，合作效果又取決於合作政策和對經濟發展的認知差別。習近平在「一帶一路」構想中提出「五通」，即政策溝通、設施聯通、貿易暢通、資金融通、民心相通，是發展開放型經濟的重要內容，也是推動世界經濟一體化、區域化的重要思維指向。絲綢之路經濟帶和 21 世紀海上絲綢之路明顯的開放性和經濟的互補與共融性，整合了貿易、投資、金融、產業和經濟技術合作的多種合作，達到雙贏和多贏中的效益最大化。

　　外向型經濟不完全等同於開放型經濟，但它是走向開放型經濟的必然臺階。外向型經濟是內向型經濟的對稱，是指與國際市場緊密聯繫的某國或某地區的開放性經濟體系。廣義的外向型經濟是指在世界範圍內進行產品貿易，資本、技術和勞動力等市場要素的經濟交流活動；狹義的外向型經濟是指以國際市場為導向，以出口與創匯為主要目標的商業活動。開放型經濟則更深刻、更具多元性、更有長期性和戰略指向的穩定性。

　　開放型經濟是與封閉型經濟相對立的，在開放型經濟中，要素、商品與服務可以較自由地跨國界流動，從而實現最優資源配置和最高經濟效率。開放型經濟強調把國內經濟和整個國際市場聯繫起來，盡可能充分地參加國際分工，同時在國際分工中發揮本國經濟的比較優勢。

　　一般而言，一國經濟發展水準愈高，市場化程度愈高，愈接近於開放型經濟。在經濟全球化的趨勢下，發展開放型經濟已成為各國的主流選擇，也是經濟全球化的必經之路。

　　外貿依存度是開放型經濟（特別是外向型）的主要衡量標準。有關資料指出，2001 年中國進出口總額達到 5097.7 億美元，外貿依存度達 44％，分別是 1990 年的 4.4 倍和 1.47 倍，甚至高於美國、日本等開

放程度較高的已開發國家。這大約也是內外需認識研究「分歧」的由來。在經濟全球化的大棋盤裡，外貿依存度的高與低，其實是第二性的，關鍵是貿易潛力大小與內需外需的協調。要持續發展，就要建立強大的結構均衡的經濟體系，而建立強大且結構均衡的經濟體系離不開開放型經濟的充裕發展。

中國建立內需消費市場的三個條件

內向消費需求與外向需求是統一的，也可以互相轉化。中國有 13 億人口，建立內需消費市場的空間很大，但必須達到三個條件，

一是消費結構不斷升級，商品也要不斷升級換代；二是人均 GDP 不斷提升，具有持續的支撐力；三是發展服務業，特別是新興服務業。

此外，要有產品內銷與外銷的轉換調節能力。一個市場不是全部目標，兩個市場適時轉換才是全面市場觀念。在全面建立開放型經濟的過程中，內外市場兼修是一個更值得追求的市場發展目標。內需與外需與市場開發程度有關，也與事後統計分析有關聯，根據外需一時的變化曲線，就判斷中國只能全力去走內需市場的路，是與經濟全球化背道而馳的。

應該說，在經濟全球化下，世界各國經濟的相互依賴性普遍增強，利用兩個市場、兩種資源有了更大的空間。當然，有些較小的經濟體，因為區位和資源稟賦乃至經濟傳統，或者更加依賴國際貿易和國際經濟合作，成為完全的外向型經濟，而中國幅員廣大，擁有 13 億人口的大市場，內需潛力巨大，在國內市場中配置資源的進退空間相對更大，但這不是外向需求向內向需求「轉變」的理由。更不能脫離

中國發展的歷史階段，與國外已開發經濟體去作平面的比例比較，把中國只視為世界大市場而不是整合世界市場的參與者與開拓者。

中國的國情，決定了中國不會是單一的外向型經濟國家，但也不會是內向型國家。在中國，更多要解決的是投資主體是企業還是各級政府的問題，地方債務的積累就是一個後遺症。要在擴大開放中更加多元地吸收外國資本，也要在對外直接投資中強化經濟競爭力。

外國資本是世界資本需求在中國的表現，中國的對外投資則是世界投資需求的重要部分。世界經濟發展是相互需要的發展，是資源配置的最優化和最大化。中國經濟是由兩個市場組成的迴圈整體。

事實上，沒有一個大國是經濟完全內向的。當今的第一大經濟體美國不是，歐盟國家不是，前 16 名經濟體中的大多數——美、日、德、英、法、意、西、韓、俄、澳、印、墨、土和印尼——都不是，巴西資源得天獨厚，但也並非完全內向。即便是有中等經濟實力的新、馬、泰、南非和西非的奈及利亞等，都是外向型經濟國家。

即便是在古代，從四大文明發源地到古希臘、古羅馬、古波斯再到阿拉伯帝國，無一沒有貿易大國的特徵，不論它們是城邦經濟出身，還是遊牧經濟起家，經濟結構的完整性決定了它們必須交換，交換的範圍愈大愈好。倒是那些歷史上不以貿易為生命線而以劫掠為生的的王朝，如西匈奴、「拐子」鐵木耳之類，都是短命的王朝。

中國不會按照美國的模式崛起，中國要走的是和平發展與共同發展的強國道路，而和平發展與共同發展又是多數國家的共識，中國要實現強國夢，世界要實現繁榮夢，自然也離不開開放型經濟的發展。

2012 年 11 月，習近平履新不到半個月，率領中國其他領導人參觀「復興之路」大型展覽，強調「道路決定命運」。中國把惠及世界各國

的「一帶一路」經濟合作發展看作中國對世界的重要承諾，把全面建設開放型經濟看作實現中國夢的重要路徑，「一帶一路」對於中國和世界的意義是不言而喻的。

中國企業「走出去」

企業是國際市場競爭的主體，跨國經營是企業發展的必經之路。改革開放以來，中國企業出現許多「走出去」（海外設廠或拓展海外業務）的先行者，目前進入「爆發」階段。中國企業具有新的產業優勢，中國企業品牌的陣容也正在形成。

「市場逆襲」和「逆襲市場」是企業競爭中的常態，引進來和走出去，更是企業發展戰略的重要路徑，在全球市場的大風大浪裡出入，在國際經濟競爭中壯大，在更大半徑裡優化資源配置，是絲路經濟發展的要義，也是企業成長的重要條件。「一帶一路」需要自強不息的企業，中國企業更需要「一帶一路」。

據聯合國貿易和發展會議估計，已開發國家和開發中國家跨國公司規模數量很大。就各國國有跨國公司來講，至少有 550 家，它們在海外的分公司約有 15000 家以上，海外資產超過 2 兆美元。2013 年，各國國有跨國公司的直接投資超過 1600 億美元，占全球對外直接投資的 11％。從全球企業的總數來講，包括私募基金在內的私營公司遠遠超過國有企業的數量和資產規模，它們是推動全球經濟一體化和區域經濟發展的市場主體。

中國企業跨國經營在中國改革開放的前 30 多年裡，經歷了必要的歷史發展階段，包括已經經歷的兩個 10 年的發展週期，以及正在進入的第三個 10 年的週期。遠在 1980 年代末和 1990 年代初，中國企業就開始了「走出去」的經營歷程。但是，由於現代企業制度尚未建立，企業規模與企業經營水準也不高，品牌效應也尚未形成，「走出去」的

企業大多數是民營小企業，主要以浙商為代表，特別是溫州商人。

溫州商人不僅走遍了中國，也走到世界的各個角落，形成了一股不小的新華商商流，在中國東北地區，則是從邊貿開始的東北商人圈。他們以商貿為主，也有前店後廠的工商聯動特徵。這些跨國經營的小企業與歐美國家，以家族商業形態為特徵的小企業，構成了互相競爭又相互補充的關係，既開通了消費類產品的國際交流管道，也引進了歐美製造加工業技術，引進了市場經驗和資訊。

由於「新華商」在整體上處於原始積累的發展階段，在市場競爭中難免與所在國本土企業發生摩擦，但整體走向是互相合作，並有效地為中國大陸企業提供了吸引外資、引進技術與管理的多種發展條件。這些企業主要是「代工生產」，是東南沿海地區「三來一補」加工貿易模式的延長與空間擴大，它們對於中國企業的發展功不可沒，特別是勞動密集型企業的發展。是中國中小企業與西方已開發國家中小企業緊密合作的紐帶，拯救了開發中國家的「民生經濟」，也協助歐美國家遏制和減輕金融危機對民生的影響，對中國外向型經濟的發展是一種啟動與啟蒙。

在前兩個 10 年中，這種啟動、啟蒙的外向企業的發展，明顯地帶有幾個特點：

一是商業、物流業先行，加工製造業跟進，金融業也隨之加大外向經營半徑，初步形成了多國據點的多維網路，也可稱為「試水」（試驗）階段。二是跨國經營呈現不對稱的雙向性，即外國跨國企業進入中國市場與中國中小企業進入歐美市場數量規模存在明顯的不對稱，到中國的企業主要是「資本技術換市場」，中國企業到歐美國家的，多

是市場補充性和勞動密集型企業。但不管是什麼樣的模式，都有各自的成功。

進入 21 世紀以來，中國企業在市場改革與市場主體改革中，在引進外資和合資、融資合作中，不斷壯大經濟力量和市場競爭力，中國加入世貿組織又為中國企業走向跨國經營創造了新的條件，開始了企業跨國經營的新一輪發展。包括國有企業、股份制企業和大型民營企業等中國的規模企業也出現在國際市場的競爭舞臺上，國外跨國企業也在更多投資、更大規模、更廣泛的領域進入中國。

在這個發展週期裡，除了跨國經營的「不對稱」雙向性有所減縮，主要的特徵是摩擦不斷，貿易訴訟和反訴訟成為跨國經營的重要的不和諧「音符」，大至智慧財產權，小至經營方式，不論是在西方已開發國家，還是周邊一些重要的開發中市場，都有發生摩擦。如俄羅斯遠東市場和中心城市市場就發生了兩起較大的拆趕事件，歐洲、美國對於中國商戶的營業時間也提出質疑等等。

對於中國大企業的訴訟，應訴與反訴訟案例增多。各國政府層面的談判糾紛也在不斷增加。這種糾紛和訴訟不僅發生在對中國的國有企業和國有控股企業身上，連一些較大的民營企業，如「三一重工[12]」也無可倖免。一時間，中國企業成了不守「世貿規矩」的代名詞，明顯帶有「離不開」又「見不得」的雙重標準眼光和偏見。人們也看到，在中國的外資企業同樣連續不斷地發生經營醜聞甚至賄賂醜聞，給雙向跨國經營蒙上了一層「陰影」。

這一輪中外企業跨國經營史，我們可以暫時稱之為「盤整期」。這

12　中國最大、世界第五的工程機械製造商，也是世界最大的混凝土機械製造商。

種摩擦，其實是跨國投資貿易和跨國經營的一種複雜的磨合，是邁向更有規範、更明確的企業跨國經營境界的前奏。

一帶一路，讓中國企業跨國經營進入爆發階段

從 2010 年開始，或者更準確地說，從 2013 年絲綢之路經濟帶和海上絲綢之路構想提出開始，中國企業跨國經營進入了歷史性轉折的新階段。這個階段也可以稱之為「爆發階段」。

在宏觀層面上，第一，世界經濟一體化、區域化下的自由貿易、投資與深度經濟合作，在每個國家政府層面上都得到了前所未有的重視，雖然貿易壁壘與貿易保護主義依然是瓶頸，但這個瓶頸在自貿談判中日益打開。現在，不論是全球經濟已開發國家還是開發中國家，幾乎全都加入到了自貿談判協定中，儘管這種談判是有「區分」的，但畢竟在交叉中進行，這為企業的跨國經營掃清了道路。

尤其是貿易、投資和經濟合作最終完整的談判，為貿易投資便利化創造了條件，同時也進一步打開了企業跨國經營的視野。在此同時，開始推進人民幣國際化進程，貿易投資清算體系開始出現新的變化，跨國經營的金融服務開始跟進。中國企業跨國經營有了最基本的條件。

第二，中國跨國企業競爭力相對優勢開始形成，從有限領域到優勢領域的提升過程逐步展開。這個過程既是中國企業自主創新和集成創新的過程，也是中國繼續引進國際跨國企業，在吸收消化別國先進技術和管理經驗基礎上不斷創新、不斷優化的過程。

目前，中國企業不僅在傳統製造業方面占有重要的優勢，在基礎設施建設包括鐵路工程與高鐵技術、港口船舶製造及相關裝備、電力

設施與特高壓輸變電等方面，也形成了全面優勢；在航太航空、核電和衛星通信與移動通信方面形成較大優勢；在再生能源技術包括水力發電、風力發電、太陽能等方面也有較大的市場和競爭能力；在重要裝備製造業產業取得了突飛猛進的發展。這些相對優勢產業，是許多開發中國家最迫切需要的，也是許多已開發國家階段性所欠缺的。

第三，中國企業不僅在傳統製造業領域和基礎產業領域，以及部分高新產業領域有比較整合的優勢，在外匯儲備、資金和資本方面也有相對巨大的優勢，同時有比較成熟的人才與勞動力優勢。多種產業優勢和資金資本優勢和勞動力優勢結合起來，很容易形成「集裝箱打包」式的多要素集成模式，產生跨國經營的疊加效應和乘數效應，進一步強化經營競爭力和未來優勢取向。

第四，中國還具有各種企業集成走出去的重要操作平臺，正在形成新的企業機制。2014 年修訂的「境外投資管理辦法」規定，除「涉及敏感國家和地區、敏感行業的，實行核準管理」，其餘都在商務部登記備案。過去投資採礦、能源、金融的核準很嚴，現在大幅放開，對外投資流程得到簡化，為國外跨國公司進入中國與中國跨國公司走出去，搭建了有效的資源組合平臺。

先前提到，從古絲路「外傳出去」的中國產品，不僅有影響世界文明發展歷程的「四大發明」，還有更多展現為物質形態的絲綢、瓷器、茶葉和香料「四大商品」組合，那麼從新絲路「走出去」的，又會是哪些優勢產業和具有國際競爭力的企業呢？從目前看，至少也有新的「四大組合」，或者說，中國企業「走出去」也有四個明顯的組合板塊。

一帶一路，中國企業走出去的四大產業組合

■組合 1：基礎設施建設技術與相關產業組合

　　中國經濟發展處於工業化的中期階段，具有工業化的現實結構與全面經驗，產業發展具有基礎與高端並行，適用性與先進性並重的結構特點，企業的自主創新能力也在許多領域發揮整合系統的作用。最典型的就是高鐵技術、軌道交通技術和相應的完整產業鏈。

　　中國南北車公司合併之後，將成為全球最大的高鐵企業。技術水準進入一流，擁有自主智慧財產權，不斷推出新技術、新產品。例如中國南車四方公司已經成為世界上第一個掌握氫能源有軌電車技術的企業。

　　中國高鐵企業在 10 兆瓦無線供電系統方面獲得自主技術突破，保證時速 350 公里以上安全運行。2014 年年底，中國北車公司與美國麻塞諸塞灣運輸局，簽訂出口 284 輛地鐵車輛的波士頓紅線與橙線地鐵專案合約，這是中國軌道交通首次登陸美國，至此，中國軌道交通實現了擴及全球六大洲的夢想。目前，正在談還有已談成的高鐵合作專案，已經涉及 28 個國家。

　　除了高鐵領域完整的產業鏈，中國的造船業也在向高端發展，與相應的港口建設和港口設施同樣形成完整的產業配套，而中國國產單通道大飛機下線也與機場、空港建設形成相互銜接的產業鏈條，同樣具有整合的競爭優勢。

　　這樣些產業優勢是很多國家難以具備的，而這些產業在開發中國家有巨大的需求，是它們實現工業化過程中由低到高的歷史參考標準和最佳合作者。在普遍出現「產業空心化」（生產部門外移到落後國家或

城市），或是「非實體化」的已開發國家裡，同樣也有巨大的需求，是它們在金融危機後「再工業化」的現實參考標準和最划算的合作者。中國高鐵產品有市場需求，在跨國經營中處於優勢地位，同時還有極高的性價比。

優勢產業和優勢企業「走出去」的綜合優勢非常明顯。這個集成板塊還有轉化部分過剩產能為優勢產能的作用，帶動鋼鐵、有色、建材、船舶等行業「搭順風車」走出去，並直接促進了行業技術升級和標準升級。

例如鋼鐵行業，是基礎設施集成產業的上游產業，上游開拓市場，下游也深受其利，一舉多得。據不完全統計[13]，中國的規範鋼鐵產能已超過 11 億噸，一部分走出去，是結構調整的必然趨勢。以高鐵為例，1 億元投資就消耗 0.333 萬噸鋼材、2 萬噸水泥、5.16 萬噸石頭、0.085 萬噸設備。按鐵路與相關產業 1：10 的比例計算，拉動效益超過 10 億元。

當前，中國戰略性新興產業企業創新能力在不斷提升。中國高鐵從 1990 年代開始規劃高速鐵路網，打造出足以角逐全球市場的中國自主品牌，並在集成創新和國產化中降低了實現流程優化的時間成本。現在，中國列車製造和民用工程企業正在美國、南美、俄羅斯、沙烏地阿拉伯等地參與修建和準備競標高鐵建設專案。

■組合 2：裝備製造業組合

有預測指出，不僅是高鐵技術，中國在全球尖端機械製造出口市

13　指不能完全預見統計內可能出現的各種情況，因而無法達成內容完備設計周詳的統計。

場的份額，將從 2010 年的 8％增加到 2020 年的 30％。在目前的產業結構調整中，裝備製造業異軍突起，成為拉動工業的主力。

裝備製造業既是基礎設施「集成塊」的「晶片」，同時也有自身的國際市場價值。以多種能源技術和相應的產業為例，涵蓋了生產、輸送等各個具體領域與各個環節。自 2009 年開始，中國的裝備製造業總產值，已經連續位居全球第一。汽車、船舶、機床、發電設備、工程機械、紡織機械等產業，規模均居世界前列。

而新一代核電裝備技術、水力發電、海上風力發電和太陽能光熱發電，以及特高壓輸變電工程技術、太陽能鹽融蓄電技術等，既是基礎設施建設板塊「走出去」的前鋒與後衛，又是新的市場的「特戰隊」。

在裝備製造業中最具後發優勢的是中國核電產業，發展核電是保障能源安全與因應世界氣候變化的現實選擇。經過 30 年的發展，中國實現了核電自主化、系列化和規模化發展。目前，在運機組 22 臺，總裝機容量 2010 萬千瓦，在建 26 臺，總裝機容量 2800 萬千瓦，成為世界核電在建規模最大的國家。

特別是具有自主智慧財產權的「華龍一號」第三代核電技術在國內外分別落地，象徵著核電「走出去」取得重要進展。中國的核燃料產業已形成閉式迴圈產業體系，形成了國內生產、國際貿易和海外開發的完整供應體系，既能滿足國內需要，也走向了世界。

總之，裝備製造業是優勢產業，可以改善出口結構，提升外貿水準。

■組合 3：一般製造業組合

中國被稱為「世界工廠」，這並不是低級、低層次的同義詞，也未

必就能與產能過剩劃上等號。落後產能要淘汰，這是減法，但人移居可以活，樹遷移也能活，加減乘除四則運算的綜合結果，將會把「世界工廠」還給世界，形成開放布局。中國製造業高、中、低級兼備，是「走出去」的重要產業群。

1990 年，中國製造僅占全球不足 3％，現在是四分之一。中國製造業具有幾大優勢。一是在開發高端市場的同時保持了低成本市場的優勢，如中國服裝出口份額由 2011 年的 42.6％上升至 2013 年的 43.1％。二是出口商品中中國製造的零件從 90 年代的 60％降至目前的 35％。三是隨著「一帶一路」發展中的產業轉移，製造業網路從中國擴散到周邊，形成亞洲供應鏈，中國「世界工廠」擴大為「亞洲工廠」，在共同發展中相互融合。

我們還可以看到，已開發國家「再工業化」政策不斷加碼，繼「先進製造業夥伴計畫」、「美國製造業復興計畫」之後，2013 年美國政府又提出「讓美國成為新增就業和製造業磁場」的新目標。2014 年還推出了「學徒計畫」培訓技工。他們試圖說服企業主，像襪子和玩具之類的低附加價值、勞動密集型產品同樣有錢可賺。在這樣的產業政策下，選擇回流美國的一般製造業企業數量有所增加，進入美國的一般製造業數量也不會減少。

美國白宮國家經濟委員會不久前發布的一份報告認為，一段時間以來，美國製造業產出大幅成長，2014 年 6 月，美國製造業 PMI 終值上升至 57.3％，擴張十分明顯。誠然，美國鼓勵勞動密集型企業回流，不是簡單地搬回去，而是伴隨著「智慧化」的一個過程，即隨著機器人技術和工藝日臻成熟和機器人的經濟性大大提高，很多低端製造所需的大量重複性勞動職位都將被機器人替代。在日本，工業機器人應

用比例已經高達 33%，降低了人工在製造業增加值中的權重。

而這種發展趨勢，對中國企業既是挑戰，也是一種機會。一方面要看到，中國製造業在全球主要的 5 個經濟體中，仍舊排名第一，美國已攀升到第二。中國製造業已經形成自己的比較完整的上下游產業鏈體系，而產業鏈的集群效應，帶來了從生產到銷售各個環節的成本下降，這是大多數開發中國家不具備的，相當多的已開發國家在短期內也難以形成這樣的優勢。

為什麼國際市場稍稍回暖，中國製造業的 PMI 就會出現迅速反彈，原因即是如此。但是，另一方面也要看到，中國製造業也必須補上「智慧化」的弱點，用高新技術武裝「中國製造」，這才是傳統製造業「走出去」的持久發展之道。

前不久，《日本經濟新聞》實施的全球產業企業份額調查顯示，美國在 18 個品類上位居首位，歐洲在 8 個品類上名列前矛，日本在 11 個品類上走在前列，如日本的智慧手機零組件、精密儀器、中小型液晶面板、碳素纖維、白色 LED ／ CMOS 圖像感測器等。但中國企業也在全部 50 個品類中有 6 個品類占到首位，名次與南韓並列。南韓主要在數位家電、超薄液晶電視、快閃記憶體、智慧手機等方面榮登榜首。

中國憑藉自身巨大的市場保持優勢，同時批量進入全球市場，尤其在冰箱、洗衣機和個人電腦等消費品上市場影響力巨大。聯想集團自從在 2005 年收購了 IBM 個人電腦業務，經過一系列海外併購，已經超越了惠普公司，銷售規模占全球首位。海爾已連續兩年在冰箱、洗衣機品類中居世界首位，英利綠色能源也連續兩年在太陽能電池產業中遙遙領先。

南韓貿易協會研究院也在 2014 年年初公布一項國際市場調查

「2012 年全球出口市場占有率第一產品數量」，前 10 名依次為中國（1485 個）、德國（703 個）、美國（603 個）、日本（231 個）、義大利（228 個）、印度（144 個）、荷蘭（138 個）、法國（104 個）、比利時（94 個）、英國（81 個）。在亞洲國家和地區裡的排列，中國香港（65 個）、南韓（64 個）、印尼（60 個）。加拿大和西班牙分別是 76 個和 67 個。

■組合 4：企業「混合經濟」隊伍的組合

走出去的企業不僅有國家企業，更有大量的私營企業和混合所有制企業。民間企業「走出去」的例子是，2015 年年初，由 59 家民間企業組成的中國民生投資，向倫敦新國際金融城投資 10 億美元，將皇家阿爾伯特碼頭改造成商務港，使之成為英國繼倫敦城和金絲雀碼頭之後的第三金融中心。

民營企業走出去的例子還有不少，如紅豆集團等 5 家中國企業，在柬埔寨西哈努克市共同打造經貿合作區，規劃面積 11.3 平方公里，全部建成可容納包括紡織服裝、五金機械、輕工業家電等領域 300 家企業。這個被稱為「西港特區」的集群式投資貿易平臺正在構建東南亞新物流中心，成為「一帶一路」的模範項目。2015 年，綠絲路基金也在北京啟動，首期募集 300 億元，由伊利、泛海、匯源、均瑤、平安與天津生態城聯合發起。

另外還可以看到，中國企業後備資源豐富，中國產業市場主體基數大，在現實競爭優勢之外，還具有未來競爭的數量優勢。根據 2014 年上半年的統計資料，中國實有各類市場主體 6413.8 萬戶，比去年同期增加 14.01％，註冊資本 115.05 兆元，較去年同期成長 23.76％。

註冊資本數量超過貨幣總量。其中，個體工商戶 4648.73 萬戶，企業 1648.21 萬戶，較去年同期分別成長 17.3％和 12.4％。

在各類企業中，私營企業 120 萬戶，較去年同期成長 70.14％，私營企業註冊資本 5.09 兆元，較去年同期成長 91.20％。外商投資企業 1.18 萬戶，較去年同期成長 5.51％。全國私營個體經濟從業人員達到 2.32 億人。雖然企業的九成多是傳統行業產業中的小企業，但隨著企業的轉型升級，將會有大量的小企業脫穎而出。

中國在力推創新的同時，也在努力推動創業，中小企業是發展的真正源泉，是大企業發展的支柱和後備軍。《富比士》的一份報告中，列舉了部分在西方市場有一定影響力和知名度的中國民營企業，包括：聯想、萬達、華為、雙匯、複星、新希望、阿里巴巴、中興、三一重工、騰訊、吉利、百度與李寧。

目前，中國製造業的增值率是 21.4％，低於已開發國家 35％的水準，每年因間接品質損失的利潤就超過 1 兆元，這既是差距，也是潛力。

此外，中國企業的國際競爭力也展現在現代農業體系中的加工業中。現代農業不僅包括現代種植業和養殖業，也包括相關的加工業和不斷延長的製造業產業鏈。真正的綠色食品和各種綠色衍生品大多來自農業。農業並不就是弱質產業 [14]，隨著現代農業的發展和現代農業加工體系的升級，農業產品和以農業為基礎的產品，將會成為一國經濟的重要競爭力。

2013 年，中國的雙匯集團投資美國最大的豬肉生產商史密斯菲爾

14　生產週期長、環境影響大、回報見效慢等類型的產業。

德公司，成為當時中國企業對美國企業的最大一筆收購交易。中國有很多特色農業產業，也有許多特色農業發展的潛在地區，例如地處絲路中段的寧夏回族自治區，不僅大力發展賀蘭山葡萄酒行業產業鏈，還與德國企業進行技術合作，發展重點向中東地區出口的清真羊肉食品產業，在阿拉伯聯合大公國（簡稱阿聯）、巴林、卡特爾極負盛名。

中國的「蘋果大省」陝西也與世界蘋果發源地哈薩克進行「中哈蘋果友誼園」的產業合作。在蜂業、花卉業和草業方面，中哈之間也在密切合作，一方面開始改變中國飼草完全依賴美、澳國家進口的被動局面，另一方面又實現了水土保持的生態需求。特別是西北地方的種業，已經成為絲路經濟帶農業合作中的核心產業，走上跨國經營之路。

農業產業跨國經營有廣闊的發展空間和領域。2014 年，第 23 屆非洲聯盟首腦會議的主題，依然是「農業與糧食安全」。非洲的 70％人口是農業人口，農業對非洲 GDP 的貢獻率達到 30％，但農業生產相對落後。

非洲的農業資源得天獨厚，有不可多得的光照、濕度和水文條件。據不完全統計，非洲可耕地面積占世界的 26.4％，水利資源占 12％，人口不足全球的 10％，人均可耕地面積和水資源均高於世界平均水準，但由於各種因素，又一直被稱為「饑餓的大陸」，全世界缺糧國家裡非洲國家占一半。

早在 2003 年，非洲聯盟就發起了被稱為馬布多聲明的《非洲農業綜合發展計畫》，要求非洲各國把至少 10％以上的預算用於農業發展，確保非洲各國農業年均成長率達到 6％。但 10 年裡只有 7 個非洲國家達到這個要求。農業產業合作歷來是中非合作的重要組成部分，中國目前已在非洲 24 國援建 25 個農業技術示範中心，提高非洲農業「本土

化水準」，積極與非洲和非洲國家共同實施「農業優質高產示範工程」
和「中非農業陽光計畫」。

　　還有一種「走出去」的企業力量，是從中國內部市場裡發生的
「逆襲收購」和「逆襲市場」。前者如中國私募股權投資機構「弘毅投
資」斥資9億英鎊（約合95.5億元人民幣），收購英國著名連鎖餐飲品
牌義大利式披薩連鎖店。此連鎖餐飲品牌屬貢朵拉集團，而該集團在
英國有436家分店，在中國有22家，目前共500家。

　　這次收購的特點不是「走出去」，而是「走進來」，一開始著眼於
擴大內需，但其影響顯然涉及全球餐飲業的布局。「弘毅投資」的出資
者眾多，有聯想控股、社保基金、中國人壽，以及高盛、淡馬錫、史
丹福大學基金等，目前管理著490億元人民幣的資金。

　　「逆襲市場」的代表還有備受中國年輕專業人士歡迎的小米手
機，它的規模目前還很難說與「蘋果」公司較量，但這只「中國蘋果」
已經開始出現了消費者的品牌崇拜，2014年上半年售出2611萬部，比
去年同期激增271％，其全年銷售目標是6千萬部。其銷售量超越了三
星，占有中國4.21億部手機市場的12.5％份額，三星則占12.3％。小
米在國外表現也不俗，在馬來西亞網上供貨中，曾經創下17分鐘裡銷
售一空的紀錄。小米在國內市場起步，極有可能是贏得「蘋果之戰」
的後起之秀。

　　中國企業的品牌也在快速提升。2014年7月7日，《財富》世界
500大企業排名榜全球同步發布，500大企業入圍門檻雖然再次提高，
中國企業的表現依然搶眼。

　　其一是中國石油化工集團公司（簡稱中石化）取代埃克森美孚，排名第三，打破了該公司與沃爾瑪、殼牌坐擁前三名的歷史。

　　其二是上榜企業連續 11 年增加，並首次達到 100 家（含港澳臺地區），縮小了與美國企業數量上的差距，首次上榜的中國企業有 7 家，而美國企業卻有 4 家跌出榜外。

　　其三是多數企業名次前移，新秀盡出。在名次上，排名上升最快的 20 家企業裡，中國企業占到 16 席，天津物資集團排名前進了 158 位；北汽集團排名前進 88 位；民營企業排名也在上升，如華為由去年的 315 位升至 285 位，聯想集團由 329 位升至 286 位。

　　其四是最賺錢的公司是跨國性行動電話營辦商沃達豐與美國的房利美和房地美，而中國工商銀行的利潤為 427 億美元，較去年成長 13％，一些歐洲老牌銀行則陷入業績困境。從更大範圍來看，全球各行業新舊力量在交替，戴爾、理光等 27 家企業最終跌出 500 強。

　　在這個能夠反映世界級企業消長速度、發展規模和國別分布以及反映全球市場企業競爭力變化格局的榜單上，中國企業在數量上不斷上升，先超越歐洲，後超越日本，現在開始直逼美國，之前美、日、歐三足鼎立的局面已經不復存在，展現了中國企業在全球經濟生活中舉足輕重的作用。

中國企業走出去要面對的四大問題

　　當然，進入《財富》榜單並不是企業的唯一目標，但愈來愈多中國企業積極參與國際產業合作與分工，為中國經濟發展和世界經濟發展作出貢獻，是不爭的事實。然而，中國企業也有一些需要繼續努力

解決的問題。

一是「大而不強」問題依然存在，例如，中石化的營業收入超過了美國的埃克森美孚，但埃克森美孚的利潤是 325.8 億美元，中石化是 89 億美元。資料顯示，在上榜企業中，美國企業的平均利潤額達到 62.4 億美元，是中國企業的 1.9 倍，而美國企業的員工數平均為 12.6 萬人，中國內地上榜企業的員工數是美國的 1.5 倍，人均創利遠遠不及後者。

此外，行業結構也不均衡，中國上榜的企業主要分布在資源、金融、鋼鐵、化工和汽車等領域，來自服務業和各種消費品的企業少，來自航空航太、資訊技術和高端製造的企業也少於已開發國家，需要進一步加快結構調整、產業升級和技術創新的腳步。中國企業也應該提出更高的發展要求，要在全球戰略、全球治理、全球責任的跨國指數上努力超過 50％以上，在打造全球價值鏈上持續拓展加強，在資源整合、創新能力、人才培養、自主智慧財產權、國際化能力等方面還有很長的路要走。

但是，品牌大門一打開，品牌的創造力就會爆發。國際商標協會 2014 年年會發布的一份題為〈中國品牌走向世界——中國企業全球商標戰略的最佳實踐〉的報告，以來自湯森路透的資料為基礎，首次追蹤了中國品牌和其他國際品牌近 25 年的全球商標活動趨勢。

此報告重點特別提到，中國跨國企業在從國內基地迅速向外擴張過程的初步進展，有四個關鍵發現：一是中國企業的國際商標申請數量大增。近 5 年來，中國企業在世界其他國家和地區提出的國際商標申請總數量成長 84％，在 2013 年達到 35637 件，比 1990 年成長了 47 倍。

二是中國內地的國際商標申請數量排名世界第七位，排在美國、日本、德國、香港、英國、法國之後。

三是中國在創造而不僅僅是製造。愈來愈多的企業開始設計並創造自己的產品。四是許多中國跨國公司在收購西方企業並繼承智慧財產權，對全球商標戰略愈來愈認真，雖然仍屬起步階段，但中國企業正在經歷一次重大轉變。

中國打造品牌，還需要 5 ～ 10 年

中國企業的提升與亞洲品牌的提升節奏相一致。《亞洲品牌戰略》的作者、英國廣告與公共關係巨頭 WPP 集團首席執行官馬丁・索瑞爾說，過去 10 年到 15 年是亞洲品牌建設的第一階段，亞洲走進了製造業時代，不再是西方品牌零零散散的輸送基地，現在則迎來了一個黃金時代。但品牌不是一夜之間就能樹立起來的，亞洲品牌還必須證明自己在設計、品質、管理、經營和創新方面的價值，還需要培養顧客的品牌忠誠度。

在中國，還需要 5 年到 10 年的時間。但無論如何，在歷史上榮登榜首，這不會是季節性的或暫時性的潮流，全球消費者將看到，前三名或前五名的品牌都來自亞洲，而這些品牌像西方品牌一樣令人信服。

WPP 集團在 2014 年年初還發布另一篇相關報告〈中國夢的實力與潛力〉，強調全球知名品牌象徵著國家的實力，許多中國人期待著中國的品牌在全球化和傳達全球實力的過程中能夠有類似的作用。儘管中國的主要國有企業仍然統治著品牌價值排行榜，但「市場化品牌」已經在超越，儘管中國品牌的成長仍然以國內市場為主，但在某一時刻，

中國品牌在海外市場也變得有名。簡單地說，現在中國品牌的價值，已經可以與在華的外國品牌價值相抗衡。

中國企業品牌的潛力並非一個榜單所能全部涵蓋，在未來的時間裡，還會有異軍突起，以相對弱勢的中國汽車製造業為例，也有自主品牌在新興市場先行一步擴大出口的強大走勢。其中最具代表性的是奇瑞和吉利。據中國汽車工業協會統計，2012 年中國汽車出口 100 萬輛，奇瑞和吉利分別出口了 18 萬輛和 10 萬輛，俄羅斯、中東地區、亞洲、非洲和南美地區是主要出口市場。

這些公司已經具備較高的研發能力，也有較大的成本優勢。目前它們已經在當地獨資或合資生產，如奇瑞在南非、埃及、伊朗，長城汽車在俄羅斯、泰國、馬來西亞、印度、巴西和非洲，力帆汽車在衣索比亞、伊朗，江淮汽車在伊朗的項目均已投產。在過去 5 年裡，印度出口非洲的汽車數量突飛猛進地成長 160％，2012 年印度出口非洲的轎車超過中國 3 倍，它們在非洲建廠，基本實現了「本土化」生產。中國的汽車製造企業在遇上機會的同時也面臨著挑戰。

2015 年 1 月，WPP 集團又發布了一份中國百強品牌報告。報告指出，中國百強品牌總價值 4640 億美元，比 2011 年激增 60％，比全球百強品牌的增幅高 41％。中國品牌正在迎頭趕上外國品牌。在品牌潛在號召力上，中國品牌與外國品牌以 99 點比 101 點幾乎持平，而在2010 年中國企業落後 26 個點。

2015 年 3 月，德國漢諾威消費電子、資訊與通信博覽會開幕，中國首次成為 IT 展合作夥伴，參展企業 760 家，「中國製造」成為最受關注的元素。中國概念熱、中國發展商多、中國製品品質高、中德合作前景廣，成為最大亮點。阿里巴巴、華為、新東方、中興、大唐和

海爾的產品受到關注，中國公司展出的幾乎都是當今世界上最新潮的產品，並擺脫了「廉價」的市場印象，反映了中國 IT 業迅速發展的實力，也反映了中國品牌的提升。

不管怎樣，中國品牌的陣容正在形成，從能源到金融，從基礎設施建設到裝備製造業，從物流運輸到電子商務，從剛剛開始升級的傳統產業到新高技術產業，都有不同程度的進展。在此同時，「標準制定」型企業開始出現，例如「二維條碼」的自主標準等，國際市場中的市場話語權在加強。

「智慧型企業」也浮出水面。智慧型產業下的智慧型企業，就是擅於運用資訊技術最新成果，包括物聯網、大數據、雲端計算在內的最新發展趨勢，在市場預測、生產與物流、經營銷售和市場服務中取得主動與一定的主導權。特別是在電子商務時代，在製造業正處在 2.0 時代時，德國製造業界又提出 4.0 時代，這種令人目眩的快速發展中出現新的挑戰，也造就了新的品牌發展機會。

一帶一路，強調與重視民間企業的發展

其實，中國企業的全球競爭力和自我發展潛力還沒有進入真正數量遽增的時期，由於經濟體制的惰力和機制制約，潛力還沒有完全發揮出來。目前，中國正在向民間資本開放壟斷行業，先從大型石油公司加工銷售「下游業務」入手，逐步搭建油田開發、管道建設平臺與民間企業共同運營，並逐漸將鐵路包括城市鐵路跨地區地方鐵路與資源專用鐵路和通信等基礎設施領域，甚至部分軍工企業業務放開。

2014 年 4 月，中國政府公布了 80 個向社會資本開放的基礎設施專案清單，涉及鐵路、新一代通信、綠色能源、油氣管網等領域。在絲綢之路經濟帶建設中，也十分強調民間企業的主要作用。廣東、安徽、湖南、貴州、陝西、天津、上海和重慶等都推出類似計畫。壟斷行業向民間企業開放，也勢必影響到金融融資系統，民營銀行和民營金融機構也在緩慢發展。

這個過程不可避免，因為民間企業的融資成本是國家企業的一倍，這樣一種企業競爭的明顯不公平必須「擺平」。中國的石油業壟斷向來有國企「三桶油」之稱，它們在創造巨大營業額的同時，利潤回報率低，同時在煉化生產中產品硫化物含量是已開發國家的十多倍。在石油業開放中，雖然還有諸如「30％以下」的限制，但開放的大門一經打開，爆發的能量是不可小覷的。

在 2004 年，中國密集推出九大改革措施，幾乎涵蓋市場要素的各個方面，堪稱三十多年來最廣泛系統的一次改革。改革，特別是企業改革，是世界開發中國家的共同問題和共同潮流。印度新組建的莫迪政府也把國家企業改革當作振興經濟、提高效率的最主要途徑。國家企業改革是經濟結構調整的過程中必經之路，企業若不能轉換成現代企業制度的資本多元的決策運營結構，競爭力便無從談起。

中國找到一條企業改革的道路是「混合經濟」。「混合經濟」可以在國家企業、民間企業的存量結構混成中實現，更可以在增量結構新建中實現，在新的發展項目中實現資本與經營的聯合，既有操作效率提升的可行性，又可以避免諸如國有或私有一再循環的無謂爭論。中國的「混合經濟」，不僅為企業自身發展，也為「一帶一路」經濟戰略構想的實現增添了生力軍。

2015 年，中國企業「走出去」將出現新的高潮，並呈現幾項特點：

一是對外投資加快成長，其中對歐美投資快速上升，對歐盟增幅 195％，對美也預計成長 30％左右；對中亞國家、東盟國家和阿盟國家都會進入新一輪的成長。

二是多產業聯動，並呈現產業組合在因地制宜中的相對分流。在已開發經濟體裡，基礎設施建設專案、房地產專案和服務產業、文化產業成為主流；在開發中經濟體中，重大基礎設施建設、裝備製造業和鋼鐵建材重化工等基礎產業將是主角。

三是形式多樣化，自有投資、合資合作和企業併購都會大量發生。

四是集群發展。五是更加注重企業社會責任、規範化與當地社會文化、法律的融合。

中國資本「走出去」

中國企業「走出去」的不僅是具體的產業形態，還表現為資本市場形態的跨國資本運作。2014年阿里巴巴在美國上市轟動全球，市值達到1686億美元。2014年市值最高的前20家互聯網公司中三分之一總部在中國，阿里巴巴首次公開募股（IPO），是迄今為止規模最大的上市公司。阿里巴巴、百度與騰訊被外界統稱為BAT集團。

美國的評論家說，中國的網路使用者高達6億，從美國的ebay到google，早就被吸引進入中國市場，但結果大多認輸，相比之下，伴隨國內業務的爆發，中國的BAT集團不僅擁有國內的龐大市場份額，而且進入美國市場和開發中國家市場。阿里巴巴在美上市，既顯示了未來國際資本市場的主流者多數來自私營企業，也顯示了中國企業全方位「走出去」的趨勢性變化。

在各種生產要素中，資金和資本畢竟是最重要也是最欠缺的部分。在「一帶一路」發展中，資本流動和資金流動是所有開發中經濟體和已開發經濟體共同面臨的問題，特別是在新興市場，投資與融資是首要的市場行為。因此，擁有1.2兆美元美國國債和4兆美元外匯儲備的中國，也就成為資金市場與資本市場舉足輕重的力量。

這是中國企業「走出去」的實力所在，也是「一帶一路」發展構想能夠適時推出、迅速落地的另一個重要因素。金融資本與日益壯大的產業資本結合在一起，將會形成更大的市場力量，在絲綢之路經濟帶和海上絲綢之路的建設中進一步發揮持續的作用。

成立「亞投行」，是中國邁向強國的重要經濟戰略

英國《金融時報》報導，2014 年上半年，新興市場國家和前沿市場國家從資本市場的貸款達到創紀錄的水準。2014 年前 6 個月，新興市場在全球發行的主權債券達到 694.7 億美元。比 2013 年同期躍升了 54％。這個資料還不包括還沒有面向全球市場發行債券的中國。但有關人士指出，與已開發經濟體相比，新興市場國家發行債券的總規模仍然低於標準。同期，已開發經濟體發行了 1576 億美元的債券，是新興市場國家的一倍以上。

對資金的需求，各國的主權基金和主權性質的債券，只是世界投資和融資體系的一部分，大量的商業投資、融資規模是其幾倍和十幾倍。2013 年，全球外國直接投資規模達到 1.45 兆美元，預計 2014 年達到 1.6 兆美元。未來幾年還要以 10％的速率增加。流向開發中經濟體的占 56％，流向已開發經濟體的占 39％。

2014 年全球外國直接投資的規模雖然略小於世界金融危機發生前的 1.49 兆美元的水準，但已經顯示了發展對資金與投資的巨大需求。據湯森路透公布的資料顯示，2014 年開年以來，光是全球企業併購規模就高達 2 兆美元，最常見的是長線消費品行業併購交易，總額 5869 億美元，較去年同期成長 188.1％。2002 年，中國企業海外直接投資只有 27 億美元，2013 年達到 1080 億美元，成長了 39 倍，2014 年對外投資總額為 1200 億美元，開始成為淨資本輸出國。

對資金的需求，也推動了新的國際金融機構的誕生。長期以來，大型的國際金融機構，除了 IMF，主要是美日控股 25％的世界銀行和日本資本控制的亞洲開發銀行以及歐洲銀行等。世界銀行的法定資本

2200 億美元，亞洲開發銀行 1750 億美元，按金融槓桿放大 5～10 倍計算，可以分別具備 11000 億美元到 22000 億美元，和 8750 億美元到 17500 億美元的資金規模。

但全球金融治理結構本身具有的缺陷和隨之而來的壟斷性金融話語權，亞洲開發中經濟體資金合理需求並不能及時得到滿足，特別是在新興經濟體要求改革、要求提高出資比例和相應話語權遭到否定後，也就只能反求諸己，建立新興經濟體自己說了了算的新興金融機構。

事實上，建立新的金融機構，雖然或者像西方一些學者所猜測，是一個「分解和抵消西方影響的機制」，動搖了一直被西方壟斷的金融話語權，彌補全球金融治理結構缺陷，積極推動建立公平、公正、包容、有序的新型國際貨幣金融體系，但真正的意義還在於推動亞洲的基礎設施建設，是利用更廣泛的市場機制解決發展資金短缺的努力。

據世界銀行計算，開發中國家每年在基礎設施建設方面的資金需求為 1 兆美元，世界銀行行長金墉說，光是南亞未來 10 年就需要 2500 億美元的基礎建設投資，而東亞一年的需求達 6 千億美元。亞洲開發銀行預測，單單亞太地區 2010 年到 2020 年就需要 8 兆美元，結論基本一致，但世界銀行也只能提供區區 600 億美元的貸款，亞洲開發銀行同樣也滿足不了如此龐大的資金需求。因此，在金磚國家銀行籌備的同時，中國在 2013 年 10 月就提出了倡議，經過一年的時間，亞洲基礎設施投資銀行（即「亞投行」，Asian Infrastructure Investment Bank，簡稱 AIIB）籌備完成。

AIIB 法定資本為 1 千億美元，初始資本 500 億美元。AIIB 是以投資準商業性基礎設施建設專案為經營目標的專業銀行，最終可以擁有 5 千億美元到 1 萬億美元的資金規模，有效地推動亞洲經濟體的互聯互通。

AIIB 擁有巨大的市場，以高鐵建設為例，不僅新、馬、泰和寮國等擁有已經開工、相互連接的高鐵項目，印度還計畫修建 7 條連接主要城市的高鐵，印尼和越南也在為高鐵計畫的資金多方設法。促進亞太基礎設施建設還有多種措施，除了於 2014 年 10 月成立的絲路基金，亞太經合會貿易投資委員會專家舉辦基礎設施投資論壇時，還提出了通過公私合作制（PPP）促進亞太基礎設施投資。

除了籌辦 AIIB 之外，中國與金磚國家還發起成立「金磚國家銀行」和「金磚應急儲備安排基金」，由 5 個成員國在 7 年內向該行投入 1 千億美元，中國提供 410 億美元，俄、巴、印各 180 億美元，南非 50 億美元。

設立金磚國家開發銀行是金磚國家領導人在 2012 年在新德里會晤時提出的，2013 年在南非德班高峰會通過，2014 年 7 月在巴西第 6 次高峰會後開始啟動。此次高峰會還簽署了關於建立限額外匯儲備基金的協議，以及金磚國家銀行間的投資合作協定。俄羅斯還提議成立金磚國家能源聯盟，並建議在此框架下設立「金磚國家能源儲備銀行」，旨在保障金磚國家的能源安全。

對於這些新的國際金融機構的建立，美國表面上是平靜的，甚至認為，「金磚國家銀行」規模小又缺乏管理經驗，能否成氣候都是個問題。對 AIIB 也有「過度開發的危險」的微詞，但世界銀行認為，世界銀行與亞投行是互補和合作夥伴關係，認為他們會成為競爭對手的想法是愚蠢的，「因為僅靠世界銀行提供的資金不能滿足亞洲龐大的基礎設施建設需求」。因此「亞投行」的模式更容易被接受。亞投行在部分 7 國集團成員國加入後，得到了 IMF 最終的合作承諾。

表 2-1　亞投行、亞銀、IMF 比較表

金融組織	亞投行（AIIB）	亞洲銀行（ADB）	國際貨幣基金（IMF）
成立時間	2014 籌建備忘錄 2015 簽署協定	1966	1945
主導國家	中國	日本	美國、歐盟
會員數	57 國（至 2015 年 11 月，50 國已簽署並批准）	中、日、美、英、德國等 67 個國家	中、美、英、日、德、法、俄羅斯、沙烏地阿拉伯等 188 個國家
臺灣是否加入	2015 馬習會，中國「歡迎臺灣以適當方式加入亞投行」	為創始會員國	非 IMF 會員
總部	中國北京	菲律賓馬尼拉	美國華盛頓
資本額	1000 億美元	1650 億美元	2380 億美元
成立宗旨	提供亞太國家基礎建設基金	向亞太各國提供資金，以促進亞洲經濟發展，減貧為目標	協助陷入嚴重經濟困境的國家，甚至協助管理國家財政，確保全球金融制度運作正常
戰略意義	1. 有利中國掌握世界經濟話語權 2. 挑戰 ADB 與 IMF 之地位	擴大日本在亞洲地區的影響力	鞏固與強化美國在二次大戰後，在全球的強勢地位

資料來源：維基百科、中央社

中國企業積極併購，一帶一路創造對外直接投資

　　從全球來看，企業併購活動也很活躍。根據相關國際機構截至 2014 年 6 月底的統計，美國、中國、英國、日本和加拿大的併購交易金額超過 2.4 兆美元，占全球 3 兆美元的 80％。其中中國併購交易數量有 5270 件，交易金額 3370 億美元，在全球僅次於美國，排名第二。企業併購也不是「走出去」的唯一路徑，但顯示了中國企業「走出去」

的一種「力道」。

中國已經基本完成自身的資本原始積累，從資本輸入到資本輸出再到資本國際流動的整體平衡，是一國經濟發展的必然邏輯。2014年，中國共實現全行業對外投資1160億美元，如果加上第三地融資再投資，對外投資達到1400億美元左右。這份資料顯示，2014年中國實際對外投資超過利用外資規模。

這也是一國開放型經濟發展到較高階段的普遍現象，是中國從經貿大國邁向經貿強國的重要象徵。2002年，中國對外投資只有27億美元，11年後的2013年增至1078億美元，成長了40倍。2014年又成長近百億美元，成為資本淨輸出國。目前，中國對外直接投資流量連續兩年位居世界第三，對外直接投資存量超過6600億美元，居世界第11位。

而且，中國的對外直接投資幾乎涵蓋了國民經濟的所有行業類別，在基礎設施建設和裝備製造業之外，涉及租賃、倉儲、交通運輸、採礦、建築、房地產、基礎材料和批發零售等行業，林林總總15個大類，分布於全球156個國家與地區。目前，中國生產的產品所占市場份額居全球首位的就有900種，這既是中國改革開放帶來的驚人變化，也是「一帶一路」發展戰略下企業「走出去」的積極成果。

中國對外直接投資的快速成長，是中國在全球經濟分工體系中的地位正在發生深刻變化的反映。中國已經完成了產業發展構成從無到有、從缺到全、由低到高的第一階段，開始進入正軌，尋找已經流失百年輝煌的嶄新全面發展階段，「一帶一路」構想敏銳地察知和準確把握了這種正在展現的變化，為中國開闢了一條歷久彌新的可持續發展的道路。

　　資本擴張是一條經濟規律。將近 4 兆美元的外匯儲備規模，不可能老是用來購買美國的國債，也不能「掛」在國家財政的帳上，其中一部分必須再次進入直接投資的組合裡，產生更大的效益。特別要注意，中國 6600 億美元的對外直接投資存量，相當於美國對外直接投資存量的 10％，中國海外淨資產也只有日本的一半，因此，中國對外直接投資還處於開始階段，在數量和投資品質上還有很大的空間。

　　據中國商務部估計，未來 5 年內，每年對外直接投資成長速度將會保持在 10％以上。一般認為，貿易經常項目保持適度的順差，資本項目出現逆差，應當是未來調節國際收支的一種新常態。

　　對外直接投資和吸引外資也是一種相對平衡關係，沒有誰先誰後、誰超越誰的問題。聯合國貿易暨發展會議（簡稱貿發會）2015 年 1 月公布的資料顯示，中國對外投資流量在最近兩年連續位居世界第三的同時，在 2014 年首次超越美國，成為全球外國投資的第一大目的地，吸引外資規模躍居世界第一，而美國位居第三，排在香港之後。

　　中國對外直接投資規模高於吸引外資規模，這正是中國在自身發展的同時，更進一步地推動他國發展的寫照，完全符合「一帶一路」發展的邏輯。中國人民銀行行長周小川表示，2015 年中國資本專案下目標將會開放，這會是一支生力軍。

　　應該說，2014 年全球企業進行的對外直接投資規模沒有年初預計的那麼樂觀，總流量比 2013 年下降 8％，為 1.26 兆美元。其原因不僅來自金融危機的長久影響，更來自地緣政治緊張局勢的不斷升級。由於西方經濟制裁，光是俄羅斯吸引的外資就下降了 70％。油價的下跌和大宗商品價格下跌，也抑制了對油氣和大宗商品領域的投資。

　　就全球直接投資流向來看，金融危機的長久影響，主要表現為已開發經濟體吸引外資下降 14％，但開發中經濟體吸引外資規模提高了 4 個百分點，其中亞洲成長 15％，創下 4920 億美元的歷史新高。

　　中國吸引外資主要是靠服務業和技術密集型製造產業，與中國經濟結構調整的走向一致。這也表示，中國吸引外資和亞洲吸引外資創下歷史新高，與中國和亞洲仍是全球經濟發展重心分不開，也與「一帶一路」建設的投資聯動效應分不開。「一帶一路」的大量項目開始陸續進入啟動實施階段，相信 2015 年要比 2014 年有更大的投資作為。

第 3 章

合作共贏

扭轉經濟「逆向全球化」走勢

經濟全球化在曲折中推進，需要新的能量與新的戰略整合。新一輪經濟危機發生之後，「去全球化」、「逆全球化」的聲浪四起，多種形式的貿易保護主義也在不同程度地氾濫。

在「逆全球化」和貿易保護主義中，最隱蔽的是「不均衡全球化」，最大的推手則是西方由來已久的各種地緣政治學說。打破和減輕這種根深蒂固的地緣政治理論影響，要有全球化共同發展的新的語境和不斷完善的經濟治理結構，在跨大區域經濟合作的和平發展與共同發展中，推動經濟全球化向前發展。

走出「逆全球化」藩籬

　　經濟全球化的「逆向」走勢需要新的戰略修正與整合。中國的發展牽動著世界的發展，世界的發展也直接影響到中國，中國與世界經濟的深度融入，需要更開放、更超前的發展思維和新的戰略思考。

　　2008 年美國金融危機發生後，「逆全球化」思潮和貿易保護主義在各國不同程度地發生。多邊談判遇阻，雙邊談判緩慢，「不均衡全球化」成為影響經濟全球化進程的主要障礙，多邊談判和雙邊談判進展緩慢，全球貿易出現疲態。「一帶一路」發展戰略構想無疑是打破這種「逆全球化」藩籬，將經濟全球化和區域經濟一體化引入既定發展軌道的新動力。

《時代》：全球經濟一體化在逆轉

　　自從 2008 年經濟危機發生以來，全球化還是「去全球化」，一直是上不了檯面但又揮之不去的陰影話題。2014 年 4 月號美國《時代》週刊發表了一篇題為〈逆向全球化〉的文章，對世界經濟一體化提出相反看法。文章說，「至少從目前來看，全球經濟一體化在逆轉」。理由列出以下幾點：首先是美國國內消費不旺，支出疲軟，所有國家都有消費意願與錢包不匹配的問題。

　　或者從另一個角度來說，自 2008 年金融危機以來，美國漸漸的不再是世界的最終消費者，表現在對外貿易中，美國的貿易逆差不是增加而是減少了，從 2012 年到 2013 年，美國的貿易逆差下降了 12％。

儘管其中有頁岩氣開發減少了進口化石燃料的原因，但減少對電子產品、汽車等的消費也是原因。

其次，全球貿易成長也很緩慢，過去兩年，全球貿易的成長速度低於 GDP 的成長速度，象徵著經濟的轉折。歐美如此，新興經濟體也如此。寬鬆的信貸開始變得不寬鬆，許多經濟學家和貿易專家，開始討論的問題是轉向「去全球化」時期的問題。企業也在重新審視其擴展的價值鏈與供應鏈，討論是否需要遷回本土等等。

的確，上面所講的問題都存在。即便這是就美國而論全球，好像全球化就是美國化。就全球貿易來說，雖然世界貿易組織曾經預測，美歐等已開發經濟體的貿易將在 2014 年實現年均成長速度為 4.7％，但在 2014 年頭 3 個月裡，全球貿易額較去年同期僅成長 2.2％，以美元計價，成長率是 1.5％。如果用荷蘭經濟政策分析局採用的另一種方法計算，與上期比較則是下滑 0.8％。

經合組織的資料更嚴峻，七大工業國組織（G7）和金磚國家的出口與上期比較下滑 2.6％。而且貿易成長與經濟成長持平和低於經濟成長的情況連續 3 年出現，這是多年來未曾出現的現象。中國在 2014 年上半年的外貿表現，也證明了同一個外貿走勢。上半年進出口總值 12.4 兆元人民幣，比去年同期下降 0.9％。2014 年全年成長 2.3％，按美元計算是 3.4％。這已經是比預想要好得多的成績。因此，人們普遍預測，外貿低位成長，將是一種新常態。

那麼美國呢？美國財政部長雅格布‧盧在公開演講中說，未來 10 年，美國經濟平均年成長率預計為 2.1％，大大低於從 1948 年到 2007 年金融危機前近 60 年裡 3.4％的平均水準。愈來愈多的經濟專家認為，美國經濟雖然明顯走強，有序退出量化寬鬆貨幣政策，意味著低利率

時代結束，但預計在 2014 年到 2023 年的 10 年裡，聯邦預算赤字達到 7.3 兆美元，是目前 GDP 的一半。

世界第三大經濟體日本也一再調低經濟成長預期，雖然超量寬、強刺激一度帶動經濟上揚，但成長乏力和「滯脹」的陰影依然籠罩日本的經濟，繼續面臨滯脹風險，衰退看上去沒有盡頭。在歐元區，歐洲央行不得不重走美國老路，開始「量寬」的蹣跚步伐，各個經濟體對金融走勢不敢過於樂觀。

在這種錯綜複雜的情況下，新興市場國家一方面面臨經濟轉型，一方面又要面對美國退出量化寬鬆政策可能帶來的衝擊，以及美國資本回流帶來的負面效應，對金融環境並不看好。全球經濟復甦的基礎既不穩固，潛在的金融風險又若隱若現。在這樣的經濟發展情勢裡，主要國際機構已普遍下調對世界經濟成長的樂觀預計。

就在各經濟體對未來經濟走勢莫衷一是之時，IMF 又發布了〈2014 年溢出效應報告〉，分析了當年有可能影響全球經濟走勢的兩大變化因素。

第一個溢出因素是從已開發經濟體的金融政策變化角度提出的，即隨著已開發經濟體經濟好轉趨勢增大，美英等已開發經濟體的貨幣政策重新調整，開始有序退出量化寬鬆政策。收緊貨幣政策，將導致利率上升，全球借貸成本也隨之上升，影響新興經濟體經濟成長。

IMF 做出最壞的假設是，新興經濟體在未來 3 年的年成長率將減少 0.5％。更壞的假設是，全球金融環境大幅縮小，加上新興經濟體經濟成長結構性放緩的疊加影響，在 2015 年將導致全球經濟產出下降 1.5 到 2 個百分點。

第二個溢出因素是，新興經濟體過去幾年經濟成長速度就有普遍

放緩趨勢，現在在已開發經濟體貨幣政策變化下繼續放緩，可能導致全球經濟放緩的持續時間更長。IMF 在過去 4 年裡已經將新興經濟體成長預期累計下調 2 個百分點，現在的預測平均成長速度從 2003 年的 7％降至 2008 年的 5％。這樣一個連鎖甚至是疊加的溢出效應將透過全球貿易市場和金融投資市場反映出來，勢必對周邊交易夥伴產生首當其衝的影響。

報告雖然並沒有對經濟全球化作出直接的走勢判斷，但明確提出，無論是溢出效應的來源國還是接受國，都應在國家層面和全球層面加強國際合作共同應對，其實也展現了對全球經濟一體化進程的某些擔憂。

多邊貿易談判協議，各國波折不斷

擔憂並非空穴來風，就目前開展的各種貿易投資多邊的和雙邊的談判來講，波折時有出現。就在 IMF 在 2014 年發出溢出效應警告的同時，印度一度發出否決《巴厘協定》的資訊。《巴厘協定》是世界貿易組織 2013 年在巴厘會議初步達成的貿易便利化文本，是一個總共包括 10 份檔的「巴厘完整貿易協定」，也是世貿組織 160 個成員將要最後達成的貿易便利化的重要多邊協定。要求其成員盡力建立「單一視窗」以簡化海關及通關程式。

據估計，該協定將增加 1 兆美元的貿易量，並創造 2100 萬個就業機會。該協定實施的第一階段為期半年，於 2014 年 7 月 31 日截止，然後各簽約成員根據共識再決定透過加入議定書部分，全面執行。2014 年年中的日內瓦會議原本計畫正式批准通過這個最後協定，不期有變，

由於世界貿易組織是基於共識原則的談判平臺，只要任一成員對任一條款不同意，協定就無法通過。

印度曾經抵制《巴厘協定》，直接原因是之前和美國在農業補貼與糧食儲備問題上有嚴重的分歧，在《巴厘協定》最終同意為開發中國家提供相關農業服務，並在一定條件下同意為開發中國家糧食安全進行公共儲糧後，印度同意簽約，但世貿組織關於保障糧食安全的談判進展緩慢，印度便決定抵制貿易便利化的進一步協定。儘管這個抵制針對的不是貿易便利化本身，但仍不可低估這次有驚無險的變化對促進貿易成長的影響。

《巴厘協定》是世貿組織成立18年達成的首個全球性貿易協定，在多邊區域性貿易談判安排中舉足輕重，一旦無功而返，國際社會對全球多邊貿易體系的信心也會動搖。甚至有評論者說，對巴厘完整協定的核心內容表示反對，令世貿組織出現被「邊緣化」的危機。這個問題在後來莫迪訪美時得到解決，印度在2014年年底改變了否決的態度，但造成意見分歧的原因卻值得深思。

印度對《巴厘協定》一度踩刹車，農產品貿易是主要因素。印度農產品產量世界第一，產值占GDP的16.9％，從事農業生產的人口占全國勞動力的50％，但其生產率僅為已開發國家的30％和其他開發中國家的60％，這樣的弱質農業對一體化市場是無法適應的。

再者，印度在2013年下半年剛通過為全國8億人口提供糧食補助的法案，以指導價收購本國農民生產的糧食，以補助價售出，這個有利於農戶的政策是無可厚非的，但被美國等國家認為有向國際市場傾銷剩餘糧食庫存的可能，要求印度全面開放食品市場。僅憑糧食收購政策變化就判定這個國家有傾銷嫌疑，這個做法不僅受到印度抵制，

連拉丁美洲的玻利維亞、委內瑞拉、古巴等國也反對。或許美國也自覺到對印度的國內糧食政策判斷有些牽強，也就在莫迪訪美時就利用有利的條件行事，算是化解危機。

其實，類似的單雙邊問題很多。例如關稅，美國希望在貿易成員內降低環保產品關稅至 5％，並要求在 2035 年前將單位 GDP 能耗降至 2005 年水準的 50％。目前，美國對環保產品的關稅稅率是 1.4％，中國是 7％，確實有差距，但不考慮各國發展水準和合理過渡期而強行統一，本身就有違協商合作的精神。

重視還是無視發展水準的差異和操作過渡期，是世界經濟合作中一個事關成敗的重要行動因素。1994 年 AEPC 會議發表的《茂物宣言》，在貿易投資自由化和便利化這個長遠目標上能夠達成一致，一個重要原因是從各成員事實上的發展差別出發，提出已開發與開發中成員分別於 2010 年與 2020 年實現投資自由化的時間差，給出了進退空間。

《茂物宣言》還提出經濟合作在基礎設施、資本市場、科技、環保、中小企業 6 個優先領域展開，則展現了重視差別、漸進，在同中求異中選擇優先項目的重要性。無視差別與時差過渡原則，不僅欲速則不達，也會帶來紛爭。就是美日之間的「跨太平洋戰略經濟夥伴協議」（TPP）談判，由於對農產品進出口的差異認知，在很長時間裡也陷入「拉鋸」狀態。

中國力推的「區域全面經濟夥伴關係協定」（RECP）談判則相反，不僅維護了經濟合作貿易往來的自願性，更強調經濟發展水準的差別性，成功的機率更高，也更易為合作各方接受。差別是客觀存在，

不僅顯示在開發中國家的發展狀態裡，也顯示在已開發國家身上。最明顯的一點是，已開發國家更熱衷於貿易投資，在對經濟技術合作的態度上往往消極，而消極的程度歐美之間又有不同。誰說它們就不明白差別意味著什麼呢？

人們還看到，在多邊談判和雙邊談判緩慢進展的同時，貿易摩擦與反傾銷及其他貿易壁壘也在增多。根據世界銀行公布的資料，2013年，僅中國出口商品遭遇 20 國集團國家設立的反傾銷措施和其他貿易壁壘的占比就達 6.4％，美國則是 1.2％。這說明，中國面臨的貿易壁壘不僅來自已開發國家，也來自開發中國家。而這種貿易摩擦和貿易壁壘的多發性和多向性，也提示世界經濟一體化之路並不平坦。

世界經濟一體化和全球化之路不平坦，還展現在美歐與俄羅斯的經濟制裁與反制裁中。雙邊和多邊貿易成了政治較量的武器，其中的損失不僅是上百億美元或歐元，首當其衝的是經濟全球化。俄羅斯與西方的貿易危機面臨層層加碼的風險，最終在兩敗俱傷中傷害了全球化。

然而，人們更注意的是美國經濟的走向，還有與經濟走向相關的經濟政策的內向度與外向度。這似乎是未來十多年裡世界經濟格局變化的重要觀察點，也是目前還不能完全認定的一些變化所具備的條件。

美國尋求「回歸美國製造」，走向內向之路

可以確定的是，美國國內的看法會有很多種，包括繼續推動全球經濟一體化者與反全球經濟一體化者，包括主張更多經濟向內轉還是更加繼續加大外向度。可以確定的是，這些看法有長期戰略上的考量，也有階段性的策略考量，在一般情況下，既不會一成不變，也不會變

來變去，出現不斷反覆的情形。

特別是對發生嚴重的衝突可能的估計，會有狂熱者的叫喊聲，也會有冷靜者的思索。在第一次世界大戰爆發 100 周年之際的各種研討，其本身就是對盲目對抗的一種拋棄。

就美國內部的經濟運轉來看，確實有些不良的跡象。好不容易從 2008 年爆發的金融危機中脫身，如今的確需要好好整頓一番。美國是幸運的，2008 年的危機不是 1930 年代的翻版，因為它沒有那麼大的過剩的實體經濟，或者有過剩也透過世界經濟一體化流向開發中經濟體。因此，即便在危機發生中出現很高的失業率，這一切還是在非實體經濟（特別是虛擬經濟）泡沫破裂中產生，實行了量化寬鬆的貨幣政策，也就慢慢開始恢復元氣。

對美國當前的經濟形勢還是看好的居多，美國商務部 2014 年公布的數字顯示，美國經濟強勁反彈，並引發對未來持續成長的樂觀預期。商業庫存情況好轉、消費支出回暖與投資加速是經濟復甦的三個支柱，雖然幾個季度甚至一年兩年的資料說明不了問題，但預期 3％至 4％的成長率是出乎意料的回歸徵兆。

在美國，對外貿易中逆差與赤字在減少，這同樣是一種不尋常的現象。預示著美國正在調整它長期以來「最終消費者」的相對寬口徑的外貿政策，走向一定程度的內向之路。

最重要的就是，美國在尋求「回歸美國製造」。回歸美國製造並非一定是內向的必然外在形式，其根本的誘因來自對經濟危機的事後反思與調整，或者說也是一種經濟結構與產業結構調整，原本是與經濟內向沒什麼關係的。特別是多年來美國將愈來愈多的製造業轉移到一些低成本地區，現在，由於頁岩氣革命形成的低油價，生產成本下跌，

重新回歸便成為一些跨國公司的選項。

但成本分析是多因素的，例如供應鏈問題，一旦在別的地方形成，就很難放棄，回歸會不會是最好的選擇，是要斟酌再三的。美國財政捉襟見肘，要提高稅率，對跨國公司的回歸之路也是考驗，因此事情也還沒有那麼簡單。

從整體上來講，沒有人認為，美國會再次製造年進口額高達 5 千億美元的，全部或大部分電子設備、工具、玩具、家具、照明等日常產品，美國媒體最近就列出倒閉率最高的八個「夕陽產業」，其中就有太陽能電板製造業、針織業、燒錄設備製造、電腦周邊設備製造等等。因此，美國製造業回歸乃是相對的概念，並不是影響經濟全球化的重要因素。

事實上，美國是一個傳統的開放型經濟國家，否則也成就不了今天的美國。即便在美國最內向的「門羅主義」時期，也從來沒有放棄國際生意，甚至將軍火生意做得更盛大。某些國際媒體大講美國開始「內向」，甚至全世界都「籠罩在內向的氣氛中」，不是看走了眼，就是對力不從心的一種掩飾。

對「逆全球化」和「去全球化」還有一種錯誤的分析，那就是認為經濟全球化陷入低潮，主要原因是所謂「民族主義」席捲了全球。他們把世界上的各種糾葛與紛爭都歸於「民族主義」，其實是對文化多元化和文明多樣性的否定，以及對世界經濟和區域一體化的平等互利原則的否認。他們所追求的「全球化」是自身利益的最大化，並不是全球化所要追求的真正目標，以此評價全球化的走向，顯然是文不對題。

那麼，究竟什麼是影響全球化進程的根本原因呢？或者說，我們

應該如何描述這種「去全球化」的聲音呢？需要引起注意的是一個不尋常概念的出現，那就是「商界新冷戰」。不要小看了這個新概念的分量，一些人想複製當年的冷戰，成本既高，也找不到如同蘇聯那樣的對手——即便是當今的俄羅斯也還有鬥而不破的底線，更別說有著和平傳統、現在更要全力推進世界和平發展和共同發展的中國，壓根就不會去打什麼「商界新冷戰」，「商界新冷戰」的提倡者展現的其實是我們後面將要講到的「逆全球化」的真正根源與戰略意圖。

「逆全球化」論者也好，「商界新冷戰」論者也好，其武器就是貿易保護主義和所謂反傾銷之類的濫用，其戰略則是分裂全球化，在全球化中建立小團體。對於這些動作，我們目前還無法完全準確地說明，暫且稱其為「不均衡全球化」。或者用更通俗的語言說，就是大部分與自己人做生意、進行投資，弄出一個名為全球化實為逆向全球化的經濟加軍事的「富國俱樂部」。

美國經濟相對復甦並不意外，要振興實業也在意料之中。但這似乎不是逆向全球化的理由。2008 年的金融危機帶來的教訓是，缺少實體經濟支撐的經濟，發生經濟泡沫的機率很高。金融從本質上講，是服務於製造業和貿易的，一旦反客為主，成為凌駕於製造業之上的「貴族產業」，就有可能在自我膨脹中，引發經濟結構的不平衡乃至經濟危機。對於一個經濟強國來說，傳統製造業的「空心化」（生產部門外移至落後國家或城市），也會帶來過度依賴外貿進口的入超消費，從而產生大量貿易逆差，出現外貿的不平衡。

為了實現製造業回流，美國提前發育各種生產性服務企業，進一步提升製造業創新力與競爭能力，並從資本流出轉向資本流入，開始大量吸引外國投資，並不斷縮減長期國債購債規模。2013 年，美國在

吸引外國直接投資數量方面居全球第一。2014 年降為第三，說明製造業回流並不那麼容易。

在實際貿易往來中，美國向日本出口石油，也準備向歐洲出口液化天然氣，美國外貿選擇性加強，優先方向也很明確。這一切意味著什麼？意味著美國對世界經濟一體化的政策走向同樣出現了一種「再平衡」，其結果是「全球化的不均衡與不平衡」。

由此看來，美國對世界經濟一體化的態度也有雙重標準、雙重做法，是把世界經濟一體化的一個變種當成了拉攏的手段，以及在事實上遏制新興經濟體發展的武器。

對於這樣的一種變化，美國著名學者約瑟夫・奈做了清楚的注解。他在美國《華爾街日報》網站 2014 年 6 月 9 日發表的文章〈頁岩氣是美國地緣政治王牌〉裡說，美國「真正的地緣政治變化是在過去 10 年裡爆發的頁岩氣革命」。

在 10 年前，很多專家在談論「石油峰值」，也就是說，連沙烏地阿拉伯的石油儲量也已見頂：「那時人們認為美國會愈來愈依賴能源進口，而且正在建造碼頭進口高價液化氣。但實際上如今北美洲正在建造碼頭來出口價格便宜的液化氣，而且能源專家普遍認為，北美大陸將在 1920 年代實現能源自給自足。美國能源部估計，美國境內從技術上來講可以開採的頁岩氣儲量 25 億立方公尺，若加上其他油氣資源可供使用 200 年。」

他還說，美國的能源依賴度減輕，並不導致美國脫離中東，但「給美國的外交政策帶來其他好處」，「能源市場的地緣政治發生重大變化」。是什麼變化？他只提到對俄羅斯與委內瑞拉能源力量的削弱，

但從他頗有政策影響力的論述來看，美國並不會完全眼睛向內斷然揮別全球化。

在美國當政者的眼裡，全球化或者世界經濟一體化依舊是個好東西，可以進一步拉近盟國夥伴關係，還可以在進一步擴展中加強在全球的權威，利大弊小。棄之如敝屣，不如改變它的內容。

於是人們看到，在對經濟全球化的各種雜亂無章的議論聲中，浮現了概念不同的兩種全球化，一是親疏有別的全球化，二是世界各國共同合作發展的全球化。前一個圈子小，後一個圈子大；前一個把全球化當工具當手段，後一個卻是要發展國家的共識和願景。

然而，在當今的世界裡，除了眾多的已開發經濟體和新興市場國家，還有大大小小的聯盟經濟體、經濟共同體，有 7 國集團、20 國集團、77 國集團，有金磚國家、海委會國家等，還有國際性的多個經濟組織，這都是全球化的參與者與推動者，也都是全球化的平等主體，誰都不能也做不到一手遮天。因此，面對兩個內涵完全不同的全球化，前一個是個別國家謀之，後一個卻是眾心所向，眾望所歸。

在這個問題上，美利堅大學國際關係教授阿米塔夫·阿查裡雅倒有一番真知灼見。他在美國耶魯全球線上發表的〈從單極時代到多重世界〉的文章中，用多劇場影院來比喻，「在同一個影院的不同劇場裡，放映著幾部不同的影片。不會有一位導演或製片人長期獨占觀眾的注意力或者忠誠。觀眾有選擇的自由」。

他似乎贊同又不完全贊同約瑟夫·奈的「三維棋局」論，即最上面是軍事實力，依然是單極；中間一層是多極的經濟層，有歐盟、中國和其他金磚國家；最下一層由跨國的非國家角色構成。阿米塔夫·

阿查裡雅認為，多重世界是由多個關鍵角色構成的，它們的關係是由複雜的相互依存形式來決定的。多重世界不是多極世界[15]，尤其不是第二次世界大戰前歐洲那樣的多極格局。

　　當今國際政壇的關鍵參與者不光是大國與新興大國。它們包括國際機構、非國家角色、地區大國和結構以及跨國企業。「美國領導的自由主義霸權秩序走向衰落，未必意味著美國在沒落」，「但他必須適應不遵循美國要求和偏好的新角色和新手段」。「這個多國集團的世界需要一個切實經過改革的全球管理體系。」

沉重債務與價值鏈重組，讓全球化回歸平衡的時代來臨

　　對全球化還有另外一個說法，法國《回聲報》網站 2015 年 2 月 6 日發表讓—馬克·維托裡的文章〈過去的全球化與未來的全球化〉，說金融危機以前的 20 年時間裡，貿易成長比生產快兩倍，自 2012 年以來，國際貿易速度低於全球生產，但 2015 年有可能更快些。

　　為什麼這兩年速度放緩，一個是沉重的債務使消費者較少購買，不太求助於國外的生產商，高收入國家進口都比從前少 20%。經濟的消沉或可解釋貿易的消沉。一個是貿易地理發生變化，美國工業成本在下降，中國的工業成本在上升，貿易獲利減少。

　　另外價值鏈也在重組，起主導作用的不一定是大企業，而是麥肯錫專家們所說的「微型跨國公司」，它們不必利用跨境商品來控制價值環節，而網路商業就預示著另一種全球化在顯露。總之是回歸平衡的

15　世界政治勢力形成多種中心的格局。

時代來臨了。

對於讓馬克·維托裡所說的經濟全球化的形式變化，的確有需要人們研究的一些新問題，或提示人們不能用過去的貿易舊常態衡量現在的貿易新常態，要用變化的眼光看待和處理新的貿易問題，並研究未來的全球化，但由此判斷「回歸平衡」的時代來臨了，未免有些輕率。事實上，網路貿易與服務貿易所占的貿易比重愈來愈大，對全球化的形態變化影響也會愈來愈大。這是全球化的一種進步，而不是倒退。

全球化的方式和途徑的確在改變，變得讓美國也不適應。它們還是按照地緣政治這個落腳點和出發點，去思考和去運作，於是就把軍事實力擺在首位，並把中國與新興經濟體當作遏制的第一對象。但遏制似乎不是什麼新東西，對中國來講，遏制這把達摩克利斯之劍，中國已經有七十多年的承受的歷史。

早在第二次世界大戰結束之前，那位推出「邊緣地帶論」的大名鼎鼎的尼古拉斯·約翰·斯皮克曼，已經超前地「建議」美國政府與日本結成戰後聯盟，以對付蘇聯等大陸強國，特別是未來崛起的中國。他或者已經預見到：一個現代化且生機勃勃的中國會向西方列強在亞洲地中海的地位提出挑戰。中國幅員遼闊，控制著廣大周邊海域，它在亞洲占據著類似於美國在美洲地中海的主導地位。

「可以設想，這片海域將不再由英國、美國、日本控制，而是由中國的空中力量控制，這種結局為時不遠。」對尼古拉斯·約翰·斯皮克曼敬佩有加的美國當代地緣學者羅伯特·D·卡普蘭，對這種由來已久的觀點並不苟同。他認為，地球系統畢竟過於龐大，無法由一個霸權主導，將會出現「區域性分權」，每兩個區域都會互相影響，在這個新興世界裡，區域性龐然大物實在太多了，有美國、歐盟、中國、印

度和俄羅斯，還有土耳其、伊朗、印尼、越南、巴西等中等國家。

　　美國對華「遏制」既有歷史淵源，也是近代與當代大國關係的一個暫時不會完全消失的歷史現象。有遏制就有合作，正如有合作也會有遏制，這在美國的同盟國家之間也會如此，所不同的是性質與數量。

　　有人把當前的大國關係比喻古代國家關係的所謂「修昔底德陷阱[16]」——在古代歷史學家修昔底德看來，雅典實力的成長引發斯巴達人的恐慌，戰爭於是不可避免——他們把經濟實力的消長看作衝突的根源，以為富裕起來的大國不可能是認同所有現有秩序的大國，會是一個獲取全球霸權且雄心勃勃的國家。

　　這樣的心結，其實是基於西方傳統歷史文化的思考，既沒有看到中國歷史進化的和平特徵，也拋開了當今世界經濟一體化、難以扭轉的和平特徵。「中國威脅論」與「中國崩潰論」不時交替出現，就是一些人心造的「修昔底德陷阱」現代版。

　　但是，一個根本的邏輯是，現今的國際關係和大國關係雖然更趨複雜，存在許多難以預見性，但世界的整體性也在不斷增強，這是世界體系演變的最明顯特徵。世界整體性增強維持和保持了國際局勢的相對和平與平穩，也在一定程度上牽制了霸權政治的極端發展。

　　事實也證明，自冷戰結束後，中美關係也有多次反覆，但從未陷入「安全困境」的惡性循環。如果有什麼「困境」出現，美國的「安全困境」感倒有點明顯，因為它對安全邊界定義得太寬，甚至不給別人留下一點點的餘地。美國把一半以上的太平洋劃為自己的經濟區，這其實也是對基於陸地的所謂「國際海洋法」的反諷。就說那條世界

16　指新崛起的大國必然要挑戰現存大國，而現存大國也會回應這種威脅，因而引起戰爭。

第一深的「馬里亞納海溝」，怎麼會排除在陸地聯繫走向之外呢？把自身的安全邊界圈劃在公路中央、甚至別人籬笆下的作法，在古今世界上也是罕見的。

對於中國來講，倒是從來沒有過如此過敏的「安全困境」感，中國感覺到的並不是所謂「崛起困境」，而是成長中的「不公困境」。換句話說，在一個生命體體格發育的過程中，不斷受到應當與不應當的各種強制限制，或者還被禁錮起來，這對崇尚自由最高價值的美國又會是怎樣的一種反諷。

對中國的遏制其實也是對開發中國家的遏制，自己發展就容不得別人發展，這是美國在發展觀上的一個明顯的基因缺陷，需要轉換。完全可以這樣推斷，如果世界第二大經濟體不是中國而是其他國家，如印度或巴西，它們同樣會受到不公待遇。只不過中國先發展了一步，儘管經濟總量只有美國的 60％左右，就已經要被「槍打出頭鳥」。

把經濟當武器對美國來說並非第一次，1990 年代，日本經濟快速崛起，美國也是玩了一手先托後甩的把戲，讓日本灰頭土臉、一蹶不振，至今沒有恢復元氣。在那時，盟國關係沒有任何用處，就連撰寫《日本第一》的美國智囊學者傅高義也對此感嘆不已。日本脫離亞洲進入歐美，是要仰仗美國鼻息的，但成亦蕭何敗亦蕭何，跟得太緊只能認栽，但對中國的遏制，雖然不可不防，但美國若想達到目的也不容易，於是「不均衡全球化」便成為美國的首選之策。但這涉及的不單是中國，還有已經對全球化形成共識的多數開發中經濟體。在全球化世界潮流中，無論是「去全球化」、「逆全球化」還是「不均衡全球化」，恐怕不能代表未來的走向。

　　對於「逆全球化」或者「去全球化」，美國的一些敏感之士也很擔憂。他們的一位東南亞問題專家認為，從 2008 年經濟危機發生以來，世界進入了所謂「去全球化」時期，全球貿易成長緩慢，貸款減少，跨境移民數量下降等等。他還說，在過去 100 年裡，這種現象發生過數次，有的是在世界大戰發生後，有的是在經濟危機發生後，最新的一次就在本次經濟危機之後，而且可能造成長期損害。

　　「削弱經濟成長、阻礙創新、在世界各地留下最有害的政治餘毒。」「在全球化時期，世界似乎變小了，貿易發展，跨境投資上揚，國際移民增加，國際交流網路的聯繫更加緊密。去全球化時期的情況則相反，貿易成長放緩，政府徵收關稅並實施其他保護主義措施，投資縮減，國家間的文化和人際聯繫減少。」

　　事實也說明「去全球化」造成多種危害，在本次經濟危機發生後，大多數已開發國家的銀行減少了跨國貸款，它們透過立法迫使銀行更多地融資於本國企業。據瑞士信貸銀行估計，歐洲銀行回歸本土業務，新興市場減少 1 兆美元資金。麥肯錫則估計，全球跨境資本流動現在比 2008 年減少 60％。英國智庫「經濟政策研究中心」則發布報告說，最富裕國家 2013 年比 2009 年，多採取了 23％的保護主義措施。

全球化的「不均衡」陰影

在「逆向全球化」思潮不斷發生之時，美國政府的態度是曖昧的。美國貨物貿易出現下降，世貿成員對美國的新農業法案，以及反傾銷和反補貼調查等政策做法表示關切。在 2014 年年底，世貿組織對美國開展了為期 3 天的第十二次貿易政策審議。審議表明，2013 年以來，美國共發起反傾銷調查 39 次，其中針對亞洲國家的有 25 次，歐洲 10 次，發起反補貼調查 19 次，針對亞洲國家的有 16 次。

所謂反傾銷和反補貼調查，實際上也是貿易保護主義的手段。特別是在多邊貿易和區域性選擇性貿易上，美國更傾向於開打諸如此類的「貿易戰」。在此同時，更加運用了「不均衡全球化」的策略，而美國推出 TPP（跨太平洋戰略經濟夥伴協議）和 TTIP，便是「不均衡全球化」的典型例證。

國際自由貿易組織，其實是不平衡的貿易戰

TPP 是經濟全球化中的一個發人深思的悖論，其參與者是美國的軍事盟國和拉攏所謂第三鄰國的國家，號稱高端高水準，實則是排斥中國和其他多數亞洲新興市場國家。TPP 談判其實並不在所謂水準的高低，主要是違背經濟全球化與區域經濟一體化的一般地緣原理，具有明顯的排他性和歧視性，並在事實上成為美國軍事戰略東移亞太的經濟手段與經濟版。

美國啟動 TPP 談判，未必就要建立緊密型自由貿易機構，因為在

亞太地區畢竟還有一個亞太經濟合作組織存在，美國也是其中的一員，不能再另立山頭。但美國在重塑以美國為主導的國際秩序的同時，也要重塑美國主導、涵蓋貿易、投資、金融的國際體系。特別是在北美經濟自由貿易區已經建立的情況下，在西太平洋以「安保條約」和軍事盟國為粘連劑，同時用 TPP 拉住一些太平洋國家，緊縮包括中國在內的亞洲新興經濟體發展的空間，為其全面實現「再平衡」亞洲戰略提供經濟支點。

從經濟合作和區域經濟一體化的形成規律，以及區域合作的互聯互通性來講，自貿區是該地區地緣經濟的整合合作，不存在厚此薄彼的排他歧視問題，是平等互利的貿易合作格局。這也是各大經濟區都有的經濟組合，例如東盟內部也有發展差距，但並不妨礙它們推動一體化，就連美國主導的北美自由貿易區也是如此，否則就不合乎區域經濟一體化，只能成為區域經濟之外的雙邊合作、多邊合作等。

TPP 明顯不具有區域經濟一體化的特徵，是插入亞太經濟區和終究要出現在亞太自貿區裡的「倒刺」，TPP 的出現既不合常規，也不符合多數開發中國家的合作實際情況，只能起到攪和的作用，與其說是合作夥伴，不如說是相互利用，最終的結果是可想而知的。

美國「平衡」國際經濟關係的方法不少，除了 TPP，還有 TTIP 和在世界貿易組織框架下的「國際服務貿易協定」（TISA），以及「新型雙邊投資保護協定」、「新型雙邊經貿協定」等等。這些協定大多具有明顯的針對性和排他性。主要是把中國、俄羅斯甚至印度等新興大國排除在外。

TTIP 經過七輪談判，在 2014 年下半年基本結束，這是一個被稱為

「經濟版北約」的協定，因為它不僅是一個貿易協定，也是地緣政治協定，以此類推，TPP也會是跨太平洋地區的「經濟版北約」。美國要按照它們自己的標準和行事方式以及所謂價值觀來謀劃全球化，只能依靠往日的軍事僕從和拉攏一些廣義的「第三鄰國」之類，拼湊一個「經濟同盟」。

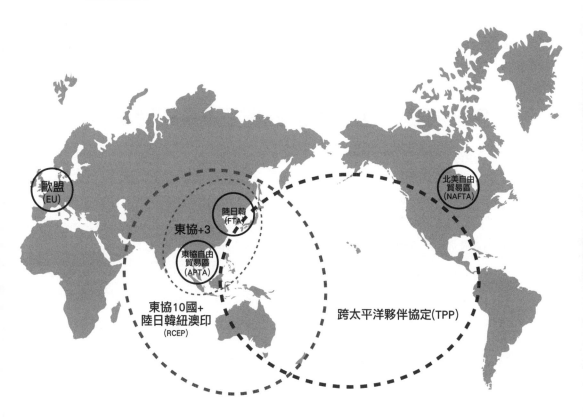

圖 3-1　國際自由貿易組織

歐盟之所以和美國達成 TTIP 協定，主要也來自自身處於衰落的危機感，以及俄烏衝突形成的地緣政治的緊張局勢，並不是合作本身有

多麼和諧。有學者研究，歐盟的 GDP 目前占全球 GDP 的 20％，但 15 年後很可能只占 10％。

重返太平洋、重返亞洲，是美國長期戰略裡早已想到的一著棋，這步棋不是不下，而是何時要下、何時能下的問題。早在 1990 年代，亞太合作和亞太經濟區計畫浮出水面，這就是「亞太經濟合作組織」（APEC）的雛形。亞太合作成為當時的熱門詞彙。但事情的發展並不全以美國的意志為轉移。

APEC、TPP、TTIP，都是爭取經濟主導權下的產物

APEC 逐步發展，發展為當今世界上覆蓋面最廣、影響最大，成員包括了整個環太平洋地區的南北美洲、亞洲和大洋洲的 21 個經濟體的一個貿易投資和經濟合作的國際大平臺。APEC 具有各個經濟體的官方權威性，以及從經濟外交、國際經濟技術合作、國際投資貿易到工商企業宏觀微觀經濟活動各個層級的廣泛性。

它的成員有澳洲、巴布亞紐幾內亞、紐西蘭、美國、加拿大、墨西哥、秘魯、智利、中國、俄羅斯、日本、南韓、新加坡、馬來西亞、汶萊、泰國、菲律賓、印尼、越南以及臺灣、香港，既有已開發經濟體，又有處於不同發展階段的開發中經濟體，包含了世界前三大經濟體，其國民生產總值超過世界的三分之二以上，人口 26 億，占世界 40％，貿易額也占世界貿易的一半。

APEC 平臺已有 25 年的歷史，從 1989 年 11 月澳、美、加、日、韓、紐西蘭和東盟 6 國在坎培拉舉行首屆部長會議，發表「聯合聲明」，到 1991 年中國在「區別主權國家和地區經濟體」原則基礎上加

入，再到 1993 年 6 月改名「亞太經濟合作組織」，經歷了地區自由貿
易投資和經濟技術合作達成初步共識的初始階段，從部長會議升格為
經濟體領導人非正式會議的快速發展階段，又從亞洲金融危機陰影帶
來的盤整階段進入新的發展時期。

　　由於這個平臺具有廣泛性、多層次性、自願性和表現為多元合作
的鬆散「軟合作」的可操作性，以及由於區域內多數國家以加工貿易為
特點的經濟成長結構，也使其具有了「開放的地區主義」的開放性，
生命力是顯而易見的。特別是「APEC 大家庭精神」的提出，開放、漸
進、自願、協商、發展、互補、共同利益，進一步成為共識，其吸引
力和凝聚力大為增加，前景看好。

　　按道理講，APEC 正面臨發展的最好時期，應當按照「APEC 大
家庭精神」繼續推進亞太地區的經濟合作，為什麼要在中間插入一個
「跨太平洋戰略經濟夥伴協議」，亦即 TPP 呢？是 APEC 失效了，還是
別有他圖？最有可能的答案就是要把 TPP 作為一根棍子，從 APEC 的
中間打進去，裂開去，最終取代或解體 APEC。這未必是臆斷。因為
TPP 是幾乎涵蓋了南北美洲、亞洲和大洋洲的核心經濟體，在 APEC
運轉向更高層次良性發展的關鍵時候，突然從中作梗，這絕非「錦上
添花」。

　　就建立 APEC 平臺而言，經濟合作成員確實付出許多心血。也許
有人以為「大家庭平等協商」的水準不高，需要另一個「完整」的方案
提升運作水準，但那另一個「方案」對於推進 APEC 建設，不僅沒有
功效，倒有可能是反向操作。因為，目前 APEC 的大多數成員開發程
度並不如美國的水準，不僅發展程度不同，有的還處在剛開始發展的
狀態，有的還在產業分工中尋求自身的發展和定位。就是在已開發國

家之間，也有各自的考慮，美國與它的緊密盟友日本的有關談判並沒有像預期的那樣順暢。連 TTIP 也是經過七輪才達成協議。TPP 也好，TTIP 也罷，人們只能有一種解釋，就是 APEC「大家庭精神」令美國的經濟主導權有所弱化，美國自然要另起爐灶。

另外，中國經濟的崛起也令美國感到壓力。不可諱言，中國加入 APEC，並將它視為發展自身並在亞太地區開展多邊貿易投資經濟技術合作的重要平臺。從 1990 年代到 2010 年，亞太地區是中國對外經濟貿易的主要方向和來源。2012 年，中國與亞太經合會成員之間的貿易總值達到 2.33 兆美元，占中國外貿總額的 60％，在中國的十大交易夥伴裡，除了歐盟國家與巴西等，主要是亞太經合會的成員。

這個局面讓美國感到不舒服。為了製造「中國威脅」的經濟依據，美國一些人除了在輿論上不斷「唱衰」中國經濟之外，還去「捧殺」中國經濟，包括用購買力平價法，計算出 2014 年年底中國經濟總量即將超過美國等。現在又開始刻意比較中印各自的發展速度，把一國的發展與另一國的發展對立起來。中國的經濟總量高低與否的問題是刻意被強調的，從計算方法來講，目前世界貿易即多種商品交換體系既然是以美元來計算的，就不能用非美元體系來衡量，這應當涉及比較尺度的科學性和可比性。在這個前提下，中國經濟總量只有 10 兆美元，而美國是 17 萬多億美元，相差近一半，這是一個事實。

從人均 GDP 看，中國只有 6800 美元，排在世界 80 名以後。美國為何還要擔心自己經濟老大的地位不穩？因為有些人看到了一個趨勢，即儘管中國的發展速度從高速降至中高速，這個 7％左右的成長速度還是相當驚人。如果再看到中國對外貿易投資的實力，現在進出口商品總值達 2.4 兆美元左右，今後 5 年又會如何？中國已經公開宣布，

今後 5 年，中國將進口總值超過 10 兆美元的商品，對外直接投資將超過 5 千億美元，出境旅遊將達到 5 億人次。這也就是說，平均每年進口 2 兆美元商品，直接投資 1 千億美元，每年出境旅遊 1 億人次。這對世界經濟的影響力自然就非同小可了。

怎麼辦？如果把中國的發展前景看作可以分享的世界經濟發展的紅利，當作市場機會，讓經濟合作和經濟競爭推動自身經濟發展水漲船高，做到你贏我贏，大家都贏，自然是個常理，但未必每個人都會這樣想，因為真的要競爭，誰也沒有穩操勝券的把握，只能用非經濟競爭的手段營造某些議論糾紛，加上 TPP，也就是排他性的跨太平洋戰略夥伴關係的經濟「武器」去「再平衡」，達到遏制中國發展的目標。

TPP 談判在 2012 年就正式啟動，打算在一年之內結束。但時間已過去兩年，並沒有出現預想的最終結果。2015 年 1 月底，美國貿易代表宣稱，美國、日本和另外 10 個國家的 TPP 談判正接近目標，歐巴馬總統正在加緊活動，爭取美國國會授權締約。美國貿易代表說，該協定覆蓋 40％的全球經濟產出。美國的計畫是在 2015 年上半年完成談判，在 2016 年大選升溫前提交國會表決，歐巴馬總統顯然是把 TPP 當成了他的政治遺產。

美國政府似乎鐵了心，為了讓美國國會能夠通過 TPP 和 TTIP，美國華盛頓大學國際政治學院院長麥克爾‧布朗在《華盛頓郵報》上大談「不能錯失建立交易夥伴關係的機會」，大談 TPP 和 TTIP 占到全球貿易經濟的三分之二，TPP 將為全球貢獻 2240 億美元，TTIP 貢獻 1330 億美元，可占全球 GDP 總額 0.3％。

但從經濟上來講，這其實並不重要，他們更看重的是非經濟利益。因為 TPP 和 TTIP 雖然不是萬靈藥，但「能加強西方在權力均衡中

表 3-1　APEC、TPP、TTIP 經濟協定一覽表

國際組織	亞太經濟合作組織（APEC）	跨太平洋夥伴協定（TPP）	跨大西洋貿易與投資夥伴協定（TTIP）
成立時間	1989	2002	2013
會員國	澳洲、巴布亞紐幾內亞、紐西蘭、美國、加拿大、墨西哥、秘魯、智利、中國、俄羅斯、日本、南韓、新加坡、馬來西亞、汶萊、泰國、菲律賓、印尼、越南以及台灣、香港等。	美國、新加坡、韓國、日本、越南、馬來西亞、汶萊、紐西蘭、澳洲、加拿大、墨西哥、祕魯等 12 國	美國、歐盟
規模	1. 包含世界前三大經濟體。 2. 國民生產總值超過世界的三分之二以上。 3. 人口 26 億，占世界 40％。 4. 貿易額占世界貿易之比重逾二分之一。	成員國 GDP 占全球總量的 38％	1. 是目前全球規模最大的自由貿易區。 2. 成員國 GDP 占全球總量的 46％。 3. 一旦協議完成，歐洲經濟產出一年可望增加 650 億歐元，相當於歐盟 GDP 提高 0.48％；美國將增加數百萬個就業機會，GDP 可望提高 0.39％。 4. 雙邊貿易可望擴大逾五成。
成立宗旨與戰略意義	1. 提升區域經濟整合。 2. 提升中小企業在區域及全球市場參與。 3. 投資人力資源發展。 4. 建立永續且具韌性之社區，包括提升 APEC 經濟體減災及風險管理能力等。	振興經濟，分享亞洲區域高速成長的目標，進而主導亞太經貿活動。	1. 透過削減關稅、消除雙方貿易壁壘等方式，共同發展經濟，以及應對金融危機的貿易協定。 2. 掌握全球貿易規則的主導權。
各國反應		各方談判目標不同，利害關係不同；且美國要求貿易實力較小的經濟體須以美國的準則為準則，利益協調也很難一致。	1. 2014 年美國塔夫斯大學（Tufts University）全球發展與環境研究所（Global Development and Environment Institute）資深研究員指朱，TTIP 不僅無法解決歐洲當前的經濟問題，更將受到美國經濟波動影響。 2. 全歐洲有超過 80 萬人簽署請願書，要求取消此協商。

資料來源：經濟部經貿談判代表辦公室、廣東財經大學網站 http://wiki.mbalib.com/zh-tw/TTIP

的地位，為擔憂中國崛起的國家提供戰略支撐」。對這兩個協定，據說民主黨多數反對，共和黨多數支持。參與的國家出於多種複雜的政治原因，也就勉為其難地「達成」意向。

TPP 談判是以美日為核心的，日本媒體傳達的資訊略有差異，聲稱美日之間達成階段性妥協，其中有些不得已的意思。作為重要的稻米生產國與消費國以及汽車出口國，美日兩國有著很大的利害衝突，因此，對於 TPP 談判能夠實現的前景，很多學者一度抱持著懷疑的態度。甚至認為，參與談判的相關各方「雖然為了保存顏面會達成最小共識」，「但各國的談判意圖如此不同，因此將零散拼圖拼接在一起的可能性幾乎是零」。

他們還認為，在 TPP 框架下，不會出現實質性的跨區域貿易便利化，有關的「貿易促進授權法案」，歐巴馬總統目前還缺少美國國會對他的支持，在操作上無法推進任何貿易政策訴求。但這只是技術層面上的分析。

真正的難題還在後面。一是 TPP 各方談判目標不同，利害關係不同，多數對貿易便利化期望的不僅是取消關稅，還有規則差異等非關稅壁壘。這種分歧在 TPP 談判成員中是很難永久消除的。

二是在多輪談判中，美國的話語權邏輯是捨我其誰，要求貿易實力較小的經濟體也以美國的準則為準則，利益協調也很難一致。

三是誰都看得出來，美國不僅意圖要從亞太經濟發展中謀利，又要遏制中國，除了有其他目的的個別國家，誰願意真的去淌這個渾水？當然，也會有不同程度的跟進者，多半是為了某種平衡和一時的相互利用。

另外還有一個美國國會授權的問題，布魯斯金學會東亞政策研究

中心一位高級研究員米雷亞‧索利斯焦急地說，一種可能更重要的戰略失敗正以不易察覺的方式逼近美國。即跨太平洋戰略經濟夥伴協定可能失敗，對美國的領導地位產生破壞性的後果。美國將失去在國際貿易中制定規則的能力，亞洲再平衡政策會停滯，並且就此跛行，美日同盟也會失去一個重要支柱。不管是地緣政治還是經濟，通過對美國是一大福利，而假如失敗了，可能成為由美國主導的經濟秩序的一大弱點。

事實上，不管是 TPP 還是其他的經濟談判，都要透過自貿區談判來實現，由於出發點不同，攤開在自貿區平臺談判桌上的條款也不同，談判效果也不會相同，即使一些國家地區會在「貨比多家」中，同時或前後出現在兩個甚至更多的談判平臺上，在真正的長遠發展效應比較上，任何具有長遠發展計畫的國家和地區都不會輕易做出任何決定。現在，政客們為了各自的政治利益，談判開始接近目標，但既然一開始就不是順產而且「胎位不正」，產下的「嬰兒」會不會有什麼後遺症呢？

不同於 TPP 的排他，一帶一路主張多邊互利

那麼被 TPP 排斥在外的中國和大多數經濟體又是如何表現的呢？TPP 的許多參與者是腳踏兩條船，甚至是更多的船，而中國並不為所動，依然在堅定地維護 APEC 的原有框架和機制的同時，支持由東盟國家首先提出、印度、中國、南韓參與、真正具有經濟合作本來意義的「區域全面經濟夥伴關係協定」，也就是 RCEP 談判。

中國參與並主動推進 RCEP 也有其深刻的原因。

首先，RCEP 完全符合 APEC「經濟大家庭」的精神。中國是 APEC 的重要成員，中國在繼 2001 年 10 月在上海舉辦第 9 次 APEC 經濟體成員領導人非正式會議，並通過《亞太經合會經濟領導人宣言》，也就是「上海共識」後，2014 年又一次主辦第 22 次會議，會議的主題是共建面向未來的亞太夥伴關係。子議題則是區域經濟一體化、促進經濟創新發展、改革與成長，加強全方位基礎設施建設與互聯互通，支持多邊貿易體制和反對貿易保護主義，推進亞太自貿區建設，開展全球價值鏈和價值鏈合作。

在 APEC 的共同格局和背景下，由東盟國家首先提出並主導的區域「全面經濟夥伴關係協定（RCEP）」，顯然與 APEC 經濟大家庭精神吻合。這是一個不具排他性的、不帶有任何附加條件且自願的談判與經濟聯合，而且門檻可高可低，具有很大的經濟合作包容性。

TPP 帶有明顯排他性，有或明或暗的附加條件，而且門檻只有少數國家和地區才能跨過，而且還未必舒適。以 TPP 和 RCEP 這兩個明顯不同的夥伴關係談判，作為建立亞太自貿區的合作基礎，何者更有現實且長遠的影響力和共識邏輯，何者在現實和長遠發展中更具凝聚力，分明自見。

其次，推動 RCEP 也是中國對美國在經濟發展上遏制中國的一種反遏制。這種反遏制並不是針尖對麥芒，而是因勢利導的「錯位反制」，這也是一種非對稱經濟發展戰略。中國清楚地看到，經濟合作的本質是平等互利的，建立在非平等互利話語系統基礎上的任何關係都無法長久。因此，你排斥我，我也並不以為意，如果有一天你也領悟到平等合作的道理，那就了結舊怨，再續舊緣。中國支持的全面經濟夥伴關係談判是務實的、互利的、多邊的，因此也是有效的。這種務

實、互利、多邊和有效，具有現實的可操作性。

從這個角度去看，絲綢之路經濟帶和海上絲綢之路構想的提出，不僅為全面經濟夥伴關係的經濟合作提供了廣闊的舞臺，也是全面經濟夥伴關係經濟合作的常青樹生長的肥沃土壤。有著與亞太「大家庭精神」完全契合的延續性和彼此互相支撐、互相促進的建設性，更具有歐亞和全球發展視野的包容合作空間。

在絲綢之路經濟帶和 21 世紀海上絲綢之路構想的合作視野裡，這個區域的全面經濟夥伴關係在加強各國經濟互補的同時，也有助於各個經濟體發揮自身經濟影響力，特別是「金磚國家」的全面參與，不僅使區域全面經濟夥伴關係的合作面展現在亞太，也與非洲、地中海、海灣國家和歐盟國家連接在一起，使更多的開發中經濟體與已開發經濟體出現了全面的經濟互補關係。

RCEP 實施的範圍，說近了是包括中國東部海洋一線地區周邊國家和地區，包括東南亞、東北亞國家的全面經濟合作；說遠了，是進一步包括了整個亞洲地區、歐洲地區、非洲地區、大洋洲地區和美洲地區的全球友好平等互補互利的貿易投資經濟合作。這個範圍和半徑與絲綢之路經濟帶和 21 世紀海上絲綢之路經濟合作範圍與半徑完全一致，涵蓋了世界經濟一體化和區域經濟一體化的最終目標和結果。

RCEP 與 TPP 之不同，是兩種思路、兩種目的、兩種結果的不同；是把經濟地緣關係和政治地緣關係捆綁在一起，並用政治地緣關係達到經濟地緣關係的目標，還是謀求互利共贏、和平發展。換言之，RCEP 十分重視經濟地緣發展本身的力量，甚至用經濟發展成果去化解地緣政治矛盾，使整個世界的經濟發展走向均衡、走向和諧。

第 22 次 APEC 會議，
推動亞太地區經濟務實合作的重要平臺

在北京舉行的 APEC 第 22 次領導人會議上，亞太自貿區路線圖得到與會各國領導人的認同，亞太自貿區已經醞釀了十多年，終於在中國的力主下有了落地的巨大回聲。因為亞太自貿區醞釀之初也有美國的參與，歐巴馬總統是無話可說的，只是在啟動的時間表上要求拖延，大約也在為他的 TPP 談判爭取時間。

但是，即便 TPP 有了結果，一個跨亞太的 12 國貿易集團怎麼能與全方位的亞太自貿區一爭高下呢？世界上的事情向來是得道多助，失道寡助，多助者會有更大的成功。美日主導的 TPP，其動機與最終結果是可以判斷的。與之大相徑庭的 RCEP 的活力與凝聚力，也是可以判斷的。

中國的「一帶一路」經濟發展構想與 RCEP 互為表裡，順應和平發展的歷史大趨勢，順應世界各國和各地區在互利共贏中的發展意願，而與「一帶一路」經濟發展構想相呼應的亞太自貿區，同樣順應和平發展的歷史大趨勢，順應世界各國和各地區在互利共贏中的發展意願。

中國推動 RCEP 建設從 2012 年開始，與自貿區談判同時起步，亞太自貿區應當也是 RCEP 夥伴關係建設的擴大版與提升版。也就是說，如果東盟國家宣導的 RCEP 夥伴關係建設能夠成功，亞太自貿區建設也一定能夠成功。

RCEP 全面經濟夥伴關係建設具有世界意義，尤其是對絕大多數的開發中國家來講，更是如此。目前，中國與世界許多國家和地區建立了區域全面經濟夥伴關係，儘管有些表面上的細微差異，但在「精、

氣、神」上是一致的，特別是一帶一路構想與亞太自貿區建設的提出，使得區域全面經濟夥伴關係附著於實實在在的地緣經濟發展之中，在政策溝通、設施聯通、貿易暢通、資金融通和民心相通中不斷加強共識，再加上多邊與雙邊自貿談判開始取得成果，其建設前景是明朗的。

應該說，第 22 次 APEC 會議是中國全面支援區域全面經濟夥伴關係的重要舞臺，也是推動亞太地區經濟務實合作的重要平臺。2014 年 6 月中旬，RCEP 在新加坡開始有亞太 16 個國家貿易官員參加的第五輪談判，主要圍繞商品貿易、服務貿易、投資、競爭規則、智慧財產權、經濟和技術合作以及如何解決貿易爭端等問題進行。實際上都為亞太自貿區建設奠定了基礎。

在具體操作中，美日主導的跨太平洋經濟戰略夥伴關係協定，也就是 TPP，和區域全面經濟夥伴關係協定，也就是 RCEP，何者最終成功率較高？也是分明自見的。且不說經濟合作協定掛在政治地緣的戰車上會產生何種牽連不清的效應，即便美日在妥協中勉為其難達成共識，後來還會有什麼樣的波折也很難說，僅就其無視差異和經濟互補原則以及脫離實際的「高門檻」，就會出現實際運作中的摩擦，更何況這個高門檻有企業體制和智慧財產權的諸多條件等，其實是一種表面托詞，實際上還是注重軍事和經濟，意圖打造軍事和經濟的「聯盟」。

部分東南亞地區國家，社會制度不同，經濟發展水準不同，內部產業結構不同，外需拉動與內需拉動的經濟結構不同，有的是外向型經濟為主導，有的只有服務業而缺少引進資本發展加工製造業的動力。要長期維持戰略夥伴關係，也是十分困難的事情。

但區域全面經濟夥伴關係就不同了，不需要特別的附帶設定條件，門檻可高可低。雙邊談判與多邊談判相輔相成，其核心條件是平

等互利、共同發展，合作模式因合作對象而異，具有很大的針對性、適應性和互補性，既可以與已開發經濟體建立全面經濟合作關係，相互引進投資、引進產業，還可以與資源豐富，開發空間較大的開發中經濟體實現經濟互補，在投資、基礎設施建設和貿易往來中建立新的合作機制和產業鏈條，更可以按照產業分工轉移規律，按不同合作對象發展水準和實際需求，或者在產業分工中加強合作，或者在產業分工中進行產業提升。

中國推動區域經濟全面夥伴關係建設和推動自由貿易協定談判，也有強大的金融基礎和日益壯大的產業支持，經過三十多年的發展，人民幣日益走向國際化。中國也是僅次於美國的重要資本輸出國，對不同發展水準、不同發展條件的國家和地區，在全面經濟合作上無疑具有很大的吸引力。

另外還可以看到，在中國的對外貿易結構中，對西方已開發國家有較大順差，對開發中國家，除印度外大部分是逆差。這種態勢，對已開發國家來講，只有用平衡的貿易政策才能促進平衡，對開發中國家來講，則有利於其更快完成資本原始積累，邁向更高的發展階段。

外界普遍關注正在發生和演進的「貨幣戰」，美國希圖改變亞太地區的區域經濟合作結構，重新取得和維持自己已經開始動搖的經濟主導權，不會忘記屢試不爽的「貨幣戰」。對美國聯準會加息的預期會對其跨太平洋經濟戰略夥伴們產生什麼樣的衝擊，也是一個很大的未知數。

研究美國經濟史的學者都明白，美國在「虛擬經濟」和實體經濟間進行國際切換中實施「貨幣戰」的老手。先是美元貶值，讓商業對手貨幣升值，當後者大量吃進相關實業資產後，美元又升值抄底。前

面提到的 20 世紀末日本便是如此，讓日本的房地產業幾乎全軍覆沒，並導致長達 15 年的經濟不振。

因此，日本對美國主導的 TPP，認同是一回事，信任又是另一回事。而其他參與國也很難擺脫這個陰影。這無疑會令中國商品出口遭遇新的、更高的匯率門檻，也會使其戰略夥伴們飽受匯率變化之苦。與以美元為金融支撐的 TPP 捆綁在一起，未必就是一件好事情。

總之，TPP 不是經濟合作的一碗「純淨水」，而是美國全球戰略武器庫的一種特殊武器。

在總統任期還有不到兩年的歐巴馬心目中，TPP 大概是他的得意之作，會竭盡所能地實現。對於後繼者來講，想必也是樂觀其成。眾所周知，美國戰略重心轉向亞太和 TPP、TTIP 是從歐巴馬總統第一個任期時就開始提出的目標。

另兩個目標是從伊拉克撤軍和重塑美國形象，從伊拉克撤軍卻再次陷入伊斯蘭國家的泥淖，重塑美國形象恐怕會事與願違，軍事上重返亞太也只能在拉緊盟國、離間中國的鄰國之外排兵佈陣，又有伊斯蘭國家之大患在，暫時不會消失。因此，既可以重返亞太又可以爭奪新貿易規則主導權的 TPP 和 TTIP 就成為美國主要的工具。

美國國內的一些學者提出，能不能在 2015 年出現一個變化，即中國也參與了 TPP。這種願望或許是善良的，但也僅止於願望，除非是 TPP 與亞太自貿區合一，除非是美國不再把中國作為圍堵的目標，除非美國和日本懂得「一帶一路」既是中國的發展之路，也是美國和日本的發展之路。特別是地域相近、只隔一水的日本，沒有海上絲綢之路也就沒有它的歷史進化，但美國政府和安倍政權的策略怎麼可能轉彎呢？

在共同擔當中謀求世界穩定

據說歐巴馬總統頗有亞太情結，但他送給亞太的「再平衡」卻不是好禮物。由於美國在世界經濟一體化中的曖昧態度與雙重政策，全球化已經被蒙上了「不均衡」的陰影。

對於這種「不均衡」，我們可以有兩種詮釋，一種是對經濟「內向」的平衡，既不想為經濟全球化出力，也不想就此丟掉所謂世界秩序的領導權。另一種卻是決意要把商業貿易的拉車之馬當作戰馬去役使，把事關世界各國發展的全球化共同利益放在一邊。對於美國政治家來講，這樣的決策根本不需要理由，因為他們有著許多的慣性思維和地緣政治戰略邏輯。

曾任美國安全顧問委員會顧問的波蘭裔美國地緣戰略家茲比格涅夫·布里辛斯基先後出版《大棋局：美國的首要地位及其地緣戰略》（1997 年）和《戰略遠見》（2012 年），又把斯皮克曼的兩段式地緣警語濃縮為一段：誰控制了歐亞大陸，誰就控制了世界。他沿襲了斯皮克曼的歐亞三塊分法，不同的是把俄羅斯與東歐看作「中間地帶」，但他也沒有預料到，這個中間地帶如今會出現俄烏事件的大麻煩，直接影響到歐洲與美國的戰略。

布里辛斯基把斯皮克曼的「區塊」簡化變成棋盤上的幾個關鍵棋子，給已經有些力不從心的美國政府最低限度的博弈指點，即世界的棋盤上有 10 個國家要認真對待：5 個是地緣戰略棋手國家，有法國、德國、俄羅斯、中國與印度；還有 5 個是地緣政治支柱與戰略軸線國家，是烏克蘭、亞塞拜然、南韓、土耳其和伊朗。這是什麼樣的一盤

棋呢？點破了就是要提防與遏制法、德、俄、中、印，而要做到這一點，就要在烏、阿、韓、土、伊5國身上動心思。奇怪的是棋子裡沒日本，大概已是同盟的固定關係，或者是夥計而不是夥伴，所以可以略去不提。

現在，烏克蘭的棋子動了，影響的自然是俄羅斯，如果亞塞拜然也動了，自然也是因為俄羅斯。土耳其和伊朗呢，當然在中東有潛在的巨大影響，但一直在中東的棋盤上輸多贏少的美國棋手能下得了這盤大棋嗎？更令人稱奇的是，法、德、韓是同盟國，又是入圍世界前10名的經濟體，居然也被當作地緣戰略棋手或可利用的戰略軸線，這也是一種悲哀。「大棋局」以歐亞大陸當作棋盤，要從西、南、東方向奪取大陸邊緣地區，伺機再向歐亞腹地擴張，但從目前看，遇到的好像不是泥沼便是堅硬的牆壁。

問題還在於，在斯皮克曼之後，地緣戰略已經愈來愈遠離地理地緣最初的整合概念，基本上已經蛻變為戰爭學或軍事學的一個有分量的分支，或者地緣政治的「權術化」。也就是說，遠離「權益」和「權利」的本來面目。這是「陸權」理論演變的第一個特點。

「陸權」理論演變的第二個特點是，爭奪焦點或重心由歐洲（特別是東歐）轉向所謂邊緣地帶（注意，第一次世界大戰主戰場與導火線都在東歐），也就是中東、南亞、東亞。在麥金德眼裡的內圍新月形層次被上升到核心層次，也就是亞洲為重心的層次，麥金德原本的「蛋」的結構理論或者日月圍繞的理論，蛻變為一塊「三明治」，中間的「餡料」被歐洲和原本是新月週邊的美國包夾了起來。這種格局至今沒有改變，而且愈夾愈緊。

第三個特點是「陸權論」與完全異化了的「海權論」在亞洲邊緣

地帶實現了結合，形成了對亞洲的海陸包圍圈，同樣的這個包圍圈至今沒有被打破，而且愈收愈緊。第四個特點，則是作用力與反作用力問題。夾得愈緊，愈有可能崩裂，中東及東歐的高度地緣緊張，已經說明了這種惡性循環狀態。第五個特點也是與第一個特點相關的最重要特點，是地緣政治替代了天然的地緣經濟，把地緣政治和軍事手段放在優先位置，或者把地緣經濟當作地緣政治的重要武器。

正是這樣一個演變過程和演變結果，是導致目前「不均衡全球化」的主要根源。可以這樣講，全球化和世界經濟一體化、區域化的最大威脅來自以軍事圍堵為顯性特徵的地緣政治。它使全球化在敏感地區不時發生變形，從整體上則呈現為不均衡狀態。

然而，開放的自然特徵具有包容性和非排他性。尺有所短，寸有所長，不分大國、強國還是小國、弱國，都有經濟的互補性，都有貿易、投資、經濟合作的廣泛動機和機會。融合就是按照市場規律和自由貿易的雙邊與多邊協定，讓生產要素自由流動，不橫加干涉和另設條件，讓流動的生產要素植入各個合作共建地區經濟，為其帶來發展的福祉。

不論政治體制、文化傳統的異同，都應該開展合作，均衡則是排除非經濟因素干擾下的發展機會均等。中國歷史上的絲綢之路貿易不論是陸路的還是海路的，都有這樣包容、融合、化解與相對均衡的和平的特質，這種傳統還會不斷地延續下去。

由於「一帶一路」的發展構想視野兼及中國與世界各國、各地區的經濟合作與經濟發展關係，這應當是在世界經濟一體化、區域化條件下、一個具備全球視野的經濟合作發展戰略。對於這個全球視野的

經濟合作發展戰略，國際上的有識之士在習近平提出構想不久，就敏銳地注意到這項議題，並稱之為中國的首個全球戰略。而這與目前中國已經成為世界第二大經濟體地位是相適應的。

就中國的陸權貿易來講，「一帶一路」發展戰略構想有著深厚的歷史與現實基礎。從歷史上講，中國西元 600 年後的隋唐時代，是一個很「國際化」的時代，連皇族多少都有些「胡人」與少數民族的血緣，當時的長安是一個完全國際化的都市，胡人數以十萬計，東西方的各種宗教安然相處，經商貿易也很便利，文化藝術的發展在跨國交流中達到了一個高峰，國家的綜合實力也進入了新的歷史高峰。

古代絲綢之路帶來的繁榮已經刻入了歷史記憶之中。這種聯通中亞、南亞和西亞，橫跨亞洲、歐洲和非洲的陸海文明交流，雖然並未被當時的歷史學家們及時總結出來，也沒有提升到後來「地緣經濟」規律的高度，但規律卻是永存的。一旦規律再次被揭示，也就會成為最基本的發展戰略，得到迅速地認同。絲綢之路是一個永久的跨國、跨洋存在，它不僅是中國地緣商業財富和地緣科技文化交流財富，也是世界的地緣商業財富和科技文化交流財富。絲綢之路屬於文明、屬於世界。對它的認同也會來自文明、來自世界。

中國「海上絲綢之路」對決美「支點」戰略

再者，「海上絲綢之路對決美支點戰略」，這同樣是西方評論者的語言。絲綢之路經濟帶和海上絲綢之路發展戰略，無疑是中國從自身發展的傳統和現實條件提出的發展策略，也是推動世界經濟一體化、區域化的具體實現形式。對這個戰略，不妨看看國際問題研究專家們

的相關評價。

美國卡內基國際和平基金會高級研究員黃育川在日本外交學者網站（2014 年 4 月 25 日）發布了題為〈中國「海上絲綢之路」對決美「支點」戰略〉一文。文章說，「儘管中東和歐洲的種種事態不可避免地牽扯了美國的精力」，但是，「美國轉向亞洲的支點戰略，為加強在亞洲的存在創造了軍事條件。即便美國國會不會很快批准『快車道』授權，把中國排除在外的『跨太平洋戰略經濟夥伴協定』（TPP）的談判也能在經濟方面發揮一定的制衡作用。

但與習近平 2014 年 10 月訪問馬來西亞和印尼時提出的建設海上絲綢之路的構想相比，這兩項工作就相形見絀。透過海上絲綢之路運輸貨物已有兩千多年的歷史。如今，這些航道仍然發揮著至關重要的作用，支撐著東亞絕無僅有的生產分工網路，把該地區各國生產的零組件運到中國組裝，然後送往歐洲和北美的最終目的地。強化這些聯繫可以有助於在整個地區展開更和諧的互動」。

「由於當代海上絲綢之路的運輸成本急劇降低，所以該地區各國無論大小和技術發達與否，都可以透過生產零組件而非完整產品的專業化和規模經濟獲益。這是東亞相較於世界其他地區的表現如此出色的主要原因。隨著中國勞動力成本提高，許多東盟經濟體必定會因為未來的生產業務外包而獲得好處，加上中國對大多數亞洲鄰國存在貿易逆差（這與中國對西方的貿易盈餘形成了鮮明的對比），所以這些經濟體更有可能把中國視為機會而非威脅。」

這顯然是已經學會從地緣經濟（而非地緣政治的角度）來看問題的新視角。

新加坡國立大學東亞所所長鄭永年則在新加坡《聯合早報》（2014

年 6 月 3 日）發表文章，對美國「重返亞洲」的作法提出質疑，〈美國
在獲得亞洲還是失去亞洲？〉文中說，美國宣布重返亞洲，「如果從美
國的自我認知、美國和亞洲盟國的互動方式、中國的崛起方式，以及
中國和亞洲國家的互動方式來看，儘管美國在亞洲有所收獲，但失去
的更多」。

美國沒有看到，「首先，中國的崛起，其周邊形勢必然向中國傾
斜，有利於中國。中國的崛起帶來了龐大的利益，周邊國家必然會來
分享這份利益。中國政府所採取的方式，並不簡單地取決於自身，而
取決於中國和美國、亞洲各國的互動」。

美日的「第三鄰國」戰略，在一帶一路中進退維谷

有意思的是，即便是盟國，也是各有所求，各有所圖。國與國之
間的「忠誠度」是有限度的，美國又搞出一個「第三鄰國」戰略。說
白了就是「離間計」。中國的北鄰蒙古國就是美國第一個試驗對象。蒙
古國 320 萬人口，其中 100 萬在首都烏蘭巴托。面積 150 多萬平方公
里，許多地區人煙稀少。人口密度意味著國家經濟缺少完整的市場體
系。蒙古礦產以煤、銅、鐵為主，石油蘊藏量 15 億噸，礦產出口占出
口總量的一半以上。發展外向型經濟是必然的選擇。蒙古位於俄中之
間，歷史上就一直是日本等國覬覦的對象。

日本對蒙貸款占蒙古貸款的 40%，蒙古一度也成為日本爭取聯合
國入常（加入聯合國常任理事國）的支持者。2004 年蒙古國與北約組
織合作，每年舉行「可汗探索」軍演。在美國的策劃下，蒙古國 2011
年擔任「全球民主聯盟」輪值主席，並在 2012 年以亞洲國家身分加入

「歐安會」，成為其第 57 個成員國。美日在蒙古身上下工夫，他們把中國的周邊（特別是蒙古）看作具有特殊戰略意義的國際政治空間，拼命地見縫插針，巴望蒙古成為被美國戰略專家公開宣稱的「五角大廈插在中俄之間的特洛伊木馬」，成為美國重返亞太「再平衡」中國的重要籌碼。

但十多年的「第三鄰國」也解決不了蒙古國的發展瓶頸問題，一是蒙古國發展外向經濟缺少最直接的出海口，二是迴避不了的資源互補的最優方向。這都是事關發展的重大問題。對於任何一個開發中國家來說，經濟發展是第一位的，利益獨立也是第一位的，比起那些口不實際的「全球民主聯盟」輪值主席之類的虛無頭銜，絲綢之路經濟帶建設的構想，無疑能帶來更切實際的發展希望。

習近平走鄰居式的訪蒙之行，雙方簽署了 26 項合作協定，成為全面的戰略夥伴，到 2020 年，雙邊貿易額將擴大到 100 億美元。為了應對蒙古國外匯儲備減少，兩國還將貨幣互換規模擴大 50％，達到 150 億元人民幣。蒙古國成為亞洲基礎設施投資銀行的創始成員國，還提出舉行俄中蒙三國高峰會，推動三國合作。中國以睦鄰合作方式為蒙古國提供共用中國崛起的機會，天秤開始發生新的傾斜，美日的「第三鄰國」戰略也就在進退維谷中走上末路。

中越山水相連，在經濟上相互開放，越南一些出口行業的生產要素來自中國，越南北部的電力供應也部分來自中國，這並不是誰依賴誰，恰恰是經濟一體化下的跨國貿易特徵。所謂「依賴論」，如果不是有心人在挑撥，便是對世界經濟一體化條件下貿易、投資、經濟合作的理解有誤。中國與越南和絕大多數東盟國家有著淵遠流長的緊密經

貿文化關係，這是割不斷的。

從廣西的邊貿看，東興口岸 2014 年上半年邊貿過貨值就有 400 億元。越南想實現外貿多元自然在情理之中，但要說與中國在經濟上完全結束關係，則是完全不可能的事情，兩國畢竟是近鄰，單是考慮經濟成本也會投出自己的一票。再說，一個 7000 海浬之外的美國要與昔日戰場上短兵相接者為友，若不是利用又是為了什麼？接下來會結出經濟發展之果還是「顏色之果」，恐怕裡面還有文章。因為越南國內的某種勢力已經蠢蠢欲動，藉著南海主權一事挑事，未必是真的為了越南的興旺發展。越南特使拜訪中國，習近平指出，鄰國是搬不走的，兩國的友好符合雙方共同利益。中越關係有回暖跡象，再一次說明美日的「第三鄰國」戰略最終會流產。

虛擬的「第三鄰國」戰略並不是威脅，因為中國有共商、共建、共用的絲路建設構想，這將打破一切虛妄之談，給周邊國家和絲路沿線國家帶來真切的發展聯動效應。而且，這個已經付諸實施的絲路構想並不只是一幅藍圖，而是有強大的物質基礎和國際市場需求的。習近平提出的絲路五通，是絲路經濟發展的保證。這五通裡，包括道路聯通在內的基礎設施建設，既是打通絲路貿易瓶頸的基本手段，也是周邊國家最基本的市場需求。

普華永道會計師事務所 2014 年發布的最新報告顯示，未來 10 年，全球用於基礎設施建設的支出年均將超過 9 兆美元，2025 年前，由於中國基礎設施建設支出的成長，亞太地區在這方面的支出將高達 78 兆美元，占全球支出 60％以上。報告還說，城市化進程加快也將拉動飲水、電力供應及交通運輸需求。共商、共建、共用的絲路建設紐帶，將會使中國與周邊國家成為榮辱與共的經濟發展的命運共同體，

這樣的經濟發展的命運共同體，是任何外來力量都離間不了的。

在美日的眼裡，菲律賓除了有些軍事戰略地位價值以外，充其量是個傾銷工業品且不算小的市場。就以日本銀行業目前的動向來講，雖然日元貶值，並不利於對外投資，但依然紛紛搶占東南亞金融市場，這顯然是和日本企業大舉進入東南亞的經濟活動互相一致的。

以三井住友銀行為例，2013 年以 1500 億日元鉅資收購了印尼的一家大銀行，2014 年又以 100 億日元收購柬埔寨第一大銀行 12.25％的股份，三菱銀行更是以 5300 億日元的大手筆收購了泰國的一家大銀行。但在盟友菲律賓那裡卻沒有一點動靜。銀行業是日企投資東南亞國家的晴雨錶，銀行業對菲律賓的金融業了無興趣，也多少反映了菲律賓的經濟地位。

至於日本發展的高峰期已過，是日過中天時過午，日本右翼的系列動作也許是源於最終走向經濟衰落的焦慮感。日本的力量究竟有多大，包括硬實力和軟實力，影響力有多強，不妨看看 2014 年上半年 IMF 發布的《亞太地區經濟展望》報告。

在這個報告中，IMF 比較了亞洲 11 個以出口為導向的經濟體，在 1995 年和 2012 年對中國和日本的經濟依賴度。在 1990 年代中期，亞太所有 11 個國家和地區在出口市場方面都更依賴日本，而不到 20 年後，其中 10 個國家和地區對中國的經濟依賴度超過了日本，且超出的幅度較大。唯一的例外是印尼，該國對日本的出口依然大於對中國的出口。《亞太地區經濟展望》有關資料和結論，不僅反映了近 20 年的日本經濟停滯導致日本的重要性顯著下滑，也展現了中國在這段時期內的迅速崛起。

IMF 比較的不是一個經濟體對中國或日本的淨出口額，而是出口附加值，即一個經濟體生產的出口產品的價值，減去這些產品中包含的進口自其他國家和地區零組件的價值。以這個標準衡量，在 1995 年，馬來西亞對日本的出口占到其總出口的近四分之一，但到 2012 年，該比例僅為 5.8％；而 2012 年馬來西亞對中國的出口占其總出口的比例則較 1995 年提高了一倍，達到 10％。1995 年，澳洲出口對日本的依賴度比對中國的依賴度高出 5 倍，而在 2012 年，對中國的依賴度比對日本的依賴度高出近一倍。

上述資料是一項較為廣泛的調查其中一部分，該調查研究的是東北亞地區內的經濟體如何變得更加整合。IMF 專門研究亞洲的經濟學家羅曼‧杜瓦爾表示，在亞洲，中國是其中的核心，它既是組裝核心，也是最終的需求來源；與之相比，曾在 1990 年代扮演關鍵角色的日本則在極其迅速地衰落。

美日試圖牽制中國影響力的努力是受到限制的。日本的官員們聲稱，地區影響力比一個國家的經濟規模更重要。他們認為，與美國達成合作關係的日本可以提供一個自由市場民主化模式，該地區的其他國家則會渴望照著這一模式發展。日本官員認為，中國提供的是資金，而不是模式。但對日本這種非資金的口惠實不至的自由市場民主化模式，誰又會真的感興趣？

雖然在資料之外，實際經濟情況則較為複雜。杜瓦爾說，在地區生產流程中，亞洲兩個最大的經濟體發揮的功能各不相同。日本在「上游」，中國扮演的多是「下游」的角色，但作為越南產業鏈的來源國，日本所扮演的「上游」角色又怎麼能單獨與之契合，這好像也不是日

本教唆「去中國化」所能解決的，更何況經濟結構是會改變的。

　　當然，日本要解禁「集體自衛權」的同時，也不會忘記經濟武器。目前，日本企業在第二次「購買」美國的同時，投資也開始轉向東南亞。2014 年 4 月日本貿易振興機構表示，2013 年，日本企業在越南、菲律賓、新加坡、泰國、馬來西亞和印尼投資 228 億美元，在中國投資為 86.4 億美元，與 2012 年相比，對東南亞投資增加了 1 倍，在中國投資下降了 17％。但對東南亞國家的投資數量也並不相同。在泰國是下降，在越南是上升。勞動力成本不同固然是一個因素，如日本企業在越南的雇員 2013 年年平均收入為 3000 美元，似乎高於緬、老、柬，但也只是新、泰雇員的 12.5％和 50％。據報導，日本企業對外投資從 2011 年突破 1000 億美元，逐年上升，2012 年達到 1200 億美元，2013 年為 1350 億美元，其中對美歐占 60％，對東南亞占 17％。

　　這裡雖然有另外的目的，主要還是日本企業看到歐美經濟開始復甦，同時還要借重新興東盟市場，雖然對中國的製造業投資少了，但對中國服務業的投資卻增加了，因為中國的服務業處於高度發展期。日本商人畢竟不是安倍的自衛隊，他們有自己的生意經。所以，只看投資數量變化，就得出「政冷經冷」的結論，事實未必如此。令人費解的是，按照投資的一般規律，日元持續貶值，似乎不是對外投資的好時機，日本企業有沒有「集體自衛權」解禁後的另類不安全感下的「逃離」，也未可知。

安倍經濟學，用三支箭挽救日本經濟

　　此外是看形勢，不只看形，更要看勢，否則就把戰略問題降到了

談生意的地位。日本經濟的未來也並不樂觀。雖然「安倍經濟學」目前對經濟的復甦有一定效果，但日元的急劇貶值以及難除的日本經濟痼疾帶來很大的難題。

特別是從較長時期來看，日本人口減少直接影響生產率提高。有日本諮詢機構預測，日本人口在 50 年後將減少到 8000 萬，三分之一的行政區消失，到 2055 年，65 歲以上的老人將占 40％，若以 60 歲為統計口徑，則是 50％。相關專家認為，近年來日本的電子、家電、造船、化工每況愈下，與勞動人口減少密切有關。由於勞動力短缺，經濟成長速度每年可能下降 0.2％至 0.4％。日本政府的財政赤字也超過年度 GDP 的 200％。

因此，著有《李光耀觀天下》的李光耀先生說日本會流入平庸，也不是沒道理的話。日本的右翼勢力之所以有些國內市場，除了政客們炒作「中國威脅」，那個「修昔底德陷阱」所潛藏的焦慮，可能真的存在於日本右翼政客那裡。

「安倍經濟學」大約沒有他想的那麼有效，甚至連日本執政黨內部也承認，「經濟重振計畫」沒有取得預期的成功。安倍的第一支箭是稅收刺激，但也只是一支強心針，事隔一年經濟成長速度就開始下滑。

第二支箭是高強度的量化寬鬆，流動性氾濫，但企業和個人的借貸需求也開始停滯，日元貶值近 25％，最終提高的是日本的進口成本。大型企業收入成長，但勞動工資沒有上漲，居民實際可支配收入年率下降 6％。安倍的第三支箭是要推動結構改革，但兩年來提及的重大改革領域沒有一項在展開。面對遠低於預期的經濟成長，他要決定來年能不能進行第二輪消費稅的上調。目前安倍的「民意支持率」一直高於 50％，似有長期執政的可能，但兩年後經濟問題倘若未能改善，

這還會有問號。

中日經貿關係誰更依賴誰，這點要看清楚。最近中國一家報紙發表《看中日經貿合作莫用顯微鏡》，立意於中日長遠關係是良好的，但目前還不能以一時的貿易利益變得短視近利。文章說，從 1972 年到目前，中日貿易從 10 億美元上升到 2011 年的 3449 億美元，40 年成長 40 倍，這是事實，但因此便說中日貿易「你中有我，我中有你」，目前已經不是事實。

作者舉出三大理由，其一是互補性，互補什麼呢？文中分析，中日在紡織產業、新纖維研發與應用技術領域、汽車領域和農業領域具有巨大的合作潛力。這些分析反倒告訴人們，日本更依賴於中國的市場。其二是中國的崛起是日本的機會，但日本右翼將中國的崛起看成了它的威脅。其三是說第二大經濟體與第三大經濟體「攜手」，便有了可以抵禦亞洲外部風險的能力。這實在有些過於天真了。文中還說，日本國際協力銀行調查資料顯示，中國是日本長期商業發展的第二大潛力市場，日本開發銀行的資料也表明，超過 70％的日本大型製造業企業不打算放慢在華投資的腳步。這種調查不錯，說明企業家比安倍更實際也更有眼光，安倍政府著急地要和中國談，他恐怕已經隱約感覺到來自商界的壓力。

日本想把楔子打進南亞，打進印度，但他們首先要考慮的是經濟與社會的持續發展，經濟發展與經濟復甦是最重要的事。從 2005 年至 2007 年，印度經濟的年成長率超過 9％，但 2013 ～ 2014 財政年度的成長速度為 4.7％，連續第二年低於 5％，這對於渴望進一步發展的印度顯然是不夠的。

　　中印兩國經濟貿易合作空間很大，中國有基礎設施建設的資金優勢和技術優勢，印度也有水準較高的電子工業和人才儲備。中印的交往與交流並不只有唐僧取經的佳話，同在陸上和 21 世紀海上絲綢之路上，在經濟各方面都存在著巨大的互補性。中印有殖民主義時代遺留下的事關領土主權的分歧，在經濟合作的友好環境中終能得到合理解決，這也不是什麼人能夠挑撥的關係。

　　至於印巴關係中的爭端，也在兩國領導人的互動中正在發生積極變化。2014 年 6 月，巴基斯坦總理謝里夫成為自 1947 年印巴分治以來首位訪印政府領導人，這幾乎也是準世紀變化。這種變化有助於推動南亞的經濟一體化和區域化。更何況，印度需要中國幫它繁榮經濟，中國是印度最大的交易夥伴，貿易額占其貿易總額 9%，是日本的數倍。

　　日前，日本政府一面表示與中國、南韓三方合作，一面又開始大幅修改安保法以牽制中國，美國的第七艦隊司令則提出建立聯合艦隊，而日本「艦隊在南海活動也是合理的」。

在共同擔當中謀求世界穩定

　　過去的 2014 年，是一個秩序有些凌亂的年頭，甚至從美國中東撤兵，從美國宣稱重返太平洋起，就一直沒有安寧過。中韓與日本、俄羅斯與烏克蘭、美國與敘利亞、美國與伊拉克北部突然冒出的「ISIS」等等，世界似乎亂成一團。達沃斯的 900 人「專調」結論，2015 年又將是地緣政治風險年，這必然要引起人們的思考。會是那樣嗎？如果是那樣，是怎麼造成的？又該如何去化解和避免？2014 年委實有些混亂，但人們從混亂中看到了幾個既簡單又複雜的大的「三角關係」。那

就是「俄美歐」、「中美歐」、「歐俄中」和「中美俄」。

為什麼這裡沒有提到鬧得最歡的日本呢？或者說，目前位居第三大經濟體的日本上不了「三角關係」的檯面，反倒把連世界前 10 位經濟體都排不進去的俄羅斯列進去？這不僅因為俄羅斯的軍事實力位居第二，更因為日本在本質上是美國的「附庸」，或者說是美國的「人質」，根本算不上是個「角色」。

仔細分析這四個「三角」，並不在一個平面上。例如「中美歐」，因為在經濟問題上（特別是經濟復甦問題），美國與歐盟都需要中國，歐盟國家又與中國在經濟合作中頗有心得，能討論的話題大都是經濟與投資協定談判。另一個是「歐中俄」，這就有點戲劇化和複雜化，除了克里米亞及烏克蘭事態與美歐俄之間制裁和反制裁，還有俄羅斯經濟重心開始東移，但這是不同的兩件事。在制裁問題上真戲假唱、假戲真唱皆有之，經過一番對陣後，也就變成「美俄歐」的制裁與反制裁甚至更激烈的對抗。這個「三角」問題已經構成了世界的一大熱點。

俄歐關係複雜，原因是北約東擴引起俄羅斯的激烈反應，但對抗的結果是俄歐雙方的日子更難過。例如歐盟第一大經濟體德國是俄羅斯在歐洲的最大經濟夥伴，2013 年德對俄商品出口占歐盟對俄出口的35％，雙邊貿易額為 765 億歐元，德國國內 35 萬個就業機會與德俄貿易有關，在俄德國企業有 6200 家，受制裁影響的占四分之一。

據統計，歐盟對俄第一輪制裁就讓德國企業損失 60 億歐元，新的制裁造成的損失將會更大。在西方國家實施對俄金融、軍工和能源行業制裁後，俄羅斯宣布禁止從美國和歐盟國家以及加拿大、澳洲、挪威等國進口農產品與食品，對歐美生產商直接造成打擊。對芬蘭將造成相當於 GDP 0.5％的損失。農產品歷來在對俄貿易中占重要地位，光

是 2013 年俄羅斯就從歐盟進口 118 億歐元的農產品，俄羅斯對美國每年出口的農產品也達 14 億美元。

制裁是把雙刃劍，俄羅斯需要尋求新的進口來源，也需要在油價狂跌中尋求更多的能源出口，但制裁與反制裁進一步升級，也會出現各式各樣的新問題。

因此，歐盟實際上陷入繼續制裁中的兩難中，它們發現，本已雪上加霜的經濟又被西伯利亞吹來的「白毛風 [17]」變得天寒地凍。但美國卻是唯一的贏家，它不僅為未來向歐洲出口液化天然氣打通了通道，讓歐洲在能源上依賴美國，也有效斬斷了德俄的經濟聯繫，而這是美國運用如「北約」一類軍事同盟策略的最大的好處，讓歐盟國家不得不在不情願中被動跟進。

歐盟對俄立場不盡一致，一方面歐盟 28 國增加對烏援助，另一方面分歧明顯。對於要不要實施更新的限制性制裁措施，希臘新政府的意見與歐洲理事會主席相左，而法、德一直試圖充當調停者。甚至有人出現了對歐洲分裂的擔憂。

對俄制裁究竟划不划算，美國國內前一陣子也有辯論。許多學者認為，把對俄關係與烏克蘭民族主義掛鉤，是一個錯誤，而且對俄遏制前景不明，「美俄誤判新冷戰將致雙輸」。這一方面是因為歐洲也非立場一致，許多西歐與中歐國家並不願意中斷對俄商務關係。另一方面是普丁也有底線，拒絕被拖入直接軍事衝突，並且積極實現市場多元化和推動多極化。美國把歐俄之間的「新冷戰」說成是價值觀之爭，是「後冷戰」時代的一個苦果。最後的結果是「除非取勝，否則就只

17　降雪、降溫、大風的天氣。

能緩和」。

　　約瑟夫‧奈也持同樣的觀點，但角度略有不同，他認為俄羅斯正在衰落，因為其 GDP 只是美國的七分之一，經濟結構單一，石油、天然氣占其出口的三分之二，占其 GDP20％，而且據聯合國人口統計學家估計，俄羅斯人口到 21 世紀中葉可能從目前的 1.45 億減少到 1.12 億人。俄羅斯雖然擁有國防工業的尖端產品，但缺少長期復甦戰略。但他也承認俄羅斯在核武、石油、天然氣、網路技術的能力足夠給西方帶來「麻煩」。因此，需要在遏制的同時保持長期的接觸戰略。這些辯論表明，歐俄問題雖然重要，在西方戰略家眼裡仍屬第二個層次，他們需要真正戰略「再平衡」的是美—中—俄，而其間的中美關係又是當今世界上最重要的雙邊關係。

　　這是有道理的。因為隨著開發中經濟體的發展曲線一路向上，世界經濟重心的「蹺蹺板」開始出現並非「一面倒」的明顯變化，這勢必加大了美國亞太「再平衡」的籌碼。雖然中國的經濟與美國相比，10 兆美元與 17 兆美元的規模差不小，但按照現今中國經濟發展的中高速常態，十多年後便可與之抗衡。中國經濟發展，未必是威脅，甚至還是一種機會，和平共處是完全可能的。但美國當「老大」慣了，難以放下身段，因此就出現了「再平衡」的戲碼。但要說是一幕「大三國演義」已經上演，是說過了。

　　美國無論從經濟上、軍事上還是世界第一位，而且持續的時間不會短，而中國也從來不想去爭「老大」的位置，倒是俄羅斯總統普丁在 2014 年 5 月舉行的聖彼德堡經濟論壇上提到，單極世界模式已經破產。早在 2007 年普丁總統在慕尼克安全政策會議上就提出過，單極秩序是不可持續的，他強調不允許北約軍事組織在俄羅斯的周邊擴展。

你制裁我就反制裁，放話要斷歐盟國家的路，還要關閉太空站。

　　美國其實拿普丁沒輒，普丁吃軟不吃硬，有評論說他是「謎中之謎」，其實謎底就是不要「單極」。現在，美國向西，俄羅斯向東，開發遠東，要和「金磚國家」一起建立銀行，還提出建立能源銀行的倡議。俄美事實上在雙雙重返太平洋。可以預見的是，美國的一些政客少不了談軍事，而且有人已經開始談論重拾三場戰爭的構想，但儘管美國有強大的軍事力量，能不能「重拾」，還是大問題。對中國來講，要和平也要護衛國家主權，更要重走絲綢之路。

　　按照西方地緣政治的邏輯推理，就俄羅斯的綜合實力來講，與蘇聯不可同日而語，美國的經濟規模是俄羅斯的 8 倍，歐盟的規模也是將近 8 倍，加起來的比率是 16：1，儘管俄羅斯在軍事技術方面有一定的抗衡能力，能源更有優勢，但這個優勢卻和油價一起暴跌了，而經濟畢竟是基礎。

　　就美國而言，單獨面對俄羅斯並不困難，單獨在太平洋掣肘中國也不是不會產生一點效果，但中國是第二大經濟體，如果真的出現了某些美國政客嚇唬自己又嚇唬別人的「二比一」，甚至還有常把自己的推理小說當真的「俄印中」，那就是再糟糕不過的問題。因此，經常玩結盟遊戲的美國將己度人[18]，現在需要極力防止中國與俄羅斯進一步接近的同時，還要拉攏印度，避免多面應對。幸虧美國遇到的是要走新絲綢之路的中國，如果再碰上一個或數個普丁，當下就要喘不過氣。

　　其實，俄羅斯的東進，並非美國式西進的對沖。如果單從世界經濟一體化和區域化去考量，俄羅斯經濟東進是有道理的。

18　省察自己，又衡量他人。

　　第一，中國畢竟是東亞地區最大的經濟體與發展中的新的增長極，俄羅斯在東進中尋求開發振興遠東的機會，要把西伯利亞鐵路延伸到朝鮮半島，這是東北亞地區國家都歡迎的，包括中國在內。那麼，擔心龍與熊在經濟一體化、區域化中的擁抱，實在有些難以理喻。

　　第二，俄羅斯遠東面積 620 萬平方公里，居民已從 1100 萬減少到 500 萬，如果再沒有大的動靜，資源豐富的遠東將會永遠遠離發展的機會。為了開發遠東，俄羅斯不僅建立經濟特區，規劃連接朝鮮半島的油氣管道與鐵路，還提出《宅地法案》，免費提供 1 公頃土地給願意前來創業的俄羅斯居民，甚至提出要把部分政府機構遷往東部。中俄能源合作和其他項目合作互補性極強，又同處北方草原絲綢之路的聯結帶上，密切互動是由地緣經濟邏輯決定的。

　　印度與俄羅斯在歷史上關係密切，印度與俄羅斯和中國又都是金磚國家，是「上海合作組織」的成員與準成員，是新興金融機構的創始成員，將會同走絲綢之路。三個國家人口占世界 40％，GDP 總值占到 26％，在亞洲地域連接起來也在 2000 平方公里以上，合作潛力與前景是巨大的。

　　美國的一位國際關係「零和效應」的研究者吉爾平講過，「儘管總受到限制，但選擇永遠存在」。完全可以設想這樣的一些問題：對抗和衝突，對一方無利，對另一方就一定有利嗎？進一步延伸，歐俄的制裁與反制裁，對俄羅斯無利，對歐盟就有利嗎？不怕有制約，但怕做錯選擇。而尋求合作似乎是人類社會進化發展中最聰明的行為選擇。世界經濟一體化本身就是一個不斷化解矛盾的合作過程，在相互協商中加強合作互信，又在合作互信中加強協商，這其實應該是新型大國關係的一種新常態。

　　理論指向是重要的，但實際的利益指向更重要，因此，利益集團的計算機裡的數字表情也很值得注意。他們是生意人，如果經濟全球化能讓他們賺錢，他們就把自己打扮成經濟全球化的信徒，如果「去全球化」會帶來更豐厚的利潤，「去全球化」就是他們的上帝。扭曲和挑撥大國關係的最大商機是「大炮一響黃金萬兩」的最大生意經，有機會就要抓住這個機會，沒機會也要創造機會。這是「去全球化」論者的真正悲哀。

　　就一般的「去全球化」現象來講，貿易保護主義似乎是一枚銀幣的反面，其中的分量和成色也是不同的。國家利益和民族利益是任何一個主權國家都要考慮的，正常的「保護」與刻意為之的「貿易保護」有本質上的區別。消除一般貿易保護需要多邊談判，也需要從不同國家的實際情況中出發，有平等政策，也要有不同條件下的差異。狹隘的民族主義則具有自私自利甚至以鄰為壑的特徵。因此，我們在分析西方已開發國家的思維慣性與思維局限的同時，也還要看到政策之後的真正推手動機有所不同。

第 **4** 章

絲路走向
跨大區域經濟優勢互補

「一帶一路」是通向「全球化」的新的路線圖，具有廣泛的覆蓋面和巨大的影響力。絲綢之路經濟帶有中亞綠洲方向絲綢之路、北方草原絲綢之路和西南絲綢之路三個重要的次區域發展帶。

設施連通使歐亞大陸多個經濟合作走廊輪廓顯現，逐步成形的「泛亞鐵路」和規劃中的俄中高鐵也會終將推出新的歐亞「大陸橋」。

21 世紀海上絲綢之路則有與傳統航線基本契合的多個走向，環球貿易的更大棋盤，包括了「南環經濟帶」和整合中的亞太自貿區路線圖。

全面復甦的中亞綠洲絲綢之路

「一帶一路」是通向「全球化」的道路。新絲路走向是網狀和多向的，因此具有廣泛的覆蓋面和影響面。不同的國家具有發展水準的差別，也具有巨大的經濟互補性，形成在經濟全球化下跨大區域經濟發展的新版圖。

絲綢之路的「一帶」是具有三個重要且相互聯繫的次區域發展的經濟帶，21 世紀海上絲綢之路則是輻射範圍相互貫通的多元合作和走向，具有更廣泛的經濟合作定位。在絲綢之路經濟帶上，有三條殊途同歸的新絲綢之路，這就是中亞綠洲方向絲綢之路、北方草原絲綢之路和西南絲綢之路。

21 世紀海上絲綢之路則有東北亞走向、東南亞走向、地中海與波羅的海走向、南環經濟帶走向和環太平洋的多種走向，與傳統航線基本契合，也會有新的變化。例如在北極氣候有所變化之後，將會出現北冰洋走向，陸上絲綢之路與海上絲綢之路在互聯互通中出現新的通透性。在絲綢之路經濟帶的發育中，中亞綠洲方向絲綢之路經濟帶正在全面復甦，這是一條西向中亞、西亞和南亞古老文明地區、北連歐洲的多向絲綢之路骨幹線，也是一條地緣高度複合的經濟合作的生命線，是「一帶一路」的最早啟動點。

中亞五國，一帶一路的必經重要幹線

中亞綠洲方向絲綢之路在伊塔地區與北方草原絲綢之路相交會，

覆蓋較大的經濟合作區域，除了已經擁有 28 個成員國的歐盟和 2015 年 1 月開始啟動、以部分獨聯體國家組成的歐亞經濟聯盟，還有西亞、小亞、海灣國家以及北非、南歐歐盟國家和部分尚未進入歐盟的中歐、東歐國家。向西的終點是經濟發達的西歐地區。

中亞綠洲絲綢之路經濟帶有一個明顯的地緣結構特點，北與北方草原絲綢之路交會，其輻射面南向南亞地區，中路直抵西亞、小亞半島、地中海與北非，是典型的扇形結構。

由此也引出了三條經濟走廊與三條大型道路聯通幹線。最北的一條通向南俄草原走向歐洲，與北方草原絲綢之路殊途同歸。中間是通向西亞國家的通道，正在開始聯通。向南則是與南亞、西南亞國家和地區相互連接的道路，也就是人們所熟知的中巴經濟走廊。

在中國國內，歷史上就有大南道與大北道或天山北道、天山南道之分，現在的主要連接線是中國的天山南經濟帶的南疆鐵路和天山北經濟帶的北疆鐵路。北疆鐵路北經哈薩克和俄羅斯歐洲部分連接歐洲，也就是通常講的「第二座歐亞大陸橋」。

圖 4-1　三座歐亞大陸橋

　　除了「第二座歐亞大陸橋」，還有經由哈薩克阿拉木圖、西姆肯特和哈薩克西部幹草原的「雙西公路」，直抵法國和西班牙。有些段落是對原公路的改造，全程將於 2017 年竣工。中土哈輸氣管道 ABC 線也由此通向中國。中亞國家有經濟活力，雖然油氣價格暴跌影響經濟成長速度，但有已經運轉的新絲綢之路和多元投資合作，能夠有效抵禦經濟風險。

　　中亞五國是走向歐洲的必經之途，從第二座歐亞大陸橋直抵的歐字型大小多列貨運列車從第二座歐亞大陸橋通過。從中國西部到歐洲可以分為五個發展臺地或稱絲路合作段落，中國新疆是第一個臺地，中亞國家是第二個臺地，第三個發展臺地是裡海以北周邊國家，第四個臺地是東歐、中歐國家，第五個臺地是北歐與西歐。歐盟國家與中國是歐亞大陸發展的雙引擎，歐盟目前雖然在經濟發展中遇到波折，但歐亞國家之間的經濟互補，將會帶來新的發展前景。

　　目前，這條中亞綠洲絲綢之路已經在全面復甦之中，並迅速延伸發展，進入一個嶄新的發展時期。由幾條已經形成或正在建設、規劃的交通線，勾勒出中國國內和國外明確和潛在的經濟合作帶，特別是在 2014 年後，經濟合作溫度劇升，快速推進。

　　2014 年 5 月，在上海「亞信會」舉行前，習近平與來華參加會議的土庫曼斯坦總統、吉爾吉斯斯坦總統會談後分別發表了聯合公報，再次明確中亞各國參與建設絲綢之路經濟帶的意向，中土、中吉雙邊經濟合作被提升到新的戰略高度，積極對接並推進互聯互通和貿易投資便利化。

　　在聯合公報中，中國提出鼓勵中方企業擴大對吉投資，實施輸變電、發電、煉油與天然氣專案，並促進中吉烏公路早日貫通。在「亞信

會」前，習近平還與哈薩克、塔吉克斯坦、烏茲別克斯坦總統和阿富汗總統會談，分別強調了絲路經濟帶建設的重點。哈薩克總統納紮爾巴耶夫還接受了中國民間組織頒發的「絲綢之路和平獎」，並在兩國發表的聯合公報中宣布啟動「絲綢之路國家電影節」。納紮爾巴耶夫是有 22 年歷史的「亞信會」的首倡者，獲得「絲綢之路和平獎」理所當然。

「一帶」的第二個臺地：中亞國家

這個新獎項的設立，也揭示了中國和中亞國家在中亞綠洲絲綢之路經濟帶建設上的共識，要在互信合作的和平環境中尋求共同發展復興之路。在當年 9 月舉行的上海合作組織元首理事會上，上海合作組織各國不僅進一步確認了中亞綠洲絲綢之路的經濟走廊建設的走向，也確認了中蒙俄經濟走廊與草原絲路的經濟對接。

在現代中亞綠洲絲綢之路經濟帶上，中亞五國過去和現在仍然是承前啟後的重要環節。曾經作為蘇聯加盟共和國的中亞五國，正在成長為一個新興的經濟圈。中亞五國以豐富的自然資源為依託，經濟成長迅速，基礎設施建設的需求和個人消費的需求高漲。中亞五國已經度過了 1991 年獨立後的調整時期，進入國家建設的新時期。支撐中亞國家地區經濟發展的主要資源是豐富的石油、天然氣、稀有金屬和鈾礦等。土庫曼斯坦的天然氣世界排名第四，哈薩克的油田開發也極富前景，烏茲別克斯坦也以天然氣和鈾礦蘊藏量著名，吉爾吉斯斯坦與塔吉克斯坦的稀有金屬和石油蘊藏同樣具有很大的開發前景，與中國形成天然的資源互補性與經濟互補性。

中亞的地緣優勢、經濟區位優勢明顯，北接俄羅斯，南通南亞、

歐亞大陸橋 5 個主要走廊

1 北方走廊

2 中部走廊

3 南方走廊

4 歐洲高加索亞洲走廊

5 南北走廊

5 南北走廊

雅庫茨克
斯沃羅季諾
共青城
伯力
海參崴
別洛戈爾斯克
哈爾濱
東京
大阪
首爾
赤塔
連雲港
上海
斯科斯亞爾斯克
伊爾庫次克
北京
蘭州
武漢
柳州
南寧
河內
胡志明市
克拉斯諾亞爾斯克
新西伯利亞
托木斯克
烏魯木齊
成都
鄭州
昆明
曼谷
金邊
吉隆坡
新加坡
仰光
達卡
鄂木斯克
阿克斗卡
喀什（喀什噶爾）
德里
拉合爾
瓦拉納西
葉卡特林堡
阿拉木圖
徹馬爾罕
蘇庫爾
孟買
聖彼得堡
塔什干
馬什哈德
扎黑丹
阿巴斯
莫斯科
明斯克
基輔
第比利斯
巴庫
德黑蘭
貝魯特
特拉維夫
開羅
華沙
布達佩斯
貝爾格勒
安卡拉
斯德哥爾摩
柏林
維也納
羅馬
伊斯坦堡
鹿特丹
巴黎

西南亞，東臨中國，西去伊朗和小亞半島，可以說是四面來風、八方通達，是繼中國經濟崛起形成第一經濟高地之後的第二個經濟高地。正如歷史上中亞商人是絲路經濟的傳遞者和接力者，他們今天也是絲路經濟的發展者、傳導者和推動者。中亞五國的現代經濟地緣戰略取向必然是東聯中國，北聯俄羅斯，西向西亞、小亞和歐洲，在繼續完成新絲路經濟帶建設「中鋒」新角色的過程中，快速地發展自己。

事實上，這種繼續開拓的新絲路經濟發展旅程，不僅在中國和中亞五國之間已經展開，西聯西亞、小亞的絲路經濟發展旅程也宣告開始。例如，在中國公司進入中亞基礎設施建設市場的同時，地處小亞半島的土耳其，其建築公司也以 23 億美元的標的承建阿什哈巴特的國際機場。中亞國家經濟與中國經濟發展關聯性高，與毗鄰的阿富汗、伊朗和海灣地區國家關聯性也很高。

中亞地區是現代絲路的一段千里經濟長廊，不論是西向地中海，還是西進歐洲，中亞都是陸地上的最大門戶，走出這個門戶，也就成就了歐亞大陸國際新絲路的經濟合作事業。誠然，這個大型的經濟事業包羅的元素今非昔比，也不會是古絲路時代的那種自然狀態和線性曲折狀態，將會在現代經濟交流合作的棋盤上出現新的整合效應。

歷史的發展規律也表明，一旦歐亞地區互聯互通的格局形成，絲綢之路作為其中的發展軸線，必然會緊密聯繫歐亞的經濟發展，形成一個擁有 30 億人口的超級經濟區。在中亞絲綢之路經濟帶上，有大大小小的經濟圈和經濟實力強大的歐盟，在貿易投資經濟合作的多維結構中，有各自的經濟輻射扇面，也有經濟圈之間的互補與整合。

據相關統計，中亞五國 2013 年經濟平均成長速度為 8.4％，其中哈薩克經濟總量最大，為 2280 億美元，成長速度為 6％；烏茲別克

斯坦經濟總量 567 億美元，成長速度為 8％；土庫曼斯坦經濟總量為 411.42 億美元，成長速度為 10.2％；塔吉克斯坦經濟總量 85 億美元，成長速度為 7.4％；吉爾吉斯斯坦經濟總量為 72.26 億美元，成長速度為 10.5％。

中亞五國開始跳出經濟起跑線，發展要求強烈。在人均 GDP 方面追趕其他開發中國家的腳步也邁得很大，哈薩克 2013 年人均 GDP1.3 萬美元，已經初具已開發國家人均 GDP 的水準，但各國發展不平衡，石油、天然氣資源相對開發不足的塔吉克斯坦人均 GDP 僅為 1000 美元，需要進一步實施產業振興計畫。

近年來，中國與中亞五國雙邊經貿合作發展迅速，自 1992 年中國與中亞五國集中建交以來，貿易總額由 4.6 億美元提升到 2008 年的 308 億美元，其中，中哈貿易額占最大額，由 3.68 億美元升為 250 億美元，20 年裡成長 70 倍。哈薩克 2013 年外貿總額 1300 億美元，其中與中國的貿易額為 285.7 億美元，超過五分之一。他們特別看好中哈連雲港物流專案，認為是中亞五國的共同國際貿易平臺。這個物流基地已經建成。2015 年 2 月，定期貨運鐵路正式開通。他們對中哈共同建設裡頭從中國西部經阿拉木圖、希姆肯特走向歐洲的高速公路更加關注，甚至提議把「絲綢之路復興計畫」總部設在阿斯坦納或阿拉木圖。

在中國，已經設市的「百年口岸」霍爾果斯，建立了面積為 5.28 平方公里的中哈霍爾果斯國際邊境合作中心，按照「境內關外」模式管理，是上海合作組織框架下區域合作示範區，也是創新邊貿合作機制的試驗區，貨物進入區內視同出口，實行退稅購物還享有一定額度的免稅，有名的義烏國際商城已經位在區內。

中哈霍爾果斯國際邊境合作中心，還是中國首個陸地口岸「關外」離岸人民幣金融創新試點區，區內銀行可以直接到境外融資放貸，區內中外企業可以在境外直接融資，為中國與中亞國家本外幣交易結算創造了基礎條件。霍爾果斯也是歐亞未來高速公路與高鐵的主要介面。

哈薩克總統納紮爾巴耶夫在參加 2014 年「亞信會」時接受媒體採訪說，中哈兩國企業已經計畫共同建設全流程產業鏈。在哈薩克看來，一頭是發達的歐洲，一頭是包括中亞在內的亞洲，彼此緊密合作，才能發展得更好。

目前，中哈經濟合作不僅是在基礎設施和石油、天然氣領域——例如中國收購了被認為是哈薩克 40 年來發現的最大油田卡沙甘油田的 8.33％的股份，在農業、旅遊合作方面也有很大空間，雙方都擁有豐富的自然與人文旅遊資源，在中亞與中國絲路聯合申請成為世界遺產成功後，跨國絲路旅遊將會成為新的熱點。另外，中亞和中國的西部地區都是可再生能源的寶庫，開發利用風能、太陽能、生物質能的技術和資金優勢結合，將會在絲綢之路上形成最大的可再生能源產業群。

中國是土庫曼斯坦最大的交易夥伴。中國與土庫曼斯坦以能源合作為先導，以區域全面經濟夥伴關係在深化。土庫曼斯坦是中亞最大的產氣國，必須尋找相對便捷的出口，土庫曼斯坦「復興 1 號氣田」一期工程竣工，探明儲量 4 兆立方公尺到 6 兆立方公尺，這在不缺少能源的中亞國家是難以消化的。中國需要天然氣，歐洲國家也把目光投向這裡。

中哈、中土通向裡海的油氣管道，2013 年的原油運輸量為 1300 萬噸，很快會達到每年 2000 萬噸。土庫曼斯坦是中國重要的天然氣供氣國，2007 年開始合作，截至到 2013 年 8 月，累計輸氣 600 億立方。總長 1830 公里的二期工程（也就是 C 線）已經開始供氣，連接中國的

西氣東輸工程 A、B、C 線，已經成為中國西部國際天然氣能源動脈，2015 年完全建成之後，年輸氣量可達 550 萬立方。屆時可滿足中國 23％的天然氣消費需求，並讓中國天然氣消費在一次能源結構中的比例由 6％提升到 8％。

在烏茲別克斯坦，除了少量天然氣進入土、哈輸氣管，雙方合作更多的是天然氣加工、頁岩氣開發和再生能源領域。烏茲別克斯坦能源儲量也在成長。2012 年烏茲別克斯坦總統卡里莫夫拜訪中國期間，兩國元首簽署《中烏建立戰略夥伴關係的聯合聲明》，2013 年又簽署《中烏友好合作條約》，兩國積極拓展經貿合作，中烏雙邊貿易由建交初期的 5000 萬美元增至 2013 年的 45.32 億美元。

中國從烏茲別克斯坦進口棉花、化工產品、油氣資源、塑膠和皮革，中國向烏茲別克斯坦出口機械、電子設備和交通工具等，中國對烏投資超 50 億美元，中國是烏第一大投資國和第二大交易夥伴。中興公司在烏茲別克斯坦投資 4500 萬美元建設「鵬盛工業園」，成為中亞第一條年產 10 萬部智慧手機的生產線，園區在 2012 年獲得 32.8％的高成長。

美的與長虹也分別和烏方簽署了年產 30 萬臺冰箱與 50 萬臺電視機的投資協定。烏茲別克斯坦是地區農業大國，糧棉生產有優勢，與中方企業在節水灌溉、育種、農機方面開展合作。2014 年上半年，烏茲別克斯坦經濟成長 8.1％。

塔吉克斯坦與中國緊密相鄰，是通向南亞與西亞的重要路口，近年經濟發展也頗有起色。中塔合作取得成果，兩國貿易額在 2011 年就超過 20 億美元。中國公司幫助塔吉克斯坦修建了 3 條國家級主要幹道

的公路，並在丹加拉自由經濟區建設首座 120 萬噸煉油廠，建設 120 萬
噸水泥廠，結束了水泥進口的局面。熱電廠和輸變電項目也緩解了該
國的電力緊張。目前，中國通向烏、土的第四條天然氣管道（D 線）在
中塔合作中順利推進。塔吉克斯坦新發現的博赫塔爾氣田也計畫進入 D
線，有希望成為中亞地區又一個對華供氣國。

中亞綠洲新絲綢之路將成為歐亞發展新的一頁。近年來，隨著中
國西部大開發的推進、對外開放水準的提升，中亞絲綢之路經濟帶的
建設已經結出第一批果實，在中亞，中國與中亞國家的貿易投資經濟
合作早已風生水起。在能源領域裡，中石化、中石油、中信等企業已
經與中亞國家合作多年；在通信領域裡，華為、中興也在中亞五國小
有名氣；在基礎建設的領域裡，中路橋、中鐵五局也做出貢獻，新疆
三寶和野馬集團等民營企業在跨境貿易上也頗有影響。

在中亞五國，基礎設施發展是其重要戰略項目，公路、鐵路、航
空、電信、口岸建設都有很大合作空間，市政建設也為房地產業帶來機
會，並帶來對工程機械設備、交通運輸設備、建材產品的採購需求。
中亞在能源設施改造方面也有強烈需求，中亞的電力系統已經陳舊，
需要成套設備，中亞能源結構以傳統能源為主，高能耗產業多，需要
改造。中亞國家的棉、毛、麻、皮革原料豐富，但存在加工的弱點，
日用消費品還要依賴進口，輕紡工業和食品工業有很大的發展空間。

中亞五國人口密度不算大，總面積 400.8 萬平方公里，人口 6000
萬，平均每平方公里約 15 人，因此對勞動密集型企業難以消化，生態
環境系統總體薄弱，環保要求比較高。但五國國情各有差別，以農業
的概念比較，中亞是蘇聯的糧倉，農產品優勢地位突出，但農業技術

落後，機械化程度低，灌溉效率低，在多個領域裡都可以展開合作。如哈薩克牧業發達，烏茲別克斯坦更偏重種植業。地處南亞的巴基斯坦是西南亞人口密度最高的國家，平均每平方公里 187 人，教育水準較高。這些都是全面經濟合作中需要研究的資源結構性問題。

南下南疆，以庫爾勒為中轉，進入中國天山南道經濟帶，經過庫車也就是古代有名的龜茲，以阿克蘇和南疆重鎮喀什地區為邊境輻射節點，向西有連接吉爾吉斯斯坦和烏茲別克斯坦的鐵路。目前由中烏合作施工的安帕鐵路隧道正在貫通。安帕鐵路修通以後，走向西亞、小亞和地中海沿岸的道路開始連通。

中巴經濟走廊，是中巴共建絲綢之路經濟帶的里程碑

由喀什向南經塔什庫爾幹著名的紅其拉甫山口進入喀喇昆侖公路，就是著名的中巴經濟走廊，實現了和巴基斯坦南亞次大陸的經濟連接。這裡的經濟地理走廊不只一條，如著名的瓦罕走廊連接著阿富汗，附近就是歷史上有名的古代「大勃律」、「小勃律」地區，也就是古代俗稱「大頭痛」、「小頭痛」，蓋因海拔高空氣稀薄而命名。古代的「摩羯陀」在這裡，法顯、玄奘「西天取經」，經過這裡，與中國文化對接、由古希臘文化、古印度文化諸多文化元素（包括世界宗教文化元素）融匯的犍陀羅風格藝術也出現在這裡。這裡當然是絲綢之路的重要經濟走廊。

在張騫的時代，中巴交通走廊已經開通，並在隋唐盛極一時。張騫從月氏北走的方向去中亞，後沿著塔里木盆地南緣的絲路南道歸來，

是迫不得已，因為那時的匈奴遊騎已經在月氏西遷之後遍及南北疆，他在被匈奴遊騎兩度羈絆後安然走脫，一路西行輾轉走了一個大大的 C 字形，完成了「通西域」的盡天之功。他的西域之行路線，成為後來的範本，也成就了絲綢之路最早的經濟文化交流線。後來，南道未廢而天山南北道大開，絲綢之路在中國國內的網路進一步完成，形成網路狀的絲路系統。

當然，中國內地從陝甘地區的寶雞、平涼，又分出關中天水道和平涼蕭關道，前者為隴海鐵路所必經，後者是中國著名記者范長江走過的老西蘭公路。這其中有個規律，就是凡有石窟之處，必是古絲路所經之處。因為只有商人才有這種需求與財力。蘭州是古絲路的重要交會點，但市場在當時的涼州（即武威）。由此經河西走廊連接天山南北道路網，並直接或間接分出青藏雪域絲路幹線，這兩條骨幹各有自身的內部迴圈與外部迴圈。但僅就天山南北道路網，其歷史地緣經濟價值與現在的價值預期，都是難以估算的。

值得關注的是，在中國南疆，由喀什、阿克蘇地區通向吉爾吉斯斯坦的公路以及連通中巴經濟走廊的喀喇昆侖公路二期改造工程已陸續施工。這是古代盛極一時的絲路中道和南道。喀喇昆侖公路伸向巴基斯坦沿海西南、由中國公司出資建設通向阿拉伯海的瓜德爾港，由這裡向西經過阿曼灣，就是霍爾木茲海峽的阿巴斯港。伊朗的原油可以不再繞道麻六甲海峽，為中巴的能源安全提供了基本的條件。

在中亞新絲路上還有一個重要的新經濟區「歐亞經濟聯盟」，中、哈、白簽署條約，承擔相互間商品、勞務、資金、勞動力自由流通的義務，並在包括能源、工業、農業、交通運輸在內的關鍵性經濟領域

推行協調一致的政策，2015 年 1 月正式啟動。

相關報導說：「就歐亞地區一體化進程的發展而言，條約的簽署堪稱具有歷史意義的事件。」「條約的簽署意味著獨聯體地區最大的統一市場組建完畢，它涵蓋 1.7 億人口，將成為強而有力的新興經濟發展中心。」但也有報導影射中俄經濟合作關係「微妙」，這是一種大驚小怪。在「歐亞經濟聯盟」條約簽署之前，1994 年首次提出組建「歐亞經濟聯盟」的哈薩克總統納紮爾巴耶夫就說，「歐亞經濟聯盟」只是一個經濟專案，不涉及政治主權問題，也沒有把邊防安全、移民政策、衛生、科技等超出經濟一體化範疇的條款納入條約，不能讓「歐亞經濟聯盟」政治化。該條約商定，最終形成的統一商品和服務市場到 2025 年才能完成。

在稅務方面，比較目前在自貿區合作等級以上的關稅同盟，「歐亞經濟聯盟」統一關稅政策和商品自由流通的貿易政策沒有變化，三國分配統一關稅收入的比例也沒有變化，依舊是白俄羅斯 4.7％，哈薩克 7.33％，俄羅斯 87.97％。條約還商定推行統一的宏觀經濟、反壟斷、貨幣和金融政策，計畫在 2025 年前成立統一的金融管理機構，條約未提到統一貨幣，只是強調成員國可在極端情況下採取為期一年以內的貨幣限制措施。目前統一貨幣的問題已開始被提出，但還只是一個在聯盟內取消貿易壁壘和關稅限制的前提下建立的共同市場。

俄哈雙方還簽署了過境哈薩克並且對華輸送石油的政府間合作協定，也就是說，中俄之間的能源合作還有另外的通道。俄羅斯還要向東輸出天然氣，日本則是潛在的買家。日本議會準備提出管道建設史上第一條薩哈林至東京地區的天然氣管道，總長度估計 1350 公里，每年提供 200 億立方公尺天然氣，管道造價為 60 億美元。這個談判一直

被拖延，涉及日本議會的種種考慮。

　　當然，日俄天然氣談判拖延也與日本是否決定全部關閉核電廠有關，如果全部關閉核電廠，那麼每年就需要至少 700 億立方公尺天然氣。這和俄羅斯計畫將西伯利亞鐵路延伸至南韓釜山一樣，市場就是市場，競爭是市場的特徵。

　　其實，對於中亞地區，美國也不是沒有想法與動作。美國的地緣政治學者就提出過「大中亞」構想，而且在美軍撤出阿富汗之前，已經在阿富汗投資幾百億美元。這顯然不僅僅是對阿富汗所遭受災難的補償。美國對中亞也有一個另類的「絲路」設想，即由阿富汗向北修路，而俄羅斯和一些中亞國家則有修建穿越西天山的南北鐵路的打算。儘管其中另有玄機，但終究是著眼道路交通，目前還在競爭的合理半徑之內。

　　中巴經濟走廊的建設，是絲綢之路經濟帶建設的一種模式，多種模式也會在這裡出現。中巴雙方對修建一條連接南疆城市喀什與巴基斯坦瓜德爾港的鐵路很有興趣。按照常規，這條長達 1800 公里的鐵路線還要經過巴基斯坦首都伊斯蘭馬巴德和巴基斯坦最大的城市卡拉奇。

　　如果這條鐵路納入計畫，將是經過帕米爾高原和喀喇崑崙山區最難建設的鐵路之一，但如果該鐵路完成，也會成為中巴共建絲綢之路經濟帶的一座里程碑。巴基斯坦位於陸上絲綢之路與海上絲綢之路的交會處，也是中亞與南亞次大陸的結合部。中巴經濟走廊南端的瓜德爾港水文條件優越，地緣位置獨特，有開發為世界一流大港的潛力。將是中巴兩國進入中東海上貿易路線的中繼站，也為中亞五國及阿富汗提供了最近的出海口，使陸上絲路與海上絲路相互貫通，形成既開放又閉合的絲路經濟貿易的交通框架。

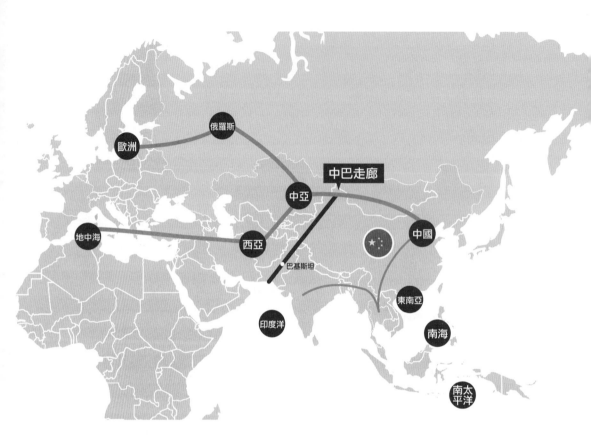

中巴走廊

　　正在撰寫中巴關係著作的巴基斯坦戰略研究所研究專家艾赫邁
迪·拉希德認為，中巴經濟走廊有望成為中國貨物轉運樞紐，巴基斯坦
也有可能成為類似新加坡、杜拜的轉口型經濟體，「中巴經濟走廊不僅
是巴基斯坦國家命運的改變者，也是兩國特殊夥伴關係的重要符號」，
「中國的『一帶一路』高瞻遠矚，將會和工業革命一樣成為世界經濟
發展的里程碑」。

　　中國新疆的喀什「五口通八國，一路連歐亞」，但最大的地緣優勢

是通向中巴經濟走廊和連接吉爾吉斯斯坦和塔吉克斯坦。喀什建立多國邊民互市貿易區「廣州新城」，與近百家巴基斯坦和吉爾吉斯斯坦企業簽署進駐協定，喀什到巴基斯坦伊斯蘭馬巴德的直航與吉爾吉斯斯坦奧什州的巴士班車開通。帕米爾高原上的塔什庫爾幹也建立了以旅遊貿易為重點的邊貿互市區。

目前，在中巴自由貿易協定談判推動下，中巴雙邊貿易投資深入發展。2013 年，中巴雙邊貿易額為 153 億美元。中巴經濟走廊建設也帶來兩國在能源、基礎設施和交通領域投資合作的快速進展。中巴經貿合作已經進入快速上升通道。在自由貿易協定（FTA）正式實施後雙邊貿易將快速提升。

鑑於巴基斯坦在雙邊貿易中處於赤字狀態，巴國政府和企業界正在致力於提升對華出口，改善自身貿易平衡。雙邊投資也充滿機會。巴基斯坦雖然並不針對特定國家制定單獨的優惠政策，但所有外來投資者在巴基斯坦享受平等政策優惠，同時也享受與國內投資者同等的國民投資待遇。巴基斯坦石油、天然氣蘊藏不多，卻是全球頁岩氣儲量較大的國家之一，有豐富的水資源和太陽能資源，也是世界上較大的產棉國，是小麥、玉米主要產出國。巨大的可再生能源和農業潛力，為中巴經濟合作的可持續性提供了基礎性條件。

中巴經濟走廊對巴基斯坦經濟發展的意義十分重大。當前巴基斯坦國內能源短缺是制約巴國工業發展的瓶頸，瓜德爾港的建設為中國的能源安全創造了條件，也為巴基斯坦能源供給創造了條件。中巴經濟走廊可以帶動一系列投資活動，將讓巴基斯坦經濟發展發生巨大變化。2014 年，巴基斯坦發布 2013 年至 2014 年經濟表現報告，經濟成長速度 4.14％。外匯儲備保持穩定，物價基本穩定，時隔 7 年後重返

國際債券市場，2014 年發行主權債券，從原計畫 5 億美元突破到 20 億美元。

巴基斯坦是資本短缺國家，對外商投資需求旺盛，將中巴經濟走廊建設看作經濟振興的重要工程。總體規劃完成，喀喇崑崙公路雷克特至伊斯蘭馬巴德段、卡拉奇到拉合爾高速公路、卡拉奇鐵路、瓜德爾港陸續開工，將會促進巴基斯坦潛力巨大的轉口貿易，據世界銀行評估，這些設施建成之後可讓巴基斯坦 GDP 成長速度升至 5％。

中巴經濟走廊還會對絲綢之路經濟帶建設視野的擴大有著前瞻意義。不僅連接 21 世紀海上絲綢之路、連接阿拉伯海進入地中海，還進入北非、南歐和西歐，與巴基斯坦毗鄰的阿富汗也是事實上的獲益者。阿富汗是絲綢之路經濟帶沿途最南邊的國家，巴基斯坦則是海上絲綢之路在亞洲沿途最北邊的國家，巴基斯坦與阿富汗有 2600 公里的邊界，邊貿活動頻繁，因此，中巴經濟走廊建設將會直接和間接地從正面影響到阿富汗的經濟發展。

巴、阿傳統的經濟往來與「一帶一路」積極聯動，既可造福阿富汗經濟，又可提升巴阿經濟合作水準，這是一舉兩得的建設成果。據阿富汗商貿與工業協會統計，2013 年阿富汗出口額達到 5.24 億美元，較 2012 年成長 33％，數額雖然小，增加幅度卻很大，顯示著經濟開始發展。阿富汗新的發展勢力得益於巴阿過境貿易機制和運輸基礎設施的相對改善。日漸活躍的巴阿貿易成為拉動阿富汗產品出口和經濟發展的重要驅動力。

在地緣上，巴基斯坦南部 1000 公里的海岸線是內陸國家阿富汗的最近出海口，阿富汗則是盛產原油的中亞國家到巴基斯坦的最短陸路

通道，巴阿兩國對能源和海外市場的共同需求，進一步凸顯了兩國彼此互聯互通的重要經濟戰略意義。在宗教文化上，兩國均為伊斯蘭國家且邊界地區都屬普什圖族文化圈。在經濟上既有相似性，又有不同的發展水準，互補性強。阿富汗經濟發展水準適宜承接巴基斯坦產業，利於兩國經濟資源優化配置。

在美軍撤離阿富汗之前，美國地質學家在蘇聯對阿富汗礦藏勘探的基礎上，進行了磁力和重力研究，表明阿富汗至少有 22 億噸鐵礦和大量石油、天然氣，還有價值 3 兆美元的稀土礦等。2013 年以來，隨著美軍逐步撤離阿富汗，巴基斯坦積極調整對阿政策，阿富汗也認識到必須依靠自身的地緣聯繫和資源稟賦發展經濟，完成戰後經濟過渡，在經濟政策上出現回歸區域經濟合作的動向。

巴阿雙方就進一步擴大邊貿規模達成共識，制定了從目前的 24 億美元的規模提高到 50 億美元規模的目標，巴方還提出修建從白沙瓦至賈拉拉巴德的新公路計畫，以及巴阿邊境鐵路的設想。兩國邊貿物流主要依靠開伯爾地區跨境公路，但運能嚴重不足。巴阿兩國也有意邀請中國企業參與兩國的基礎設施建設，這既是中巴經濟走廊北部建設包括水電建設的多方位延伸，也能最大幅度地整合絲綢之路經濟帶的交通資源。

對於阿富汗這個對古絲綢之路做過特別貢獻、但近代以來常有多事之秋的國家，人們懷著敬意，也懷著同情。因為它和中亞國家都處在亞洲的中心區域或者說是心臟地帶，一直以來都是當年英帝國和沙俄帝國的角逐之地。這種角逐的延續在 20 世紀達到高峰，先是蘇聯軍隊入侵，後來是塔利班和基地組織的恐怖主義占據與割據，然後就是美軍的進入。美軍撤離，並不意味著阿富汗的戰略價值降低了，阿富

汗人一方面可以按照自己的意願調整已經滿目瘡痍的經濟，開始探索經濟發展之路，另一方面也還在自身的謀劃中尋找新的定位。

美國在撤出作戰部隊之前，已經修建了許多戰略公路，主要的設想無非是借助一個另類「絲路」，南北掌控，東西相拒。從「反恐」的角度來講有道理，但除了難以言明的原因，還有將阿富汗變成交通樞紐的計畫。2014 年，進行了 6 個月的阿富汗大選結束，兩個候選人同意組建聯合政府，前財政部長甘尼當選總統，阿富汗有望進入經濟發展的新時期，但美國也提出繼續進駐 1 萬美軍的計畫。

阿富汗在絲路的歷史上原本就是交通十字路口，被塔利班炸毀的巴米揚大佛和西部絲路名城赫拉特就是無言的證明。但美國的有關交通樞紐「計畫」似乎與俄羅斯和中亞五國發起的「歐亞經濟聯盟」的一個鐵路設想衝突，該設想大約是從俄羅斯南部草原地帶，南下哈薩克、吉爾吉斯斯坦、塔吉克斯坦、烏茲別克斯坦，到阿富汗、土庫曼斯坦、伊朗波斯灣。整體也是南北走向。這個計畫於 2013 年提出，但也只在俄、哈、烏、塔四國運輸會上討論過，還沒有實際的方案，主要的障礙是南北走向橫穿千里西天山所產生的投資天文數字。

中巴經濟走廊其實是絲綢之路經濟帶的向南延伸，在歷史上，這裡是廣義絲路，以佛教文化為代表的東西宗教文化在這裡匯集交流，形成了影響深遠的「旃陀羅」文化傳播鏈，影響到整個東亞地區，並且順著海上絲路的多個路線向東向南一路發散，影響力遍及整個東方世界。在世界文明史上，印度河流域是世界四大原生文明誕生地之一，在印巴分治之前和印巴分治之後，這裡都是南亞的一個重要文化核心區，有著巨大的文明復興的歷史動力，也有著在絲綢之路上共同發展

的預期。

中巴經濟走廊對中國來講，是一條保障中巴能源安全最直接的進出口通道，這是毫無疑問的。但是，單從這一點來看，是低估了這條新絲綢之路經濟帶的意義。對於中亞五國來說，身居內陸，缺少比較直接的出海通道，不能夠貨暢其流。對巴基斯坦本身的發展來講，也受到能源制約。帶來的好處能惠及各國，這正是絲綢之路經濟合作的新特徵。

目前，中巴經濟走廊主要在基礎設施建設上打基礎，包括瓜德爾國際大港、瓜德爾國際機場，包括喀喇昆侖二期公路，也包括與巴基斯坦北部貧困地區發展密切相關的水電利用開發。電力短缺是制約巴國經濟發展的重要因素，但巴基斯坦擁有超過 5000 萬千瓦的水電資源，投資與開發的空間很大，這都是絲綢之路經濟帶上的象徵性經濟合作工程。可以想見，在中巴經濟合作發展到一定階段時，也會有輸油輸氣管道以及被稱為大陸橋的鐵路出現在經濟走廊裡，造福沿線各國、各地區、各民族的人民。

關於中巴經濟走廊周邊國家地區的互聯互通，巴阿之間還有幾個擬議方案，如讓鐵路通過阿富汗直抵卡拉奇巴基斯坦與瓜德爾港，這就涉及瓦罕走廊。其實，從未來看，瓦罕走廊未必不是一種選擇。瓦罕走廊是中阿唯一的交界地區。在阿富汗一側，走廊分為東西兩部分，分別為東瓦罕、西瓦罕，或上瓦罕、下瓦罕。西瓦罕包括潘賈河谷，處於古絲綢之路南道的咽喉地帶。東瓦罕包括瓦罕河、帕米爾河，最東端就是帕米爾山結。從那裡東往，海拔 4287 公尺的塔格爾曼山口就是中國一側的瓦罕走廊。

　　據曾隨美軍參加阿富汗戰爭且撰寫了《跟著美軍上戰場》的美籍華人邱永崢和郝洲在書中轉述，曾經參加 1970 年代中阿邊界勘測的阿明先生回憶，有 2000 年交通史的瓦罕通道早已荒廢，分散居住在走廊 40 多個村莊的 7000 個塔吉克瓦罕人，居民基本上依賴毛驢出入。但是，給邱永崢和郝洲印象最深刻的是，離瓦罕走廊不遠的阿富汗的巴達赫商首府法紮巴德，有一條高等級公路，雙向兩車道。這條 105 公里長的高等級公路是美國國際開發署出資修建的，主要是軍用，但隨著美軍宣布撤出阿富汗，這條公路終究要轉變為更多的用途。

　　因此，翻越瓦罕走廊，前面還有坦途。對於海拔 4287 公尺的山口來說，其實也算不上不可逾越的天險，飽受戰亂的阿富汗終究要回歸發展，雖然美軍撤離阿富汗並不意味著放手讓阿富汗發展，但假以時日，瓦罕走廊還會成為絲路的要津。在絲綢之路的歷史上，這裡和巴控喀什米爾地區的吉爾吉特地區，也就是當年玄奘、法顯翻越的「大勃律」、「小勃律」，位於喬戈裡峰南坡，一山之隔。

　　中阿關係目前也在正常的軌道上發展，為加強雙邊合作，阿富汗新當選的總統阿什拉夫·甘尼首次出訪就到中國。中國還舉行了阿富汗問題伊斯坦布爾進程部長級會議，對阿富汗政府給予堅定的支持。絲綢之路經濟帶建設無疑給阿富汗帶來新的發展機會。阿富汗遭受多年戰亂，現在正處在發展的十字路口上。阿富汗不僅是古代絲綢之路的必經之途，漢代絲路原型經由阿富汗，馬可·波羅一行進入中國也經由此路，從瓦罕走廊西去，赫拉特、呼羅珊地區和伊朗的伊斯法罕都是絲綢之路的著名城市和地區，西亞鐵路終究會在鐵路的互聯互通中走向新的經濟復興。

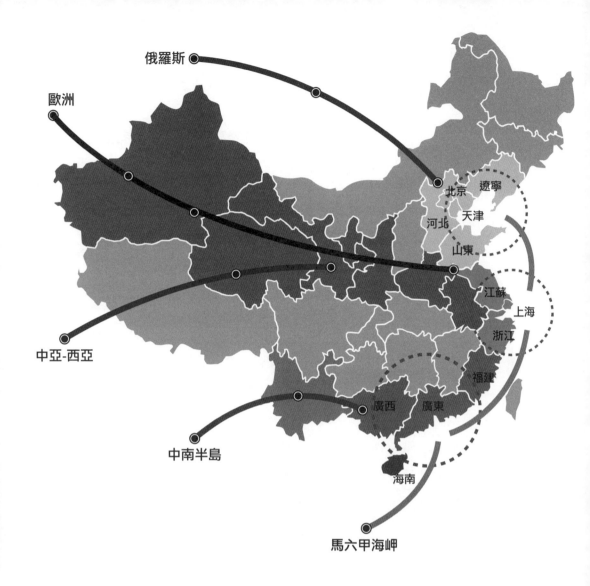

圖 4-3　一帶一路絲路走向

中國—中亞—西亞經濟走廊

　　沿絲綢之路，中亞西向北上有裡海、黑海沿岸國家，有伊朗、土耳其、亞塞拜然、亞美尼亞、保加利亞、羅馬尼亞、塞爾維亞等巴爾幹國家和烏克蘭、波蘭、匈牙利、斯洛伐克、捷克等東歐國家。

在中亞絲路經濟帶的第三個臺地，即伊朗、伊拉克、敘利亞、土耳其、格魯吉亞、亞美尼亞、黎巴嫩、約旦、巴勒斯坦、賽普勒斯、以色列和沙烏地阿拉伯、科威特、卡達、阿聯、阿曼、葉門、巴林等組成的西亞和地中海國家，是一個重要的世界。伊拉克目前又進入恐怖主義「伊斯蘭國」襲擊的混亂期，但多事的中東終要歸於平靜，絲綢之路經濟帶的建設與發展是未來必然的選擇。伊朗是西亞文明古國，西元前6世紀的波斯帝國盛極一時。面積163.6萬平方公里，人口6648萬，是人口超過6000萬的西亞大國。伊朗是世界第四大石油生產國，歐佩克第二大石油輸出國。伊朗工業以石油開採為主，工業原料配件依賴進口。交通運輸以公路為主，進出口80%依靠海運。

伊朗素有「歐亞陸橋」和「東西方空中走廊」之稱，在絲綢之路上具有重要區位戰略性，是中亞綠洲絲綢之路的商業目的地和轉口地區。特別是東部呼羅珊地區和中部伊斯法罕，是古絲綢之路的重要節點地區，對絲路的復興和絲綢之路經濟帶建設具有重大意義。中國目前是伊朗的最大交易夥伴，伊朗也是中國第三大原油供應國，占中國原油進口的12%。2013年，中伊雙邊貿易額為395.4億美元。

在中亞綠洲絲綢之路復興，也就是新的絲綢之路經濟帶發育的初始階段，中國與中亞五國以及巴基斯坦、伊朗等海灣國家，處於未來一線合作的核心地帶，這應當是優先發展區域全面經濟夥伴關係的潛在重心。這既與中國沿邊全方位開放的經濟發展走向相契合，也與經濟一體化、區域化的走向密切相關。1999年，筆者曾到伊朗訪問，路經當年絲綢之路的重鎮伊斯法罕，站在著名的三十三孔橋橋頭上，絲路復興的感受更強烈。

在2000年前，中伊之間的經濟文化流在三十三孔橋橋頭交會過，

未來也必然會在這裡繼續交會，這是經濟的力量，也是發展的力量。沿絲綢之路的國家，無論現在忙於自身的什麼事務，有多少事情要去處理，最重要的還是要尋求發展。世界經濟一體化和區域化對誰都是一個難得的機會。心同此心，國同此理，就連擁有豐富石油資源的海灣國家卡達官方都表示，卡達也是亞洲國家，也在考慮絲綢之路經濟帶的建設。2015 年 1 月，伊朗工貿部長宣布，伊朗計畫在南部港口城市賈斯克與中國聯合建設工業城，發展包括煉油、石化、鋁、鐵在內的多種產業，並使賈斯克成為該國第二原油出口中心。伊朗與艾曼達成天然氣供應合約，促進地區經濟發展。

西亞地區的小亞半島是另一個重要的發展中大國土耳其，面積近 80 萬平方公里，人口近 7800 萬，地跨歐亞兩洲。土耳其在西元前 19 世紀就出現城邦，西元前 17 世紀建立統一的赫梯王國，西元前 14 世紀成為帝國，是世界上最早出現鐵器的地區。西元前 12 世紀赫梯王國瓦解，希臘人約於西元前 10 世紀進入，並發生已被考古證實的「特洛伊」戰爭。西元前 6 世紀為波斯帝國擁有，西元前 2 世紀至西元 7 世紀又先後為羅馬帝國和東羅馬帝國統治，史稱拜占庭帝國，即中國史書上的拂林。這是東西羅馬與中國漢唐之間形成著名國際貿易路線「絲路」的極盛時期。至今，伊斯坦布爾的托普卡帕老皇宮裡還收藏著中國宋、元、明、清的 13 件瓷器。

14 世紀，奧斯曼帝國曾經建立環繞地中海、地跨歐、亞、非三洲控制範圍內約 2000 萬平方公里的大帝國，16 世紀開始衰落，第一次世界大戰戰敗後瓦解。1923 年建立土耳其共和國，並於 1924 年廢除奧斯曼哈裡發制。土耳其是一個奉行多邊主義外交的國家，雖然是北約成

員，但並不完全親美，經濟發展比較迅速。據土耳其官方統計，中土雙邊貿易額從 2000 年的 16 億美元上升到 2013 的 280 億美元，13 年成長 17 倍。中國已成為土耳其的第三大交易夥伴。

土耳其是古絲綢之路中環地中海的目的地，也是古絲路向歐洲延伸的中樞地區，是在絲綢之路經濟帶建設中由亞入歐的重要陸海大通道之一。土耳其經濟部副部長阿德南在參加「中國─亞歐博覽會」時提到，建設絲綢之路經濟帶是一項宏偉工程，將為土耳其和中國的經貿發展、人文交流帶來獨特的機會，不僅推動投資，還將促進思想和理念的交流。

2013 年 10 月 29 日，世界第一條連接歐洲與亞洲的海底鐵路隧道──瑪律馬雷隧道穿越伊斯坦布爾海峽，實現了土耳其的百年夢想，這同時也是絲綢之路交通史上劃時代的成就。隧道全長 13.6 公里，其中跨海部分 1.4 公里，造價 41 億美元。位於海床下 4.6 公尺，深度在海平面下 60 公尺，為世界之最。瑪律馬雷隧道之所以說是土耳其的百年夢想，是因為該計畫 1860 年由奧斯曼帝國蘇丹阿卜杜勒‧馬吉德提出想法，但當時技術條件不成熟，終未實現，2005 年一度開工，又因考古發現而延緩。隧道的配套項目還有伊斯坦布爾第三機場、第三座跨洲大橋和一條運河，直接目標是緩解伊斯坦布爾的交通，但對絲綢之路的再次暢通，意義相當非凡。

由中國到西亞的互聯互通目前還在準備階段，但前景巨大。伴隨著土耳其的伊斯坦布爾海峽隧道開通，傳統絲路將會全方位復甦，從中國走向歐洲的道路進一步聯通，形成新的緊密經濟合作通道。需要強調的是，西亞通道連接地中海，目前的規劃是由地中海的希臘比雷埃夫斯港北聯歐洲腹地，形成海陸聯運，由希臘北上的鐵路與已經確

定的匈塞高鐵相連接。聯通西亞鐵路能夠修建成功，屆時也會出現海陸聯運嶄新的物流格局。中亞綠洲新絲綢之路將成為南北迴圈與海陸迴圈的環形系統。

埃及視蘇伊士運河，為組成一帶一路最重要的部分

　　與土耳其隔著地中海相望，並且掌握著歐亞海上通道蘇伊士運河的另一個文明古國就是埃及。埃及雖然時局艱難，正常的貿易投資並未停頓。2013 年前 11 個月，中埃雙邊貿易額 92.6 億美元，較去年同期成長 10％。中埃經濟合作時間較早，也啟動了一些大型項目。中石化收購美國阿帕奇石油公司在埃及的股份，由中、埃繼續合作經營，中國的民營企業新希望集團也在埃及設立飼料公司。

　　中埃蘇伊士經貿合作區占地 6 平方公里。埃及南鄰蘇丹與南蘇丹、衣索比亞和索馬里等非洲國家，在蘇伊士運河尚未開通之前，與西亞陸路相連，與海灣國家也是近鄰，是古代陸上絲綢之路的另一個終端地區。長約 162 公里的蘇伊士運河在 1896 年開通以後，英國倫敦到孟買的交通縮短三分之二。

　　蘇伊士運河一度由英國以 400 萬英鎊的出價控制 44％的股份，20 世紀時，埃及將其國有化。目前埃及宣布在其東側開鑿一條 72 公里長的新運河。其中 37 公里拓寬舊河道，通航等待時間從 11 個小時縮短為 3 個小時，每日平均過船數量由 23 艘增加到 97 艘。蘇伊士運河收入、外國直接投資和旅遊並稱為埃及經濟的「三駕馬車」，新運河建成後，政府收入可從 50 億美元升至 130 億美元。

　　埃及還推出了「蘇伊士運河發展計畫」，包括在紅海周邊的蘇伊

士、伊斯美利亞、南西奈建設港口和國際機場，以及興建「科技峽谷」新型工業區。蘇伊士運河是陸上絲綢之路與海上絲綢之路的交叉點，在北非地區鐵路交通設施進一步完成以後，埃及還會成為連接東非與北非國家的海陸交通門戶，再次發揮西亞、地中海與非洲互聯互通的重要作用。

埃及的亞歷山大是著名古代商港，其城徽「龐貝柱」，意即桅杆，是聳立 1700 年的航海者路標。在蘇伊士運河未開通之前，經由阿曼灣、紅海、陸路輾轉亞歷山大港，中國古代的絲綢、瓷器進入羅馬帝國，歷史記載埃及豔后克利奧派特拉七世就是中國絲綢的著名消費者。由於對這一條海陸海迴圈的絲路過去關注不多，所以對埃及的亞歷山大在絲綢之路的中轉樞紐地位需要更進一步地去還原。可以肯定地說，廣義的厄立特里亞貿易集散起點是廣州，集散終點是亞歷山大。這讓我們對海陸絲路貿易有了更完整的印象，也就是絲綢之路覆蓋了東半球的所有古文明，對世界文明進化的貢獻驚人。現在，亞歷山大仍是北非最大的商港，埃及 80％的進出口在這裡進行，進口商品 90％來自中國，絲路雄風不減當年。

埃及總統塞西在 2014 年年底拜訪中國，將中埃關係提升為全面戰略夥伴關係。埃及明確在絲綢之路經濟帶和 21 世紀海上絲綢之路建設中全面合作，並希望和中國合作開發新蘇伊士運河走廊專案，與 21 世紀海上絲綢之路建設高度契合。

一帶一路第四個臺地：東歐、中歐國家

第四個臺地，也是一個發展中地區，有已開發的中歐國家，也有

開發中國家。自然資源相對缺乏，但教育水準較高，有的國家加入了歐盟，有的未加入，是歐洲核心區的邊緣地區。許多東歐國家在經過美歐經濟危機震盪之後緩慢復甦，具有發展勢差上的發展潛力。

以羅馬尼亞為例，2008 年國際金融危機爆發，讓羅馬尼亞經濟連續 8 年的高成長勢態蒙上陰影，2009 年開始結構調整，2010 年再次受到歐債危機的影響，經濟成長速度再度下滑，經過再次調整，2013 年經濟成長速度達到 3.5％，成為歐盟範圍裡經濟發展最快的國家，2014 年經濟成長速度可達 4.5％。吸引外資也有起色，2013 年達 5.7 億歐元。中國已經成為羅馬尼亞第二大進口來源國，占 16％，中國也是羅馬尼亞在歐盟以外的第七出口國。東歐國家貿易投資需求愈來愈強烈，這是絲路經濟帶最有潛力的地方。

特別是蘇聯的加盟共和國，如保加利亞、烏克蘭、匈牙利、捷克與斯洛伐克等，在新中國成立之初就與中國發生密切的經濟貿易往來。就連烏克蘭新政府在處理對俄關係的困局中也不忘加強對華關係，明確表示，烏克蘭此前已明確承諾，將恪守雙方簽署的所有內容，落實已有的合作項目，並希望把兩國的合作推向更高水準。

匈牙利與中國的經濟文化聯繫更緊密，推動出口是其重要的經濟成長來源。據世界銀行在「全球經濟展望」報告中最新預測，匈牙利 2014 年經濟成長 2.4％，中歐、東歐國家在 2014 年和 2015 年經濟將成長 1.7％和 2.7％，前景看好。

東歐許多國家居民的成分裡，有不少亞洲歷史遊牧部族的後裔，對亞洲文化並不完全有隔閡。例如保加利亞的保加爾人、匈牙利的馬紮爾人，還有芬蘭居民，他們的民族成分裡多少與中國北部歷史上的「丁零」部族文化有關聯，這都是絲綢之路經濟帶建設的有利文化因素。

2014 年，國務院副總理張高麗出席第二次中國—中東歐國家地方領導人會議。會見了東道主捷克總統澤曼與總理索博特卡，表示加快機械製造、新能源、汽車、醫療、旅遊、交通、科技合作，推動「16+1」合作，進而推動歐盟國家和中國的合作深入發展。「16+1」是「成長夥伴關係」，重點促進互聯互通，共同推進絲綢之路經濟帶建設。

一個重要的變化是，歐洲製造業正在由「藍香蕉」地帶向東轉移。「藍香蕉」是法國地理學家羅歇‧布呂內在 1986 年提出，從英國曼徹斯特一直延伸到義大利米蘭，用以描述覆蓋了 1.1 億人口的歐洲製造業城市帶。

如今，歐洲工業版圖已經發生變化，取而代之的是以德國為中心的「金足球」，涵蓋了波蘭、匈牙利、捷克、斯洛伐克、奧地利和羅馬尼亞，這些國家已經成為德國工業的「延伸生產線」。生產性工作已被轉移到歐洲中部地區。就像 20 世紀後期歐洲的煤礦和鋼鐵工業基本消失一樣，德國憑藉最大的製造業基地確立了其在歐洲頭號強國的地位。歐洲製造業的東移和中國的絲綢之路經濟帶的西向，更加印證了歐亞大陸國家地區經濟合作的必然性。

「一帶」的第五個臺地：北歐、西歐國家

在第五個臺地的前沿，是與東歐毗鄰的中歐國家，隨著經濟回暖，經濟進入抬升期。奧地利 2014 年經濟成長速度預計為 1.6％，2015 年有望維持在 1.9％，奧地利經濟總體處於復甦的軌道上，這個藍色多瑙河的音樂之國僅與中國在藝術上聯繫緊密，相信在經濟上也會走上持續合作發展的道路。

　　第五個臺地的核心地帶是經濟發達的歐盟國家，包括德國以及挪威、丹麥、瑞典、芬蘭等北歐國家，英國、法國、荷蘭、比利時、西班牙、葡萄牙等西歐國家，還有義大利、希臘等南歐國家。這裡也有非歐盟國家，如瑞士、冰島，它們已經正式與中國簽訂了自由貿易協定。

　　歐盟是世界上具有影響力的大型經濟聯合體，其中，德國是世界第四大經濟體，英、法分別為第五、第六大經濟體。歐盟國家業已形成的經濟技術優勢和高新產業優勢將是推動絲綢之路經濟帶發展不可或缺的重要動力。由於這些國家在近代以來對華貿易主要是走海路，在絲綢之路經濟帶還沒有完全建成之前，它們的情況可以更可以從海上絲路中去觀察。

　　但是，人們也可以從絲路經濟帶的第五臺地向東回望：從中亞一路走來的中亞綠洲絲綢之路經濟帶，明白地顯示了絲綢之路經濟帶的經濟地緣邏輯，可以看到一條從古至今「天設地造」的經濟連接線。這條連接線不是由誰來虛構的，而是在兩個世紀前被歐洲學者發現，被中歐人普遍認可，頑強地存在，頑強地復甦，並在世界經濟一體化、區域化的浪潮裡重新出現生命力。

　　這條經濟帶是古老也是現代的，是歷史時空裡人類文明的一條經濟動脈，也會繼續成為現實時空裡世界文明發展的一條經濟動脈。這條經濟動脈對歐亞來講，不是唯一的，卻是不可替代的。

　　在這條絲綢之路經濟帶上，人口幾乎占了世界人口的一半，其核心地帶的面積也占歐亞大陸的60％以上。這條經濟帶的國家和地區在經濟結構上有巨大的經濟互補性，一邊集中了世界的已開發國家，一邊是世界上最大的開發中國家，中間還有發展水準不一且強烈要求發展的國家，推動發展的勢能與勢差明顯，各個國家和地區資源稟賦也

不同，能在更大的市場空間裡合理利用和配置資源。這條經濟帶各個民族文化不同、宗教信仰不同、教育水準不同、社會治理結構不同，甚至在價值觀念上也有差異，但正如《馬可‧波羅傳》的作者貝爾格林所言，這些不同並不妨礙各個民族一起做生意，一起去投資。

潛力巨大的北方草原絲綢之路

在絲綢之路經濟帶建設中，需要引起更多關注的是北方草原絲綢之路。草原絲綢之路的名稱與概念是從 20 世紀末開始出現的，媒體上熱鬧了一陣，接著馬上又有些淡化。這是一條以北京為主中心，向西、向北、向東北亞輻射的絲綢之路經濟帶。曾對歐亞大陸的發展做出了歷史貢獻，對經濟全球化和區域經濟一體化也將產生重大的積極影響。1990 年，聯合國教科文組織的 30 多名專家學者與有關人士，在對海上絲綢之路與內陸絲綢之路進行考察的同時，重點考察了北方草原絲綢之路，草原絲綢之路開始進入人們的視野。這條草原絲綢之路對東北亞、對環太平洋經濟的發展和跨大區域經濟合作有著重要的前瞻意義。

草原絲綢之路究竟有多長、有多寬，大致上是可以判斷的。從長度上來看，如果說中亞綠洲絲綢之路是一條以歐洲為目的地的淺弧線，草原絲綢之路更像是直線，因此距離要比前者短。但以西亞為目的地，則長度相差無幾。從草原絲路民族國家分布的大視野看，草原絲路同樣是一條網狀的絲路帶，大致上由北向南排列出比較整齊的三條緯線。

北方草原之路最重要的通道：南西伯利亞大通道

最北部的一條是南西伯利亞大通道，也就是 20 世紀修建成並被稱為第一座歐亞大陸橋的西伯利亞鐵路沿線。對於這條線的存在，俄羅斯人不僅相當了解，而且很關注，從 1980 年代起，就為西伯利亞鐵路的運量不足再三籌畫。

關鍵問題有兩點：一是在現代工業化的體系中如何從歷史的背景中去看自身所在區位；二是在世界經濟一體化的浪潮衝擊下，如何合理利用自身所在的區位資源，在區域經濟一體化中發展自己。由於中國的發展，東北亞的經濟流向已經開始發生顯著變化，必然波及草原絲路經濟帶的北緣地區，也就是西伯利亞鐵路沿線和俄羅斯遠東的發展。俄羅斯的經濟東進，正是在這種深刻的背景變化下的合理反映。

問題是，正如俄羅斯國徽上的「雙頭鷹」，一頭向歐洲，一頭向遠東，在人口密度不大而遠東人口密度尤其小的「第一資源」瓶頸條件下，這是一個兩難的選擇。需要有新的經濟政策和新的人力資源流動政策。歐俄關係「鈍刀子割肉」式的制裁與反制裁，一時間不會完全消失，俄羅斯加快經濟東進，便成為普丁最重要的考量。經濟東進是不是意味著走上草原絲綢之路？

那應該是一定的，即便把現代草原絲路換成另一個說法，包括投資與經濟合作的貿易內涵是不會改變的。絲路貿易是對歷史貿易地緣走向的形象準確的概括，在古為今用中展現著貿易的高水準與高互惠、高便利和高自由度。絲路貿易一直都是跨國和國際化的形式，是沿線各國共同擁有的，並不是中國人自己發明的一個概念，是一種具有持續歷史傳承、未來具有更大持續性的區域經濟一體化的平臺。上不上這個平臺，各國有各自的自由，上了這個平臺，有更大的自由。那麼，走上去、走多遠，就成為一個最重要的經濟戰略選擇。

目前，俄羅斯已經有了草原絲路的選擇，有了開發遠東和貝加爾地區的新經濟行動。俄羅斯計畫投資 18 兆盧布開發遠東地區，還計畫著把西伯利亞鐵路從遠東最大不凍港符拉迪沃斯托克和南韓最大的海港釜山港連接起來，並加快西伯利亞石油和天然氣向東向南多元輸出

的步伐，加強與世界第二大經濟體中國的經濟聯繫。東西伯利亞也稱通古斯地區，通古斯是一些阿勒泰語系民族的歷史稱呼。這裡在歷史上也可稱為「貂皮之路」或者「人參之路」，其實都是絲綢之路的另一種稱呼。貝加爾地區的發展前途在絲路，遠東地區的發展前途也在絲路。

在絲路經濟帶的建設與發展中，草原絲路是能源之路、現代農業發展之路、貨物貿易與服務貿易之路。中國東北和西伯利亞有豐富的水資源，勒拿河、鄂畢河與葉尼塞河三條大河流向北冰洋，是能源與未來農業發展的超級區域。中俄經貿和資源的務實合作將會有嶄新的燦爛前景。

隨著 2014 年 5 月「亞信會」期間中俄貿易突飛猛進，開啟了中俄經濟合作新的大門，邊貿和更高一級商務來往頻繁。歷經 24 載風雨的「哈爾濱國際經濟貿易洽談會」正式升級為中俄雙方合辦、俄羅斯深度參與的「中國—俄羅斯博覽會」。來自俄羅斯、蒙古等 31 個國家和地區的商務代表團與會，俄羅斯 30 個州區組團出席，參展企業 1597 家，涉及 42 個行業別。

2013 年，俄羅斯推出《俄羅斯遠東和貝加爾地區社會經濟發展國家規劃》，中國也將《黑龍江和內蒙古東北部地區沿邊開放規劃》提升為國家戰略。與俄羅斯商業有著歷史商業聯繫的黑龍江，包括最大的邊貿城市綏芬河與黑河等許多地區，已經成為對俄日常貿易和投資的主要平臺。由於地緣相接，黑龍江省對俄貿易占全國對俄貿易四分之一，超過 230 億美元，對俄投資占三分之一。日前，中俄聯通邊貿線上支付平臺，有助於進一步擴大貿易。

據統計，近 20 年來，中俄貿易成長了 14 倍。中國已連續 4 年成

為俄羅斯第一大交易夥伴。2013 年中俄雙邊貿易額達到 892.1 億美元，計畫到 2020 年達到 2000 億美元。雙方貿易投資水準在穩定地提升。2013 年，中國對俄直接投資 40.8 億美元，成長 518.2％。據俄羅斯媒體報導，2014 年第一季度，俄羅斯從中國吸引的資金達 131 億美元。

目前，黑龍江省正在謀劃聯結歐亞東部陸海的絲綢之路經濟帶建設，俄羅斯也在規劃西伯利亞鐵路的東南延伸。在「歐亞經濟聯盟」區域檔簽署前，俄羅斯聖彼德堡國際經濟論壇討論了在亞洲遠東地區建立統一經濟區的設想，並提出將遠東發展與中國東北振興計畫統一的整體構想。俄政府對這個經濟合作持支持態度。

在「中俄戰略經濟夥伴關係圓桌會議」上，中國代表強調，中國知道俄羅斯重視遠東地區的發展意義，並在這方面將中國視為優先的合作夥伴。中國政府鼓勵中國商務活動在俄羅斯遠東發展中的積極性。這樣可以促進兩個地區人力、物力、財力的相互協調，使它們變成資本和技術資源有效配置的大市場，並逐漸成為亞洲新的經濟集團。中俄經濟合作是自然的，不需要任何代理，兩國有擴大投資合作的基礎。俄羅斯要改善投資環境，大量的中國企業也願意到俄羅斯投資。2015 年，舉行首屆中俄商務會議，這是中俄務實合作的一個新平臺。

俄羅斯有豐富的能源和礦產資源，還有大量未開墾的土地，中國企業進入有助於俄羅斯遠東地區的農業發展。為了共同發展，俄羅斯擬建聯合投資基金，這個基金得到俄羅斯直接投資私募基金支援，規模已達 100 億美元。其中卡達主權基金將注入 20 億美元。

俄羅斯遠東 9 個聯邦區面積 620 萬平方公里，占總面積的 36％，加上西伯利亞，面積占 74％，俄羅斯擬在遠東地區建立 12 個經濟開發區，還要在符拉迪沃斯托克設立經濟特區。俄羅斯建立遠東經濟特區，

聯邦政府投入 65 億盧布，約為 11.8 億元人民幣，這是啟動資金。俄方希望中國企業大量進入。在遠東，中俄貿易占第一位，投資也在成長。

多國投資已經進入濱海邊疆區，根據 2013 年資料，日本為 11 億美元，德國為 4.4 億美元，中國與南韓分別為 3100 萬美元和 2400 萬美元，但隨著符拉迪沃斯托克經濟特區升溫，中韓投資會顯著增加。遠東經濟特區是中俄經濟合作的重要平臺，也是廣義的草原絲路又一個發展的亮點。對絲路發展的每一次機會，都應視為自身的機會。

號稱第一座「歐亞大陸橋」的西伯利亞鐵路延伸至南韓釜山港的設想，是俄羅斯「遠東夢」的核心內容，也為中國黑龍江省東部地區未來的草原絲綢之路經濟帶發展注入新的活力。這是一條沿日本海西岸的跨國經濟帶，從中國的三江平原到綏芬河、琿春一線的「東邊道」地區，將在國際經濟一體化的經濟合作中迎來新的經濟合作契機。

早在 2012 年，俄羅斯就主辦了長、圖、吉俄羅斯會議，為西伯利亞鐵路的東南延伸再次做準備。這個計畫需要大量資金，也需要互補互利的多國合作。這是草原絲路復興的一個重要內容。與西伯利亞鐵路東南延伸計畫相呼應，俄羅斯已經啟動貝加爾—阿莫爾鐵路的擴建工程。貝阿鐵路的年運能是 1600 萬噸，但設備老舊運力（運輸力量）不足，這同樣需要投入大量資金。俄羅斯專家認為，西伯利亞是能源富集地區，包括石油、天然氣與煤炭。

他們說，到 2040 年，中國對全球 GDP 的貢獻將達 28％，而歐盟的貢獻率將由 20％下降到 11％，除了石油、天然氣，也需要西伯利亞的煤炭。他們對西伯利亞的發展前景有信心。2014 年 7 月底，俄羅斯聯邦遠東發展部正式宣布，在遠東地區建立 14 個經濟特區，中國、南

韓、日本和紐西蘭的企業已經簽署了相關諒解備忘錄。

中國黑龍江省是對俄遠東地區和貝加爾地區貿易投資經濟合作的第一線。從草原絲綢之路經濟帶的跨國結構來看，西去黑河、滿洲里，東到三江平原頂端的黑龍江黃金水道，其實也是草原絲路北緣與西伯利亞鐵路相得益彰的另一種水絲路形態，甚至可以說是有潛力與中國長江三峽相媲美的黃金經濟帶的另一個候選。因為是中俄界河，目前多半把它視為邊貿城市發展跨國貿易的水路口岸。

但黑龍江兩岸的開放度與大江的運能總體量相比，黑龍江的經濟能量明顯地沒有發揮出來。以旅遊業為例，黑龍江旅遊業發展布局架構尚小，不成大氣候。主要原因是俄羅斯內部旅遊目的地是濱海地區，但他們並沒有估計到中國旅遊流向對黑龍江兩岸的經濟拉動效應。國際旅遊業帶來的人口流動，本身就是價值無法估算的流動大市場，帶來直接的經濟效益以及基礎設施和房地產業的發展，也給邊貿帶來新的活力。世界經濟一體化的基礎就是市場化，是各種市場要素跨境流動合作，這是再長再寬的界河也難以抵擋的經濟洪流。

黑龍江沿岸也是設立自由貿易投資區的區位所在，相比之下，鐵路設施只是聯通與物流的手段。投資貿易的便利化才是幫助推動中俄經濟合作的高速高效發展的基礎條件。

誠然，道路暢通是基礎條件，俄羅斯在 20 世紀建成的第一座「歐亞大陸橋」，是草原絲綢之路的戰略性交通設施，它會在東北亞的經濟整合中發揮愈來愈大的影響，這是沒有疑問的。從陸路交通來講，中國以哈爾濱為中心且四通八達的鐵路網要與西伯利亞鐵路合理對接，形成互聯互通的同一個跨國物流系統，而不是只有競爭關係且沒有緊密合作關係的相互獨立系統，這既是深度經濟合作的要求，也應當是

建設草原絲路原本的目的。

有趣的是，2014 年 5 月，中國某媒體披露採訪中國工程院院士王夢恕的消息，說有關工程技術專家有一項高速鐵路的技術設想研究，是關於從北京經由東北地區和東西伯利亞，橫跨白令海峽抵達阿拉斯加，然後南向加拿大、美國的亞美鐵路。這條鐵路修起來，長約 13000公里，另外還要修通 200 公里長的海底隧道，隧道長是英吉利海峽隧道的兩倍，據說技術上沒有問題。

還說，俄羅斯工程技術人員也有這樣的設想，西伯利亞鐵路不僅向南，也會向北越過白令海峽。當然，若想實現這些想法，加拿大和美國需要費盡思量，美國在 1876 年花了 720 萬美元，從沙俄手裡買到的冰雪後花園阿拉斯加，自然會有地緣敏感，但從世界經濟一體化的歷史走向來講，未必就是荒唐。這其實也是草原絲路延伸的一種歷史回應。

在大陸橋學者和「大陸橋迷」們看來，白令海峽是他們的童話和神話。因為在古大陸學裡，白令海峽曾被稱為典型的「大陸橋」。這座大陸橋隱藏著遠古人類遷徙和美洲原住民的起源之謎。考古者也力圖尋找一些線索，希望證明美洲人類的祖先來自亞洲，來自西伯利亞，是在小冰河期裡走過白令海峽的勇士。對這個人類遷徙的歷史猜想無獨有偶，美國《華盛頓郵報》網站 2014 年 5 月 16 日報導，潛水夫在尤卡坦半島的洞穴裡發現了 1.2 萬年前的女孩頭骨，取名納婭，提取線粒體 DNA 檢測表明，她擁有當今美洲原住民中十分普遍的標記，這個標記是史前人類中形成的，有幾千年曾經孤立存在於白令海峽。

白令海峽的發現是 1725 年到 1730 年俄羅斯航海探險的一個重大成果。白令率領的探險隊第一次探險以失敗告終，但第二次探險終於

發現白令海峽的存在。由於冰雪覆蓋，這裡一直是航海的禁區，當然也不是貿易者涉足的地區，但不可能永遠如此。西伯利亞的四條大河也是地球上最後的水資源，如果加上俄羅斯臨近的北冰洋裡還蘊藏著地球最後約 25％的石油和大量的天然氣，加上也許會成為地球最後一個糧倉的東西伯利亞遼闊的腹地，這無疑是重要的資源區。

　　也許，包括中國東北地區在內的東北亞地區，會有一天要比東南亞地區還要更加重要，北極臨近地區，無論在貿易還是其他方面，都要比南極更勝一籌。從美國的戰略棋盤上看，它們也把阿拉斯加和夏威夷、關島置於同等地位的「鐵三角」一角，但美國軍事戰略家把關島看作「矛尖」，而俄羅斯會把阿拉斯加與白令海峽的接合處看成是「矛尖」。

　　目前，北極圈國家有一個「俱樂部」，中國是觀察員，對於中國對「北極」的觀察科學考察活動，美國和它的北極圈盟國是十分在意的。在 2014 年的一次科學考察中，加拿大連中國的媒體人都要防範，令人感到不可思議。但同樣不可思議的是，美國與歐盟國家和俄羅斯開打制裁與反制裁的經濟「戰爭」，俄美公司聯合鑽探北極沿岸石油的專案並沒有停頓，後來停頓，大約會是一個休止符。

　　白令海峽之重要，不僅是航海線路圖將要變化，東亞到波羅的海的貿易路線再次縮短。白令海峽天然水道的經濟價值是人工開鑿的蘇伊士運河和巴拿馬運河不可比擬的，貿易所要達到的資源互補配比效率更高，也會影響世界能源版圖。從根本意義上來看，這是世界經濟中心東移目前能夠看到的最高階段。

　　從北極看世界，已經成為戰略顯學，也許有哪一位戰略家會提出「北極控制論」，但願不是背離馬漢「海權論」精髓的新馬漢主義者

們，新馬漢主義者是一批想發戰爭財的人，在全球化條件下，不應該有他們的市場存在。在比較正常的戰略家看來，從北極看世界，亞、歐、非、美是一個斷續連接的整體，被太平洋、印度洋、大西洋所圍繞，分布著四個樞紐地區，包括加勒比海、地中海、南中國海三個次區域和北冰洋—白令海主區域，形成以北極為中心的內環區。

在這個內環區裡，分布著地球上五分之三的國家和全部的聯合國安理會常任理事國成員，以及多數已開發經濟體與快速發展經濟體。但一些研究者無疑是從北極加權於其傳統戰略區的重要性，終究還是出於傳統「海權論」、「邊緣地帶論」的觀點，並沒有看到或者看到了卻有意否認北極真正的經濟地緣戰略價值。但俄羅斯總統普丁肯定看到了，他的經濟戰略東移是有地緣關係支撐的。普丁甚至還提出將莫斯科部分部門東移至克拉斯諾亞爾斯克的設想，這並不是一種突發奇想。

最近，英國的媒體報導了一則「新聞」聲稱，馬可·波羅比哥倫布更早發現美洲。其依據是從一位 19 世紀從義大利移民到美國後捐給國會圖書館的 14 份羊皮紙資料中發現的。這些資料中有一份據說是馬可·波羅的女兒所寫，記敘了馬可·波羅在勘察加半島時遇到一位敘利亞商人，並航行到 400 年後才以白令命名的白令海峽再到阿拉斯加。放射性碳掃描結果表明，羊皮紙是 15—16 世紀的物品，意味著這有可能是抄錄件，因此可信性依然存疑。

但是，當時的蒙古汗國是多部落聯盟概念的國家，勢力範圍或影響範圍是可以到達白令海峽的，至少會有人向族人講述過在那裡打獵的故事，以馬可·波羅強烈的求知欲和探險性格，親自去一趟或者更接近那裡，也有可能。因為羊皮紙資料檔案裡收有 10 份地圖，其中一

份是關於阿拉斯加西海岸的阿留申群島。新聞的價值所在在於究竟是誰比哥倫布更早發現了美洲，但深究起來，既有解也無解，因為真正第一個發現美洲的肯定是從亞洲過去的印地安獵人，只是我們不知道他們的名字罷了。

對於西伯利亞是不是北方絲綢之路的北緣，完全可以再繼續研究。但現實中的經濟合作更勝於無數的研究。無論是對中亞綠洲絲綢之路來講，還是對北方草原絲綢之路經濟帶來說，2014 年在上海舉行的「亞信會」是一個里程碑式的會議，有 24 個成員國出席，2 個國家申請加入，美、日派出了觀察員。

亞信會，簽訂中俄天然氣貿易協定的「世紀合約」

會議全稱為「亞洲相互協作與信任措施第四次高峰會」，簡稱「亞信會」。在會上，東道主習近平闡述了亞洲新興安全觀，也就是亞洲的安全首先應當也完全能夠通過亞洲國家自身加強合作來實現，同時也是一個重要的經濟戰略觀點。

「亞信會」的一個亮點是被稱為「世紀合約」的中俄天然氣貿易協定。俄羅斯與中國簽署了從 2018 年開始每年向中國供應 380 億立方天然氣的協議，建設造價 500 億元人民幣的一條管道。與這個協定一起簽署的經貿合作檔有 43 個，包括聯合研發幹線飛機、天然橡膠專案、阿莫爾大橋專案、中國汽車製造廠在圖拉州的哈佛汽車項目，以及擴大本幣結算等。

俄羅斯有意參與中國載人航太專案，有意將對華供氣量增加到 600 億立方公尺，進一步滿足中國的進口需求。中國是俄羅斯第二大交易

夥伴，雙邊貿易額 900 億美元，僅次於俄羅斯與歐盟的貿易額。中俄貿易額在 2015 年要達到 1000 億美元，2020 年達到 2000 億美元。這是以中俄能源合作為重點的中俄經濟合作成果。由於中俄經濟的天然互補性，未來的合作前景相當廣闊。

中俄能源貿易出現突破性進展，一方面是因為俄羅斯天然氣豐富，具有出口優勢，但優勢也有優勢的問題，既要從賣方市場角度考量風險平衡，也要從買方市場考量風險，出口轉向東方或者東西兼顧，是極自然的事情。

俄羅斯看好中國油氣市場的理由，一是中國需求大，俄羅斯科學院能源研究所與俄羅斯政府分析中心編寫的 2040 年前俄羅斯及全球能源發展預測報告提出，亞洲將成為俄羅斯能源出口的關鍵市場，特別是中國。研究認為，2040 年，中國 GDP 有可能超過美歐總和，在世界總份額中，中國占 28％，美國為 14％，歐盟為 1％，俄羅斯僅為 2％，這有些誇大其詞。但該報告認為，中國國內生產石油只能滿足 29％的需求，天然氣為 50％，因此需要大量進口。

二是中國的市場穩定，而且油氣管道不經過協力廠商，安全合理。對俄羅斯來說，可以實現遠東城市的天然氣化，對中國來說，俄羅斯也是油氣供應最便捷的來源，至少在中國的頁岩氣和天然氣水合物開發剛起步的時期，具有重大意義。此外，支付方式多樣，2005 年和 2009 年兩國公司就達成過「石油換貸協議」，中國石油企業也可參與俄羅斯石油開採，俄羅斯西西伯利亞的天然氣繼續尋找向南出口中國的貿易路徑，初步確定經由蒙古國西部，也就是阿爾泰山西麓鋪設管道，藉此通向哈密。

哈密地區是北方草原絲路與中亞綠洲絲路的一個交會點，那裡不

僅有土哈油田和煤田，還是包括中亞國家在內的西氣東輸的重要中轉點，哈密的發展將是北方草原絲綢之路貿易與經濟合作的重要成果。

在石油出口方面，俄羅斯通過北方草原絲路對中國出口也有潛力。預計 2009 年到 2038 年共向中國供應 6.65 億噸石油，每年是 2400 萬噸，占中國石油進口的 8.6％。上面提到的俄方報告提出，應當擴建東西伯利亞—太平洋管道，在 2025 年以後，將可以提供 18％的中國油氣進口需求和 12％的消費需求，2025 年以後，俄羅斯在中國的市場份額才開始有所下降。

除了國家能源專案，中俄企業在草原絲綢之路經濟帶貿易投資經濟合作，在基礎設施、裝備製造業、鐵路、物流和現代農業方面都有互補性。「亞信會」前後，俄方發布了許多經貿合作消息，除了鑽石寶石類行業，在能源、農業、房地產業方面，俄羅斯都希望中國企業前來投資。在絲路經濟合作中，真正的主體是企業，特別是民營企業，這對身在草原絲路中心的東北企業來說，要如何建設新絲路經濟帶，這是一個更重要的課題。

在草原絲路東端的東北亞地區，除了幅員廣大的俄羅斯，還有隔著日本海的日本、南韓、北韓與蒙古國。前兩個國家經由海上絲路與中國發生經濟聯繫，後者更多的是陸路貿易。北韓在東北亞的地位很重要，在地理上既具有開放性，也具有一定的封閉性。北韓的核問題始終是個敏感問題，因此也是日、美關注與「說事」的題材。

需要明白的是，有些問題不是一朝一夕可以解決的，北韓的穩定決定著東北亞的穩定，這既是東北亞歷史發展的一個結論，也是現實問題。北韓與中國一江之隔，也與俄羅斯毗鄰，中國的改革開放和俄

羅斯「向東」的經濟走向，最終不可能不會影響北韓。從南韓報紙報導的情況來看，也證實了這一點。

南韓的一位北韓問題專家說，在金正恩執政的三年裡，有一個關鍵字是「變化」，特別是放開「私人菜園」，預示著舊的「合作農場」體制開始發生變化。此外，旅遊業和勞動力流動也出現開放的跡象，在北韓羅先經濟特區也保持著民間邊貿的正常秩序。在圖們江口，中國和北韓共同建立「無國界旅遊區」入區免簽，離區免稅。隨著北方草原絲綢之路的發展與繁榮，新的變化還會出現。

草原絲綢之路經濟帶的第二個層次：中國哈爾濱以南

從中國哈爾濱以南，進入草原絲綢之路經濟帶的第二個層次，也就是中間的層次。這是一個工業城市聚集的城市群，內部和外部有南北聯繫，也有更多的東西聯繫，是東北亞經濟發展的一個核心區。吉、遼兩省處在北方草原絲綢之路的最佳半徑裡，對它們來說，振興東北老工業基地是一個歷史責任，也是必須的發展走向。東北地區的開發發展和工業化，是不到百年的事情，但產出巨大，投入不足。

這個重要的東北亞的中心經濟區塊，自古以來就是中華各民族休養生息的一塊寶地，特別是中國的許多歷史民族，都從這裡成長發展，走出山林，走向草原絲綢之路，或者走向中原，前有北魏、北齊、北周，後有遼、金和清。它們在崛起之前透過什麼樣的方式與南來北往、東來西去的商群進行經濟交換，又在什麼樣的狀態下進入整合的絲路貿易，人們也還是了解得很少，研究得不多，但東北的歷史民族與部族早期的歷史經濟生活的單一性決定了它們必須進行交換，或者進行

各種形式的遷徙，這是東北地區和草原絲綢之路給予人們的遠期記憶。

進入近代和現代後，農業的發展觀發生變化，工業的資源觀也逐步形成，東北豐富的土地資源使其成為關內農民「闖關東」的樂土，豐富的礦產資源也成為發展工業的基礎條件，並成為入侵者覬覦的對象。日本的侵華戰爭使東北經濟受到掠奪性破壞，這是它在持續發展中存在的歷史制約。日本侵華戰爭結束後，東北工業進入新的發展期，但付出的多，得到的少。加上受比中國其他地區更長久的計畫體制的影響和制約，形成了體制和自我發展的實力上的長期雙重透支。近年來的老工業基地振興，有些成績，但也面臨各種困難，需要首先解決結構調整和戰略升級問題。

老工業基地振興是不是就工業論工業，又是另一個問題。一是要在發展民營經濟中建立共生經濟系統，二是要提高直接的經濟外向度。長期以來，東北工業基地屬於國內內向貢獻型，對外的較大通道只有大連和營口少數港口，而邊貿只是消費品的集散地，外向發展受到地緣結構的影響。

正如同一些學者所言，中國東北雖然居於東北亞重要區位，但在地理上仍是一個「關中」，有一定的封閉性，必須在草原絲路更開放的環境中實施振興規劃。俄羅斯也是經濟轉型中的國家，中俄兩國在經濟管理體制上存在相似的弊病，經濟結構單一、民營企業發展不充分的問題也類似。一方面，要深化改革，在絲路經濟的合作中樹立新的資源觀，更進一步地發揮中國的人力資源優勢和相對的資金優勢，以及俄羅斯相對的技術優勢，在合資合作中共同外向發展，另一方面，也要透過多條絲路經濟合作，形成新的經濟優勢。

就草原絲綢之路經濟發展帶中間層次的東西方向來講，也有兩條

線，一條是從內蒙古興安盟到白城再到吉林、琿春的傳統鐵路線，這是蒙古、中國內蒙古東部地區和黑、吉兩省走向日本海方向的重要通道；一條是連接遼東遼西走向河北和內蒙古西部的傳統線。前一條傳統鐵路線的東端是圖們江入海口琿春，是一個設有國家開發試驗區的重要地區。

在 1990 年代，這裡引起聯合國開發署的關注，琿春一度加大開發開放的力度，一時成為熱點地區。終因各種原因，難以全面啟動。在聯合國開發署的專家看來，這裡是東北亞大陸的經濟地緣戰略要衝，但至今仍在試驗中。其中的原因，除了複雜的國際環境因素，也有令人聞之斷腸的歷史界樁「問題」造成的操作被動。

從琿春一路向西的鐵路在日本關東軍侵占東北時，是其戰略要道，兩頭連著長白山林區和大興安嶺林區，曾經的「偽滿新京」和日本關東軍司令部所在地的長春市居於中間。在這條線上，張鼓峰戰役結束不久，西端又爆發了諾門檻戰役，自然又以蘇蒙聯軍勝而日軍敗為結局。由此可見這條通道的不尋常。

但是，圖們江的尷尬地理歷史狀態並不是無奈的。俄羅斯蘇瑪集團宣布，中俄共建紮魯比諾港，2018 年完工。紮魯比諾港是距離中國邊境 18 公里的老港口，設施老舊，但有鐵路和公路與中國的琿春連通，擬擴建的紮魯比諾港輸送量 6000 萬噸，將是東北亞的最大港口，既能解決中國吉林省缺少出海口的問題，也為俄中糧食貿易和蒙古國東部貿易產品出海提供便利條件，甚至是未來北冰洋航線的母港。假如琿春臨近江口的盆地能夠建設相應的河口配套港灣，也許是一個不錯的設想。

俄羅斯西伯利亞鐵路的南延，也會有機會使這個戰略要地變得有

活力。圖們江口地區的發展，制約於歷史的被動，也制約於多邊博弈造成人工的一個「喉結」，打開這個「喉結」，還需要經濟一體化的利器。

另一條連接遼東遼西走向河北和內蒙古西部的傳統線，既與草原絲綢之路的第二個層次相關，也與下面講到的第三個更重要的層次有著緊密的關聯。這裡就不再討論。

草原絲綢之路第三個重要的層次線：京津冀一體化

草原絲綢之路經濟帶的第三個更重要的層次線，其實就是元代的大都線，即今天的以京津冀一體化為中心，包括了整個渤海灣，並涉及山東半島的北方草原絲綢之路經濟帶核心區。

如果去細看，在草原絲綢之路的東端，在中國境內，從東北到華北，呈現出半徑大小不一、方向相反的兩個弧，一是東北內陸弧，向內彎，一是連接京津冀的渤海灣，向外彎。從整體上為草原絲路配置了一對內向外向的「雙核」，形成了不規則的反 S。這在地緣經濟中意味著什麼呢？

意味著三個分析：第一個，歷史的民族與部族的發展方向不是向西便是向南，具有歷史的慣性。第二個，在東北地區進入工業化之後，這個規律仍然沒有被打破，依然要把廣闊的內陸腹地作為最大的市場。在內陸腹地地區發展尚不充分的時候，東北工業表現為強勢，在內陸地區發展以後，這種優勢開始減弱或消失。第三個，要打破這樣一種惰性規律，必須要把東北地區的發展和環渤海灣的發展緊密地聯繫在一起，「雙核」聯動，形成經濟能量傳遞輻射的新發展格局。

這個分析是有歷史事實依據的。且不說歷史上入主中原的東北民

族地方政權，都有接納漢族先進工藝和人才的傳統，在政治、經濟、文化結構上具有明顯的開放性，如果近代沒有山東、河北農民「闖關東」的歷史浪潮，東北地區就難以發展，也難以出現較大規模的工業化。目前，東北地區的發展，並不缺少勞動力，這是與俄羅斯遠東地區完全不同的一個優勢，但它在經濟體量增大的過程中，受到外需市場不足沖減內需市場效應的影響，這是東北振興難以取得突破性進展的一個原因。

但是「雙核」聯動並不是想形成就能夠形成的，主要方和主導方是環渤海灣的一體發展。目前的情況是，京津冀一體化正在推動，這是一個好消息。如果京津冀經濟一體化都不能實現，環渤海灣一體化就不能取得成功，東北與環渤海灣地區的一體化也就無法實現。京津冀經濟發展的歷史關係，人們是有本「帳」的。

就拿京津唐三大城市來講，很長時間裡基本是在背對背中發展自己，算成績也都不差，但有許多方面是「零和效應」。天津濱海新區距曹妃甸只有 28 公里，產業結構基本雷同。2014 年 6 月 9 日，北京社會科學院發布北京藍皮書，提出一個匪夷所思的建議，開鑿長達 160 公里的「京津陸海運河」，即西起北京宋莊，東至天津濱海新區蔡家堡，中間經過北京附近的香河、天津的寶坻以及寧河的新運河，平均寬度 1 公里，通航 30 萬噸級輪船。主要著眼於改善京、津資源環境，如海水淡化和改善大氣環境等。

此建議有沒有可行性和首都的安全性考慮暫且不說，天津的港口和環渤海灣的港口難道是外國的港口？有朋友說，北京「專家」怎麼還不如慈禧太后明白，她也會知道天津與北京是什麼樣的經濟關係。這話可以當作玩笑聽聽就好，但千萬不可以當真。

　　但這也同時提醒人們，京津冀一體化時機正好。目前，京津冀一
體化正在前所未有地向前推進。繼編制功能一體規劃，已經實行了通
關、交通一體的新機制之後，2014 年 8 月，京津又簽署了人們稱之為
「雙城聯動」的對接協議，在產業合作、交通互聯、生態建設和醫療、
教育、通信等公共服務方面繼續推動一體化，促進環渤海灣聯合發展。

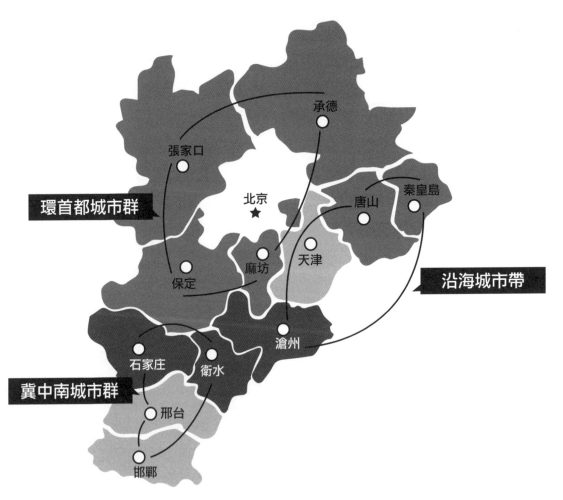

圖 4-4　京津冀一體化

　　京冀 6 + 1、津冀 4 + 1 合作框架在冀首先突破：中關村分園落戶秦皇島、京冀共建曹妃甸現代產業發展試驗區、天津港集團與河北港口集團共建天津東疆保稅港區。目前，京津在高鐵延伸至於家堡金融試驗區的同時，正在規劃第二條高鐵和天津至石家莊的鐵路。石家莊在 20 世紀初雖然是一個小村莊，但一直是「通趙燕、聯三晉」的旱碼頭，正太鐵路使其成為商貿重鎮，成為北方重要的物流基地。石家莊南三條小商品市場與浙江的義烏南北齊名。隨著京津冀一體化，石家莊迎來新的發展機會，與廣州、上海、武漢、成都等共同形成新的南北物流格局。

　　但是，在京津冀一體化的同時，也不可忘記一件更大的事情，那就是推進以京津為中心的北方草原絲綢之路經濟帶的建設。京津的發展不是孤立的，它們的出現與繁榮，是北方草原絲綢之路的賜與。至少在京津冀一體化協同發展的四大功能區編制裡，有一個與優化調整區和製造業、耕作區相互疊加的濱海臨港產業發展區，這不僅是三省市共有的，也是草原絲路向東連接海上絲綢之路的共同經濟腹地、輻射扇面與貿易出口。

　　環渤海灣怎麼環都行，就是少不了草原絲路這根臍帶。最近有資訊指出，有關方面上報連接山東半島和遼東半島的跨海通道專案，這是個世紀性建設規劃，對連接兩個半島形成大沿海鐵路通道有著極為重大的經濟意義，對環渤海港口缺少更多深水港的制約也是一種地緣的調整，但它不是對環渤海的替代，而是延長和加強，因此，這個項目不能是一通了之，應當有海陸基礎設施聯動的長遠計畫。

　　其實，京津地區環渤海，也只是環了渤海灣的中段，在整個環渤海灣地區，北部有連接東北經濟核心區的北扇面，即錦州至營口一線；

南部則是山東半島和山東半島兩側海域海港組成的南扇面，如煙臺、青島、黃驊、石臼等。活絡環渤海灣，也就活絡了東北與華北，同時活絡了遼東半島和山東半島。

遼東半島與京津並不遙遠，山東半島與京津冀的關係同樣是微妙的。山東半島一方面屬於華東經濟區，特別是其南部地區，與蘇北和黃淮海地區相連，是中亞綠洲絲綢之路的東出口，一方面與京津存在歷史與現實的經濟聯繫。老北京有許多魯商大字型大小，如老同仁堂、老瑞蚨祥等。

老山東人除了「下關東」，就是「上北京」，因此，兩地都在草原絲路經濟帶上，推動與他們直接關聯的環渤海灣一體化，需要山東的經濟能量。也因此，如何在京津冀一體化下處理好山東半島這個經濟較快發展地區的經濟優勢，這也是「雙核戰略」的成功要素。

山東人能「闖關東」，也能「走西口」、「下南洋」，這是環渤海灣經濟一體化的一支生力軍。山東正在推進「藍黃戰略」，擁抱「一帶一路」，也稱作「帶橋結合」、「路點結合」、「海陸一體」，這是一個新的思維突破。

但是，由於人們對草原絲路在概念上的陌生感，也由於長期以來各自發展，甚至同質競爭，要讓有關各方對這種跨省跨區發展的重要性有更清楚的認識，還需要從草原絲路形成的歷史背景講起。宋元之後，草原絲路成為絲綢之路的主要路徑，理由很清楚，因為從那以後的多數時間裡，中國的政治、經濟、文化中心向北移，這就如同中國東部後來連接南北經濟帶的京杭大運河一樣，流通的主管道向北，經濟重心必然北移，跨國跨地區的貿易重心也移向北方。

　　草原絲路南線與中亞綠洲絲綢之路一樣，也是縱橫交錯的網狀結構。即以北京為中心，向東是天津港出海口，向西或出張家口，走上通二連浩特的「張庫大道」進入蒙古，直向俄羅斯赤塔州與貝加爾湖。從清末到民國，盛極一時的「旅蒙商」，是草原絲路上的一個象徵性的經濟貿易商團，茶馬（羊）互市是其主要的貿易形態，他們的生意一直做到今天俄、蒙邊境的恰克圖（即「買賣城」），從貿易做到「票號」，出現了近代中國的跨國金融業務。貿易發展與金融發展的正成長關係，由此可見一斑。

　　古絲路的第二大商品茶葉主要的管道在北方。據悉，俄羅斯科學院專家為了研究絲綢之路和中外茶道，一直在尋找一個叫「羊樓洞」的中國地名，因為那是中國茶對俄和對歐的集散地，這個「羊樓洞」在湖北赤壁，由「羊樓洞」開始的北方國際茶路一直抵達貝加爾湖南側的「買賣城」，也就是俄蒙交界的恰克圖，向西走去。北方國際茶路象徵著中國內地與草原絲路的南北聯結，同時印證了北方草原絲綢之路的繁榮。

　　在這條草原絲綢之路南北線上的蒙古國，在草原絲綢之路經濟帶的運作中是舉足輕重的。蒙古民族發源於大興安嶺，強盛於蒙古高原中部。蒙古高原也是諸多歷史民族登臺的地方，是亞洲南北的另一個中心區域。歷史上的「蘇武牧羊」，其實也是古代戰亂時期的一個悲劇性故事，他沒有張騫的幸運，但使節的歷史往來也說明了北方道路與中國中原地區頻繁直接的早期聯通。北海是居延海還是貝加爾湖，姑且不論，但蒙古這個人口只有250萬的內陸國，在草原絲路的地位依然十分重要。

　　蒙古國 2012 年通過法律，限制外國企業在蒙古國礦業的持股比例，但 2014 年 5 月蒙古國家議會通過的《新投資法》，被外界視為蒙古招商引資的新紀元，基礎設施建設和環保產業有望成為中蒙兩國經濟合作新的操作點。近年來蒙古經濟發展速度快，2013 年成長速度 11.7％，據 IMF 與世界銀行最早預測，2014 年有望達到 12.9％。這是目前世界上唯一保持兩位數成長的國家。鐵路、口岸和物流產業是其重要的關注點。

　　在上海「亞信會」上，蒙古國總統額勒貝格道爾吉表示，要在基礎設施建設方面進一步加強與中國的合作，涉及港口過境運輸。蒙古國面積 156.6 萬平方公里，東部是高地，西部是阿爾泰山餘脈湖盆山地，是通向俄羅斯歐亞鐵路的重要地區，籌畫中的中俄第二條天然氣管線將從蒙古國西部過境進入新疆哈密。蒙古國是內陸國家，物流主要依靠俄羅斯的西伯利亞鐵路和中國的鐵路線，但蒙古產品的最佳出口地是中國渤海灣的港口。

　　2014 年，中蒙關係已經提升為全面戰略夥伴關係。中蒙雙邊貿易額從 1994 年的 1.2 億美元增加到 2013 年的 60 億美元，中國連續 10 多年成為蒙古國最大的交易夥伴，也是最大的投資來源國。蒙古國也在努力實現經濟夥伴多元化，這是可以理解的，但中蒙在絲綢之路上最緊密的歷史聯繫和現實的絲綢之路經濟帶地緣聯繫，決定了中蒙經濟合作關係的緊密性。

　　北京經宣化、大同「德勝口」進入蠻漢山區和陰山南北、呼包二市，經陰山河套地區，可以直到居延海、新疆哈密。也可以從內蒙古的烏海市進入阿拉善定遠營（今巴彥浩特鎮），穿越騰格裡沙漠到蘭州，或者由銀川到蘭州，並由此進入河西走廊，踏上漢唐絲綢之路的舊路。

　　這是草原絲路南線的西向線與中亞綠洲絲綢之路會合的主軸線。1950 年代修建的包蘭鐵路是中國第一條穿越流沙地區的鐵路。現在，由後河套地區穿越烏蘭布和沙漠走向居延海的鐵路修通，由居延海地區的策克口岸越過「黑戈壁」走向哈密的鐵路已經開工，這意味著，草原絲路的南線和中亞綠洲絲綢之路交會為時不遠。當年只有駱駝可以穿越，但又是最近的進疆之路，不僅更便捷，也是北京直接連接中亞和歐洲心臟地帶的重要路線。

　　有朝一日，如果草原絲路也要申請成為世界遺產，恐怕要以阿爾泰山來定位，名稱上要寫：絲綢之路北京—阿爾泰山路網。因為，從哈密開始，草原絲路還有阿爾泰山北道，也就是從阿爾泰山北的蒙古國科布多市和唐努烏梁海地區直向烏拉爾山進入歐洲的傳統路線。

　　哈密和吐魯番是中亞綠洲絲綢之路經濟帶與中國北方草原絲綢之路的第一個交會點，它不僅是未來中俄第二條天然氣管道的轉接點，也是煤電、風力發電、太陽能光熱發電和大型輸電樞紐的新型綜合能源基地。但哈密人並不只靠能源工業，他們更看重鐵路聯通擴能後的物流產業。

　　哈密不僅擁有走向 5 個方向的營運和正在建設的 7 條鐵路，更看重從居延海東來的草原鐵路，因為那意味著 2017 年以後，西到烏魯木齊，東到京津渤海灣的草原絲路與中亞綠洲的絲路也將貫通。新疆有遠見的大陸橋貨運集團已經捷足先登，把貨運專線加入了哈密迴圈經濟產業園，貨場吞吐能力將達 500 萬噸。2014 年中俄關於修建莫斯科到喀山再到北京的高鐵備忘錄，是草原絲路的一項世紀工程，一般情況下要經過哈密和吐魯番，北京到莫斯科的路程可以從 6 天縮短到兩

天，投入資金將在 1.5 兆元人民幣。

　　問題在於，人們對這條草原絲路的全面認識才剛剛開始。京津冀正在忙於治理大氣汙染和編制京津冀協同發展規劃，這是不可或缺的。但在更高的地緣戰略上制訂更大的互聯互通規劃，是遲早的問題。對於北方草原絲路，中國人民似乎看得朦朧，外人卻看得很清楚，昔日列強的「炮艦貿易」沒有在東南沿海停止，而是一直延伸到了中國北方。渤海灣星羅棋布的商港，無不對應著草原絲路的一條條通道，無不從東向西伸向中國的內陸腹地。因此，振興中華，就要振興包括北方草原絲綢之路在內的絲綢之路經濟帶。

　　中俄修建莫斯科至北京高鐵的計畫，將對大環渤海經濟圈產生深遠的影響。我們在關注東盟一體化發展的時候也應當想到，假以時日，東北亞一體化遲早也會出現，雖然東北亞的情況更複雜，甚至難以想像，但「全球化」的塑造力將會塑造這裡的一切，包括隔著日本海的日本列島。

極具戰略意義的西南絲路

西南絲路歷史更悠久，同時也極具戰略意義，這不僅是因為西南絲路聯結著中國的最大交易夥伴東盟國家和世界人口第二大國印度，也因為它是海陸絲路交會的重要通道。

西南絲路的正式認定與較大規模的開發，與中亞沙漠綠洲絲綢之路基本上是同時期。西南絲路在絲綢之路經濟帶建設中的聯通意義在於海陸聯結，具有更大的和多路徑的通透性。它使亞洲的發展更加均衡，也使歐亞大陸全面地聯結起來，為經濟全球化下跨大區域發展做出新的歷史貢獻。「泛亞鐵路」雛形的出現，終將意味著在絲綢之路經濟帶建設中還會有新的歐亞大陸橋。

在中國抗日戰爭中後期，這裡既是前線也是大後方，在客觀上出現了繼洋務運動近代工業播種西北、西南的第二次浪潮，特別是 1937 年和 1938 年，中國國民政府開始啟動戰區廠、礦西遷，截至 1940 年年底，內遷廠礦 448 家，技工 12164 人，其中機械製造 155 家，西南地區的交通、電力就是實施廠、礦西遷開始出現的。1960 年代，中國「三線建設」集中在中國中部、西北和西南，展開能源、鋼鐵、機械、化工工業等相互配套的全面建設。

以貴州省為例，據統計，到 1975 年貴州省共完成基本建設投資 94.23 億元，其中工業建設投資 58.89 億元，為 1963 年的 7.25 倍，最高的 1970 年，達到 14.93 倍，使得省內一些主要地區工業企業數量倍數成長。新中國成立之後西南地區和其他地區一樣，先後進入發展期與起飛期。四川盆地的重慶和成都以及雲貴高原的昆明、貴陽和南寧

已經在脫胎換骨中，成為中國西南地區具有現代經濟文化輻射力的都市型城市，基礎設施比較完善，流通水準提高，科技創新能力增強，經濟帶動能力大幅提升。

許多具有對外開放地位優勢的經濟節點城市，也在投資吸引力、產業影響力和市場品牌的知名度方面出現了新的變化。特別是隨著經濟流、技術流、人才流和資訊流的雙向、多向流動，以及民族政策、老少邊窮地區脫貧致富政策的不斷落實，以及國際、國內旅遊經濟的發展，相對封閉、落後的經濟生活狀態有了較大的改變，為西南絲綢之路的振興做出了經濟準備和人才準備。

第二個因素同樣也是積極因素。由於中國西南地區和中國與中南半島地區的接合部是歷史民族的遷徙通道，在中國國內是多民族聚居的格局，也影響到半島地區現代民族國家的形成過程，其部分成員同樣與中國一些邊疆民族有著遠親近鄰的緊密關聯，例如中國與緬甸，一直是共飲一江水的「胞波」（喻親戚）。中國西南地區的跨境少數民族同胞，在歷史上就有著緊密的貿易交換關係，有著難分難解的經濟生活聯繫和某些人文層面的文化聯繫。

在這個地區，除了具有悠久歷史的原住民，還有大量和中國羌語族和侗傣語族有關聯的現代民族國家及其成員，而這些文化的關聯性也是西南絲路千年不廢的重要因素。在一個時期裡，由於西方國家的殖民統治和殖民統治留下的後遺症，這個地區不時處於不穩定狀態，有的國家邦區林立，內部的行政、經濟和文化關係錯綜複雜，但從大的層面和整體走向來看，民族、部族之間的矛盾逐步讓位於社會矛盾。解決社會矛盾要靠發展，在發展中消除不均衡與不平衡，這就帶出了一種發展的共識，出現了在全球經濟一體化、區域化格局下的經濟開

放，以及在跨國經濟合作中不斷尋求經濟發展的強烈要求。

中國與東盟成員國山水相連，一直是睦鄰友好關係。特別是中國改革開放以來，中國在對外開放和全方位沿邊開放的經濟發展戰略中，優先關注的就是與東盟國家的經濟合作。這種合作的情勢至今不減。儘管也會有曲折，但終究還是不廢江河萬古流，而這同樣是歷史悠久、以歷史長遠的絲綢之路為紐帶的地緣經濟發展規律所決定的。

西南絲綢之路兩大方向之一：南亞（中緬、中印）

西南絲綢之路經濟合作的方向很多，經濟內涵也很豐富，但從歷史和現實的經濟合作走向來講，是兩個大的方向：一個是西南方向，即南亞方向；一個是東南亞方向，即東盟國家方向。此外還有內向再轉向外向的走向。

第一個方向也就是歷史最悠久且人文史家常說的「博南路」。歷史的「博南路」和「身毒道」，從四川盆地的東緣邛崍山開始，沿著樂山、昭通、昆明、大理、保山，或翻越高黎貢山在騰沖古城駐足，西去印度，或由保山穿越怒江，出瑞麗直下緬甸北部重鎮曼德勒。這條絲路也是抗日戰爭中的遠征軍之路─著名的滇緬公路。滇緬公路有些段落得到修復改造，但大部分成了遺跡。這是最傳統的西南絲路。這條路沿線也是最常提到的孟、中、印、緬經濟走廊一線。

在這條西南絲路線上，中國與緬甸長久以來已經成為十分重要的經濟合作夥伴。2013 年 10 月，新建的中緬天然氣管道開始投入運營，這條管道全長 2520 公里，大部分位於中國境內，在緬甸有 793 公里。此項目 2010 年開工，始於緬甸西海岸的皎漂，從中國瑞麗進入境內，

直到中國廣西貴港。對中國來講，此專案結束了雲貴高原沒有天然氣管道的歷史，每年可替代煤炭 3072 萬噸，減少二氧化碳排放 5283 萬噸。

中緬天然氣管道與中國新疆氣區、長慶氣區和四川氣區以及中、土、哈國際天然氣管道系統相互連通，構成中國油氣管網。據新華社報導，中緬天然氣管道年輸氣量 120 億立方公尺，原油輸入量設計年 2200 萬噸。輸氣管道項目耗資 25 億美元，帶動中國沿線投資 1000 億元人民幣。對緬甸來說，不僅收入大量外匯，也在多元經濟合作中提升了貿易水準。2014 年年底，中緬輸油管道竣工，年輸油 2000 萬噸以上，為緬甸內陸腹地帶來能源，也緩解了中國能源海上進口只有麻六甲一條路的被動局面。

據緬甸政府統計，2010 年，中國在緬甸投資 83 億美元。2011 年中國成為緬甸的最大交易夥伴。2013 年中國在緬甸的直接投資批准額有所下降，但在緬甸國外投資的比重依然高達 32％。孟、中、印、緬經濟走廊建設是這條傳統絲綢之路（即「博南道」）的歷史延續和時代提升。因此也是西南絲綢之路經濟帶建設的第一個重要內容。

南亞地區也在加強與中國的經濟關係。在南亞，印度和孟加拉是核心地區，巴基斯坦和緬甸是其重要鄰邦。2014 年 6 月，中國國家主席習近平會見出席在昆明舉行的「中國—南亞博覽會」的孟加拉總理哈西娜，哈西娜深感南亞國家和中國合作的潛力巨大，贊同中方提出的「一帶一路」重要倡議，也肯定了孟、中、印、緬經濟走廊建設對南亞地區經濟發展具有重要意義。孟加拉也是人口大國，具有豐富的勞動力資源，近年來，發展勞動密集型產業成果巨大，在輕紡工業方面已經形成了自己一定的競爭力。

　　「蜀布、邛杖」的曲折流轉，是中印經濟交流淵遠流長的佳話，也是喜馬拉雅山脈和橫斷山脈擋不住經濟交往穿透力的一個絕好例證。中印都是開發中大國，也是崛起中的經濟大國，屬於「金磚國家」中的中堅。中印貿易投資、經濟合作的進一步提升，將會更遠大且更廣泛地影響世界經濟發展的格局與水準。近年來，由於西方金融危機的影響，印度經濟發展的成長速度幅度也有些滑落，但整體走向是曲折上升。印度新政府提出要把經濟成長速度從目前的 5％左右提升到 7％至 8％，並且為此開始進行大型的改革。這為中印兩國的貿易投資和經濟合作提供了新的空間。

　　根據世界銀行的資料，1980 年，印度 GDP 有 1896 億美元，人均 270 美元，中國 1894 億美元，人均 220 美元，在人均方面優於中國。但到了 2012 年，中國是 8.23 兆美元，人均 5720 美元，印度是 1.84 兆美元，人均 1580 美元，兩國的經濟總量與人均差距分別是 4.5：1 和 3.6：1。差距預示著有互補合作的餘地和機遇。在印度新政府成立前，時任印度政府總理的曼莫漢・辛格已經看到，中國目前是資本、管理和部分技術的重要來源，對印度的長期發展並非沒有意義。在莫迪出任總理之後，這個現實的經濟關聯因素再次凸顯，進行較大幅度經濟合作的可能將會進一步增加。

　　莫迪在出任總理前四次拜訪中國，對中國的了解也比較多，他在擔任古吉拉突邦首席部長時也大量吸收中國投資，有對華經濟合作的實踐和經驗。習近平在金磚國家領導人第六次會晤中與莫迪會見，雙方表達了對孟、中、印、緬經濟走廊建設的初步共識。習近平訪印，又進一步擴展了經濟合作半徑。西南絲綢之路的重新啟用和西南絲綢之路經濟帶的建設進入了新的階段，成為中印經濟合作史上的歷史新篇

章。對中印關係，美聯社評論清楚地指出，「中印跨邊界合作比對峙更常見」，當北京與其他國家在東海和南海對抗之際，中印邊境一直「波瀾不驚」；另外，「兩國的經濟和金融關係明顯改善」。

印度在 2015 年年初調整了 GDP 計算方法，開始以市場價格而非工廠成本來計算，計算基期也從 2004 年 5 月調整為 2011 年 12 月，根據這個新的演算法，它們認為，假設季風正常，出口增加，2015 年成長率將超過 8％，達到 8.5％。印度政府表示，印度已度過「經濟減速、通膨持續、財政赤字增加、國內需求疲軟、國際收支經常項目失衡和盧比幣值波動的時期」，「有可能最終進入兩位數的中期成長軌跡」。印度在勞動力上有人口紅利優勢，到 2020 年，印度人口平均年齡為 29 歲，屬全球最低水準，相比之下，中國與美國為 37 歲，西歐國家為 45 歲，日本為 48 歲。

在歷史上，西南絲路還有第二個走向，雖然這個走向對世界貿易格局的影響不如前一個顯著，但這條被稱為「茶馬古道」且以普洱茶生產與流轉為主的重要商道，同樣有巨大影響。中國是茶的原產地，中國與英國的近代大宗直接貿易品是紅茶，這種商品的影響力在當時不比美國的可口可樂小，甚至過之無不及。茶葉貿易引起以白銀計價的英國貿易的入超，這是後來英國東印度公司用害人的鴉片抵沖的經濟因素，也是在印度和斯里蘭卡引入茶葉發展紅茶產業的原因。茶的輸出，重要的路徑是「茶馬古道」，因此在過去，這是一條「茶葉之路」。

對於這個同樣影響巨大的貿易產品，以往估計過低。紅茶是英國和西方國家的必需品，基於普洱茶發酵技術的磚茶，則是牧業民族的必需品。茶產業造成了西南絲路的另兩個方向，一是內向，或循著瀾

滄江的源頭方向大致西北向，通過「跑馬溜溜」的康定的川康道走向
西藏地區，或輾轉走向北方草原。

在中國北方，晉陝商幫把茶葉生意做到了中俄邊境的「買賣城」，
即今日的恰克圖一直到彼得堡，這條茶葉貿易路線被稱為「萬里茶
道」。徽商則把茶葉生意做到了雲貴，馬幫自然也會輾轉南下，與東南
亞地區發生茶馬和茶馬以外的貿易聯繫。這在中國作家沙汀的《南行
記》裡有出色的描寫。在當時，瀾滄江並沒有開通，即境外的湄公河
水路，向南的道路曲折難通，因此沒有形成規模化的貿易通道，偶爾
有馬幫來往，但也是山間的商業小徑。因為緯度與氣候和轉口條件的
缺少，瀾滄江貿易更多的是日常用品，因此給人較為冷清的印象。

然而，歷史的絲路也會進化，在當前的世界經濟一體化、區域化
發展和中國與東盟國家經濟合作的推動下，這裡將一變成為當前和今
後絲路發展的新生長點和熱點，成為再寫西南絲路新篇章的地方。在
這條具有世界級經濟能量的新絲路上，西雙版納地區的景洪與磨憨是
新的明星城市。

中國內地通向西南的鐵路大致是四條：一是從四川盆地中心沿成
昆線到昆明，循瀾滄江轉向景洪。二是按另一條古老的道路從成都過
內江、自貢和中國秦代就開通了的「五尺道」和僰人懸棺處北邊的宜
賓，到昆明、大理，沿著瀾滄江到達西雙版納的景洪出境。三是從重
慶到貴陽，沿著另一條同樣古老的西南線路（即「夜郎之路」）入滇。
第四條則延伸得更遠，也就是從楚將莊蹻入滇的路線，即從湘楚長江
支流沅江到湘西入黔到雲南，貫穿了貴州。

現在，通向雲南的現代絲路，其實已經遠遠超過以上有著古老絲

路印記的「老四條」，從兩廣到貴州的高速鐵路和古老的珠江、西江新的水陸交通線和經濟輻射帶，都已經進入新西南絲路的大視野區，構成了新的西南新絲綢之路和西南絲綢之路經濟帶經濟網，形成了向東南亞地區的輻射，同時也與中國西北中亞綠洲絲綢之路經濟帶對接的中國大西部地區的亞洲內陸的經濟核心區，對亞洲對世界產生愈來愈大的經濟影響。

　　但是，這條西南新絲路的再現，是由小到大、循序漸進的，甚至有些始料不及。但那也是機遇出現的一種時空規律，有著發展規律使然的必然性。這條新絲路經歷了經濟合作由低到高的探索與磨合，是人們常講的「沒有做不到，只有想不到」的事，以及認識機會與實踐的一個關於未來的「故事」。

一帶一路西南新絲路，讓中國與東協十國更緊密

　　「故事」的第一回是從瀾滄江（湄公河）的開發開始。瀾滄江發源於中國的青藏高原，進入橫斷山脈，出現了「三江匯流」的地理奇觀，也形成了中國著名的發酵茶生產流通帶，在西雙版納的熱帶叢林裡繞行，進入前面提過的中、老、緬交界的「金三角」地區。瀾滄江長達 4880 公里，在中國境內 2161 公里的長度占 44%，流域面積 81 萬平方公里，是流經中國、緬甸、寮國、泰國、柬埔寨和越南六國最大的國際河流。

　　瀾滄江江水浩蕩、水量很大，雨季時河面寬 40 公尺到 100 公尺以上。一般情況下，船行順暢，順流而行，時速可達每小時 36 公里，逆流而行達每小時 16 公里。年航運能力 1100 萬噸，是航運業者眼裡的黃

金水道。但由於長期沒有利用，江中石盤林立，加上 20 世紀中葉印支幾國此起彼落的戰亂，中下游沿河一線經濟發展落後，這條黃金水道一直閒置，任由江水空流。

一直到 1990 年，中國、寮國雙方才開始對景洪至瑯勃拉邦段進行聯合試航。又過了 11 年，在 2001 年 6 月，中、老、緬、泰四國有史以來第一次正式通航，這條新生的國際航道才開始出現在世人面前。新航道運能大但運力低，航運效率也處於初始開發階段，並發生過毒梟劫船的惡性事件，但僅就河運物流而言，已經開始發揮作用。

湄公河航運打造經濟帶

湄公河航道有一定的比較優勢，中國西南地區的消費商品，如以昆明為起點運至東南亞各國，運距要比繞道華南海港轉運縮短 3000 公里，時間是其六分之一。中、老、泰、緬四國聯航之後，湄公河上的貿易往來顯著增加，但潛力仍未完全發揮。原因之一是貿易對象單一，雙邊貿易主要是在中泰之間，貨船主要往來於中國的景洪、關累和泰國的清盛之間，中國與寮國、緬甸之間的貿易開發度低，這和老、緬邊境地帶經濟不發達、缺少河港和道路對接設施、品牌知名度不高、缺少經營手段都有關係。

二是貨物品種類也比較單一，工業產品不多，形成不了更大氣候。前幾年在中國與東盟國家推動貿易便利化，中國對泰國一些農產品普遍實行零關稅，分流了河運貨源，許多客戶重新改走海路，跨國民間貿易出現轉折。

但湄公河航運讓水陸並行的跨國旅遊業活絡起來。湄公河周邊有

豐富的旅遊資源，包括自然風光和人文旅遊，沿線名勝古蹟眾多，著名的就有寮國古都瑯勃拉邦、阿努王女兒墳，緬甸的相臘溫泉、萬郎隆三月廟會，泰國的清盛、清孔等等。這些旅遊資源和中國雲南豐富的旅遊資源結合起來，北游麗江、大理，南下普洱、版納，再赴老、泰、柬，這是一個深具市場競爭力的熱帶亞熱帶陸上環遊圈，產生的經濟效益和新絲綢之路的名牌效應將很巨大。

在有著豐富旅遊資源的大河道上，旅遊產品貿易要比一般商品貿易更重要，中國國內的三峽遊，就比貨運更重要也更有市場。旅遊業是一種拉動力極強的綜合產業，也是品牌效應和市場人氣效應最大化的先行開發產業，是絲路經濟帶建設的優先專案。

湄公河還有極為豐富的水力發電資源，湄公河的地形流向和超大的流量，是擁有較高水電開發技術的企業一展宏圖的舞臺。水力發電是比較環保的可再生能源，水庫又能調節季節水量，對於急於發展但能源不足的沿湄公河四國，可說是一種優先發展的產業。

1995 年，中國的水力發電企業就在瀾滄江上游修建了漫灣水電站，裝機容量 125 萬千瓦，接著又修建了大朝山電站和景洪電站等梯級水電設施，累積了在湄公河支流建設水力發電站的經驗，並與寮國與柬埔寨合作了水力發電建設專案。在中國境內的 7 個水力發電建設專案，主要是梯級模式，保證了下游的防洪與來水清潔。在寮國的水力發電站有 17 個都是支流電站，其中在柬埔寨湄公河的支流南歐江上建設的一座水力發電站，被柬方稱為柬埔寨的三峽工程。

據不完全統計，中國在湄公河參與建設的項目，包括已建、正在建設和設計規劃的總裝機容量是 3600 萬千瓦。水力發電建設在進入快速發展期的同時也進入矛盾多發期，水力發電建設在寮國、柬埔寨和

泰國北部可能得天獨厚，但下游國家受利少，需要相互協調。

西南新絲路從湄公河水運、旅遊和水力發電開發開始，但不會在這裡結束，對於沿江國家來講，大湄公河是一條金腰帶，先是圍起下游老、泰、柬、越「黃金四角」，但四角的發展有同質性而缺少互補性，必須擴大資源配置的範圍，必須把上游的中國雲南與同樣擁有湄公河邊界的緬甸吸收進來的新格局，形成了湄公河「黃金六角」的整合走向。從「四角」到「六角」，新絲綢之路經濟帶建設進入小的巔峰。

湄公河經濟合作的文章開啟了新絲綢之路經濟帶建設的第一個階段，初步活絡了沿湄公河地區的經濟，也啟動了更大的開發計畫與經濟合作的計畫。「黃金六角」的經濟合作也就順理成章地進入「黃金十角」和「黃金十加一」和「黃金十加三」，並從此誕生和推出了另一項世紀經濟規劃。這項規劃超越了大湄公河本身的經濟含金量，這就是引起世界關注的「泛亞鐵路」規劃。

泛亞鐵路與湄公河共同創造黃金六角經濟合作計劃

「泛亞鐵路」是世界級的新陸上絲綢之路，與此相對應的經濟走廊也是世界級的經濟走廊。其經濟容量之大和拉動效應之高，將會超出西南絲綢之路預想的經濟容量和經濟拉動範圍。「泛亞鐵路」可以向北與中亞綠洲絲綢之路經濟帶融合，與西伯利亞鐵路經濟帶連接，與歐盟經濟共同體連接，成為長度最長、經濟影響最大、真正跨越歐亞的經濟發展帶。作為現代經濟新絲路的物流通道和鐵路基礎設施，人們也可以把它稱作新的歐亞大陸橋。

從陸路到水陸，再從水路到鐵，這是發展思維的一次進展，是

世界經濟一體化、區域化最偉大的嘗試。人們甚至會回想起亞洲與歐洲曾經發生過，建立在強權與槍炮上歷史糾葛的那種「一體化」，在必然的改變之後，又在新的世代轉變裡脫胎換骨，終究在平等合作嶄新的一體化進程中實現新的合作願景，這是意想不到但是完全合乎邏輯的事情。東盟國家或者已經想到，發展的東盟國家會在歷史的某一天走向歐亞大陸經濟發展的中心舞臺，這是在地緣發展規律與市場發展規律的基礎決定作用下發生的，也是經濟合作巨大的塑造力帶來的深刻變化。

「泛亞鐵路」規劃與大湄公河次區域發展計畫的實施推進分不開，與相關跨國經濟合作組織的努力分不開，也與 20 世紀提出並開始實施的「黃金四角」、「黃金六角」經濟合作計畫分不開。1956 年，泰、老、柬、越就聯合成立過湄公河下游協調委員會，負責籌畫與國際開發，但因半島上戰火紛飛終陷停頓。1980 年代末開始，中南半島的形勢逐漸緩和，湄公河流域的合作再次提上日程。1992 年，亞洲開發銀行提出六國共同發起湄公河次區域經濟合作（GMS）。

1993 年年初，泰國也正式提出「黃金四角」計畫，即由泰國北部、中國西南部、緬甸東部和寮國西部組成「黃金四角」，利用該地區豐富的礦產資源、水利資源、勞動力資源和尚未開發的土地資源優勢，推動區域經濟合作。泰、中、緬、老在曼谷舉行會議討論了聯合發展交通的計畫，在清萊舉行了旅遊合作會議，旋即在泰國成立「黃金四角」經濟合作委員會，中、緬、老也分別制訂相應開發計畫。

依照相關計畫，四國優先發展交通合作，建設連接四國的公路，打通瀾滄江湄公河航道，然後在旅遊、貿易投資、能源、水利資源、環境保護方面展開合作。當時的目標是要建設兩條包括經過昔日「金

三角」地區的公路，要清理打通從中國景洪到清萊到萬象的湄公河航道，500 噸的客貨船可全年通航，使其成為「東方多瑙河」。在航空方面，昆明—曼谷、清萊—昆明、清萊—萬象等航線開通。

「黃金四角」的計畫得到亞洲開發銀行的支援，也得到日、韓、澳等國的關注。1995 年，泰、老、柬、越重新成立了新的「湄公河委員會」，協調湄公河的航運問題。中國、緬甸是觀察員。泰、老、柬、越簽署了《湄公河流域持續發展合作協定》，放寬了水利利用自主權，象徵著湄公河的利用在更大的領域中起步。不久後，中、緬正式加入湄公河委員會，編制了流域發展計畫，這象徵著湄公河開發由「黃金四角」進入「黃金六角」時期。

湄公河次區域經濟合作計畫，為東盟自由貿易區做準備

1995 年 12 月，在第五屆東盟首腦會議上，七國首腦與老、柬、緬一致同意，在大湄公河流域進行合作開發，並在中國之外邀請日、韓等國加入，並表示協助老、柬、緬加入東盟自由貿易區協定。會議通過了湄公河開發的初步國際預算，為 70 億美元。研究了亞洲開發銀行提出的湄公河次區域經濟合作計畫，為在 2000 年前建設包括東南亞 10 國在內的大東盟和 2003 年形成東盟自由貿易區做準備。這是在湄公河流域地區進行更大範圍經濟合作的開始。在吉隆坡會議上，初步通過東盟湄公河流域開發合作基本框架，決定成立有關發展基金，開展基礎設施建設、礦業林業、工業、旅遊、人力資源、投資貿易和科技環保合作，其中特別強調泛亞鐵路是優先項目。

由馬來西亞負責研究「泛亞鐵路」有關規劃，是對「泛亞鐵路」

的正式確認。在此同時,新湄委會建立了與國際組織的正式對話機制。2011 年,由亞開行發起,在馬尼拉舉行由「黃金六角」參加的湄公河首次部長級會議。

對「泛亞鐵路」的走向,前後有各種方案,但以新加坡為南起點,這是沒有異議的。在這個定點共識的基礎上,各國因為主導權而設計了不同的方案。但各個方案的實施最終要與投資相關,因此方案的選擇或者誰先誰後,當時也還沒有定論。據亞洲開發銀行估算,按照最初的規劃路線,總費用需要 25 億美元。

最早提出同時也是最終極的目標方案,是在 1996 年 3 月亞洲論壇上提出來的。這個方案的框架是,由新加坡北經馬來半島西側、曼谷、萬象、昆明,和中國的鐵路網對接,再與西伯利亞鐵路聯通,轉向歐洲。另一個計畫則提出,由曼谷東向河內,再由中國廣西直到北京,轉接西伯利亞鐵路走向倫敦。但既是「泛亞鐵路」,就要盡可能地加大對東盟國家的覆蓋面,最終就形成了以新加坡為起點,以曼谷為半島中心節點的東、中、西三個規劃方案。方案框架裡有三條線,即泰、柬、越、中國昆明的東線,泰、老、中國昆明的中線,泰、緬、中國昆明的西線。累計全長 14110 公里,在中國境內 1577 公里。總投資 150 億美元。

CMS 方案還有另一個三個半島經濟走廊並行的設想:一是越南峴港、寮國、泰國、緬甸毛淡綿的中南半島東西經濟走廊;二是越南南部、柬埔寨、泰國曼谷南部經濟走廊;三是南北經濟走廊。南北經濟走廊又有三條線:西線是昆明、寮國、曼谷;中線是昆明、河內、海防;東線是中國南寧、河內。南北經濟走廊建設直接關聯到中國國內

的鐵路對接。最早的方案其實是最合理的方案，因為它完全（也可說是來不及）未涉及關於主導權的斟酌。

「泛亞鐵路」規劃方案是由馬來西亞進行協調，中國要做的事情就是做好準備，辦好國內的事情。昆明這個中轉定位決定了南向對接是最重要的，由昆明向北如何實現與歐洲的對接，是後來階段的考量，中國要在南北經濟走廊的三條線、三個節點上，做好包括線路改造與新建路線勘察建設在內的各種準備，這些準備在 2014 年年中大致準備就緒。

早在 2004 年，中國《中長期鐵路網規劃》已經納入了「泛亞鐵路」中國部分線路計畫，而且全面進行了對接準備。就南北經濟走廊的東線講，南寧—河內主要是線路提升改造。中線是昆明—河內—海防線，主要問題是法國人 1910 年留下的米軌鐵路（軌距為 1 公尺的窄軌鐵路）。從昆明到海防的米軌鐵路全長 854 公里，其中昆明至河口的中國段 100 多公里，有的段落因為自然災害於 1990 年代停運，需要恢復並改成標軌，2014 年年底實現通車。關鍵是越南段，至今還未有太大的動靜。

但 2014 年 9 月 21 日，越南河內至老街的高速公路通車，耗資 14.6 億美元，其中 10 億美元利用亞洲開發銀行貸款，長達 245 公里。這是目前海防至昆明經濟走廊的主要交通專案。從鐵路線看，中線昆明至寮國再至泰國曼谷最有實現性，而這條鐵路線也就是伴隨湄公河黃金水道最直接且距離最短的西南新絲綢之路。對於這條鐵路，並非始料未及，因為遠在 1939 年中國抗日戰爭開始階段，伴隨工礦企業的大量西遷，當時的重慶政府在修築滇緬公路前後，也有打通滇、緬戰略「後方」的鐵路計畫，路線也是瀾滄江方向，與目前的線路幾乎相

近，只是更偏向耿馬地區，與緬甸臘戌鐵路對接，動用 30 萬工人，日夜趕工，路基基本形成。

但 1942 年日軍占領緬甸，向滇西大舉進攻，危及鐵路施工，也就陷入停頓。昔日路基已經湮沒叢林之中，個別遺跡尚存。目前的新線路更加偏向瀾滄江一側，從今天的鐵路施工技術來講，沒有太多難以克服的障礙。

這條經景洪到寮國南下的鐵路就是「泛亞鐵路」的一段，是伴隨湄公河「黃金水道」的黃金陸橋，通車以後 10 多個小時就可到新加坡。2012 年，寮國國會通過了寮國向中國貸款 70 億美元修建鐵路的提案，寮國資金有著落，開工準備就緒，工期預計為 5 年，萬象段工程已經開始啟動。「泛亞鐵路」對人口超過 20 億的東南亞地區來說，無疑是最重要的經濟生命線，是推動中國與東盟各國互聯互通最重要的基礎設施，也是構建新絲綢之路經濟帶的重要經濟成果。鐵路運輸的運能是公路運輸的 20 倍，成本又是後者的二分之一 0。

目前，中國與東南亞國家貿易量以每年 30％的速度成長，不僅需要水路運輸，更需要這條伴隨湄公河「黃金水道」的黃金陸橋。另一條與「泛亞鐵路」規劃主框架有關的鐵路幹線是大西線方案，即昆明到緬甸再到泰國的方案，中國也在積極準備，這是與湄公河「黃金水道」專案互補的項目，也可以視為相互迴圈的「雙線」，自然也是西南新絲路互聯互通的重要基礎設施。

這條線經大理、保山到瑞麗，連接仰光、曼谷再到新加坡。要在雲南西部建設一條 30 公里長的隧道直通緬甸，其中的一些段落跨越怒江峽谷，與滇緬公路大致上複合。大理、保山線已經動工。保山到騰沖的線路也在啟動。這條新絲路的經濟重要性還在於，它既是「泛亞

鐵路」的一部分，又與「孟中印緬」經濟走廊直接關聯，其互聯互通的意義不亞於前者。

雪域高原南亞絲綢之路，強化中印與中尼的經濟合作

在中國西南地區，還有一條歷史同樣久遠的雪域高原南亞絲綢之路。這是藏傳佛教向中國內地的傳播之路，也是藏族與內地居民的經濟聯繫通道。這條通道分為青藏道與川藏道，後者是民間習稱的「茶馬古道」，那首為國際人士所熟悉的「跑馬溜溜的山上」（康定情歌），既有川人的民歌旋律，又有藏人的音樂元素，是茶馬古道的歌，也是絲綢之路另類的天籟之聲。

青藏鐵路通車與延伸使這條絲綢之路途程縮短，川藏公路的不斷改造，也保證了中國大西南川藏地區的緊密連接。中國最後一個不通公路的縣墨脫縣也修建了新的公路，雪域高原的開放度得到提升。川藏之間需要鐵路，在未來也不會是夢。特別是環喜馬拉雅經濟合作帶的提出，給中印、中尼的經濟合作增添了新的色彩。基礎設施在雪域高原的進一步改善與完成也是必然的。

在中印、中尼之間，有重要的聶拉木口岸和亞東口岸，一直是中印、中尼經濟文化的交流通道，同時也是西南絲綢之路的重要走向。這裡不僅流通著歷史的文化資訊，也承載著曾經由犛牛馱起的國際貿易。拉薩到日喀則的鐵路已經開通，正在向貿易口岸延伸，拉薩通向雅魯藏布江大拐彎處、美麗的林芝的鐵路也已開工。這不僅讓中國與南亞次大陸在經濟合作中走得更近，在未來，川藏鐵路也不會是遙遠的夢。

自1990年以來，亞洲一直是世界經濟成長的引擎，每年平均成長

6％，但也面臨發展中的挑戰。一是亞洲新興市場要想超越中等收入階段和進入已開發國家行列，必須轉變經濟成長模式，這在亞洲發展先行國家（包括中國和印度）是共性問題。二是人口高齡化和發展不平衡問題。亞洲還有近 7 億貧困人口，占世界貧困人口的 65％，如何更進一步地減少貧困，也是中、印合作的重點。

印度的高科技發展在開發中國家有一定的導向性優勢，中國的經濟結構調整和產業升級，都給亞洲其他開發中國家和地區提供了新的機會。在未來 20 年，亞洲經濟有可能超過美國與歐盟國家之和，這個超越的過程能否順利，中印的發展與中印之間的經濟合作將有決定性的作用。

中印以及中國與南盟國家的合作，更大的潛力是跨喜馬拉雅山經濟合作區的願景。尼泊爾與中國的鐵路合作已經確定執行。中國與南亞國家的合作會不會再現東盟 10+1 或 10+N 的格局，目前雖然沒有明確的答案，但潛在的答案是必然的，中國西藏與尼泊爾等南亞國家的貿易通道是歷史性通道，中印之間的經濟交流也不只有喜馬拉雅山兩端，即中亞方向南通道（現今的中巴經濟走廊方向），和西南絲路（現今的中、緬、孟、印通道計畫），中尼通道也同樣舉足輕重。

西藏鐵路向喜馬拉雅山和向青海聯結，從青海格爾木到新疆庫爾勒之間的鐵路開工建設，意味著南亞次大陸與歐洲的聯繫又將增加新的線路。到那時，南亞、中亞與歐洲將會真正地連成了一片。

世界經濟在海上絲綢之路交會

　　中國是陸權貿易國家，也是歷史悠久的海權貿易國家，21 世紀海上絲綢之路同樣淵遠流長。中國的海權來自於和平貿易和兩千年以上的航海歷史，藍色經濟向來都是中國經濟的一部分。中國的陸權貿易是多元包容的貿易，惠及歐亞文明。

　　中國的海權貿易同樣是多元包容的貿易。在新的經濟全球化浪潮裡，21 世紀海上絲綢之路帶著中國與世界，在經濟相互融入中走向新的境界，亞洲、歐洲、非洲、大洋洲、南北美洲在跨大區域經濟合作中愈走愈近，讓地球真正成為世界各國居民的地球村。

　　繼中國國家主席習近平在 2013 年 10 月訪問印尼，提出了建設 21 世紀海上絲綢之路構想，2014 年訪問了南亞三國，是對海上絲路建設又一次有力的推動。鄭和航海以來 600 多年後的中國，終於在新的歷史條件下更大規模地開啟了世界經濟一體化下的新航海時代，這是實現海上「中國夢」的新開端。2004 年 7 月 11 日中國設立航海日，「興海強國」是主要的訴求。喚醒全民航海意識、海洋意識和海洋國土意識，是推動世界貿易投資經濟合作的時代要求，也是中國人實現強國夢必有的精神與意識。

　　航海日的設立，至今已有 10 個年頭，實現從海洋大國到海洋強國的轉變，不僅需要「海陸統籌、綜合開發」，培育壯大海洋戰略性新興產業，高度重視海洋生態保護，更要透過海上絲綢之路實現與世界各國相互貿易、投資與經濟合作，在航海文化建設中增強中國的國際影響力。

　　先說說東半球的海上經貿合作。中國最早的海上絲路方向是東北亞與東南亞，東北亞與東南亞國家的對外經濟交流物件也是中國。這種分不開且割不斷的歷史經濟關係是一望而知的，甚至可以說，在近代列強一再「平衡」亞太以前，東亞國家已經形成了「地域相近、只隔一水」或者「親戚」般的緊密關聯。美國的跨太平洋「再平衡」政策，使得東海、南海風波乍起，引出諸多矛盾。但海上絲路不僅不會從此沉寂，相反地迎來了新的繁榮時代，無論是在東北亞還是東南亞，貿易投資經濟合作依然是國際關係中的主要目標。

　　南韓是中國的重要鄰國，也是國際與地區深具影響力的國家，中韓已建交 22 年，雙方建立了戰略夥伴關係，在許多領域上成為重要的合作夥伴。中國是南韓最大的交易夥伴、最大的出口市場、最大的海外投資對象國，近年超越日本成為南韓第一大進口來源國。南韓是中國第三貿易投資夥伴，第五大外資來源國，雙方互為最大的海外旅行目的地國，最大的留學生來源國。兩國雙邊貿易額超過了韓美與韓日的總額，在 2013 年達到 2742 億美元，是中韓建交之初的 55 倍。

　　當前，中韓都處在迅速發展的關鍵階段，雙方對深化戰略合作夥伴關係都有高度共識。2014 年習近平對南韓的訪問，進一步豐富了中韓戰略夥伴關係的內涵，並就經貿、金融、環境等領域簽署一系列合作檔。2015 年雙邊貿易額將達 3000 億美元。中韓兩國人文交流活躍，2013 年人員往來達到創紀錄的 820 萬人次，在對方國家留學的人均有 6 萬人，兩國友好城市已達 154 對。2014 年，中韓貿易合作區在中國青島啟動，總占地面積 20 平方公里，彰顯 5 個功能定位：創新合作、海洋經濟、人員往來便利化、人文交流和生態城建設。

　　截至 2014 年，南韓在青島累計投入專案 11531 個，實際投資 149 億美元，青島與南韓貿易額突破 85 億美元。2014 年 APEC 領導人非正式會議期間，中韓舉行兩國領導人高峰會。

　　日本歷史上是中國海上絲綢之路重要國家。絲路一直延續未曾斷絕。近年來中日關係因為安倍政府對第二次世界大戰侵華戰爭罪行事實的否定，對中國釣魚臺主權的侵占，兩國關係降到建交以來的冰點，但正常的經濟貿易仍在進行。日本是中國的第五大交易夥伴。2013 年，中日雙邊貿易額為 3125.5 億美元，下降了 5.1％。中國對日貿易逆差為 119.9 億美元。中國對日出口下降 0.9％，中國對日進口下降 8.7％。日本從中國的進口額以日元計算約為 18 兆日元，在其整個進口中占 21.7％。中國的日資企業也有 7700 家左右。

　　據中國商務部統計，全球對華投資曲線基本走平，但日本對華直接投資從 2011 年的高峰一路下跌，2014 年上半年，比 2013 年減少了將近一半。日本刻意壓低日元匯率，中國也開始拋售持有的日本國債，兩國經濟關係繼續走低。但離開中國的多為日本小企業，70％日本大企業還在繼續投資，同時有不少日本服務企業進入中國。但整體來看，2014 年上半年日本對華直接投資減少 48.8％，為 24 億美元，與中國對日投資形成鮮明對比。

　　在海上絲綢之路上，中國、東盟國家與東南亞地區的經濟貿易更頻繁，經濟文化往來也更密切。且不說中國明清以來中國與東南亞地區國家有著怎樣密切的「馬尼拉—蓋普貿易」，大量華人在東南亞開始落地生根，為東南亞地區的經濟發展做出了篳路藍縷的貢獻，也不說

中國與東南亞地區國家共同遭受西方殖民主義的經濟欺凌，發生了經濟全面衰落的歷史逆轉，現在又是如何努力地推進各自的現代化建設，即以目前形成的擁有 19 億人口的中國東盟自由貿易區來講，亞洲國家之間的多邊貿易已經達到 4.5 兆美元的規模。

儘管有個別地區出現複雜因素，但最終消除和解決的途徑依然是經濟和貿易投資的互補合作。換句話說，南海問題的最終解決，要靠經濟、靠海上絲綢之路的發展和陸上絲綢之路的再次復興。越南政府統計資料顯示，中越雙邊貿易額在 2010 年為 273 億美元，2013 年成長到 502 億美元，遠高於美越 287 億美元的貿易規模。越南對華出口占到總出口的 42％。

近年來，中國的許多製造加工企業轉移到越南，有些合作形式類似於當年中國東南沿海地區的「三來一補」，供應鏈在中國，加工鏈在越南，越南北部的電力供應也來自中國。對於這種緊密的經濟關係，連日本媒體也認為，越南不得不在中美間保持平衡。因為中國提供了 50％的紡織品原料。越南需要中國，也需要美國。但越南也有三條底線，既不建立軍事同盟，也不讓別人建立軍事基地，不會專門依靠一國或對抗一國。

中國與東盟國家貿易投資、經濟合作得地緣優勢和近鄰之先。中泰、中柬、中老經濟關係穩定緊密，2013 年中泰雙邊貿易額 644.4 億美元，中國為泰國第一大出口市場和第二大進口國，超過日本，成為泰國第一大交易夥伴。中柬雙邊貿易額 37.7 億美元，較去年同期成長 29.1％。中老在 2013 年 1 月到 11 月貿易額 20.3 億美元，較去年同期成長 29.62％，是中老經濟合作有重大發展的一年。據老方統計，中國在寮國投資 50.85 億美元，是寮國的最大投資國。中柬 2013 年雙邊貿易

額 37.7 億美元，較去年同期成長 29.1％。

中國與新加坡、印尼貿易量更大。據新加坡統計，2013 年中新雙邊貿易額達到 914.3 億美元，比去年成長 11％，占新加坡貿易總額的 11.8％，超過馬來西亞，成為新加坡最大的交易夥伴，馬來西亞退居第二位，占新加坡對外貿易額的 11.6％，第三位是歐盟，占 9.9％。新加坡是中國第 11 大交易夥伴。

2013 年，新加坡對華投資 73.3 億美元。1990 年代建立的中新蘇州工業園取得成功，並複製於江蘇南通、宿遷和安徽的滁州及新疆霍爾果斯，合作啟動「天津生態城」以及「新中廣州知識城」、「新中吉林食品區」。中新兩國 2008 年簽署的中新自由貿易協定，為雙方進一步建立「區域全面經濟夥伴關係協定」和中國東盟自貿協定談判奠定基礎。2013 年，新加坡成為「大中華」的首個離岸人民幣清算中心。2014 年，新加坡與中國開始探討「第三次合作」，共同推動了東盟互聯互通總體規劃，將在中國西部城市建立新的工業園區。中新經濟合作是中國—東盟國家合作典範，合作深度和區域與區域分布愈來愈深廣。

據印尼統計局統計，2013 年，中國與印尼雙邊貿易額 524.7 億美元，中國僅次於日本，為印尼第一大進口市場和第二大出口市場。印尼對華出口產品主要是煤炭、礦產品、橡膠製品、動植物油、木漿紙漿五大類，中國對印尼主要是機械電子產品、鋼材、有機化學品等。

印尼是一個 90％以上國民為穆斯林的國家，但也是多元宗教共處的世俗國家，擁有 300 多個民族，1.3 萬個島嶼，以及 2.5 億人口，是世界第四人口大國。印尼新總統佐科‧維多多是木匠出身，是 1998 年以來首個與蘇哈托獨裁政權無關的民選領導人。作為東盟的「領頭

羊」，印尼將把建立東盟共同體推進區域全面經濟夥伴關係協定作為主要課題，同時要全面推動經濟改革，優先發展基礎設施建設，建設「貫穿印尼東西部的海上走廊」和 10 個「世界級樞紐港」，大力發展造船業和海運業，建設多個由爪哇島通往全國的工業走廊，改變過度依賴初級產品資源出口的經濟結構弱點，推動製造業升級。印尼新政府上臺以後，經濟建設也成為主要目標，開始彌漫著新的樂觀氣氛。這個擁有 2.5 億人口的世界第四人口大國，希望成為東南亞經濟的發動機，很多人將其比作 30 年前的中國。

印尼的經濟規模在東盟國家中堪稱第一，10 年來每年平均經濟成長率約為 5%，到 2011 年前 5 年中出口翻了一番，達到 2024 億美元。儘管人均收入只有 3580 美元，但有較大成長的趨勢。有人估計，到 2030 年，其中產階層將由目前的 4500 萬人增加到 1.35 億人，是一個發展中的重要新興市場。印尼資源豐富，能源與有色金屬及棕櫚油是其優勢產品。印尼也是「亞投行」的創始成員，印尼的「全球海洋支點」和「亞太海運軸線」發展戰略理念與中國的 21 世紀海上絲綢之路互為補充，非常接近，兩國關係具有很大的發展空間。

2014 年 5 月底，馬來西亞總理納吉布訪問中國，共同提出不斷深化中馬全面戰略夥伴關係，提升雙邊貿易和投資水準，擴大雙邊本幣結算規模。馬來西亞歡迎中國企業參與馬來西亞經濟發展。中馬雙方目前貿易額為 1000 萬美元，從 2009 年起，中國就成為馬來西亞最大的交易夥伴，主要貿易商品是電子、棕櫚油、石油化工和機械產品，中國企業投資領域有金融、房地產。目前，中國企業在東盟國家投資增多，2013 年在馬來西亞投資較去年成長 193.3%，增幅在東盟 10 國裡位居第一，

馬來西亞希望引進更多的高科技產業投資。馬來西亞也是世界穆斯林食用品認證與製造中心，中馬清真產業互補性強，中馬企業已在巴生港自貿區建立展示加工中心，這是中國清真食用品走向世界的第一站。

汶萊在中國史書上稱為婆利國或勃泥國，在中國明代，中文兩國往來頻繁，其古代國王麻那惹加乃之墓在中國的南京。中汶兩國在海上絲路合作中的潛力同樣巨大。

從 2003 年起，中國與東盟建立「面向和平與繁榮的戰略夥伴關係」，雙方經貿發展進入快車道，雙邊貿易額從 2003 年的 728 億美元增至 2012 年的 4436 億美元。雙向投資額累計超過 1200 億美元。中國是東盟的第一大交易夥伴。東盟國家不僅與中國東部沿海城市經濟聯繫密切，與中國的內地也有同樣密切的經貿關係。2014 年年中，中國被譽為「九省通衢」的內陸中心城市武漢，也開通了經由長江黃金水道和上海、基隆駛向越、柬、泰、老的直航班輪。武漢東盟航線還會向新加坡、馬來西亞、印尼延伸。據武漢市統計，2013 年，武漢對越南出口額 4.08 億美元，對泰國出口額 3.27 億美元。東盟國家已是武漢的第二大交易夥伴。

東盟是僅次於歐盟和美國的對華第三大交易夥伴。但對東盟來講，中國是其第一大交易夥伴。由於歐盟經濟低迷，中國與東盟的貿易更顯重要。但由於各國經濟成長速度都在放緩，再加上自貿談判都在交叉進行磨合，世界貿易處於盤整中，再加上各種原因，中國對東盟國家出口由兩位數成長降為個位數，但仍然處在高位。如中國與越南雙邊貿易在 2014 年前 8 個月成長 22.4％，比 2013 年全年的成長速

度 29.8％降了 7 個百分點。

目前，東盟正在規劃 2015 年前建立東盟經濟共同體，提出內部成員關稅自由化，減免不必要的通關手續的便利化措施。目前，包括印尼、新加坡、汶萊、泰國、馬來西亞和菲律賓在內的東盟 6 國已實現 99.56％產品零關稅，柬埔寨、寮國、緬甸、越南 4 國 98.86％的產品關稅稅率降至 5％以下。東盟一體化的加深，促進生產要素在東盟市場流動，也為東盟國家吸引外資創造了條件。第 46 屆東盟經濟部長會議宣布，東盟與中國展開中國—東盟自貿區升級版談判，進一步推進基礎設施、金融和海洋等方面的合作。

中國—東盟高峰會，為一帶一路找到共識

在第十一屆中國—東盟博覽會和投資高峰會上，中國提出進一步擴大合作的 6 點建議和計畫：一是深化政治互信。二是推進 21 世紀海上絲綢之路建設優先領域，推動貿易投資便利化，開放市場，降低關稅，開展新一輪服務貿易談判，在中小企業合作、能源、環境等方面簽署協定，努力實現 2015 年雙邊貿易額達到 5 千億美元、2020 年達到 1 萬億美元的目標，在建設好「中馬欽州產業園區」和「馬中關丹產業園區」的同時，歡迎與東盟國家更進一步地互設產業園區，並積極探討建立跨境解決合作區。

三是加強互聯互通建設，著力構建海運水運網、高速公路網、高速鐵路網、航空網、通信光纜網、港口城市合作網和物流資訊公共平臺、籌建亞洲基礎設施投資銀行、擴大雙邊本幣互換和人民幣跨境貿易結算、建設人民幣和東盟國家貨幣的市場交易中心等。

　　四是開展海上合作，將 2015 年確定為「中國—東盟海洋合作年」，探討建立海上執法機構間交流合作機制，推進海洋經濟、海洋環境、海上安全、海上聯通和海洋人文合作。五是推進次區域合作，積極推動南寧—新加坡經濟走廊建設，加強大湄公河次區域經濟合作中的相互配合。六是增進人文交流。中國與東盟作為全球兩大經濟體，相互需要，建立「中國—東盟貿易通道」勢在必行，前景更加看好。

　　海上絲路貿易，對於南亞地區的國家具有更重要的意義。中國與印度、孟加拉、斯里蘭卡以及緬甸南部地區，歷史上貿易頻繁，現在更加密切。2013 年 8 月，由中國招商局融資並建設的斯里蘭卡可倫坡南港集裝箱碼頭正式開港，這是一項代表性的經濟合作專案。在印度洋地區，中國還與相關國家合作建設和維修港口設施，如巴基斯坦的瓜德爾港、孟加拉的吉大港、計畫中的馬來西亞的關丹港升級改造等，將會進一步提升南亞地區海上絲路經濟貿易效率。這與某些國家恢復或建立軍事港口與基地，也形成了鮮明對比。

　　「一帶一路」是中國與南亞國家一同實現騰飛的雙翼，在 2020 年，中國和南亞國家雙邊貿易額有望提升到 1500 億美元，中國對南亞投資提升到 300 億美元，並將提供 200 億美元的優惠貸款。

　　中國是印度的最大交易夥伴，兩國雙邊貿易額接近 700 億元，但印方的資料顯示，印度對中國的貿易赤字已從 2001 年前的 10 億美元升至 2014 年的近 400 億美元。降低貿易赤字，主要得靠從中國市場尋找更多的出口機會，在印度建立中國企業工業園是一個辦法。2015 年中印雙方的雙邊貿易額目標訂為 1000 億美元。

　　亞洲開發銀行政策分析認為，與中國簽署自貿區協定，將為中印

兩國經濟高速發展提供更多的機會，使印度製藥業和 IT 業極大受益。在互聯互通方面，中、孟、印、緬 4 國經濟走廊建設正在迎來歷史機會，按照相關的初步設想，這條經濟走廊途經印東北部，有較高的邊際效應，是中國、印度和南亞各國「海陸並進」共同建設「一帶一路」的重大行動。

在 2014 年金磚國家領導人第 6 次會晤中，莫迪說，深化中印友好合作關係對印度很重要。中印都是文明古國，兩國文化交流淵遠流長，要共同弘揚和平、包容的精神，攜手應對全球性問題和挑戰。中印兩國也是當今世界發展最快的新興經濟體，儘管有邊界問題，但並不妨礙兩國在現實和平氣氛中加強經濟合作、相互理解、友誼和互信。

值得注意的是，2014 年 6 月 28 日，印度副總統哈米德·安薩里、緬甸總統吳登盛與中國國家主席習近平在北京共同出席和平共處五項原則發表 60 周年紀念會。這對絲綢之路經濟帶建設與 21 世紀海上絲綢之路建設在南亞的進一步定位有重大意義。在紀念會上，習近平提出，堅持主權平等、堅持共同安全、堅持共同發展、堅持合作共贏、堅持包容互鑑、堅持公平正義。

和平共處五項原則是 1954 年當時的中國總理周恩來與印度尼赫魯總理在中印有關中國西藏地區的協定中首次提出，後在萬隆召開的亞非會議上公諸於世。從那時起，互相尊重主權和領土完整、互不侵犯、互不干涉內政、平等互利和和平共處五項原則，日益成為指導國家間關係的基本準則。

和平發展的精神也是絲路的核心精神，對「和平共處五項原則」的共同紀念，將為現代絲路的建設鋪上歷久彌新的國家關係的永久背景。一些希望看到中印關係緊張的人，一廂情願地忽略了中印極為長遠

的海上與陸上的貿易文化聯繫，即在最早的與地中海貿易有關的厄立特里亞海貿易中和陸上絲路貿易中，中印就是長期的交易夥伴，而那些人也一廂情願地忽略了中印之間相似的發展主張和共同的發展利益。

目前，印度啟動了「莫迪經濟模式」，要在短期內把經濟成長速度重新提升至7%至8%的水準。莫迪重視印日關係，但更重視中印關係，相對等距離平衡，是由其一貫的「不結盟」政策傳統所決定的。

事實上，莫迪政府實行的是全方位外交，莫迪在訪美之前和訪美之中，多次提出「東望」和「西聯」政策。「東望」政策在1990年代就已提出，致力於東亞，特別是東南亞；「西聯」則包括對中東各種力量及美國政策動態的關注。

莫迪訪美時與以色列總理會見，也是有內在資訊的。但無論如何，莫迪在訪日時講到他的血管裡流著商人的血，是商人就會重視經濟，因此，中印推動經濟發展的共識是一致的，這是中印經濟合作最重要的基礎。

習近平訪印進一步證實了這個基礎，中國企業計畫投資建立中企工業園，並參與印度鐵路更新改造及建設高速鐵路的雙邊合作。中印經濟合作將會愈來愈緊密，不僅在基礎設施、通信和核能領域，還在諸如20國集團、東亞高峰會和金磚國家等多邊論壇方面加強合作。

印度已提出加入上海合作組織的申請。習近平在印度世界事務委員會發表演講，強調中印兩國要成為更加緊密的發展夥伴、引領成長的合作夥伴、戰略協作的全球夥伴，揭開了中印兩國共同攜手追尋民族復興之夢新的一頁。《中國印度關於構建更加緊密的發展夥伴關係的聯合聲明》，是中印關係里程碑式的重要聲明。

中印兩國領導人決定，雙方將透過中印戰略經濟對話探討新的經

濟合作領域，包括產業投資、基礎設施建設、節能環保、高技術、綠色能源、可持續都市化和建設「智慧城市」項目，加強印度 IT 企業與中國企業的聯繫，促進旅遊、電影、醫療保健、IT 和物流的服務產業貿易，簽署了《經貿合作五年發展規劃》，簽署了鐵路合作備忘錄和行動計畫，並加強兩國金融監管部門的合作，啟動中印文化交流計畫等。

印度有一個「半高鐵」計畫，列車時速由每小時 130 公里提高到160 公里。中國幫助啟動的是金奈到班加羅爾、邁索爾的線路，印度計畫在另 8 條走廊開通「半高鐵」。

印度是獨一無二的陸路和海上「雙絲路」貿易連接交會的大國。因此，中印之間的貿易投資和經濟合作具有更大的地緣範圍，中印對推動世界多極化、經濟全球化、文化多樣化、社會資訊化等重大的全球性議題，達成了認知上的一致，其影響遠遠超過了中印之間的雙邊關係。

對印度，西方的一些政治地緣學者有許多設想，希望看到美、日、印在經濟和「安全」利益上趨同。美國《國家利益》雙月刊 2014年 10 月發表了一篇《美日印三邊合作的時代到來》的文章，認為「將它們連接在一起的印度洋太平洋戰略架構彰顯了它們的地理聯繫與交叉重疊」，美日公司可以將印度作為一個低成本製造中心和巨大的商品銷售市場，同時可以在印度洋地區參與維護美日兩國的利益。

但它們也十分明白，「無論怎樣趨同，美國、日本和印度是三個截然不同的國家，它們處於不同的經濟發展階段，在某些問題上戰略定位不同，因此有時候它們的利益必定背道而馳」。

這三個國家與中國，有合作有競爭，中國是它們的最大交易夥伴，「哪怕是一個針對中國或明確以中國為關切焦點的組合的可能性也很小。印度非常重視保護自己的主權和獨立，絕不會參與有可能危及

其外交政策自主性的行動。中國和印度是金磚國家的創始成員，都在謀求一個在國際管理方面給予新興國家更大發言權的多極世界。中印是鄰國，謀求良好的對華關係將是任何一屆政府的外交支柱」。

對兩國經濟合作，印度副總統哈米德·安薩里在中國社會科學院發表的講演中說：「印度成長的消費市場、技術人員、先進的軟體業，和中國的巨大市場、雄厚的製造業和成本競爭力相結合，能為兩國經濟合作提供良好平臺。」

中國與斯里蘭卡的貿易更加淵遠流長。斯里蘭卡古稱「錫蘭」，國土面積 65610 平方公里，人口 2000 多萬。斯里蘭卡意即「光明富饒之樂土」，有眾多港口，是海上貿易集散地。西元 410 年，晉代高僧法顯曾從印度赴斯里蘭卡遊學，著有《佛國記》。鄭和第三次下西洋，曾在這裡立有「三語佈施碑」，現藏可倫坡國家博物館。

「三語佈施碑」是 1911 年在斯里蘭卡南部一個小城中發現的，鐫有中文、泰米爾文和波斯文。在斯里蘭卡還發現中國銅錢，有唐朝的「開元通寶」，也有宋代的「紹元通寶」、「淳元通寶」。西元 15 世紀，當時的斯里蘭卡王子訪問中國，後來定居福建泉州，其後代為世姓，至今仍在泉州和臺灣地區定居。斯里蘭卡傳統產業除了寶石，源於中國的茶產業也同樣著名，年產值 10 億美元，約占國民總收入 15％。中斯現代經貿合作往來始於 1952 年的「米膠貿易」，已經歷了半個世紀。21 世紀海上絲綢之路為中斯貿易投資經濟合作的升級提供了新機會。

目前，中斯兩國在基礎設施建設方面的合作進展扎實，中國企業參與建設的港口由承建開始轉為投資，探索了投資合作的新模式。除了西岸可倫坡集裝箱碼頭之外，可倫坡海港城的三分之一由中國企業開

發，斯里蘭卡南部海港漢班托特港第二期工程也在進行。中國與斯里蘭卡共同建立中斯經貿聯絡委員會。斯方認為，斯里蘭卡的勞動成本低於中國，中國企業應當積極投資。斯里蘭卡的基礎設施不斷完成，中斯自由貿易協定正在商定，雙邊經貿、能源、農業、衛生醫療等領域合作加快。

中國國家主席習近平訪斯里蘭卡，雙方簽署了《中斯關於深化戰略合作夥伴關係的行動計畫》，中斯合作是建設海上絲路的關鍵一環。斯里蘭卡政府更迭，一些合作項目出現波折，但不會影響中斯經濟緊密合作。斯里蘭卡新政府將保持與中國和印度的全面合作關係。馬爾地夫也是古代海上絲綢之路必經之地。中馬不斷擴大旅遊、貿易和基礎設施領域合作。海上絲綢之路復興構想對南亞發展的影響巨大。馬爾地夫與斯里蘭卡都表示積極參與 21 世紀海上絲綢之路建設。

海灣六國，蘊含陸上與海上絲綢之路最大的建設力量

中東地區是世界重要的經濟地區，中國和中東海灣國家、地中海國家以及歐洲的經濟聯繫，一直是以傳統的海路方式進行。中阿是海上絲路共同的創造者。阿拉伯民族是天生的航海者，也是厄立特利亞海上貿易的開拓者。厄立特利亞海上貿易從阿曼開始，一端連著紅海與古代埃及，一端經由印度、斯里蘭卡進入南中國海，直達廣州。

傳說中的水手辛巴達的原型就是阿曼水手，曾經駕駛單桅船耗時兩年抵達廣州，後定居於廣州，是阿拉伯的海上馬可·波羅。至今阿曼人還把廣州作為第二市場，連家裝的瓷磚都要到廣州去選購。中東地區也是商業人才（特別是航海貿易人才）聚集的地區。

　　阿拉伯商人群體是在時間上僅晚於地中海商人的商業群體，除了水手形象辛巴達，中國的古老海港城市的方志記事裡，都記有像泉州大賈蒲壽臣這樣「富可敵國」的商業人物。泉州的靈山聖墓和清淨寺也是昔日阿拉伯商人後裔的遺跡、廣州也有大量的伊斯蘭古跡遺存。泉州人至今還保留開早市的習慣，也與絲路繁榮的歷史相關。

　　中國是阿拉伯國家的第二大交易夥伴，阿拉伯國家也成為中國的第七大交易夥伴。1996 年，中國與 22 個阿拉伯國家間的貿易額不足 60 億美元，2004 年達到 367 億美元，2010 年雙方確立中阿戰略夥伴關係，雙邊貿易額首次突破 1 千億美元。即使在貿易保護主義抬頭、貿易放緩的 2012 年，中阿貿易也是逆勢上揚，達到創紀錄的 2224 億美元。雙方 2014 年的貿易目標是 3 千億美元。中阿經濟互補性強，合作潛力巨大。

　　阿拉伯世界地處國際交通要衝，油氣資源豐富，已探明儲量占全球 60％，號稱「世界加油站」。海灣 6 國合作委員會擁有「石油美元」的雄厚財力，其主權財富基金高達 2.5 兆美元，亟須尋找投資方向。以海灣國家為主導的石油輸出國組織在油價暴跌中堅持不減產，可見其財力之雄厚。

　　中國是阿方優勢能源產品的穩定市場，阿方對中國的基礎設施建設技術有較強的需求。中國西部特別是寧夏回族自治區，是阿拉伯國家投資貿易的重要地區，雙方無論在共建海上絲綢之路還是陸上絲綢之路經濟帶上，都有強烈的誘因。

　　中阿是陸上絲綢之路與海上絲綢之路歷史上最大的建設力量，特別是在西元 6 世紀以後，是連續不斷的海陸貿易的主流與中堅。中阿古代貿易圖就是當時的世界貿易圖。現在，中阿在新的世界經濟一體

化中再次機緣投合，中阿貿易投資也將出現新的局面。可以這樣講，中阿經濟再次在海上和陸上更緊密的握手，既是世界經濟一體化的亮麗風景，也是絲綢之路全面復興的一個象徵。

中阿目前的合作仍舊可圈可點。以阿拉伯半島的阿曼、杜拜地區和沙烏地阿拉伯為例，石油出口在阿曼對中國的總出口中占近90％的份額，中國在阿曼的石化等行業也有互利共贏的投資，雙邊貿易額已達230億美元。2014年一季度，中國已經成為杜拜頭號交易夥伴，雙方貿易額達到105億美元，比去年同期成長27％。2013年，沙烏地阿拉伯的GDP增幅3.8％，據IMF預測，2014年將達4％。統計顯示，在2008年至2012年全球經濟不景氣的情況下，沙烏地阿拉伯吸引外國投資共達1140億美元。

隨著經濟高速成長，許多行業都有很大的商機，交通、物流、能源服務、石化產品生產、電信和醫療衛生行業都需要全面開發。在投資環境優越性方面，沙烏地阿拉伯位列全球第二十六位，是中東北非排名靠前的國家。沙烏地阿拉伯為了促進外國投資成長，除零售、工程製造和諮詢管理之外，其他所有行業都可以由外資百分之百控股。

目前，沙烏地阿拉伯計畫在沙漠裡建設「國王經濟城」，是類似中國深圳一樣的工業城，它們希望中國公司的投資占到總投資的20％。在此同時，位於歐亞8小時航空經濟圈的阿聯酋長國杜拜，計畫投資320億美元建設可與英國希思洛機場相比的世界最大航空樞紐。

為了加強與中國的經濟合作與貿易聯繫，中東各國領導人相繼訪問中國。2014年6月，中阿合作論壇在北京舉行。科威特首相賈比爾明確表示，提升雙邊貿易水準和雙向投資水準，推進金融、基礎設施建設、物流等領域合作，大力推動「海合會」（海灣阿拉伯國家合作委

員會，成員包括阿聯、阿曼、巴林、卡達、科威特和沙烏地阿拉伯6
國）與中國自貿區談判。自貿協定談判有國家與國家的雙邊模式，也
有緊密經濟共同體國家統一為一邊的模式，這顯然是一個包括「海合
會」所有成員國的貿易新對接。

　　由於石油貿易數量大，中國對中東國家存在貿易赤字，中國正在
尋求更多元的商務聯繫，如核能、航空航太等專案合作，作為能源貿
易的補充與對沖，為經濟合作與投資進一步創造新的空間。阿拉伯國
家地區人口近 3.5 億，GDP 超過 3 兆美元，是世界重要的消費市場。
在中國對海灣國家的出口中，消費品是大宗，但投資品也在增加。中
阿深度經濟合作對絲綢之路經濟帶和海上絲路建設影響深遠。

海上絲綢之路，讓中國成為非洲第一大交易夥伴

　　透過海上絲綢之路，中國已經連續 5 年成為非洲的第一大交易夥
伴。對非投資存量超過 250 億美元，投資非洲的中國企業也有 2500
家左右。目前，中非雙邊貿易額為 1200 億美元，到 2020 年預期達到
4000 億美元。2014 年，中國向非洲國家增加至少 120 億美元的援助，
包括 100 億美元的貸款額度，這使得中國給非洲的貸款額度總額達到
300 億美元。中國還為中非發展基金增資 20 億美元，使其達到 50 億美
元的規模。

　　中國與非洲進一步加強產業合作、金融合作、減貧合作、環保合
作，打造中非合作「升級版」。中國將與奈及利亞等非洲國家合作修建
投資 131 億美元的鐵路，包括連接非洲幾個國家首都城市的高鐵，進
一步促進非洲地區的經濟發展。2014 年 8 月，由中國企業承建、橫貫

安哥拉全境和全長 1344 公里的本格拉鐵路全線竣工，2015 年 2 月通車。這是繼 20 世紀中國援建坦贊鐵路（坦尚尼亞—尚比亞）之後在非修建的最長鐵路，未來還將與安贊鐵路（安哥拉—尚比亞）、坦贊鐵路接軌，實現南部非洲三聯互通，形成印度洋、大西洋通道。

中國公司在非洲的鐵路工程項目，還有造價 38 億美元的東非鐵路、總投資 40 億美元的衣索比亞至吉布地電氣化鐵路、建設造價 56 億美元的查德鐵路、投資規模 130 億美元的奈及利亞沿海鐵路和蒙巴薩至奈洛比的鐵路等。中非之間的產業合作前景廣闊，方法也十分靈活，在合作建設專案的同時也能提供用於支付項目費用的貸款。中非在經濟文化全面合作的前景也很廣闊，在西元 14 世紀的鄭和航海中，中非實現了經濟文化與貿易的一次歷史大接觸，在 1950 年代出現過一次合作高峰，超越歷史的經濟合作如今開始進入不斷升級的新階段。

非洲國家經濟發展也很迅速，世界銀行新發布的《全球經濟展望》顯示，2014 年，撒哈拉以南非洲國家 GDP 成長速度平均為 4.7%，預計 2015 年為 5.1%，隨著坦尚尼亞發現海洋天然氣，烏干達、肯亞油田引進外資擴大生產規模，撒哈拉以南的非洲國家發展步伐還會加快。根據坦尚尼亞央行「金融穩定報告」指出，坦尚尼亞 2013 年較去年同期成長 7%。預計 2014 年和 2015 年將分別達到 7.2%和 7.5%。

奈及利亞是西非經濟發展的新亮點，中國和奈及利亞貿易額在 2013 年達到 136 億美元。根據奈及利亞國家統計局公布的 2013 年資料，該國 GDP 總量為 80.22 兆奈拉，約合 5099 億美元，比上一年成長 7.41%。南非 2013 年 GDP 總量為 4021 億美元，從資料上看，「西非雄鷹」已經超越了「南非大象」。奈及利亞改變了過去的單一「資源出口

型」經濟模式，服務業日益成為帶動經濟成長的火車頭。

　　以電信業為例，過去該國僅有一家電信運營商，目前則擁有十餘家電信運營商，在網用戶 1.69 億。奈及利亞還擁有自己的電影產業基地「瑙萊塢」，年產電影超過 1000 部，成為繼美國和印度之後的第三電影生產基地，占據了西非大部分國家電影院的螢幕。

　　作為非洲人口第一大國，其廣闊的消費市場和良好的經濟發展前景吸引著更多的外國企業。奈及利亞經濟發展也面臨著諸多的問題，農業產品尚不能自給，基礎設施建設方面存在諸多的弱點，尤其是電力供應嚴重短缺、市政基礎設施老化、機場和港口運力不足等問題長期困擾著該國的經濟發展，這也正是中國和奈及利亞經濟互補的重要切口。2014 年下半年開始的石油價格下跌，對奈及利亞是一個重創，物價上漲，經濟成長速度下跌，加快了結構調整。從長遠看，奈及利亞仍有較大的發展潛力。

　　在東非，衣索比亞或將成為新的世界工廠，紡織和服裝業成為經濟發展的領頭羊，因此讓該國成為又一個由人口紅利推動經濟成長的非洲前哨國家。在衣索比亞，工人每月的工資為 50 歐元至 60 歐元，遠低於中國，也比肯亞、賴索托、迦納和盧旺達低。他們創造了全球最強勁的成長率之一，即在 2004 年到 2011 年間平均成長了 10.6%。雖然衣索比亞紡織產品出口額目前只有 1 億美元，而亞洲另一個新興的紡織服裝大國孟加拉出口已經超過 200 億美元，但後來居上的趨勢不可小覷。

　　剛果共和國是中非重要資源豐富的國家，中剛在已經開展的「石油、電信工程完整合作」框架下，不斷探討合作新模式，推進鐵路港

口建設和建立合資銀行。

　　2011 年，非洲各國領導人決定建立非洲自貿區，推進區域經濟一體化進程，實現區域內貨物自由流通，非洲自貿區覆蓋東南非共同市場、東非共同體和南非共同體 26 個成員國，惠及 6 億人。根據規劃，非洲自貿區將於 2016 年建成，2014 年年底完成自貿談判。

　　南共體是 1992 年 8 月成立的地區性政府間合作組織，成員國面積占非洲 33%，人口占 27%，GDP 占 36%，是資源富集地區，但長期以礦業和初級農產品為主產業，製造業在工業總產值中只占 11%。南共體制定了 2015 至 2020 年的發展規劃，把工業化、共同市場、基礎設施建設和社會發展作為四大重點，發展跨國鐵路、公路、港口、通信、電力，推動建設南共同體 8 國「南北經濟發展走廊」。

　　透過 21 世紀海上絲綢之路，不僅中非經濟合作在不斷升級，整個亞洲與非洲的經濟聯繫愈走愈近。印度、南韓、土耳其以及拉丁美洲的巴西都與非洲建立緊密的經貿關係。在對非貿易方面，中國占 38.5%，印度為 14.1%，南韓為 7.2%，巴西為 7.1%，土耳其為 6.5%，其他國家為 26.7%。中國對非雙邊貿易額在 1200 億美元以上，印度是 700 億美元。印度目前已經超過美國，成為奈及利亞石油的最大進口國。

　　奈及利亞國家石油公司資料顯示，2014 年上半年，美國從奈及利亞進口石油 20 萬桶，印度達到 75 萬桶。非洲國家也開始紛紛向東看，從 1990 年起，非洲對亞洲出口逐年遞增 10.4%，遠遠超過對美出口的 4.6% 和對歐盟國家出口的 3.7%。美歐對非貿易的萎縮與亞洲對非洲的貿易發展，形成了鮮明的對比，這讓歐巴馬也有些坐不住，匆忙之中開始訪問非洲。

中國與歐洲經貿往來，海上絲綢之路同樣重要

目前，中國與歐洲的經濟貿易同樣借重於海上通道，尤其是 20 世紀進入地中海的黃金水道蘇伊士運河鑿通以後，海上絲路便成為直接聯通歐亞經濟文化的主管道，在當時和現在都發揮了經濟貿易海上大動脈的作用。目前，中國與歐盟國家之間的經濟技術交流愈來愈緊密，2013年中歐雙邊貿易額達到 5591 億美元，日均貿易額超過 10 億歐元。歐盟已連續 10 年保持中國第一大交易夥伴地位。中歐經濟貿易與跨國旅遊業迅速發展，尤其是跨國旅遊業，為拉動歐洲市場復甦的貢獻頗大。

英國與中國在 10 年前就建立了全面經濟戰略夥伴關係，中國已經成為繼美國、歐盟之後英國最大交易夥伴。2013 年中英雙邊貿易額高達 504 億英鎊。在投資領域，2013 年英國在對華投資中排名第二，2012 年年底累計直接投資 187.8 億美元，2013 年中國對英國直接投資89 億美元。目前，有 400 多家中國公司進入英國。兩國的經濟關係愈來愈緊密。

在歐洲，英國的經濟發展比較好，2014 年 9 月英國公布對國民經濟核算標準做出大幅調整，根據調整後的新標準，英國經濟衰退比之前認為的要輕微，目前的經濟產出也超過衰退前的峰值。高盛公司對英國經濟做了新的預測，認為 2014 年英國 GDP 成長速度可以達到 3.4％，2015 年為 3％。IMF 對 2014 年的預測是 3.2％。英國的經濟成長有一定歷史意義，不只在本次危機後率先復甦，也被認為是從 100 年來最漫長的經濟衰退中開始復甦。在 2008 年，開始於金融部門的經濟危機一度讓英國經濟成長速度下降 7.5％，目前的成長無異於出現反轉的態勢。

　　在這種情況下，英國強化貿易與吸引外來投資，尤其是吸引對華貿易和投資。英國放寬了對中國訪客的簽證限制，可以一次性同時申請申根簽證和英國簽證，此舉可以為英國帶來 10 億英鎊的旅遊收入。他們預測，到 2030 年，每 6 名國際旅客中就有 1 名中國人。根據英國旅遊局的資料，2013 年，訪英的中國遊客平均每人次消費 2508 英鎊，而其他國家遊客平均是 640 英鎊。這從個側面反映了中英經濟全面合作的重要性。

　　另一個側面是，英國工業重鎮曼徹斯特空港城在 2014 年派出商務代表團，到中國北京、天津、上海路演，希望中國高端製造業、再生能源、材料和生物技術企業前去投資。曼徹斯特空港城是英國在舉辦奧運會重建東倫敦之後的重要開發專案，開發價值高達 8 億英鎊，是商業中心，也是投資中心。

　　目前是歐洲吸引外國投資最熱門的地方。2013 年，英國獲得的投資專案占歐洲五分之一，逼近其過去 10 年的最高點，超過後居第二位的德國。在一些投資者看來，今後三年，英國是僅次於中國、美國、印度、巴西之後最吸引外國投資國家的第五位。普華永道預測，英國 2020 年將超過法國成為第五大經濟體。

　　2013 年，法國的 GDP 為 2.88 億美元，英國是 2.28 億美元。2007 年英國曾經超過法國。普華永道還預測，2013 年英國經濟規模比德國落後 30％，到 2030 年英國的經濟規模可能只比德國落後 12％。但 2030 年印度的經濟規模將超過英國成為第五大經濟體，屆時英國還會退居世界第六位。

　　目前，英國是中國在歐盟內僅次於德國與法國的第三大交易夥伴，以及第二大實際投資來源地和中國海外投資主要目的國。2013 年

中英雙邊貿易額達 700 億美元，但英對華出口為 101 億美元，德國與法國分別是 734 億美元和 190 億美元，有很大的對華出口空間。2014年，雙方深化務實合作，加強核電、高鐵等基礎設施建設合作，簽署了40 多項協定，涵蓋金融、能源與教育，總價值 140 億英鎊，約為 235億美元。中英發表聯合聲明，2015 年雙邊貿易額要達到 1 千億美元。

為進一步提升中英共同成長、包容發展的夥伴關係，英國歡迎中國企業繼續在英投資交通、能源基礎設施，尤其是核電、高鐵、海上風力發電和光伏（讓太陽光射到（石圭）材料上產生電流直接發電）項目。同時雙方在兩國外匯市場開展人民幣對英鎊直接交易。

雙方還重申，根據《中歐合作 2020 年戰略規劃》，儘快就自貿協定開展聯合可行性研究，維護加強以世界貿易組織為代表的多邊貿易體制，建立開放型世界經濟。值得再次強調的是，英國是歐洲已開發經濟體中第一個提出加入亞投行的國家，中英經濟之間將有更緊密的聯繫。

愛爾蘭與中國的雙邊貿易從 2003 年到 2013 年成長 125％，達到80 億歐元。愛爾蘭在軟體發展、通信技術和生物技術方面具有很高的水準，曾被評為最適宜經商的國家之一。目前，愛爾蘭投資發展局在中國上海、北京、深圳設立辦事處，中國華為、聯想、中興、騰訊等企業也在愛爾蘭設駐點。

在北歐和中歐，經濟貿易合作同樣活躍。中國與德國經濟貿易規模較大，也是陸路貿易中轉地。德國企業看到中國對能效和綠色能源建設的巨大需求，對中國市場愈來愈關注。默克爾已經 7 次拜訪中國，有效地推動了中德兩國經濟關係發展，中德兩國確立了發展互利的創新夥伴關係，能源、電動汽車、環保、高科技領域是合作重點。默克爾特別

希望德國的企業能拓展中國西部市場，要把雙方需求契合的領域，如節能、能效、都市化、低碳發展、可再生能源的合作整合到 2015「中國創新合作年」之中。

中德關係正像德國駐中國大使柯慕賢所言，「中德並非戰略對手，相反的，兩國經濟有互補性，戰略上也有匹配之處」。目前，德國正在實施「工業 4.0 戰略」，也就是繼機械化、電氣化和資訊化技術之後，把物聯網與互聯網引入製造業，進入第四次工業革命。其一是「智慧工廠」，主要是智慧化生產流程。

其二是「智慧生產」，物流生產管理人機互動。透過「工業 4.0 戰略」，德國 6 個行業產值預計到 2025 年成長 780 億歐元，平均每個行業年成長 1.7%。30 多年來德國一直是中國在歐洲的最大交易夥伴。中德貿易額一直占中歐貿易的近三分之一，相當於中國與英、法、義的總和。歐盟對中國出口的一半來自德國，自中國進口的四分之一流向德國。中國從歐盟引進技術的四成也來自德國，德國對中國投資也占歐盟的四分之一。2013 年中德雙邊貿易額達到了 1404 億美元。中國與德國貿易在 29 年裡成長 11 倍。

中德是「創新合作夥伴」，德國企業憑藉先進科技可以在中國市場獲得很大的商機，很多技術也需要在中國研發。中國方興未艾的環保和醫療市場也有很大的吸引力。德國的經濟發展水準是歐盟國家的代表，目前的人均 GDP 是歐盟平均水準的 124%。奧地利人均 GDP 是歐盟平均水準的 129%，位列歐盟第二。瑞典、荷蘭是 127%，愛爾蘭是 126%，丹麥是 125%。盧森堡第一，是歐盟平均水準的 264%。

在西歐，中國與法國貿易關係穩定。2013 年，中法雙邊貿易額 522.7 億美元。法國對中國貿易逆差為 131.2 億美元。中國是法國第八

大進口來源國和第八大進口市場。在法國與亞洲貿易的層面上，中國是法國第一大出口市場。法國輸入中國的產品主要是機電產品、化工產品、運輸設備等，中國輸法產品主要是機電產品、紡織品、家具、玩具等。法國與其他歐盟國家一樣，對美或在歐盟內部貿易比較已開發國家，如德國、比利時、義大利、荷蘭、美國、英國、西班牙是法國的前七大進口來源國，義大利、英國、西班牙、美國、荷蘭等是其前七大出口目的國。

中國與歐盟國家是世界的兩大經濟體，中國與歐盟國家的多邊經濟合作比較持久。在歷史上就是絲綢之路經濟帶兩端的經濟技術交流的最終目的地和受惠者，未來會有更大的發展前景。2014 年 9 月，中歐高級別人文交流對話機制第二次會議在北京舉行，會議的內容對打造中歐和平、成長、改革、文明四大夥伴關係具有重要意義，中歐關係的戰略性不斷提升，愈來愈具有全球影響。

中國與歐盟各國的經濟合作潛力無限，以 2014 年 6 月中國海關發布的資料為例，中國外貿在經歷半年多的負成長之後，從 5 月起成長速度開始轉正，當月順差擴大七成，這不僅是外貿結構優化的結果，很大一部分是來自 2015 年以來歐美等重要經濟體對中國貿易的增加。以 2014 年前 5 個月為例，除對港貿易下降外，中國對歐盟、美國、東盟和日本的進出口，都保持成長，其中，中歐雙邊貿易總值 1.48 兆人民幣，成長 9.4％。

在南歐和地中海，中國與歐盟國家義大利再次相逢。義大利是古代絲綢貿易的直接終點，是羅馬文明的發源地，不論東羅馬還是西羅

馬，其首都與中國的長安都是聞名一時的國際大城市。這兩個大城市的市場容量巨大，同時也是當時的頂級奢侈品的消費中心。這是古代絲綢之路興盛的兩大動力源。義大利是中國人熟悉的馬可‧波羅的故鄉。

在元朝建立以後，馬可‧波羅這樣的商人與準商人來到元上都、中都與大都，還遊覽和了解了諸如揚州這樣的大型商業城市。《馬可‧波羅遊記》從整體上和細節上反映了陸上絲綢之路與海上絲綢之路的貿易盛況。

義大利是歐洲的一個發達的現代製造業技術中心和商業文化中心，與中國有著持續的經濟聯繫。2014 年年中，在長期經濟合作的基礎上，中義企業家共同成立中義企業家委員會，義大利總理倫齊與中國總理李克強共同出席了大會，倫齊在與主席習近平的會見中提出，義大利將拿出比馬可‧波羅和利瑪竇更大的膽識和遠見，推動中義全面戰略夥伴關係發展。義大利是歐盟輪值主席國，2014 年亞歐會議在義大利開幕，2015 年世界博覽會在米蘭舉行。

中義還發表了《中義關於加強經濟合作三年行動計畫》，要在兩國經貿、旅遊、農業、食品、科技、人文等領域擴大合作。在基礎設施建設、航空航太、新型都市化方面促成一些重大專案。義大利也是歐盟創始成員國，在積極推動中歐加快投資協定談判和啟動中歐自貿區可行性研究方面，有著重要的作用。

據歐盟統計局資料，2013 年，中國與義大利雙邊貿易額為 437.3 億美元，義方逆差 176.6 億美元。中國是義大利的第十大出口市場和第三大進口來源地。義大利對華出口，機電產品占 40％，其餘為化工產品和紡織品原料等。義大利從中國進口也以機電產品和紡織品為大宗。義大利、法國和德國都成為亞投行的創始成員。

　　希臘是古代絲路另一個著名的目的地，也是地中海最早的海洋強國，是藍色文明的源頭，中希舉辦海洋合作論壇是一個海上絲綢之路的代表性會議，也是藍色文明與黃色文明的一次融合。在新絲路構想提出不到一年的 2014 年，中希經濟關係早於他國進入快車道。這並非機緣巧合，而是世界經濟一體化帶來的風雲際會。中希在物流航運、再生能源、船舶製造、建材、葡萄酒、橄欖油等多個領域簽署合作協定，價值 46 億美元。

　　中國中遠集團在 2009 年，就在希臘第一大海港比雷埃夫斯港擁有 35 年特許經營權的兩座集裝箱碼頭，去年吞吐了 250 萬個標準集裝箱，連續 3 年成為全世界集裝箱輸送量成長最快的碼頭。這個合作專案是希臘國內的最大外來投資專案，是中希乃至中歐務實合作的一個範例。

　　希臘是歐洲的南部海上進入陸地的重要門戶，由中國經由蘇伊士運河、地中海到比雷埃夫斯港的航線，比傳統航線縮短近 10 天，由比雷埃夫斯港北上的鐵路可由中歐直接進入北歐與西歐，海陸空聯運縱貫歐洲東西南北，這無疑是中國到歐洲最短且海陸兼程的距離。海陸並行，環節少，效率更高。因此，中希在比雷埃夫斯港的合作，其成果和意義已經遠遠超過一般的海運合作，意味著亞洲（包括中國）的商品，從這裡再啟程，也可以走向歐洲的波羅的海，將會再次正面影響到亞歐的貿易投資與經濟合作。

　　而「匈塞高鐵」聯通希臘港口的海陸聯運計畫為新絲路開闢了新的貿易通道，中國到波羅的海的路程進一步縮短，中歐經濟發展雙引擎加快轉動。至少現在可以這樣講，中國到波羅的海，一是按照傳統路線，繞過非洲好望角北上東去；二是透過西伯利亞歐亞「大陸橋」

到達歐洲；三是從中亞絲綢之路「大陸橋」走向歐洲；四是未來條件具備，也可以經過白令海峽從北冰洋到達彼岸；五是從地中海進入希臘與南歐地區，直上東歐、中歐，北歐、西歐。

對希臘來說，擁有歐洲和世界上最具競爭力的港口，擁有世界上規模最大的商業船隊，是海洋文化傳統使然，也是地中海地理區位使然，更是希臘未來發展的必然。統計顯示，希臘有 4984 艘商船，運力 1.64 億噸，承擔 15％的國際貿易，80％的中歐貿易，而中國 60％的原油進口和一半外貿商品由希臘船隊承運。這個有著航海貿易古老傳統，以及與羅馬並稱歐洲文明源頭的國家，其物流航運業是主導產業，目前占其 GDP 的 12％，未來還會提升。航運業的繁榮與復興及其對海上陸上絲路發展的重要性，是不言而喻的。

近年來，希臘發生了比較嚴重的經濟危機，目前正在好轉，中國透過對希臘直接的絲路經濟合作和增購希臘國債，進一步幫助這個國家擺脫經濟危機。這一切都為兩國全面戰略夥伴關係注入新活力。歷史似乎總是在經歷輪迴，但又在漩渦中上升，古希臘憑藉其獨特的海洋文明影響和培育了西方世界，現在又在海上絲綢之路東西相遇中再次影響歐洲與中國。歐盟專家預計，歐洲在 2020 年將有 75％的人口住在沿海地帶，歐洲的發展取決於更進一步地利用海洋資源，包括航海資源。中國透過地中海上的新絲路，不僅可以實現與歐洲大陸更直接、更有效率的聯通，也為中國走向藍海經濟翻開新的一頁。

歐盟國家目前的經濟處於關鍵時期，特別是對俄制裁與反制裁的影響，以及歐盟央行的量寬貨幣政策的長遠影響和走向，還要仔細評估。人民幣對歐元升值增加了中國對歐出口的壓力。美元對歐元的強勢也將繼續。

　　中歐貿易的發展還有一些新出現但不會影響大方向的「變數」。因為從中歐道路聯通的情況來看，除了傳統的海運，還有陸上更為便捷的通道。德國媒體注意到，鐵路已經成為中歐貨運新選擇，鐵路把集裝箱從中國運到德國最多需要 19 天，而海運需要多一倍的時間，其中還不包含海洋天氣變化造成的延誤。即便鐵路運輸成本比後者高 50%，但機會成本大大降低。德國鐵路公司目前經營著 3 條通往中國的集裝箱運輸路線，它的子公司經營著杜伊斯堡到中國重慶和萊比錫到瀋陽的貨運路線。

　　中歐互通不僅在於交通，同時也在於資本與金融合作。中國資本正在流入債務危機後經濟成長乏力的歐洲，據德意志銀行統計，中國對歐盟區域的直接投資存量在 2010 年年底是 61 億歐元，2012 年年底成長到 268 億歐元。中國對飽受債務危機之苦的南歐國家投資力度更大。中歐關係不是簡單的貿易關係，更不是誰贏誰輸的零和遊戲，推動中歐多領域創新合作，特別是開放式創新合作，是「一帶一路」建設的新特徵，也是中歐共謀發展之舉。「一帶一路」的「五通」對接「和平、成長、改革、文明」四座「橋樑」，鞏固戰略互信、深化務實合作，謀求共同發展，是中歐合作的一個大趨勢，

　　2014 年國家經濟競爭力排名第一的瑞士位居歐洲腹地，是非歐盟成員國家，也是最早與中國建交的西方國家之一，以及歐洲第一個簽署對華自貿協定的國家。另一個非歐盟國家冰島也和中國簽署了自貿協定，在 2014 年 7 月正式生效。中瑞自貿協定談判持續了 2 年 9 輪，2013 年正式簽署，2013 年 1 月和 2014 年 3 月由瑞士聯邦議會下上院分別通過。這是中國與歐洲大陸國家，也是和世界 20 國集團國家之間

簽署的首個自貿協定。從 2014 年 7 月 1 日起，中國對約 84.2％的瑞士產品進口減免海關稅，瑞士對 99.7％的中國進口產品實行零關稅。如果加上降稅部分，是 99.99％和 96.5％，大幅地超過一般自貿協定 90％的降稅水準。

　　顯而易見，中瑞自貿協定是兩國共同反對貿易保護主義的一個行動，高度互補也是其中的明顯特徵。中瑞自貿協定對中國與歐洲其他國家商品貿易、服務貿易、投資等方面有輻射帶動作用，瑞士可以成為中國與其他歐洲國家貿易投資的「轉介面」。瑞士中小企業多，約有 30 萬家，自貿協定有益於中小企業，雙方在投資、機械製造、能源、水處理、食品加工等方面的合作會有進一步的進展。目前，瑞士是中國在歐洲的第五大交易夥伴和第六大外資來源地。2013 年雙邊貿易額達到 595 億美元，成長 126％。2014 年前 5 個月，瑞士在中國的投資較去年同期成長 30％。

一帶一路，為澳洲出口帶來之商機

　　海上絲路也是中國與大洋洲國家之間必要和唯一的貿易通道。目前，中國與澳洲已經初步達成自貿協議。這個自貿協定已經談判了 8 年，澳洲在與南韓簽訂自貿協議之後，原計畫先於美、日和中國簽訂有關協議，他們希望中國投資「澳洲史上規模最大的基礎設施專案」，改變了以往對外國投資的消極態度。這是世界經濟一體化加速帶來的轉變。澳洲商界看好「中國世紀」機遇。有關國際政策研究所針對澳洲對其他國家的看法所做的調查顯示，如果以「溫度計」的度數來衡量，澳洲人對中國的態度處在不溫不火的 60 度，這是這項年度調查指

標從 2005 年啟動以來取得的最高值。

另一項調查指標顯示，中國在事實上已經取代日本成為澳洲「在亞洲最好的朋友」。儘管澳洲在國際關係的各種考量中盡力取得平衡，但中澳貿易投資經濟合作的熱潮是不會衰減的。澳中理事會主席瓦立克‧史密斯說：「大家都爭相想要在東南亞，尤其是在中國占據先機，這是一場極具競爭性的全球競賽。」

澳洲國庫部秘書長馬丁‧帕金森在中國香港舉行的對華貿易投資論壇上說：「按價值來算，中國在未來 10 年裡持有四分之一的世界股份，在 2030 年，亞洲將持有多達一半的世界金融資產，澳洲具備從中受益的優勢。」他認為，中國占世界貿易額的 11％，但占全球海外資產及債務總持有量的比重只有 3％，這意味著投資洪流才剛剛開始。

他還認為，從 2005 年至今不到 10 年，中國對澳洲投資成長 10 多倍，但這個規模與未來將獲得的相比，是「小巫見大巫」。澳洲是中國的第七大交易夥伴，中國是澳洲最大的交易夥伴，據澳方統計局資料，2013 年雙邊貨物貿易額為 1417.64 億澳元，較去年同期成長 20.72％。澳方順差 472.82 億澳元。

紐西蘭與中國的貿易關係久遠且平穩，在 6 年前就與中國簽訂了自貿協定，促進了紐西蘭農產品對中國的出口。紐西蘭統計局統計，2013 年雙邊貿易額達 182.19 億新元，中國首次成為紐西蘭第一大交易夥伴，並取代澳洲從 1989 年連續保持 23 年的對新第一大出口市場地位。

如果說，一些人對「亞洲的世紀」和經濟全球化的命題看得還不甚分明，甚至是在時而看好時而看衰的同時心理遊移，不妨把視線更進一步地投向貿易合作的全景圖上。中國的「一帶一路」是亞洲和世界的機會，對於任何希望發展的國家來講，都需要珍惜，也都會去珍惜。

海上絲路與「南環經濟帶」

　　奈斯比關於「南環經濟帶」的說法並非沒有一點根據，如果我們把海洋當作高速公路，處於不同地理位置的國家和地區的經濟合作同樣是緊密的。這裡只有水路與旱路的區分。包括歐亞「世界島」在內的全球版圖上，同樣也可以透過海上絲路連接起容量巨大的經濟合作帶。

　　在奈斯比特的眼裡，五個重要的金磚國家和人們普遍看好的經濟體（如印尼）等都在這條南環經濟帶上。事實上，在環球貿易與經濟合作的棋盤上，有著許多經濟體的集合，區域經濟合作範圍不斷擴大，多邊經濟合作的整合作用愈來愈大於雙邊合作作用的跨大區域經濟發展現象，決定了全球化出現更大的「集團化」趨勢。這或者也是全球化發展必經的階段。

　　21 世紀海上絲綢之路的操作視野是開闊的，將東半球的經濟發展與西半球的經濟發展緊密聯繫起來，在更大的範圍內整合了全球經濟一體化。同樣的道理，中國提出亞太自貿區路線圖，也具有這樣異曲同工的整合效應，這是「一帶一路」發展的重大貢獻。

　　海洋，占地球面積 70％。海洋的每個角落，都應該是海上絲路延伸的地方。絲綢之路的眾多航線也都是全球經濟一體化的貿易通道。

　　陸地其實是海洋上的經濟「航母」，載起了數以百計的經濟體，又組成了規模大小不一的經濟編隊，最終匯集為全球化的陣容，完成地球文明發展的使命。在 1990 年代以前，全球就遍布了大大小小的經濟圈，大多以共同體來命名，如南錐體、獨聯體、西非共同體、歐共體等等，後來名稱變了，變成了經濟聯盟，或者是由跨國自由貿易區為

平臺且更緊密的經濟共同體。

　　相較之下，20 世紀的經濟區域合作領域相對較小，市場功能尚未從包括政治地緣在內的綜合功能中完全分化出來，有一定的封閉性。由雙邊的和多邊的自貿協定連接在一起的新興經濟區域發展，則大幅地擴展了經濟合作的領域，也帶來經濟合作的包容性這個新特徵，更受到各個國家的歡迎。經濟共同體愈變愈大，包容性愈變愈強，也更符合自由貿易精神，更符合生產要素在更大的領域裡得到優化配置的市場要求。

　　目前，規模愈來愈大的區域化經濟體組合開始發育成型，雖然多數區域經濟體組合沒有歐盟那麼緊密，但在經濟融合度上遠非昔日可比。在西半球，有北美經濟貿易區和 33 國的拉丁美洲與加勒比共同體；在東半球，則有東盟、歐亞聯盟、阿拉伯海灣合作委員會和擁有 26 個成員國的由南非共同市場、南非共同體和東非共同體組成的「非洲自貿區」。

　　東盟醞釀東盟經濟共同體，美國則在所謂「跨太平洋全面戰略夥伴關係」的打造中，試圖建立軍事盟國與經濟聯盟合一的準太平洋經濟聯合。美國還透過 TTIP 插入歐盟，在這樣的情勢下，東亞和南亞的一些大小經濟體，有些是進入特定且更大的區域化經濟共同體內，有些則在雙邊與多邊的自由貿易談判中不斷提升自身的經濟合作水準。

　　中國與拉丁美洲分居東西半球，距離遙遠，但經濟聯繫深厚，近 10 年來，中拉雙邊貿易從 1990 年的 100 億美元迅速增加到 2010 年的 1830 億美元。對於整個拉丁美洲地區而言，中國已經成為金融和貿易的重要替代來源，這是拉丁美洲地區一個良性經濟多元化的過程。

　　特別是金磚五國領導人的第六次會晤之後，習近平順訪巴西、阿

根廷、委內瑞拉、古巴，並與巴西、秘魯，就擴大南美洲交通基礎設施建設，展開「兩洋鐵路建設」合作可行性基礎研究達成共同聲明。習近平參加「中國—拉丁美洲共同體論壇」正式成立相關活動，會晤「拉共體」（拉丁美洲共同體）和加勒比「四駕馬車」領導人，為建立平等互利、共同發展的中、拉全面合作關係揭開新的一頁。

習近平在與「中國—拉丁美洲和加勒比」國家領導人會晤中提出「1＋3＋6」的中拉合作新框架。

「1＋3＋6」，中國與拉丁美洲合作新框架

1 就是「1 個規劃」，即以實現包容性成長和可持續發展為目標，制訂《中國與拉丁美洲和加勒比國家合作規劃》，實現各自發展戰略對接。

3 是「3 大引擎」，即以貿易、投資、金融合作為動力，推動中拉務實合作全面發展。促進拉丁美洲國家傳統優勢產品和高附加值產品對中國的出口。力爭實現 10 年內中拉貿易規模達到 5000 億美元和對拉丁美洲投資存量達到 2500 億美元，在金融方面推動擴大雙邊貿易本幣結算和貨幣互換。

6 是「6 大領域」，即以能源、基礎設施建設、農業、製造業、科技創新、信息技術為重點，推對中拉產業對接。中國正式實施 100 億美元中拉基礎設施專項貸款，並將額度增至 200 億美元。中國還向拉丁美洲和加勒比國家提供 100 億美元優惠貸款，全面啟動中拉合作基金，主要用於能源、農業、製造業、高新技術、可持續發展領域的合作。中國正式實施 5000 萬美元的中拉農業合作，設立「中拉科技夥伴

計畫」和「中拉青年科學家交流計畫」，舉辦中拉科技創新論壇和人才培訓和教育交流計畫等。

中拉合作是一種雙贏合作。拉丁美洲國家不僅有豐富的資源、巨大的市場，也擁有先進的科學技術，是中國企業「走出去」的可選之地。拉丁美洲國家需要完善基礎設施，需要資金和多種合作專案，平等互惠的合作是中拉貿易投資和經濟合作關係深化的基礎。中拉經濟合作是海上絲綢之路發展的一個新境界，讓海上絲路跨越三大洋，大步地走向全球。

巴西是「金磚五國」之一，是拉丁美洲最大的經濟體。中國連續 5 年是巴西的第一大交易夥伴和重要投資目的地。巴西雖然是一個對外出口只占 GDP13％、以內需為主的國家，但中國是它最大的交易夥伴，2013 年中巴貿易額達到 902.8 億美元。中巴建交 40 年，雙邊貿易額從 30 億美元提升至 902.8 億美元，這對巴西來講是個特例。

巴西面積 850 多萬平方公里，人口近兩億，鐵、鎳、錳、鉛、錫、鈮及鋁釩土儲量均列世界前茅，巴西油田儲量也讓它進入世界十大石油國之列。豐富的資源一方面讓巴西相對不依賴於外部交換，也是其經濟快速成長的原因。因此有「上帝眷顧巴西」一說。從 2003 年開始，巴西經濟成長加快，2006 年 GDP 達到 1 兆美元，超過南韓成為世界第十大經濟體。2007 年經濟成長率為 5.4％，外匯儲備 2000 億美元。巴西與中國最早建立經濟戰略夥伴關係，2012 年又升級為全面戰略夥伴關係，目前中巴兩國成為更加平等均衡的全球發展夥伴關係。

2014 年，中國與巴西簽署了 56 項協議，並在基礎設施建設、製造業、服務貿易、電子商務等領域擴大合作。中國天津航空公司和巴西

簽署了價值 28 億美元的飛機銷售協定。巴西希望中國企業提高對巴西的基礎交通設施、農業、資訊、物流、科技創新的投資，巴西和秘魯對橫跨兩洋的鐵路建設促進的經濟發展寄予很高的期望。中國商品在巴西有一定的影響，2014 年在巴西舉辦的足球世界盃賽，是中巴貿易來往的縮影。賽事設備大到中國協建的地鐵設施、國家體育場、潘壇納爾體育場以及 12 個場館中的 9 個場館的安檢設備，小到國家足球、吉祥物、計分板、「大力權神」紀念品、參賽國國旗，都有中國企業參與製造。

阿根廷是僅次於墨西哥的拉丁美洲第三大經濟體，是中國在南美的第二大貿易合作夥伴。過去 10 年來，中阿從農產品貿易起步的雙邊貿易額達到 148 億美元。隨著中阿關係提升為全面戰略夥伴關係，雙邊貿易還會繼續提升。根據中阿兩國的協定，2014 年後，中國將向阿根廷提供 75 億美元的貸款，其中 47 億美元用來修建兩座水力發電站，中國國家開發銀行提供 21 億美元貸款，修築一條從產糧平原區到出海港口的鐵路。

阿根廷央行和中國央行簽署了 110 億美元的中阿貨幣互換協定。此外則是關於在阿根廷修建重水反應堆的備忘錄。中國與阿根廷的能源合作早已進行，中海油在阿根廷布裡達斯能源集團擁有 50% 的股份，阿根廷新發現的蘊藏量為 228 億桶的世界第一大頁岩油氣田，中海油很可能會成為開發的參與者。中阿兩國簽署的共同行動計畫、中阿經濟和投資合作協定及雙邊本幣互換協議以及 19 項合作專案，都是阿根廷急需的項目。

阿根廷在 2002 年發生債務違約問題，政府捲入與「禿鷲基金」的

法律訴訟後，一直被排除在資本市場之外，在經濟上面臨嚴峻局面，亟須外國投資，阿根廷也因為近 3 年來外匯儲備流失將近一半，亟須增加其央行的外匯儲備，中國與阿根廷達成的 110 億美元的中阿貨幣互換協定的數目，相當於阿根廷目前外匯儲備的三分之一，這無疑是雪中送炭。在金磚國家領導人會晤期間，習近平還會見秘魯總統，雙方回顧全面戰略夥伴關係的發展，秘、巴、中三國針對開展連接大西洋和太平洋的「兩洋鐵路」合作共同發表了聲明。

中國與委內瑞拉從傳統的經濟夥伴關係提升為全面戰略夥伴關係。目前，委內瑞拉每天最高向中國出口 60 萬桶石油，中期達到 100 萬桶，是中國石油第二大進口國，占到中國目前石油進口的 6%。中委歷年簽署的合作協定已有 480 多項，促成了 143 個不同領域重大專案。2007 年設立了中委聯合融資基金，透過該基金，中國向委內瑞拉提供的資金超過了 400 億美元。從 1974 年到 2013 年，中委雙邊貿易從 140 萬美元成長到 192 億美元。2014 年，為促進委內瑞拉工業、農業、礦業、能源、食品、住房等方面的發展，簽署了一批新協議。

智利與中國互為經濟戰略夥伴，正在啟動政府間常設委員會，制訂共同行動計畫，建設中智自貿區。南美洲的厄瓜多爾，面積略大於圭亞那和法屬圭亞那，厄瓜多爾總統科雷亞說，中方尊重厄方，為厄瓜多爾提供了許多專案支援，厄瓜多爾堅定致力於和中國發展密切的友好關係，歡迎中國企業投資，並對兩國關係充滿期待。

在中美洲，還有一個足以影響全球海上貿易格局的大事件，這就是香港的企業家香港尼加拉瓜運河開發投資公司董事長王靖，與尼加

拉瓜政府共同宣布修建尼加拉瓜跨洋運河的具體線路圖。2013 年 6 月 14 日，修建跨洋大運河的框架協定正式簽訂，開發經營期限 50 年，還可再延長 50 年。這條連接加勒比海和太平洋的運河共投資 400 億美元，於 2014 年年底開工。尼加拉瓜運河長 278 公里，最寬處 230 公尺至 520 公尺，需要穿越尼加拉瓜湖。

尼加拉瓜運河是巴拿馬運河的替代選擇，項目包括一條鐵路、兩個深水港、兩個機場、輸油管道和保稅區。建設完成後有可能成為中美洲最大的自貿區。尼加拉瓜跨洋運河的開通是大手筆的投資，再次讓太平洋與大西洋連接在一起。西方媒體評論說，尼加拉瓜跨洋運河的建造將改變世界貿易版圖，因為每年 90 億噸商品經由不同的貿易路線運往全球，如果能縮短距離，節省的成本相當驚人。目前，許多大型船隻被禁止通過巴拿馬運河，特別是運輸鐵礦石的船，因為後者的人工航道還是太過狹窄。尼加拉瓜跨洋運河將為資源產業帶來便利，也提高了運輸效率。

在金磚國家領導人第六次會晤之後，「77 國集團加中國高峰會」在玻利維亞舉行，這是中國與拉丁美洲和更多國家進一步發展經濟合作貿易往來的又一個新象徵。77 國集團是 1964 年由 77 個國家成立的，透過南南合作（發展中國家之間的合作）促進經濟發展，現有 130 個成員國。目前，中國企業在玻利維亞承擔建設價值 20 億美元的工業與基礎設施項目。商務人士估計，未來 10 年，玻利維亞在這方面就需要投資 420 億美元。玻利維亞希望和中方拓展基礎設施建設、衛星合作，加強融資安排，進一步加強兩國經濟關係。

然而，對海上絲綢之路具有重大影響的事件，還是 2014 年舉行的

金磚國家領導人第六次會晤，以及成立金磚國家銀行的決定。金磚國家擁有43％的世界人口，30％的世界陸地面積，面積近4000萬平方公里，GDP占世界的21％，外匯儲備占世界的36％。2000年，金磚國家的經濟總規模約為美國GDP的四分之一。現在的GDP總和超過16兆美元，與美國的17.4兆美元相差不遠。

自2000年以來，全球名義GDP的增加部分有三分之一要歸功於金磚國家。目前，金磚國家整體經濟成長速度仍高於全球平均水準，是已開發經濟體的2倍，過去10年裡對全球經濟成長的貢獻率超過50％。這樣一種發展實力，再加上它們各自的影響輻射的共同體經濟區，說它們是正在形成的「南環經濟帶」，這絕非無中生有。

金磚國家內部在經濟上、外交目標上和政治體制上都有一定差異，但發展的共識高度一致。金磚五國是中國、巴西、俄羅斯、印度和南非，其中南非是2010年加入的。金磚概念來自高盛公司首席經濟學家奧尼爾，他在2001年「全球需要更好的經濟金磚」文章中首次提出金磚國家學術概念。2009年，金磚國家領導人在俄羅斯首次會晤，金磚國家由學術概念轉向對話機制，前後發表許多重要的聲明和宣言。

5年的時間裡，金磚國家合作機制實現「華麗轉身」，在金磚國家領導人第六次會晤中，中國國家主席習近平明確提議，向「一體化大市場、多層次大流通、陸海空大聯通、文化大交流」的目標邁進。金磚國家領導人第六次會晤發表多達72條的《福塔雷薩宣言》和23項《福塔雷薩行動計畫》，對當前國際重大問題和「包容性成長的可持續解決方案」提出明確看法。如果用「南環經濟帶」去描繪這種大市場、大流通、大交流的目標，也可以說雛形已現。尤其是金磚國家銀行的籌備成立，成為「南環經濟帶」運作的金融基礎，也可以說是「南環

經濟帶」正在浮現的一個象徵。

　　在金磚國家領導人第六次會晤後，習近平對巴西、阿根廷、委內瑞拉、古巴進行國事訪問並出席中拉領導人會晤。這是繼 2013 年訪問加勒比海地區國家之後的一次中拉經濟戰略接近。2013 年，中拉雙邊貿易額達 2615.7 億美元，是 2000 年 126 億美元的 21 倍，與拉丁美洲國家的貿易占中國外貿總額的份額由 2000 年的 2.7% 上升至 6.3%。

　　中國對拉丁美洲投資成長較快，根據中國商務部統計，2013 年中國對拉丁美洲非金融類直接投資 151.6 億美元，較去年同期成長 42.9%，連續 4 年超過 100 億美元。投資領域從能源、礦業向製造業、電力、農業延伸。2014 年年初中國國家電網公司標中巴西美麗山水力發電站特高壓直流輸電專案，標的 50 億美元，線路長達 2200 公里，這是一個縮影。

　　拉丁美洲是中國工程承包和勞務合作重要市場，截至 2013 年，中國在拉丁美洲累計新簽工程承包合約 946 億美元，主要涉及天然氣管道、電站、公路、港口、通信設施。中拉貿易結構也在變化，中國的機電產品和拉丁美洲國家的飛機、肉類、乳製品、水果等非傳統產品也進入對方市場。下一步擴大直接雙向投資，在新能源、新材料、節能環保、生物產業和光伏產業、大型成套設備方面，將是重點。

　　目前，中拉關係以雙邊關係為主，隨著中拉關係內涵不斷豐富，搭建一個整體合作平臺，成為一種合作願景。2011 年年底，拉丁美洲 33 國成立「拉丁美洲和加勒比國家共同體」，2013 年中方倡議建立「中國—拉丁美洲共同體論壇」，2014 年年初，拉丁美洲和加勒比國家共同體首腦高峰會通過《關於支持建立中—拉共同體論壇的特別聲明》，中國與拉丁美洲的關係進入新紀元。

中美兩大經濟強權，在一帶一路中各尋出路

在東西半球經濟合作中，中美經濟關係是最重要的雙邊關係，這兩個幾乎處在同緯度、面積也相差無幾的國家，各有各的偉大之處。美國是年輕且具備多種優勢的國家，中國則是具有悠久歷史的再次復興的國家，兩者都有強大的經濟生命力與活力。

中國是美國國債的最大債權人，規模達 1.2 兆美元。中美貿易額在 2013 年創下新高，達到 5210 億美元。美國是中國的重要市場，除了出口美國需要的產品，中國企業在美國的投資已經從 2000 年的 5800 萬美元上升至 140 億美元。

中國也是美國的重要市場，美國公司 2013 年在中國盈利 100 億美元。美國通用汽車公司在中國賣出的汽車比在美國賣出的還要多。這種特別的經濟貿易關係決定了兩國儘管有涉及中國核心利益的分歧，但業已形成的經濟貿易關係難以受損。中美貿易不時發生摩擦，但有時候摩擦也能使兩國經貿關係拉得更近。

在東西半球經濟合作中，中美各自的戰略選擇是有差異的，在全球化路線上，中國力推符合多數國家要求的全面全球化，美國則力推少數國家互利的「不均衡全球化」，加上其國內不時泛起的「去全球化」的聲浪，對經濟全球化實在有些心猿意馬。但它的全球化「發動機」沒有熄火也不能熄火。拋開動機不談，從跨大區域經濟發展的角度透視，人們一方面看到，從東半球到西半球，我中有你、你中有我的經濟全球化的新版圖愈來愈明晰。

另一方面又隱約看到，整合東西半球的經濟全球化的「不均衡全球化」實中有虛，而「一帶一路」發展戰略卻很實在。尤其是由一北

一南的絲綢之路經濟帶與「南環經濟帶」正在形成，又有亞太自貿區自貿路線圖自然銜接，其實際效能是有很大區別的。但不管怎麼說，中美還是世界上最重要的雙邊關係，也是現實與潛在的經濟夥伴，中美雙邊投資談判也在緩慢進行，但畢竟充滿了合作的希望。

　　中國投資美國和美國需要中國的投資的前景，這是不容質疑的。以旅遊業為例，洛杉磯經濟發展公司 2014 年發布的一份報告顯示，中國赴洛杉磯的遊客人數從 2009 年的 15.8 萬人次成長到 2013 年的 57 萬人次，整整高了 3 倍。該公司預測，到 2020 年，中國每年赴洛杉磯的遊客人數將達到 200 萬人次。

　　幾年前，中國還不在南加州十大海外遊客來源地之列，但現在已成為第一大來源地。中國近一半的赴美遊客在加州停留，而這些人中近四分之三會前往洛杉磯。洛杉磯經濟發展公司的報告還認為，中國人在南加州的投資機會增加，尤其是在房地產、環保科技和電子商務這樣的領域。旅遊部門的資料還顯示，中國遊客在洛杉磯的消費額從 2011 年的 4.5 億美元成長到 2012 年的 6.55 億美元。

　　與外國遊客人均 1095 美元的消費額相比，中國遊客的人均消費額達到 1392 美元。6 年來，洛杉磯的中資企業數量倍數成長，達到 254 家。其中有許多是貿易、運輸或倉儲公司。像國泰航空公司、中國電信、比亞迪汽車公司和中國銀行這樣的大企業也在洛杉磯開展業務。

　　南加州與中國的貿易是中美貿易的一個亮點，洛杉磯長灘港 60％的貨物來自或運往中國。洛杉磯 2013 年從中國進口的商品和服務總額約為 1860 億美元。洛杉磯關稅區 2013 年的貿易額達到創紀錄的 4145 億美元，其中與中國的貿易額近 1644 億美元，占到近 40％。美國的製造商也把尋找投資的目光投向中國。計畫在 2016 年推出自己的創意產

品「飛行汽車」的特拉富賈公司，就不遠萬里到中國尋求可以作為戰略夥伴的股權投資者。

比起上面的個案，中美經濟合作未來潛力更為巨大，這種潛力一旦爆發，能量將是其他國家合作無可比擬的。例如美國也存在基礎設施的老化問題，影響物流效能。目前，中美兩國貿易不平衡是事實，主要的癥結是美國對中國商品出口種類的限制，也和貿易投資、經濟合作的瓶頸過窄有關。

美國前財政部長亨利·保爾森說：「在經濟層面上，兩個國家間最持久的經濟關係是直接投資，而不是兩國間交易什麼商品或持有多少國債。」他說，中國在美直接投資與中國的國際投資組合相比，顯得微不足道，但是數字在成長。美國的工商界與美國的決策人常常沒有交集，美國的工商界普遍認為，中國經濟發展對美國是好事，需要明智地允許中國投資進入，共同繁榮發展。

不管怎麼說，在東亞地區氣氛高度緊張的情況下，2014 年中美戰略經濟第六輪對話也還在有序舉行。這種對話每年一次。第六輪對話兩國參加部門最多，討論的問題也最廣泛，帶有對兩國關係進行中期評估前的對話性質。第六輪對話達成 300 多項成果，其中涉及經濟的有 90 多項。

對第六輪對話媒體的普遍評價是，著眼於進展與分歧的皆有之，但不能把應當取得的進展和不可能出現的「進展」混為一談，因為這不是四則運算的問題。對話進展是明顯的，至少有四個突破：

一是始於 2008 年並已經舉行 12 輪談判的中美雙邊投資協定（BIT），第 13 輪談判取得階段性重要進展，將爭取在 2014 年完成文

本談判，並在 2015 年年初啟動負面清單談判，爭取早日達成一個平衡、共贏、高水準的協定。貿易投資決策走向是中美雙方經濟戰略走向的重要因素，雙方如何避免貿易摩擦，消除諸如風力發電機、水處理等「綠色產品」的貿易分歧等，是必須解決的問題。

二是在氣候變化合作方面取得進一步共識。中美是世界上兩個最大的碳排放國，2013 年兩國成立氣候變化工作組，工作組啟動 4 個碳捕獲、利用、封存項目和 4 個智慧電網項目。雙方還同意採用更嚴格的機車燃效和排放標準等，把占全球排放四分之一的陸源排放納入合作，中國華能集團與美國頂峰集團同意共用潔淨煤發電技術。

三是對美國聯準會量化寬鬆退出路線透明度，與人民幣更趨市場化的要求達成積極諒解。

四是美國承諾開放民用技術對華出口，和中國同意進一步向外國投資者開放包括金融業在內的服務業領域。其他領域的共識也比較廣泛，但在網路安全和亞洲海洋問題上分歧依舊。後者涉及國家領土主權，當然不能「出讓」，明智的選擇，還是中國主張的「擱置」，也讓美國的「不選邊站」有一定的進退空間。

在中美戰略經濟第六輪對話之後，中國國家主席習近平與歐巴馬總統通話，歐巴馬總統說，對話富有成果，取得成功。重申美方致力於和中方一道，構建新型大國關係，加強務實合作，建設性管控分歧，使合作成為兩國關係的主流。並希望兩國繼續推進在經貿、能源和應對氣候變化等領域以及有關地區熱點問題上的合作。

在北京舉行的第 22 次 APEC 成員國領導人會議上，中美的共識進一步接近，即在推進在經貿、能源、氣候變化等領域以及有關地區熱

點問題上的承諾合作。這是中美之間走向合作、能夠合作極為重要的一個的里程碑。

下一步，中美投資協定談判、負面清單制定和有關的技術貿易問題將是焦點，但如果雙方不能打破全球年均 2 兆美元的高科技產品（特別是資訊技術）貿易「自由化」的僵局，可能會影響到投資協定，甚至其他的全球性談判。但美國的資訊技術是不是「特洛伊木馬」，這是個要害。中國目前是較大的資訊技術產品出口國，但還不完全具備與發達市場同業競爭的能力。

中美貿易也存在美對中的較大逆差，這也是中美貿易摩擦的一個原因。美國準備開放對中國民用高技術產品的限制，這是改變中美貿易逆差的主要辦法。中美經濟關係本應走得更近，市場互補性進一步加強，但在合作中遏制，又在遏制中合作，也會是未來中美經濟關係的一種基色。中國也許要適應這樣一種常態，美國更要適應談判溝通的常態，盡力增大互信的公倍數，減少摩擦的公約數。

加拿大是美、墨、加三國組成的北美經濟區重要成員，幅員廣闊，是發達的貿易國家，與中國經濟關係密切。加拿大與中國展開自貿區談判，將會是北美地區與中國首先建立自貿協定的國家。2013 年，中加雙邊貿易總額按美元計算達 711.1 億美元，較去年同期成長 1.41％。前不久加拿大議會批准中國對加國企業投資保護的有關協定，是兩國經貿關係向前推進的一個積極的態度。

墨西哥是重要的開發中國家，也是北美經濟區重要的開發中成員，20 世紀發展「客戶經濟」，取得長足經濟發展，但墨西哥與中國在產業結構上一度有些相近，也曾存在某些貿易摩擦，但隨著發展水準

不斷拉開，產業結構特點區分化開始明顯，互補合作的領域加大。中國是墨西哥僅次於美國的第二大進口國。據中國海關統計，2013 年雙邊貿易額 392.17 億美元。較去年同期成長 8.2%。

但墨西哥國家統計局統計為 677.89 億美元，墨對華貿易逆差高達 548 億美元，這裡有報關與到岸的時間差，或另有原因，但主要是墨對中國出口礦產品、運輸設備、紡織原料，中國對墨出口機電產品，中國的機電產品占其進口總額的 67.5%，貿易結構不太平衡。在平等互利的絲路貿易裡不斷地溝通磋商，一些貿易問題都會得到解決。中國公司與墨西哥公司組成的聯合體標中墨西哥高鐵，但標的意外取消，後來又說政府財政緊縮乾脆取消了高鐵專案。這對市場經濟國家也算是一樁奇事，但中國的高鐵與軌道交通項目已經走向六大洲，苦的還是墨西哥民眾。

北美經濟區與中國距離遙遠，但市場互補性最強。絲路貿易的內在邏輯是從互補走向互補。海洋縱然遼闊，海上絲綢之路接起的「纜繩」也是足夠長的，在多元中編織鋪設的絲路上，濤聲依舊，但會迎來陽光。這種陽光就是在多邊多元經濟合作中共贏，這也是多數國家想要的合作模式。一般來說，經濟協定不應該附帶各式各樣的非經濟條件。否則怎麼叫作貿易投資自由化呢？

海上絲綢之路的包容性是極大值的，海上絲綢之路也是陽光普照的。正因為如此，在西半球把經濟貿易的目光投向東半球的時候，東半球也把經濟貿易的目光投向西半球。北美經濟區是重要的經濟合作區，中美、中加、中墨經濟合作關係將會逐步加強，不斷有所突破。

第 5 章

初戰告捷

「一帶一路」戰略初見成效

「一帶一路」戰略構想提出將近兩年，發展大構想開始成為發展大實踐。設施通聯不斷推進與規劃，能源安全與合作也在能源版圖的不斷變化中給出部分新答案。中國自貿區建設和人民幣國際化進程加快，亞投行的成功籌備和絲路基金迅速建立，為「一帶一路」發展帶來新的有生力量。中國經濟將會持續穩定發展，「兩個一百年」的中華復興夢，也將伴隨「一帶一路」建設的不斷推進而全面實現。

新絲路凝聚力來自合作成果

「一帶一路」戰略構想提出一年多，獲得廣泛的呼應，中國全球夥伴關係形成網路，在 2014 年以前，共有 67 個國家和 5 個地區性國際組織，與中國建立 72 對不同形式、不同合作程度的經濟發展夥伴關係，基本覆蓋了世界主要國家和重要地區，為中國絲路外交奠定了堅實的基礎。

新絲路發展的凝聚力不僅來自新的包容平等的發展理念，更來自實在的經濟合作成果，來自「政策溝通、設施聯通、貿易暢通、資金融通、民心相通」的實際操作。人們注意到，2013 年「一帶一路」建設中的「五通」，在 2015 年初發生了細微而重要的變化，由「互聯互通、貿易暢通、貨幣流通、政策溝通、民心相通」改為「政策溝通、設施聯通、貿易暢通、資金融通、民心相通」。這個說法更準確更有操作性。設施聯通、貿易暢通與資金融通，涉「一帶一路」建設硬體，政策溝通、民心相通則是自由貿易軟體與文化理念的提升。

「政策溝通、設施聯通、貿易暢通、資金融通、民心相通」是「一帶一路」建設的操作總綱。設施聯通是經濟合作的基礎，也是實現跨國貿易投資便利化的前提條件。現代交通技術的快速發展，使遙遠變得捷近，也使自然阻隔在不斷消失，資訊技術的發展又使烽火臺的歲月切換到光纖時代，在新的絲路貿易中，各國各地區的經濟文化交流更直接且更有效率。

不論是古代的中亞絲路貿易或者西南絲路貿易，面臨的第一個難題是地貌複雜的阻隔，龐大的帕米爾山結和橫斷山脈、連綿的沙漠以及

西南深谷裡並流的「三江」，曾使古絲路成為天下畏途，但現代鐵路建設（特別是隧道技術的提升）突破了這些自然瓶頸，使得「大陸橋」運輸成為一種現實。高鐵連同高速公路、石油和天然氣管道、電網和電信設施一道豐富了「大陸橋」的內涵。

「一帶一路」構想提出一年多，設施聯通取得巨大進展，中國國內與沿絲路國家的基礎設施建設格局開始發生變化。道路聯通輪廓初現，中亞綠洲絲路、草原絲路、西南絲路與海上絲綢之路四大物流系統開始不斷完成，逐步形成網路。

「一帶一路」的新思路和新絲路

鐵路、公路建設具有代表性。首先是中國國內的鐵路、公路建設，已經形成「四橫四縱」大格局，鐵路營運里程突破 10 萬公里，高鐵運行里程超過 1 萬公里。在西部大開發的 10 多年裡，西部鐵路建設突飛猛進，南疆鐵路和青藏鐵路先後通車。在 1990 年代和 21 世紀初北疆鐵路分別在阿拉山口和霍爾果斯與境外鐵路實現歷史性對接，拉開了「第二座歐亞大陸橋」建設運營的序幕，烏魯木齊與蘭州鐵路樞紐之間實現多條複綫運營和高鐵化。

西南地區高鐵與高速公路也在相互連接中開始進入網路化的門檻，並與東部發達地區初步實現物流人流的高速貫通。西藏地區的公路總長度達到 5 萬公里，青藏鐵路通車後，拉薩到林芝、拉薩到日喀則的鐵路在建設中延伸。在北方草原絲路上，繼呼和浩特、包頭、臨河通向居延海鐵路投入運營，通向哈密的鐵路也開始施工。西南的鐵路

網與公路網也在不斷形成。物流運輸格局煥然一新，為「一帶一路」
的發展準備了條件。

　　但是，「四橫四縱」似乎並不能準確地概括中國國內交通的提升水
準。交通網絡骨幹線不在長短，首先在於區位影響，其次是技術標準，
用這兩個條件衡量，目前與近期的鐵路運輸格局不一定是「四橫四縱」
所呈現的「九宮格」，或者應當是「六縱六橫」。

　　六縱之一，是正在逐步聯結起來的沿海鐵路，如果跨渤海灣項目
能啟動，也可能促使 1950 年代廢棄的東北地區的「東邊道」再次恢
復，與俄羅斯西伯利亞鐵路的南延計畫形成雙線，同時也形成了沿海
沿邊的第一條南北大通道。

　　六縱之二是京滬線及京滬線的南延線，已經實現高速化。六縱之
三是京九線，雖然速度不快，但聯結深圳特區與香港地區，而且正在
醞釀高速化。六縱之四是京廣線，是完全高速化的中軸鐵路線。六縱
之五則是沙漠鐵路京包與包蘭線，連接著北方草原絲路與中亞方向絲
路，也將會聯結西南絲路。六縱之六是已經開工的成都至格爾木，再
至庫爾勒乃至烏魯木齊的新線路。這條新線路將會直接打通西南與西
北的交通，意義非凡。

　　六橫之一是東北地區的哈爾濱東西線，也就是「義滿歐」借道西
伯利亞的重要線路。六橫之二相對較短但區位重要，西向中蒙邊境的
阿爾山，東至琿春，聯結中俄合作擴建的紮魯比諾 6000 萬噸大港，將
會發揮世紀性的作用。

　　六橫之三是草原絲路的骨幹，即遲遲沒有高速化的京津一路向西
走向哈密，並與「第二座歐亞大陸橋」匯合的鐵路線，也就是中俄備
忘錄中莫斯科—北京高鐵的最近計畫線路選項。六橫之四是隴海新豫

鐵路，通常所說的「第二座歐亞大陸橋」。六橫之五是長江立體交通和歷史久遠但正在升級中、由上海經湘西入黔的傳統鐵路。六橫之六則是 2014 年年底開通的廣貴高鐵，以及繼續向昆明延伸的高鐵線。廣貴高鐵破了紀錄，時速 350 公里，而按一般的標準時速 200 公里就算是高鐵，廣貴高鐵首次把西南地區與珠三角經濟圈更直接地對接起來，是西南絲路與海上絲路最直接的響應，因此可以視為一個重要的戰略通道。

跨國道路聯通，由北而南大致分為四個方向，一是中俄備忘錄中的莫斯科—北京高鐵，優先啟動的是莫斯科到喀山。二是 20 世紀常講的第二座歐亞大陸橋，第二座歐亞大陸橋中國段基本高鐵化，現在已經成為貨運熱線。其基本走向是由中國江蘇連雲港到阿拉山口，以哈薩克的阿克鬥卡為轉接點，經由俄羅斯、波蘭邊境的布列斯特、柏林到荷蘭的鹿特丹。全長 10900 公里，中國段為 4131 公里。這條鐵路比西伯利亞鐵路運程減少 3000 公里，比海路縮短 1 萬公里。

2012 年，中國新疆伊犁州的霍爾果斯口岸至哈薩克的阿騰寇里鐵路正式貫通，這是經由哈薩克阿拉木圖的又一條通道，可以南下哈薩克南部大城市西姆肯特，可以連接其他中亞國家以及裡海地區國家，或者經由烏茲別克斯坦走向阿富汗與西亞地區，已經成為中亞國家向東的出海通道。三是經中亞聯通巴格達的擬建西亞鐵路和地質條件複雜的中巴經濟走廊鐵路通道。其四則是「泛亞鐵路」。

目前，在「歐亞大陸橋」上至少有 8 個班列往來於中國與歐洲之間。2014 年年底啟程的是由 82 個集裝箱組成的「義新歐」班列，即中國著名小商品市場義烏通向西班牙馬德里的貨運列車。「義新歐」班列運程 13000 公里，行程 21 天，穿越中國西部與哈薩克和俄羅斯，駛向歐洲大陸最西端，是世界上貨運列車行駛的最長距離。

　　2014 年 3 月，習近平在訪問德國杜伊斯堡時，曾經與中德經濟代表團的成員一起迎接從中國開來的「渝新歐」列車。杜伊斯堡是德國的內河港，位於著名的魯爾區。「渝新歐」列車每週約為 3 列，可運載 51 個集裝箱的貨車，與中國西南地區的重慶相聯通，全程 16 天，比海路快 1 倍，運費是空運的一半，路程為 1.1 萬公里。從 2011 年 7 月「渝新歐」班列開行，「漢新歐」、「青新歐」、「蓉新歐」、「鄭新歐」、「西新歐」、「蘇滿歐」等班列陸續運行。據中國海關統計，2014 年上半年運行 211 批次貨運專列，運貨量近 8 萬噸，貨值 42.83 億美元。這些班列都有自身以外的出口貨物吸引區和物流輻射區，一般都以德國杜伊斯堡為目的地中轉西歐大部分地區。

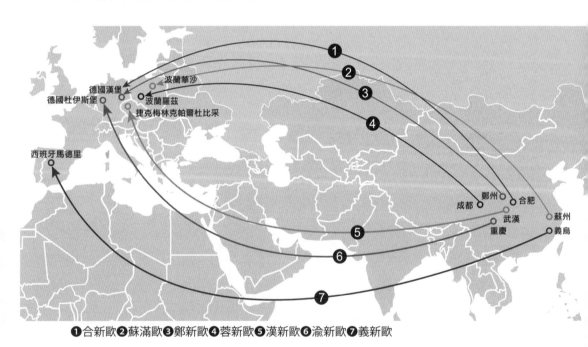

❶合新歐❷蘇滿歐❸鄭新歐❹蓉新歐❺漢新歐❻渝新歐❼義新歐

圖 5-1　七條從中國駛向歐洲的貨運列車

　　另一列「蘇滿歐」則通過「第一座亞歐大陸橋」，將中國華東、東北和俄羅斯、德國工業帶連接起來。「渝新歐」等班列的貨物集結點和分撥點有杜伊斯堡、法蘭克福、科倫、安特衛普、莫斯科、切爾克斯克、馬拉舍維奇、庫特諾、布列斯特、阿拉木圖，還有斯圖加特和慕尼克。儘管還有雙向貨運量的磨合，但已經在市場上找到一席之地。中國鐵路總公司在 2014 年全年共開通中歐班列 308 對，發送貨物 26070 標箱，較去年較去年同期增加 228 列，成長 285％。

　　當前，引人注目的還有 2017 年全線開通的「雙西公路」，這是橫穿哈薩克全境並連接歐亞的高速公路走廊。這條高速公路 2009 年 9 月動工，全稱為「西歐─俄羅斯─哈薩克─中國西部」國際運輸走廊，簡稱「雙西公路」。根據規劃，「雙西公路」主要利用現有公路網並對不達標路段進行改造，東起連雲港，西至聖彼德堡到達歐洲，總長 8445 公里，中國境內 3425 公里。哈薩克境內的路段 2015 年可以完工。公路過境，哈薩克將有可觀收入。預計投資回收期為 8 年。中國的貨物到歐洲，海路運輸需時 45 天，由「雙西公路」運輸，可縮為 10 天，大幅降低物流成本。「雙西公路」的最終目的地是法國與西班牙。

　　中亞歐洲方向還有第二個大的鐵路走向，也就是經由哈薩克、土庫曼斯坦走向伊拉克、伊朗連接土耳其的鐵路，預計耗資 43 億美元。伊斯坦布爾跨歐亞海峽隧道已經打通，為歐亞道路聯通提供了更便利的交通條件。目前的問題還有如何加快中、吉、烏鐵路正在建設的一些段落等。2013 年，吉爾吉斯斯坦安格連到帕普的中吉烏合作建設的長達 122 公里安帕鐵路開工，因為項目是烏茲別克斯坦總統直接簽署，政府總理直接負責的，也被稱為「總統工程」。工程最大的難題是穿越

庫拉米山的 19.3 公里長的隧道，烏方邀請中鐵隧道公司合作修建，將在 2016 年 9 月完工。

　　安帕鐵路貫通後，不僅會大為縮短烏茲別克斯坦與吉爾吉斯斯坦的運距，也打通了中國經烏茲別克斯坦、土庫曼斯坦甚至阿富汗、伊朗到海灣的鐵路通道。目前，「高山之國」塔吉克斯坦也提出了「瓦赫達特至亞灣鐵路專案」，中國鐵路建築企業將承建其中的 3 條隧道和 5 座橋樑。這條鐵路不僅拉近了塔吉克斯坦南部、中部與東部的距離，未來也將是中塔通向阿富汗、伊朗的鐵路交通樞紐。

　　此外，中巴經濟走廊的喀喇昆侖公路二期改造接近完工。巴基斯坦也有與阿富汗南部連接鐵路的計畫，中巴互聯互通水準將會進一步提升。

　　與中哈公路建設同步，中、土、哈油氣管道 ABC 線早已運營，D 線工程有望加快籌畫，將與中國國內天然氣管道共同組成完整的「西氣東輸」網路，與「西電東送」一同形成中國能源運輸供應的大動脈。中國國內原有西氣東輸 A 線，是國內氣源，A 線西起新疆輪南，東至上海，全長 3843.5 公里。B 線、C 線氣源來自中亞。B 線是從土庫曼斯坦經烏茲別克斯坦、哈薩克經由霍爾果斯進入中國國內，來自中亞進口天然氣，年輸氣量 300 億立方公尺，南抵廣州、香港地區，中國國內全長 8704 公里。C 線氣源也來自土、烏、哈三國天然氣，設計年輸氣量也是 300 億立方公尺，中國國內經過 10 個省區，全長 7378 公里。三線長度加上中亞部分，超過 1 萬公里。經由塔吉克斯坦的 D 線管道開通，將使中國與中亞國家的能源合作提升到新的水準。

　　在草原絲路方向，也有油氣管道「兩豎」和跨洲鐵路「兩弧」的明晰計畫走向。油氣管道「兩豎」是已有協定的兩條輸油氣管線，「兩弧」則是俄羅斯西伯利亞第一座「歐亞大陸橋」的東進與南下，以及前文提到的中國總理李克強訪俄時簽署的「莫斯科—喀山高鐵備忘錄」。這是用高鐵聯通俄中首都的先導工程，最終由俄羅斯的莫斯科、喀山經哈薩克到達北京，全長 7000 公里。建成之後也可以稱之為草原絲路的第一座快速「歐亞大陸橋」。這條草原高鐵意義重大，向東一直通向渤海灣，將與中國東北地區和中國華北京津冀與渤海灣的經濟雙核「反 S 結構」發生密切的互動，產生新的更大的經濟能量。

　　在西南絲路經濟帶上，設施聯通同樣進展迅速。中緬油氣管道連接緬甸的皎漂和中國的貴州，與全國的油氣網並網，也給緬甸北方地區提供油氣。已經開始落地的「泛亞鐵路」的骨幹分別由寮國與泰國立項，直接關係到東盟國家內部的道路聯通，也關係到中國與東盟的互聯互通。這裡需要再次提及的是對「泛亞鐵路」未來的一種預測，也就是說，「泛亞鐵路」走向昆明，由昆明再向西北一直走向歐洲，那麼它會不會成為東南亞聯通歐洲的又一座「歐亞大陸橋」？這並非只是想像。

　　海上絲綢之路的設施聯通同樣十分重要。在全球海運版圖中，日本、希臘、中國、德國和丹麥居於海運貨物量的前五位，2013 年全球海運貨物總量超過 10 億噸，比 1996 年增加一倍。在過去，海運業一直是「西方設計，東方製造，西方銷售和運營」，現在發生了模式變化，新興經濟體開始承接設計和運營，歐洲傳統海運大國也採取了不同競爭方式。例如丹麥就開始競爭高端市場。丹麥在商船數量上一直保持歐洲第一位，現在提出「高級海運」新概念，建設歐洲海運中心、發

展綠色航運、減低排放 25％二氧化碳的目標，重振海運業。中國也要在「一帶一路」建設中進行多方面的努力。

在推進綠色航運的同時，首先要加快船隊運力建設和提升港口服務功能，與世界港口城市密切合作，全面推進海運強國戰略，穩固持續發展海上貿易的基礎。船舶數量、品質、港口和海運服務業的發達程度是成為海運強國的三要素，其中海運服務業又是一個不可忽視的因素。港口設施則是海上運輸最重要的硬體，必須硬體和軟體並重。中國海運船隊目前運力規模是 1.42 億載重噸，占世界 8％，居世界第四位，港口貨物輸送量 118 億噸，集裝箱輸送量 1.9 億標箱，百萬標箱港口 22 個，億噸大港 29 個，在世界排名中分列第六與第七。

中國科學院預測科學研究中心發布《2014 年全球 TOP20 集裝箱港口預測報告》，對 2020 年全球 20 大港口輸送量及排名進行了預測和分析。報告認為，在 2020 年，世界「20 大港」裡中國將占 10 個，在前 10 名裡，中國占 7 個，其中寧波舟山港將首次超過南韓的釜山港，成為全球第五大集裝箱運輸港。但中國海運業在整體上仍是大而不強，海運企業運量整體份額偏低，「五星紅旗船隊」規模偏小，海運服務業發育遲緩，海運服務貿易處於逆差狀態，在國際海運公約、規則與技術標準制定上話語權較弱。這種狀況亟須改變。應當說，如何從海運大國向海運強國轉變，中國還有一段路要走，但隨著 21 世紀海上絲綢之路建設的不斷推進，這個目標一定能夠較早地實現。

建設 21 世紀海上絲綢之路，實現海上貿易投資與經濟合作中的互聯互通，除了切實維護海洋貿易安全，保障海洋貿易權益，海上絲路基

礎設施建設走出去,是最基本的目標。中國不僅與南亞、南歐有關國家,如斯里蘭卡、緬甸、孟加拉、巴基斯坦、希臘以及肯亞等國家,開展比較廣泛的海運基礎設施建設合作,也透過亞洲基礎設施建設銀行的籌備和高達 400 億美元的絲路基金,擴大支援各國海上絲路建設重點專案。

大數據與雲端計算是經濟發展的軟實力和硬道理

在「一帶一路」建設中,陸上新絲路建設與海上絲路建設相輔相成。中國港口企業與希臘比雷埃夫斯港的合作,不僅是海上絲路的合作,也具有從陸上絲路進入波羅的海的前景,海上絲路的互聯互通也推動了陸上絲路的互聯互通。據有關報導指出,為確保紅海到地中海的海陸暢通,希臘比雷埃夫斯港與以色列的阿什杜得港之間也要建立海上通道。中國港灣工程 2014 年 9 月獲得建設合約,建設亞喀巴灣的埃拉特港到地中海沿岸的特拉維夫的「紅海─地中海」鐵路,實現海上絲路與陸上絲路在中東與北非交會。

這條鐵路擬建高鐵雙軌,橫穿內蓋夫沙漠,總長 217 英里,其中特拉維夫至貝爾謝巴一段 55 英里已由以色列建成。以色列與中國在 2012 年就簽署了相關備忘錄,擬建的鐵路也可以延伸到約旦,並走向阿拉伯半島。2015 年開年,從泰國又傳來擬開挖克拉地峽的消息。克拉地峽是位於馬來半島泰國境內的狹長地帶,寬度約為 100 公里,克拉運河開鑿將在繁忙的麻六甲之外增加一條海運通道,這是「一帶一路」發展的重大利多。

　　第 22 次 APEC 領導人會議通過的亞太互聯互通建設藍圖，進一步豐富了互聯互通硬體、軟體與人員交流的內涵，把「互聯互通」推向更高水準，把方興未艾的互聯網和跨國旅遊業的發展納入其中。麥肯錫國際全球研究院的一份報告顯示，2010 年，中國的互聯網經濟占 GDP 的 3.3％，低於已開發國家，2013 年上升到 4.4％，處於全球領先地位，從比例上看甚至超過了美國。有關機構保守估計，到 2025 年，中國互聯網將取得 4 兆元以上的綜合成長。中國互聯網經濟的發展有助於推動傳統產業提升，也會影響和幫助推動「一帶一路」的發展。特別是「網上絲路」的建設與推進，將會成為「一帶一路」的亮點。

　　尤其是大數據與雲端計算，是提升國際貿易投資經濟合作效能與效率的重要途徑，互聯網基礎設施建設已經成為互聯互通的極為重要的內容。從「寬頻中國」走向「寬頻絲路」是一條必經之路。目前，「網上絲路」正在發育，西北地方也是先行者，寧夏回族自治區不僅開通了面向中東和伊斯蘭地區和杜拜的國際航線，同時在中衛建設西部「雲端基地」資料中心。中興集團和銀川市合建的中興大數據中心也開工建設，並與阿聯簽訂了 2020 年杜拜「世博會」資料處理資訊業務協定。銀川 IBI 育成中心擁有 250 家入園企業，其中就有面向阿拉伯國家的跨境電子商務平臺。

　　絲路跨國旅遊也是建設絲綢之路經濟帶和海上絲路的重要選項，是絲路建設的先行產業。隨著道路聯通（包括國際航空業）的迅速發展，國內、國際絲路旅遊亮點明顯，絲路經濟的發展，再一次為中國旅遊業提供機會，也提出挑戰。絲路旅遊的開發將讓中國成為全球最大的商務旅遊市場。據全球商旅協會發布的報告，2014 年全球商旅支

出將達 1.18 兆美元，2015 年將達 1.28 兆美元，2013 年，美國的支出規模為 2740 億美元，中國達到了 2250 億美元。「絲綢之路：長安—天山廊道路網」文化申請成為世界遺產項目的成功和沿絲路高速鐵路的貫通，為絲路旅遊提供了新機遇。

2014 年 6 月，中國民航局與河南省簽署合作備忘錄，共推鄭州航空港經濟綜合實驗區，明確表示支持西安航空城實驗區建設，根據西安的規劃，聯通國內外 160 個城市，擁有 280 條航線，年航空旅客 6700 萬人次，貨郵輸送量 70 萬噸左右。按照「絲路聯通，洲際突破」的發展思路，主要開通歐洲、中亞的直航航線。高鐵與航空是現代旅遊業發展的兩翼，奠定了跨國絲路旅遊經濟帶的發展基礎。目前，烏魯木齊在烏茲別克斯坦首都塔什干建立了旅遊行銷中心，推動國際旅遊經濟合作發展。2013 年，新疆旅遊收入 673 億元，接待中外遊客 5206 人次，較去年同期分別成長 17％和 7％。新疆正在加快旅遊業規劃編制，加快建設伊犁國際旅遊谷建設，加快阿勒泰旅遊區建設，還實施了包括烏魯木齊天山大峽谷、博斯騰湖景區在內的國家 5A 級景區倍增計畫。

一位西方記者的報導說：「中亞跳動的心臟，孕育了舊絲綢之路地區的商業中心，既不是《一千零一夜》中的撒馬爾罕，也不是布哈拉。事實上，該地區的中心甚至並非真的在中亞，而是在中國。」青海強力推進旅遊基礎設施建設，2014 年上半年的旅遊業總投資就高達 60.3 億元。甘肅推動華夏文明傳承創新區建設，在高臺駱駝城推出姑師、高昌、樓蘭古城邦旅遊影視基地專案產業群，年接待能力 100 萬人次以上。寧夏是西部旅遊的先行者，也在道路聯通與旅遊業的提升上做出

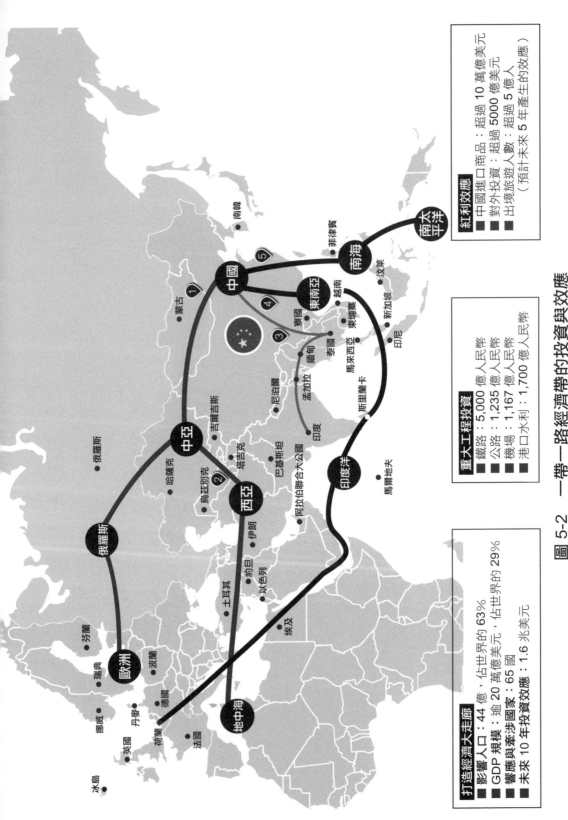

圖 5-2 一帶一路經濟帶的投資與效應

紅利效應
- 中國進口商品：超過 10 萬億美元
- 對外投資：超過 5000 億美元
- 出境旅遊人數：超過 5 億人
  （預計未來 5 年產生的效應）

重大工程投資
- 鐵路：5,000 億人民幣
- 公路：1,235 億人民幣
- 機場：1,167 億人民幣
- 港口水利：1,700 億人民幣

打造經濟大走廊
- 影響人口：44 億，佔世界的 63%
- GDP 規模：逾 20 萬億美元，佔世界的 29%
- 響應與牽涉國家：65 國
- 未來 10 年投資效應：1.6 兆美元

南韓

南太平洋

菲律賓

南海

東南亞

越南

汶萊

中國

① ⑤ ④ ③

蒙古

泰國

新加坡

緬甸

印尼

柬埔寨

馬來西亞

寮國

中亞

吉爾吉斯

尼泊爾

斯里蘭卡

俄羅斯

哈薩克

烏茲別克

塔吉克

印度

馬爾地夫

印度洋

西亞

② 巴基斯坦

阿拉伯聯合大公國

伊朗

約旦

以色列

土耳其

俄羅斯

埃及

歐洲

芬蘭

瑞典

挪威

英國

丹麥

德國

波蘭

荷蘭

法國

冰島

地中海

了新的努力。

跨國旅遊經濟發展是世界不少地區的經濟專案選擇的重點。連英國、美國這樣的老牌已開發國家都樂此不疲，制定了跨國旅遊新政策，在短期旅遊免簽、互簽制度上放開了手腳，對長期居留制度也會有新的調整。俄羅斯準備像申根旅遊國家一樣，對去國外旅行的俄羅斯遊客實行強制保險制度，特別是去中國，在遊客購買平均每天 1 美元的保險以後，俄羅斯遊客可以在中國的任何城市享受免費醫療。

陸上絲路旅遊發展空間大，海上絲路旅遊空間也不小。中國造船企業正在首次提出製造「豪華郵輪」，要去摘取造船業的這項皇冠，預示著中國的海上絲路旅遊將會進入一個新的爆發期。

能源貿易新版圖

在古絲綢之路上，絲綢貿易是當時的尖端貿易。現在，以滿足當時人們最有品牌追求意味的絲綢貿易的一幕已經不再，進入人們視野的另一種重要商品是一度被稱為「石油美元」的石油和天然氣，這是當今無可迴避也無可隱晦的能源貿易。眾所周知，2014年下半年，化石能源價格與能源版圖發生了負面變化。在此同時「一帶一路」也帶來了正面的變化。2006年年底，英國《金融時報》在一篇題為「新絲綢之路」的報導中講到，在人們關注全球貿易和資本流動問題時，通常把目光聚焦在美國的外債規模上，但隨著亞洲經濟的發展，能源價格高漲對中東的影響日益顯現，新的貿易和資本流動正在形成。

人們正在編織新的貿易版景，「使用的絲線是流向東方的石油、天然氣、石化產品、水技術、石油美元和銀行的專業知識，以及沿著古老的絲綢之路流向西方的廉價消費品、能源和交通的基礎設施」。報導還說，自2000年以來，海灣國家和亞洲之間的貿易額增加一倍以上，達到2400億美元。海灣國家發行的投資債券達到400億美元，「新絲綢之路很可能和老的絲綢之路那樣，在商業上碩果累累」。

著眼於石油、天然氣甚至把絲綢之路看作化石能源之路也並不完全是戲言，但油價暴跌給當前的石油市場出了個大難題。產油國奈及利亞投資萎縮，貨幣開始貶值，委內瑞拉和伊朗外匯銳減；俄羅斯財政預算也出現前所未有的巨大壓力，印尼宣布取消能源補貼，沙烏地阿拉伯開始籌畫產業多元化。

　　這一切都說明了對市場的一種短視。化石能源固然是重要的，據說俄羅斯的財政預算是基於每桶 100 美元油價制定的，油價下跌 1 美元，國庫就少收 20 美元，以 80 美元的單價，國家預算一年要少收 400 億美元，占到 GDP 的 2％，而因此造成的損失超過 1000 億歐元，遠高於歐美制裁的 400 億歐元。對這次油價暴跌，有各種說法，新的石油戰爭「陰謀」論、對抗美國頁岩氣革命論，不一而足，但這些都不是最完美的解釋。

　　目前，主要產油國家各自的生產成本是不同的，美國的葉岩油一般成本線是每桶 60 美元以下，俄羅斯是 100 美元的基線，伊朗是 135 美元，沙烏地阿拉伯也遠超 80 美元。總體看來，還是供大於求，頁岩氣革命加劇了過剩預期，高成本也就引起了石油市場的劇烈震盪。而且，歐佩克國家達不成減產協議，因此油價在短期內難以止跌。據報導，美國的頁岩氣革命使其原油總產量達到每天 900 萬桶，躍居世界第三位。時隔 60 多年，美國再次成為石油製品的淨輸出國。

「能源」是國家力量的重要關鍵

　　美國頁岩氣產量占其天然氣總產量 40％，頁岩氣增產也會引發天然氣價格下跌，並且暫時結束了主要油氣輸出國對石油價格的壟斷。油氣價格暴跌對石油輸入國是有利的，但這也未必是能源安全亮起綠燈的理由，化石能源畢竟不可再生，即便週期較長，暴跌之後終有大漲，因此能源安全的弦鬆不得。

　　2015 年 1 月底，中國石油集團經濟技術研究院發布《2014 年國內

外油氣行業發展報告》，預計 2015 年國際油價前低後高，總體水準較 2014 年大幅下跌。WTI 原油年均價將在 55 美元至 65 美元區間，布倫特原油年均價將在 60 美元至 70 美元，比 2014 年低 40％左右。報告說，2014 年中國石油對外依存度升至 59.5％，較 2013 年上升 1.1 個百分點。2015 年中國石油需求量 53367 萬噸，較去年同期成長 3％，石油進口或有下降，但對外依存度將首次突破 60％。

目前，中國的石油需求的確在增加，2014 年原油消費量成長 5.6％，天然氣消費量成長 8.6％，煤炭消費量下降 2.9％，占能源消費總量的 66％。綠色能源消費占 16.9％。能源結構雖然發生變化，全國萬元產值能耗下降 4.8％，中國綠色能源投資也在大幅成長，2014 年為 895 億美元，成長 32％，占全球 29％，投資量居世界第一（美國成長 8％，為 518 億美元，居第二位）。

根據中國國家統計局 2014 年統計公報，2014 年年末，中國水力發電裝機容量成長 7.9％，核電成長 36.1％，並網太陽能發電成長 67％，並網風力發電成長 25.6％。全球風力發電目前已可滿足全球 4％的電力需求，到 2020 年還會倍數成長。風力發電成本也在降低，根據柏林 progonos 經濟研究所的計算，與傳統發電相比，風力發電成本甚至是其一半，但這需要有一個較長的過程。目前，中國主力油田在減產，探明石油儲量 2014 年增加了 10 億噸，天然氣增加了 6000 億立方公尺，但能源安全依然是個大問題。

能源是工業甚至是經濟機體生存的血液，被視為「過渡性能源」的石油和天然氣貿易之影響是不言而喻的。由於石油和天然氣在新絲路貿易中目前不可或缺，也可以把這種貿易之路叫作「石油之路」，但是不能把新絲路經濟帶叫作石油經濟帶。因為，在新絲路的貿易中，

儘管有石油、天然氣這樣的大宗資源，而且因為它的不可再生性、分布的不均衡性和供給的波動性以及市場敏感性一時搶手，但這不意味著沒有更合理的能源結構和能源市場。

能源是經濟發展的物理學動力，不是發展的內在動力，但在任何時候，發展的動力都來自於生產力與生產關係的合理互動，因此必須考慮生產要素在市場的內涵與外延結構中合理配置。在目前，人們關注能源安全是因為新能源技術還沒有出現根本性的突破，不得不把它視為不可缺少的重要自然資源。

在能源供求中要討論的問題大致上有三個：一是在可判斷的 20 年裡，全球能源需求有多大，圍繞能源主要是化石能源又會出現什麼樣的供求問題？二是能源的供給能不能相對平衡？三是在能源供求方面，絲綢之路經濟帶建設將會發揮什麼樣的作用？

據國際能源署 2014 年 6 月 3 日在倫敦發表的報告指出，隨著現有能源技術的更新換代，新興國家對能源的需求量不斷擴大，世界各國在 2035 年前需要投入 48 兆美元才能滿足全球能源需求，投入分配結構是：7 兆美元用於物流，10 兆美元用於發電，23 兆美元用於開採和石油冶煉。報告沒有特別提到中國，但對歐洲和印度的能源問題提出關注，認為在 2035 年前，歐洲要向能源領域投入 2 兆美元，印度是 1.5 兆美元。

歐洲國家的化石能源自給率是不高的，特別是天然氣，主要依靠俄羅斯供應。除此以外，能源輸入的較大經濟體就是中國和東北亞的日本與南韓等。歐佩克 2014 年發布的有關報告也加重了對石油需求的社會心理壓力，他們預測，2015 年，石油需求增幅將從 2014 年的每

天 110 萬桶提高到 120 萬桶。但也有另一份英國石油公司 2014 年提出的年度世界能源統計報告，對石油儲量的估計比之前提高 1.1％，達到 16879 億桶，按目前的生產速度，夠全世界開採 53.3 年。英國石油公司的報告說，石油儲量成長，很大一部分來自美國，美國擁有 442 億桶儲量，比之前的估測高出 26％，但美國自己的數字是 334 億桶。石油儲量的增加是因為葉岩油成藏組合，例如巴肯、伊格爾福德、二疊紀盆地地層含有大量葉岩油，有可能比現在估計的數量還要高。而且，新的含油地層還在不斷發現。

該報告強調的是美國的油氣繁榮景象，推之世界其他地區，石油供給的情況也有樂觀的一面。普華永道會計師事務所最近的一份報告說，2013 年世界新發現的油氣田有 6 個在非洲，莫三比克和坦尚尼亞都發現了大型天然氣田，2013 年，非洲每天生產石油 900 萬桶，目前主要生產國是奈及利亞、利比亞、阿爾及利亞、安哥拉與埃及，生產天然氣總量 1848 億立方公尺。隨著新油田和氣田的投產，油氣供應還會改善。如果把北極的資源算上，前景並不是那樣令人緊張。

還有一個重要因素，就是油氣供求平衡正在發生重大變化。在過去，中東發生戰爭，油價立刻飆升，但這一次伊拉克出現緊張，油價最低降至每桶 50 美元以下，為一年半來最低。這與經濟放緩有關，葉門衝突影響運輸而不是油氣源本身。目前，與美國油氣自給有關，油氣供給平衡發生重大變化是一個不爭的事實。油價不升反降的新特點也會帶來新的判斷，除了供給過剩，石油產業也許正開始度過自然壟斷期，其價格將會在能源結構得到改善的情況下整體下跌。

對未來 20 年全球能源供應的前景，也有相反的看法。國際能源署

（IEA）2014 年發表一年一度的《世界能源展望》報告，認為短期供應充足不能掩蓋長期的挑戰，未來 20 年全球能源會供不應求。這個總部設在巴黎的國際能源研究和監管機構預測，全球能源需求到 2040 年將成長 37％。報告說，美國各葉岩項目產量大幅增加所導致的從 2014 年年中以來油價累計下跌，這只是個暫時現象。目前供應主要依賴幾個大的產油國，這是一個問題。美國的葉岩專案也存在長期問題。在 2020 年到 2029 年，美國的葉岩油田將繼續成長，但此後的不確定性增加，甚至會一路下降。預計北美以外地區開採難度大，難以複製美國的葉岩開採，其他來源成本也很高，供應來源很難擴大。

天然氣 2040 年需求將成長 50％，但天然氣產業是資本密集產業，價格也會變化。IEA 的擔憂自有道理，不可再生能源畢竟會愈用愈少，因此從長遠來看是一個挑戰。但能源供應的挑戰和氣候問題的挑戰，也會在人們對傳統化石能源的依賴中找到新的平衡，所以，要加快新能源的發展步伐。在第 22 屆 APEC 會議中，「習奧會」達成應對氣候變化的「歷史性」減排協議，美國計畫在 2025 年實現在 2005 年基礎上減少排碳量 26％至 28％的全經濟範圍的目標，中國計畫在 2030 年左右二氧化碳排放達到峰值，並將非化石能源占一次能源消費比重提高到 20％左右。這將會深刻影響世界能源戰略走向。

化石能源價格與貿易格局的新變化，對中國有利也有弊。利在於，可以較快地改變以煤炭為主的一次能源消費結構，在一定程度上減輕工業汙染，也讓一些在商業上不可行、在技術上暫時難以實施的化石能源專案減少上馬的衝動，在效益成本上更能按照市場規律辦事。弊在於，方興未艾的新能源的發展也會遇到新的市場阻力和摩擦力。在

未來一段時間裡，中國會是一個大的石油（特別是天然氣）進口國，也許還會是國際上一些人所講的「世界石油市場的平衡力量」，但中國要有更長遠的能源戰略。化石能源價格與貿易格局的新變化，提供了難得的過渡與緩衝，要用好，但不能出現化石能源「依賴症」。

目前，在「一帶一路」的建設中，中國已經開始形成能源國際貿易的五個通道和五個主要來源。這就是西伯利亞方向，中亞、西亞方向，中巴經濟走廊的波斯灣方向和透過海上絲綢之路實現的亞太方向，中東以及散布在非洲、拉丁美洲的產油國的油源。這種分散多元的布局，不僅能夠盡可能地保證中國的能源安全，也給絲綢之路經濟帶的其他石油輸入國留下很大的進退空間，使能源流轉格局上達到相對平衡的狀態。可以看到，由於管道投入大和海上運輸成本高，這四個能源通道的機會成本是不一樣的，一般情況下會選擇成本低的貿易方案，但中國在成本上「高低搭配」多元進口，不能不說有著進行平衡的長遠考慮。

中國的能源戰略部署與企圖心

2013 年，絲綢之路經濟帶相關國家共生產原油約 11 億噸，超過世界總產量的四分之一，合計生產天然氣 10746 億立方公尺，約占世界總產量的三分之一。2014 年是中國企業進入中亞油氣市場的第 17 年，也是中國企業廣泛參與絲綢之路經濟帶國家能源合作的黃金時期。中國石油企業在中亞地區已經形成集勘探開發、管道運輸、煉油化工和產品銷售為一體的完整石油產業鏈，這是在中國西北方向建立的主要的能源戰略通道。

　　資料顯示，2013 年，絲綢之路經濟帶主要能源生產國家對中國原油出口 5867 萬噸，超過中國進口總量的四分之一，對中國天然氣出口 274 億立方公尺，超過中國進口總量的一半，與其產出比重基本上一致。截至 2014 年 11 月，來自中亞的天然氣累計達 1000 億立方公尺，原油 7000 萬噸。未來隨著中國中亞天然氣 D 線管道開工，A、B、C、D 四條管道合計長度 10738 公里，形成環裡海的油氣供應網絡。原油管道基礎設施的總輸送能力每年 3500 萬噸，2018 年後中俄、中哈原油管道總輸送能力提高到每年 5000 萬噸，中亞 D 線建成後天然氣總輸送能力達到每年 850 億立方公尺。有關人士說，到 2015 年年底，中石油將在中亞建成 5000 萬噸油氣產能，到 2020 年，達到 9000 萬噸，為保障中國能源安全打下了基礎。

　　誠然，外間也有一種說法，「任何人想了解世界能源市場未來 20 年將如何發展，必須從中國開始」。「中國在交通和家用方面的人均能源使用與歐美相比仍很低，這種情況開始發生轉變」，也就是說，他們已經注意到人口大國的民用能源成長問題，而不僅僅是工業發展。顯然這種分析，要比美國能源資訊局在 2013 年 9 月公布的《2013 年國際能源展望》報告客觀。美國能源資訊局報告說，在過去 10 年裡，中國的石油消耗量成長了 94％（注意：同時期中國經濟規模也增加一倍），按中國目前能源消耗的成長形勢，到 2040 年，中國的能源消耗量將接近美國的兩倍（注意：是接近而非就是兩倍），印度剛好是美國的一半，那麼，根據他們對那時中國經濟總量的計算，中國的經濟規模又是美國的多少，印度又是美國的多少？

　　中國的國際能源需求包括石油和天然氣，根據國際能源組織的預測，在 2025 年，中國的石油需求將升至每天 1420 萬桶，其中 1090 萬

桶要進口，這應該是一個極值，而且很值得懷疑。因為中國的天然氣用量在增加，天然氣是比石油可再生的化石能源。根據 BP 英國石油公司的 2013 年《BP 世界能源統計年鑑》，2013 年，天然氣占中國一次能源消費結構的比重雖然比 10 年前增加一倍，才是 5.1％，而 2012 年世界天然氣消費占一次能源消費結構的比重達到了 24.4％，是中國所占比重的近 5 倍。

這就是說，中國還不能說是唯一的進口天然氣的最大用戶和買家。而且，如果中國一次能源消費結構一旦達到上述世界水準，在天然氣和發電制暖等方面逐步代替石油，在中國增加天然氣進口數量的同時，石油進口量會相對減少，因為同為化石能源，天然氣對石油的替代是不可重複計算的。2012 年，世界天然氣、石油、煤炭和非化石能源在一次能源消費結構的比例是 24.4：33.8：30.5：11.3。

目前，中國一次能源消費結構正在變化，根據 2013 年 9 月中國政府發布的《大氣汙染防治行動計畫》，2014 年，不僅煤炭消費比重下降到 65％以下，非化石能源也優化到略高於世界水準的 10.7％，加上天然氣消費占 6.1％，石油消費才占 18.2％左右，是 2012 年世界石油平均消費水準的一半。據綠色和平組織有關能源分析資料，進入 2014 年，中國煤炭使用在前三個季度就已減少了將近 2％，與 20 世紀初年增 5％不可同日而語。就中國目前的天然氣進口，總量也就是 1530 億立方公尺，加上多元的液化天然氣進口，還不到歐洲進口的 70％，沒有理由誇大中國對國際能源需求的特異性。

說中國對能源的進口需求影響到全球能源的緊張，更是有些製造

緊張空氣。目前，中國能源結構發生新變化展現在投資結構中，2013
年中國非化石能源占能源總投資比重已升至 75.1％，比 2005 年提高
45.9 個百分點，煤電投資已降至 19.6％，預計還能進一步下降。根據
中國電力企業聯合會最新資料，中國非化石能源發電裝機容量 2013 年
占總量的 31.6％，比 2005 年提高 6.6 個百分點，其中並網風力發電占
到 6.1％。預測到 2020 年，中國綠色能源發電量將達 2.6 兆千瓦時，占
全部發電量的 32％。到 2030 年將達 5 兆千瓦時，占 42％，到 2050 年
將達 8.1 兆千瓦時，占 58％。這無疑對化石能源（無論是煤炭還是石
油）的依賴都大大減少。

　　對中國來說，這幾乎意味著一個更重要的趨勢：不需十分擔心石
油只夠用 50 年還是 60 年的問題，在未來幾十年裡，石油未必一定會
成為絲路上的第一「貴重」商品。

　　對於中國目前對石油、天然氣需求相對數量較多的情況，觀察的
角度不能只有一種，需要多方面去考察，也就是說，除了在經濟快速成
長時期中付出的能源代價，還有自身經濟成長方式粗放的原因，例如
中國噸鋼可比能耗高出世界水準 15％，火力發電是 20％，水泥是 23.6
％。當然也有上面講到的資源消費的轉移替代因素，在中國發展的前
30 年裡，一些高耗能、高資源消耗的產業轉移到中國，相對加大進口
資源消耗總量，相關產品走向世界，這些不同程度加工過的資源再度
出口，在這個產業流轉的鏈條裡，有一部分資源和能源的消耗是「替
代消耗」。

　　中國並不是絕對缺少化石能源的國家。中國國土資源部發布消
息，過去 3 年裡，新增石油儲量 39.47 億噸、天然氣 2.3 兆立方公尺，
分別是以往探明儲量的 12.57％、25.3％，在鄂爾多斯、塔里木和渤海

灣盆地發現 8 個整裝油田和 6 個千億立方公尺的氣田，在沁水盆地和鄂爾多斯盆地新增 2887 億立方公尺的煤層氣，比 2010 年探明量增加一倍。據 BP 世界能源年鑑，2013 年，中國天然氣產量為 1171 億立方公尺。2014 年，中國在距海南島 150 公里的瓊東南盆地陵水凹陷開發超深水氣田，日產氣 9400 桶油當量。南海油氣在深海，近年來重大油氣發現一半在海上。環海南島的寶島、陵水、樂東凹陷是潛在的大氣區。從長遠來講，中國國產化石能源短缺也是一個相對的概念。

不管如何預測中國未來的能源需求總量，其實最重要的問題是，能源利用係數如何在發展節能型經濟中進一步提高；如何優化能源結構，逐步改變對化石能源的過度依賴，特別是對煤炭的依賴；如何加快發展綠色能源和可再生能源。在這些方面，中國付出的努力要比任何一個國家都大。

從整體趨勢來看，中國能源結構在改善，能效也是在不斷提高。2014 年，總部位於華盛頓的美國促進節能經濟理事會對 16 個主要經濟體進行研究，在全球能效排行榜上德國居第一，義大利居第二，歐盟作為一個整體排在第三，中國與法國並列第四，英國與日本並列第六，澳洲因為廢除了碳排放稅，出現倒退，排在第十，美國的能效僅僅高於俄羅斯、巴西和墨西哥，排在第十三。根據 2014 年 5 月印發的《2014—2015 年節能減排低碳發展行動方案》，單位能耗分別逐年下降 3.9%。

還有一個因素，那就是從今後發展來看，中國的頁岩氣雖然埋藏深，而且頁岩氣的開採需要大量工業用水，但技術進步會解決這類問題。根據中國全國地質調查會議披露，截至 2013 年，中國頁岩氣產量已達 2 億立方公尺，中石化在 2014 年 3 月宣布，到 2017 年，重慶有

望建設成中國國內首個年產氣 100 億立方公尺頁岩氣田，2015 年產量是 50 億立方公尺。據全球管理諮詢埃森哲公司的預測，全球頁岩氣、緻密氣、頁岩油、緻密油等非常規油氣能源技術可開採量是可觀的。中國技術可開採量是 1115 兆立方英尺，阿根廷為 802 兆立方英尺，美國為 665 兆立方英尺。葉岩油技術可開採量，俄羅斯 750 億桶，美國 580 億桶，中國 320 億桶。頁岩氣革命重塑了美國能源版圖，頁岩氣也會重塑國際能源版圖。中國的頁岩氣蘊藏比美國高 70％左右，到 2020 年，也許如同中國能源局預測的年產 300 億立方公尺，而不是 600 億立方公尺，但這只是商業成本和其他機會成本大小和節奏把握的問題。

中國的核電發展迅速，2014 年中國核電有陽江 1 號、寧德 2 號、紅沿河 2 號 3 個機組投入運營，海陽也有兩個新機組投入建設。中國目前有 20 個核電機組運營，還有 28 個正在建設。另外據報導指出，中國已經啟動具有自主智慧財產權的四代核能系統，是用釷替代鈾，既避免核擴散風險，同時資源豐富。有關專家說，如果按國際通用演算法，未來 30 年核電規模是目前的 7 倍，鈾 235 將在 40 年用盡，但地殼中探明的釷儲量是前者的 3 到 4 倍。一塊拳頭大的釷能為倫敦供電一周。中國的釷探明儲量僅次於印度，居世界第二位。包頭的稀土專家計算，僅包頭白雲鄂博的資源就可以支撐中國核電需求 5000 年。中科院有關四代核能路線圖提示，中國將在 2040 年實現商業化目標。

中國的可再生能源優勢，特別是太陽能發電，更是改變能源版圖的最大變數。太陽能光熱發電商業化運用出現在歐美國家，中國的光熱發電產業已經歷 10 個年頭，由於電價成本居高不下，對產業化進程有所制約，但目前有可能很快進入爆發期。一是技術研究領域有突破，特

別是熔融鹽蓄熱與傳熱關鍵技術獲得突破，確保中國在太陽能光熱發電產業上具有自主智慧財產權的一個制高點。二是太陽能光熱發電的產業鏈初步形成，多個企業基本上可全部生產關鍵零件和重要設備。按照中國政府此前的規劃，到 2020 年實現 3 吉瓦光熱發電裝機容量的最低目標，以單位千瓦投資成本下降到 3 萬元計算，其發電市場規模就超過千億。有關人士透過地理資訊系統（GIS）分析，中國西北地方太陽能光熱發電可裝機潛力為 16000 兆瓦，與美國全國相當。以發電量來講，中國潛在的太陽能光熱發電量為 42000 兆千瓦時，是目前各類發電量 5000 兆千瓦時的 8 倍多。

　　說中國能源需求導致未來的能源緊張趨勢，也只是一種呆滯的刻舟求劍的分析，分析者忘了一種正在發生的變數，那就是中國的經濟正在與國際經濟加速融合，在國際經濟合作中，在中國經濟外向型比重愈來愈提升的情況下，能源「大搬家」的狀態也會產生變化，能源需求的一國視野將從多國的視野來考察、來預測，特別是產業緊密合作的多國。在歐亞大陸地區，化石能源的分布是不平衡的，但在歐亞大陸地區，如果從東北亞勘察加半島向西南巴基斯坦旁遮普省和阿拉伯半島亞丁灣劃條軸線，軸線以北是化石能源富集區，但不包括歐洲。

　　離軸線愈近，化石能源愈富集。加上北極地區，情況更可觀。那麼，在歐亞大陸的絲綢之路經濟帶上，除了中國西北、南海和相關地區有油氣前景，歐洲、南亞次大陸和中國的腹心地帶，多是能源輸入地區。在這種情況下，如何在經濟合作中發揮西伯利亞、中亞、中東和阿拉伯地區這幾個大的能源板塊的相對平衡的供給，就成為歐亞絲綢之路經濟帶穩定發展的一個關鍵。

　　這條線的大致「劃分」是受了中國地理學家胡煥庸的啟發，他在1935 年發表「中國人口之分布」一文，編制了著名的中國第一張等值線人口密度圖。以璦琿騰沖線把中國分為東南和西北兩半壁，被稱為「胡煥庸線」，對中國人口布局有直觀參考價值。按當時人口總量，東南 4.4億，占總人口 96％，1935 年，西部人口只有 1800 萬。2000 年，中國科學院國情小組的統計分析，「胡煥庸線」的東南占國土面積 43.18％，人口 93.77％，GDP 95.7％。2000 年人口普查也顯示，東南與西北人口之比仍為 94：6。用這條基於統計學原理的「胡煥庸線」來比較歐亞的能源分布，新的能源分布劃分就成了一支明顯的「蹺蹺板」，或者把它當成兩面提水的槓桿式吊桶，在七上八下中保證了歐亞大陸西北與東南的供給平衡。這個「蹺蹺板」或槓桿式吊桶的支點在中亞地區。這也是新絲綢之路經濟帶給歐亞兩大洲帶來的能源供給的平衡效應支點。

　　上述「蹺蹺板」線只是推測，但從目前傳統的油氣富集區而不包括諸如頁岩氣的新發現，也明顯具有一種開採分布大集中、小分散的規律。特別是化石能源市場流向是現實市場而非「遠景市場」，至少還是一種「相對平衡」的參考價值。

　　例如，在歐洲烏克蘭問題引發俄羅斯天然氣輸歐危機中，歐洲首先想到的是到中亞裡海周邊尋求氣源，而且有成效。2014 年，裡海的巴庫舉行了歐洲「南方天然氣走廊跨安納托利亞天然氣管道」專案的開工奠基儀式，亞塞拜然、保加利亞總統，希臘、格魯吉亞、黑山的總理，土耳其、阿爾巴尼亞的能源部長以及英國石油公司的執行總裁都出席了。透過這條管道，亞塞拜然已探明儲量 2.5 兆立方公尺，預測儲量 4 兆立方公尺的沙阿德尼茲氣田的天然氣，進入格魯吉亞和土耳

其、保加利亞、義大利、希臘、阿爾巴尼亞，輸往歐洲。這個管道專案也被稱為「世紀工程」，2018 年向土耳其輸氣，2019 年對歐供氣，預計每年向歐洲供氣 160 億到 200 億立方公尺。雖然這個輸氣量無法與俄羅斯天然氣形成很大的競爭，但說明能源「蹺蹺板」線發揮了很大的平衡作用。

2014 年年底，匈牙利總理訪問亞塞拜然，強調亞塞拜然天然氣進入中歐是整個歐洲的利益所在。他們當前的協議只是保證亞塞拜然天然氣進入南歐，還需要把相鄰的天然氣管道連接起來，進入中歐，建立共同的能源市場。

「蹺蹺板」效應只是一種客觀存在，並不意味著化石能源垂手可得，需要在相應的能源安全發展戰略制定中通盤籌畫，更需要「一帶一路」發展戰略的保駕護航。

一是強化與能源生產國的全面經濟夥伴關係，多元擴展穩定油源氣源，形成遠近結合、海陸相輔，以「一帶一路」沿線國家合作為主的能源補充供應管道，任憑價格風浪起落，要有長遠合作之「定力」，使「一帶一路」成為穩定的能源安全帶。二是在擴大國內油氣資源存量和提高能效的同時，加緊開發新的可再生綠色能源，加速形成新的能源結構。

國際上有預測，到 2050 年，光是太陽能利用就將占到能源供給的 27％，中國作為相對的能源消耗大國和應對氣候變化負責任的國家，應當也能夠走在前面。但這同樣離不開「一帶一路」中的經濟技術合作。從一定意義上來說，能源安全是經濟安全的生命線，「一帶一路」又是能源安全經濟安全的生命線，「一帶一路」之於中國經濟發展的未來，從哪個方面都是牽一髮而動全身的核心戰略力量。

穩步升級的自貿區建設

在 2008 年以前，國際貿易成長速度往往是全球經濟成長速度的兩倍，現在則開始大幅縮水。國際貿易成長速度的減緩有多種因素：其一是物價物價下調，特別是大宗商品，進出口商品數量沒有減少多少，但進出口總值下降，加上美元升值，計算口徑出現差異；其二是經濟成長速度放緩，商品相對過剩；其三是歐盟經濟依然陷入困境，歐盟經濟出現反彈，貿易才能反彈；其四是貿易保護嚴重，貿易自由化步履緩慢；其五是傳統的貨物貿易結構發生新變化。面對世界貿易的這種變化，必須在努力調整貿易結構的同時，不斷推動經濟全球化，加快自貿區建設，加快貿易自由化和便利化，加快自貿區多邊談判與雙邊談判。

中國自貿區建設已由上海擴大到天津、廣州與福建，自貿區經驗在複製中不斷提升水準，這是「一帶一路」建設帶來的新變化。

「一帶一路」帶來的各方面嶄新變化

對世界貿易的成長速度明顯低於全球經濟成長速度還有多種分析，IMF 和世界銀行的主要觀點認為是結構性因素。什麼結構呢？研究者舉例說，1993 年時，超過 60％的中國出口產品使用進口零組件，現在則只有 35％。按照這個研究邏輯，是因為中國開始實施創新驅動經濟發展戰略，產業不斷升級，參與世界經濟的模式開始由垂直分工轉向水準分工，因此影響到全球供應鏈的變化，中國進口成長減緩，

影響到全球貿易的成長。但全球性的進口減縮又怎麼解釋呢？

　　誠然，進口與出口需要平衡，但這種平衡是多方面的，並不能完全從中國製造業模式的變化來以偏概全。中國經濟的轉型是由經濟發展規律所決定的，不可能永遠是來料加工，更不可能是 1980 年代的「三來一補」，因為中國產業要升級。由此就判斷貿易開始見頂，無論如何都是說不通的。事實上，2013 年，中國進出口總值達到 4 兆美元，其中進口 1.95 兆美元，比 2001 年成長了 7 倍多。而且，這種態勢從 2008 年以後就連續保持，平均年成長 7％以上，居世界第二位。2014 年全年進出口總值 4.3 兆美元，剔除不可比因素，進出口成長 6.1％，其中出口成長 8.7％，進口成長速度有較大的下降，但在全球預計成長只有不到 2％的情況下，仍是過去 3 年裡最好的。而且，中國占全球份額至少是 12％以上，是近幾年份額提升最高的一年。進口一般由資本品、中間品和消費品三大類組成，主要由國內投資、生產配套加工貿易和消費因素決定，現在又加入了「服務品」。

　　中國轉向中高速發展，原材料進口速度有所下降，而原油等 8 大類大宗商品價格下跌就減少了近 300 億美元的進口額。從統計口徑以外的進口貨物的數量上講，其實與前幾年相比變化不是很大。例如投資品，2012 年中國吸引外資有所下降，2013 年實現反彈，達到 1175.9 億美元，2014 年全年有可能超過 2013 年，達到 1200 億美元。即便如此，中國還是十分重視進口，從 2007 年就制定政策鼓勵進口技術和產品目錄，並在 2014 年增加了 39 個重點行業、49 種先進技術、49 種裝備產品。2014 年 11 月，中國國務院發布「關於加強進口的若干意見」，提出鼓勵先進建設設備和關鍵零組件進口，穩定資源性產品進

口，大力發展服務貿易進口以及提高進口貿易便利化，同時也取消了外商投資的許多限制，涉及電子商務、鐵路運輸等，對外商獨資限制的產業也從 79 個減少到 35 個。

資料顯示，中國加入世貿以來，堅持進口、出口並重。世界上開發中國家的平均關稅是 46.6％，中國目前平均關稅是 9.8％，在自貿談判加快中還會降低。中國的進口不會削減，仍將是推動全球貿易發展的積極推動力。因此，與其要把中國進口看作世界貿易暫時處於低谷的一個因素，不如更多轉向對全球貿易走軟多種因素的分析。

與前幾年相比，全球貿易的確處在一個盤整期，從整體上扭轉這個局面，需要加快貿易自由化、便利化進程，加快推動經濟全球化和區域經濟一體化，加快自貿協定談判，有效降低貿易投資成本，也需要改善貿易結構，特別是加強服務貿易，提升貿易水準，更需要在「一帶一路」建設中為世界貿易發展創造新的機會。這種機會來自三個方面。

一是增大貿易半徑，即在透過海上絲路貿易一度占貿易總量 85％以上單一路徑中，增添陸路貿易新優勢，並在緊密經濟合作中擴大貿易增量。在絲綢之路經濟帶建設中，要更加重視邊貿，提升邊貿，讓邊貿脫胎換骨，成為外貿的新生長點。在傳統意識中，邊貿是個次外貿概念，一般作為「大貿」的補充，但在世界經濟一體化和區域化中，它不再是原來的自己，「小邊貿」大前景。中國的「上青天」的歷史發展和深圳的實踐都證明了這一點。邊貿口岸一般都是地緣關鍵節點，是重要的經濟戰略孔道，新疆的「百年老口岸」霍爾果斯是這樣，未來的喀什、聶拉木、亞東、騰沖、瑞麗、景洪、河口、憑祥、東興也是這樣。

在內蒙古與俄、蒙接壤的邊境線上，分布著從策克到二連浩特到滿洲里等 19 個對外開放口岸，吞吐著中蒙之間 95％的陸地運輸貨物和將近一半的中俄貿易貨物。連接「長三角」地的「滿歐鐵路班列」就從滿洲里通過。黑龍江省的口岸更多，一類口岸就有 25 個，其中 15 個是對俄邊境口岸，是僅次於廣東的口岸大省。邊貿不邊，在絲綢之路經濟帶建設中，邊貿會變成「大貿」，需要對一些樞紐口岸按其發展絲路經濟的功能、容量與輻射力的大小，進行新的升級與布局。尤其是北疆的霍爾果斯、南疆的喀什、雲南的瑞麗與景洪、黑龍江的綏芬河和吉林琿春，都有成為未來深圳的發展潛質。目前，全國對外開放口岸有 293 個，其中 264 個分布在沿海、沿邊，29 個是內陸口岸。2015 年 3 月，國務院公布實行首個口岸工作指導意見，助力「一帶一路」戰略實施，對內陸航空口岸、沿邊重點口岸和沿海樞紐口岸加大了對外開放的程度。

二是增強「一帶一路」建設需求極大的基礎設施的整合產品的帶動力，有效改變進出口結構，成為對外貿易中新的成長點。中國金融競爭力的提升也將幫助「一帶一路」沿線國家進出口與投資合作，發揮更大的整合效應。在亞洲大多數開發中國家，特別是低收入國家裡，基礎設施薄弱一直是制約發展的瓶頸和吸引外國直接投資的主要障礙，在國家與國家、區域與區域之間強化互聯互通，加快鐵路、公路、航空、水運、海運以及能源、電網、通信和網路等基礎設施發展，可以進一步帶動貿易投資大幅增加。

三是服務貿易和跨國旅遊業將會成為貿易新成長點。外貿發展，

加快發展服務貿易和服務外包至關重要。美國是全球最大服務貿易國，其健康市場在 2010 年就超過 2.5 兆美元。音像市場出口大於進口。2011 年電影業創造 460 億美元市場價值，電視與廣播、唱片分別為 1610 億美、180 億美元和 80 億美元，2012 年智慧財產權授權費占到全球的 43％。世貿組織秘書處資料顯示，2014 年當年世界服務貿易成長為 4.7％，美國為 8.8％。2014 年，中國服務貿易進出口總額達 6000 億美元，比 2013 年成長 12.6％。其中旅遊服務成長 23％，占比 36.7％，金融服務成長速度 59.5％，通信服務成長速度 24.6％，電腦與資訊服務成長速度 25.4％。服務業增加值超過第二級產業 5.6 個百分點，在三次產業中比重達到 48.2％。

中國商務部預測，中國服務貿易進出口總額 2015 年將為 6500 億美元，2017 年為 7860 億美元，2020 年超萬億美元。為了進一步加快服務貿易發展，中國國務院 2015 年年初印發意見，要求完成服務貿易政策支援體系，加快服務貿易自由化與便利化，擴大服務貿易規模，優化服務貿易結構，增強服務出口能力，打造一批大型跨國服務業企業和有影響的品牌，培育「中國服務」的國際競爭能力。

內需市場需要「第三級產業」和服務業，外需市場更需要。已開發國家在自貿談判中十分看重服務貿易，在對外投資方面不斷加大對中國服務業投資的分量，也說明服務貿易份額在貿易份額中將占很重的比例。2013 年，中國服務業實際使用外資成長 14.5％，在實際使用外資總量中首次過半。2014 年前 7 個月，服務貿易進出口總額為 3357 億美元，較去年同期成長 14.3％，其中的高附加價值服務貿易成長是最快的，例如金融服務業較去年同期成長了 42.4％。

　　應當看到，由於貿易規模變大，成長速度並不能完全反映成長的絕對數量。在「新常態」裡，要有穩定成長而非高速成長的新概念，需要適當改變以往的統計比較體系。在一般的貿易結構裡，高速成長是有一定階段性的。所謂見頂，也是相對的，要有盤整期內相對見頂的預見。目前，新的一輪全球化浪潮剛剛開始，歐洲經濟復甦也需要時間，全球經濟乍暖還寒，經濟危機中有所固化的貿易保護主義還未消去，不大不小的「去全球化」思潮不時襲來，加上美國重塑製造業，需要回流資本與資金，特別是各國經濟復甦步伐不一，貨幣政策也不一，政策走向不一，波及外貿。歐央行降息，也疊加了對美國聯準會加息預期，將會引發新一輪的人民幣對多幣種的實際有效匯率被動升值，造成對歐出口壓力和對美進口壓力，帶來許多新的不確定因素，需要多方應對。

開發中國家的發展要求

　　但開發中國家發展要求強烈，這是推動貿易繼續成長的真正來源。WTO 曾經預測，2014 年和 2015 年全球貿易成長分別為 3.1％和 4％，低於年初的 4.7％和 5.3％。按地區出口分，亞洲為 5％，北美為 3.7％；進口方面，亞洲為 4％，北美為 3.9％。

　　另一個問題是全球貿易體制的改革。就貿易而言，以貿易自由化和便利化為目標的多邊與雙邊談判，是國際外貿規則新一輪改革的全球實踐。所謂全球經濟治理結構需要變革，本質上就是利益結構的變革，是新秩序、新章程與舊秩序、舊章程的必然交替。在這方面，阻力不僅來自已開發國家，也來自開發中國家。但是，不變革就不能解

放外貿生產力，就不能充分發揮全球貿易在經濟發展中的潛能。

可以預見的是，隨著世界經濟一體化發展不斷加速，國際外貿體制的變革以及「一帶一路」發展中貿易投資、經濟合作新格局逐步形成，全球貿易將會發生新的積極變化。聯合國貿易和發展會議在 2014 年 6 月 24 日發布的「2014 年世界投資報告」認為，儘管有一些新興市場具有一定的脆弱性和政策不確定性，2013 年全球外國直接投資（FDI）重現成長，流入量成長 9％。FDI 增至 1.45 兆美元，雖然略低於金融危機前的 1.49 兆美元的平均水準，外國投資已是峰迴路轉。預計在 2014 年、2015 年、2016 年，將分別達到 1.6 兆美元、1.75 兆美元和 1.85 兆美元。2013 年，流向已開發國家的 FDI 成長 9％，達到 5660 億美元，占全球總流量的 39％，而流向開發中經濟體的再創歷史新高，達到 7780 億美元，占總量的 54％，1080 億美元流向轉型經濟體。在全球吸引 FDI 最多的 20 個經濟體中，開發中經濟體和轉型經濟體占到了一半。世界投資的增加，是外貿增加的前奏。

資本流出的最大規模地區仍是北美洲，其對外投資規模達 3810 億美元。亞洲緊跟其後，僅中國 2013 年的對外直接投資就達 1010 億美元，成為淨資本輸出國。從地區看，亞洲繼續保持 FDI 資本流入全球第一，遠遠超過傳統上位居第一的歐盟。但其他地區 FDI 也在成長，如非洲成長 4％，拉丁美洲和加勒比地區成長 6％。2013 年，從開發中經濟體流出的 FDI 也達到歷史新高，來自開發中經濟體的跨國公司愈來愈多地收購已開發國家設在開發中經濟體的子公司。開發中經濟體和轉型經濟體對外投資量達到 5530 億美元，占全球流出量的 39％。在 21 世紀初，這個比例只有 12％。

這個報告還指出，投資自由化成為國際市場主流。2013 年世界各

國公布實行的外資政策大多數支持投資自由化，鼓勵外國投資，涉及投資鼓勵措施的有一半多。有的國家對撤資顯示關心，有的國家希望推動本國跨國公司將海外投資重新轉回本國。儘管有這樣的現象，多數國家制定投資政策的導向是鼓勵外國投資的。宣導投資自由化的主要是亞洲經濟體，而且大多數與能源、電信和基礎設施建設有關。投資條約的制定出現兩極化，締結雙邊投資條約最活躍的有科威特、土耳其、阿拉伯聯合大公國、日本、模里西斯和坦尚尼亞。

由此可見，全球資本投資自由化已是一種不可逆轉的浪潮。你中有我，我中有你的經濟深度合作已經成為普遍狀況。聯合國一直提倡可持續發展目標。在這方面，已開發國家和開發中國家都需要有巨大的投入數量，僅是開發中國家每年需要的投入就在 3.3 兆美元和 4.5 兆美元之間。按照目前可持續目標相關部門的投資水準，只能滿足 0.8 兆美元至 2 兆美元，還有 2.5 兆美元的巨大缺口。亞洲區域經濟一體化的深入發展，推動亞洲地區外國直接投資快速成長，同樣是一個不可逆轉的趨勢。

亞洲是全球經濟最有活力的地區，人口有 40 多億，勞動力供給充足，後來居上的優勢明顯。正像「2014 年世界投資報告」指出的，2013 年，參加「區域全面經濟夥伴關係協定」談判的 16 個經濟體，其外國投資流入量已經增加到 3430 億美元，占到了全球外國直接投資流入總量的 24％，未來不斷擴大趨勢明顯。金磚國家和其他開發中國家發展總形勢依然不減。以購買力平價計算，金磚國家 2013 年的 GDP 總計為 30.1 兆美元，與 7 國集團的 33.2 兆美元之差為 3.1 兆美元，由於成長率不同，2014 年差距將縮小到 2 兆美元。

　　英國《金融時報》說，在 2007 年至 2013 年間已開發國家經濟成長僅為 4％，而崛起中的經濟體成長率為 37％，比前者快 8 倍。亞洲後發展的成果，正是透過不斷促進貿易自由化和投資便利化，不斷提升區域和次區域內經濟合作水準創造的。過去十多年裡，亞洲區內貿易規模已經從 1 兆美元擴大到 3 兆美元，占區域內各國和地區貿易總量的比例也由 30％上升到 50％，也就是說，亞洲內貿易有一半是區域內合作實現的，另一半才是亞洲之外的全球貿易所占份額。

　　中國是貿易大國，但不能說是貿易強國。根據中國海關的資料，2013 年中國的貿易總額 4.1 兆美元，而美國是 3.9 兆美元，但這也是一組相對參考資料。在一些國際貿易專家看來，全球最大的貿易經濟體是歐盟，既非中國亦非美國。截至 2013 年 10 月，歐元區與世界其他地區的貿易額已經達到 4.8 兆美元。中國的貨物貿易量大而服務貿易量小，據統計，中國服務貿易年逆差至少 1000 億美元。這是個明顯的弱點。提高服務貿易水準，是中國發展外向經濟的重要努力方向。中國外貿綜合優勢依然存在，具備長期穩定成長的基礎。需要積極開發進口潛力，擴大先進技術、關鍵零件和消費品進口，推動加工貿易轉行升級，完成出口退稅機制，提高貿易便利化水準，推進區域通關一體化改革。推動裝備製造業走出去，促進投資與貿易有效融合。

　　2014 年是中國自貿區迅速啟動的一年。自貿區是自由貿易區的簡稱，是由早期的自由貿易港演化而來。世界上的自由貿易港不算少，但自貿區經營得最成功的是新加坡。早在 1819 年，新加坡已被闢為自由港，新加坡獨立之後繼續以自由貿易港立國，並依靠優良深水港優勢，借助先進的基礎設施、高效的物流系統、便利化的貿易環境和開放的外匯市場，設立了多個自由貿易區。

第一個自貿區是 1969 年設立的裕廊碼頭自貿區，成立之初，通過了《自由貿易區法案》，對自貿區的定位、管理體制、運作機制和優惠政策做了全面的規定。政府主要負責招商和規劃，開發運營職能由公司機構擔當。因為新加坡轉口貿易占的比例高，自貿區設在碼頭和機場附近。新加坡自貿區除酒類、石油產品、煙草製品和機動車輛，其他貨物都可免稅自由過境，如果產品投入新加坡市場，則要徵收 7% 的消費稅。

新加坡依靠自貿區成功地成為國際倉儲和物流中心，而且依賴轉口貿易，發展了煉化、船舶修造、電子電器優勢產業。新加坡與世界 120 多個國家的逾 600 多個港口建立業務聯繫，2013 年集裝箱輸送量達到 3260 萬標箱，貨運輸送量達到 5.575 萬噸。新加坡自貿區的運作方便高效，審批通關簡單，電子資料系統使原本 2 至 7 個工作日的通關時段縮短為 1 分鐘。另一個特點是逐步放寬外匯管制，從 1968 年起用了 10 年時間全面取消外匯管制，並建立了多邊結算體系，提高出口企業創匯積極性。第三個特點是自貿區的工業園公共設施共用，節約經營成本，利潤率很高。第四個特點是由物流中心躍升為區域金融中心，2013 年超越日本成為僅次於倫敦和紐約的全球第三大外匯交易中心。

自貿區模式在國際上是相對成熟的，但在中國還處在試驗階段，這個自貿試驗區當仁不讓地首先落在中國最大的航運中心、物流中心和金融中心上海。上海自貿區 2013 年 9 月啟動，占地 29 平方公里，涵蓋了港口、保稅倉庫。

自貿區的目標是「人民幣自由兌換」和「利率自由化」

它的一個較長期目標是人民幣自由兌換和利率自由化。2014 年 7 月，上海自貿區海關首先推出企業註冊登記納入自貿區準入「單一視窗」，Ａ 類以上報關企業可以在全國任意海關申報等四項改革。在此同時，上海自貿區運行中減少了對外商的限制，將原來的 190 條限制措施減到 139 條。向外國企業開放的行業包括石油精煉、紡織、化工、藥品以及鐵路貨運等。在金融管制方面，放開銀行外幣存款利率，放寬跨境現金轉移限制，尚未開放的主要是金融、房地產與娛樂，但允許對自貿區內的銀行投資。

國家稅務總局也發布了「關於支持中國（上海）自由貿易試驗區創新稅收服務的通知」，提出「辦稅一網通」，即自動賦碼、網上發票應用、網上區域通辦、自主網上審批備案、網上資格認定、網上非貿管理、網上按季申報、網上服務體驗等。自動賦碼意味著免審核。上海市人大常委會通過了從 2014 年 8 月 1 日實施的中國首部地方性法規《中國（上海）自由貿易試驗區條例》，並逐步放寬合資證券公司業務範圍，支援商品交易所建設交割倉庫，促進資本市場發展。上海自貿區設立的一年裡，已公布實行 23 項改革措施，還建設了 4 個複製推廣示範區，海關監管 14 項創新制度也在全國開始推廣，包括「集中匯總納稅」、「先入區後報關」等等。廣東則是「七關如一關」，省內海關「執法互認」。

自貿區通關時間整體上減少 40％左右。東北地區與京津冀也實現了「大通關」。2014 年年底，長江經濟帶通關一體化全面實施，涉及 9

省 2 市 12 個直屬海關，報關單量占全國 47％。至此，國內三大區域通關一體化全面實現。占到全國海關報關量 80％，為企業節省通關成本 20％左右。2020 年中國將形成內陸與沿海協作的大通關體制。上海自貿區的試點主要在推進投資管理、貿易便利化、金融創新、事中事後監管四個方面進行。2015 年 1 月 19 日，商務部還發布了外國投資法徵求意見稿，擬將中外合資法、中外合作法、外資企業法三法合一，實行「有限許可加全面報告」和準入前國民待遇加「負面清單」，外國投資享有不低於國內投資者的待遇。

長江經濟帶

　　設立自貿區是個複雜的工作，像新加坡這樣的老自由港自貿區，也還在謹慎地防範風險，啟動自貿區試驗不久的中國當然不會等閒視之。對自貿區的探索，要有穩紮穩打、慢工出細活的考慮，上海自貿區的試驗對整體外貿也具有示範性和可複製性。未來兩年，上海自貿區內將建立石油、天然氣、鐵礦石、棉花、液體化工品、白銀、大宗商品和有色金屬 8 個國際交易平臺。

　　負面清單管理模式在中國是個新概念、新嘗試。負面清單是根據國內經濟部門的敏感度和經濟開放要求全面平衡後，由政府規定的哪些經濟領域不開放或暫不開放的單式列出，具有一目了然的透明度，也具有經濟法規效應。非單內列入的行業、領域和經濟活動即被視為合法，因此又具有法律的「法無禁止皆可為」的許可明確性。

　　負面清單也必須列明對外部投資者的不給予「國民待遇」、「最惠國待遇」的管理要求，未列入的視同給予。2013 年，上海自貿區提出的第一個負面清單有 190 條。2014 年 7 月減少到 139 條，較第一個清單減少 51 條。制定負面清單的過程也是進行經濟與產業的「壓力測試」過程，對國內進行投資管理體制改革有意義。條例從法規上再次明確企業準入單一視窗工作機制和金融服務便利化措施，象徵著自貿區試驗的正式啟動。目前，上海自貿區吸引了包括亞馬遜在內的外資巨頭，在過去一年裡，企業數量已由 8000 家激增到 20000 家。

　　對這個負面清單，美國現任財政部長仍然表示不滿意，但歐盟商會副會長斯蒂芬・賽克認為，清單瘦身邁出鼓舞人心的一步，「鞏固了歐洲企業對中國有關上海自貿區承諾的信心」。上海自貿區實行的是「準入前國民待遇加負面清單」，準入前國民待遇將對內資外資的待遇

擴大到準入，是自由的模式，與過去採用投資協定的控制模式已經完全不同。在此同時，簡化商事登記，也簡化企業納稅，同時負面清單制度已經在四川、海南、河北等地複製，全面推動外貿體制改革。相信負面清單還會隨著改革深化不斷修改，會出現 2015 年版和 2016 年版。

上海自貿區的推出，引起其他沿海港口城市的關心。並開始研究本地區建設自貿區的可行性。比較受關注的是廈門、平潭與福州新區三合一。臺灣媒體《旺報》發表淡江大學教授李沃牆先生提出的建議，說金門與廈門一水之隔，「若能掌握兩岸開放交流的歷史契機，有效利用金門與廈門之間的特殊地理關係及濃烈的民族情感，先行建立為兩岸及東亞地區自由貿易的試點區域，借力使力，聯結與廈門、海西的機會，規劃為金廈自由貿易區，創造共同繁榮」。他認為，金門已經歷「小三通」、「大三通」、「陸客自由行」，成效有目共睹，主張可為一試。2015年 3 月，《旺報》又發表龐建國教授的文章，提出臺灣應及時卡位「海上絲路」。把上海自貿區與昆山兩岸合作試驗區及福建、廣東的試驗區連接起來，進入東南亞地區。臺灣地處要衝，應當攜手組合，是一個雙贏格局，值得認真研究。

2014 年下半年，中國在上海自貿試驗區實踐的基礎上，推出廣州、天津與福建自貿區。自貿區試驗加快，成熟經驗推廣的速度也明顯加快。而且，新建立的自貿區各有分工，廣東著眼海上絲綢之路對接中國港澳、東南亞；福建偏重對臺灣及海上絲綢之路對接；天津則更多關注京津冀一體化建設。

自貿區一般設在具有優良深水港的港口城市，在中國東部，具備硬體條件的港口城市很多。但上海目前還是試驗區，即便像新加坡有多個自貿區，也是經歷半個世紀才始稱完善，因此，在先行試驗中在

多處複製，是一個不多而多的當前選擇。事實上，以自貿區為操作龍頭的中國經濟的開放度愈來愈大，特別是在服務業領域，在醫療服務開放之後，快遞業也對外資放開，並推動與電子商務、製造業聯動發展。例如 2014 年 UPS 在北京設立全新的合約物流倉儲中心，提供 4 小時配送服務，6 月又開通中歐鐵路貨運，使中國到歐洲的貨運速度提高50％，比航運成本低 70％，加快了業內的整合與服務升級。

那麼，陸上應不應該設立自貿區？這似乎先例不多。如果從歷史和多數經濟體的一般規律來看，自貿區一般設在海港城市，是因為近百年來海上貿易占有統治地位，大宗貿易來自海上，海上貿易的便利化和自由化催生了自由港和自貿區。但從自貿區的基本功能和貿易投資的自由化目標來講，只要有需求有規模，在邏輯上也應該不是問題。世界上的內陸國，在亞洲就有 10 多個，它們要建設自貿區，只能選擇陸上的重要口岸。

更重要的是，在「一帶一路」裡，絲綢之路經濟帶的貿易往來主要形態是橫跨歐亞的陸路貿易，線路既長環節也多，也就是「大陸橋」貿易，「大陸橋」貿易一般要經過多個國家，涉及多種主權因素。目前這種有創意有實踐的「大陸橋」貿易，已經從邊貿的低階簡單形態向高階形態發展，其未來的規模和效應之大，必然會提出陸上自貿區的可能性與必要性的課題。因此，也需要做一些事前的研究。

假設出現陸路自貿區，從選擇上來說，必須有三個剛性條件：一是具有物流中心地位，是連接多點多線、非常發達的交通樞紐；二是具有金融中心和資訊中心的經濟戰略地位；三是具有無可替代的區位條件。在中國西部，包括西北、西南、東北地區，這樣的貿易中心還沒

有完全形成。但是，絲綢之路經濟帶的三條既相聯繫又有各自輻射和吸附功能的絲綢之路，都有自身的貿易投資經濟合作半徑，發展前景巨大。從地緣邏輯上講，未來設置相應的陸上自貿區，並非畫蛇添足。

中國是個海陸權並重的大國，貿易投資、經濟合作也會是海陸並行，因此，分析其中的可能性和一些城市的發展條件，也是一件有意義的事情。有些不具備多個條件可以加速培育，但區位位元勢是一個重要因素。因此這種分析還是一種參考。如果選擇陸上自貿區的可能所在，無非有兩個選項，一是在中國境內絲路所必經的重要口岸裡選擇，二是在具有絲路聯通縱深腹地且較發達的內陸城市裡選擇。口岸城市中，如新疆南北經濟帶的新設市的「百年口岸」霍爾果斯和喀什市，位勢不同凡響。

「一帶一路」使不同城市紛紛躍起

尤其是霍爾果斯，不僅是中亞綠洲絲綢之路的國際鐵路與公路交集的第一通道，還落地了包括與新加坡合作的經濟開發園區和中國國內第一個頗有自貿區特徵的中哈國際邊境合作中心在內的專案。連雲港—霍爾果斯高速公路早已貫通，鐵路口岸通車運營，隨著伊寧機場建設，霍爾果斯公路、鐵路、航空、管道四路聯通，將是通向中亞和歐洲的重要國際綜合交通樞紐，也會是一個巨大的物流中心。光是 2014年第二季度就過境 58 萬人次，車輛 3.9 萬輛，而與霍爾果斯隔隴海線直接相望的連雲港，則是中亞五國看好的出海口。

喀什目前是享有特區經濟政策的「準特區」，發展迅速，既是規劃

中通向西亞和小亞的鐵路交通樞紐，也是通向中巴經濟走廊的重要經濟節點，具有和霍爾果斯同樣重要的經濟門戶作用。西南絲路特別是未來「泛亞鐵路」和大湄公河的水陸交通樞紐景洪、磨憨，以及東北地區的琿春等，都是不同絲路方向的貿易投資經濟合作的樞紐重地。如果在西部腹地城市選擇，蘭州、烏魯木齊、成都、重慶、昆明和銀川等皆有可能。但如果是這種格局下先行先試的選擇，「河西雄郡，金城為最」，金城是蘭州的別名，因為這裡是三條絲路的交會點。但這應當是後來的事情，更要看它們在物流與金融方面的發育前景。

銀川也是值得注意的城市，因為那裡是與海合會國家聯繫最頻繁的城市，在軟硬體上也打下了一定的基礎，銀川與西寧又是與蘭州「三星聯座」的副中心。當然，自貿區也可「一頂帽子」幾家戴，新加坡的自貿區說是有好幾家，主要是管理機構有區分，業務也有側重，但其實還是一家。因為自貿區的許多便利化政策涉及某些方面的「主權讓渡」，自貿協定中的「負面清單」也具有法律效應，不是隨意設置的，但從創新的角度講，自貿區的業務也可以多元發展，現今的自貿區是以貨物貿易、服務貿易為主，拉動產業投資，諸如國際旅遊服務貿易這樣的涉及人流、資訊流的產業，有專門的機構，涉及文化產品的產業也需要相關的文化、旅遊服務的平臺。

與推動貿易自由化和便利化直接聯繫，自由貿易協定談判是更重要的一環。2014 年上半年，中國與歐洲的非歐盟國家瑞士與冰島首先達成自由貿易協定，接著先後與南韓、澳洲結束自貿協定談判。中韓自貿區談判於 2012 年 5 月啟動，是中國迄今為止對外商談的覆蓋領域最廣、涉及國別貿易額最大的自貿區協定。這個協定涵蓋了貨物貿易、服

務貿易、投資和規則 17 個領域，包含了電子商務、政府採購、環境、競爭規則等「21 世紀經貿議題，雙方貨物貿易自由化比例將在 20 年裡超過稅目的 90％和貿易額的 85％，也就是說取消了 90％的進出口關稅。中韓自貿談判實現了利益大體平衡、全面與高水準」。

中澳自貿協定在 20 國領導人高峰會舉行期間確認達成，也具有重要意義。澳洲輸中國貨物最終零關稅，中國輸澳洲貨物零關稅，並在多個相互投資領域放寬。澳洲與美國的 TPP 要在 2015 年上半年才能完成，提前與中國達成協議也符合澳洲政府的預定時間表。6 年前，中國與紐西蘭已經簽訂了一項自由貿易協定，促進了紐西蘭對中國的農業產品貿易出口。2014 年，中國自貿區談判取得了突破性的成果，先後已與 20 個國家和地區建立自貿協定。

目前要做的是要儘早簽署中韓、中澳協定，加快中日韓自貿區談判，推動與海合會、以色列自貿區談判、力爭完成中國東盟自貿區升級談判和區域全面經濟夥伴關係協定談判，推進中美、中歐投資協定談判，在對 TPP 和 TTIP 繼續關注的同時，繼續堅定不移地推進亞太自貿區建設。根據中美第五次戰略與經濟對話中雙方的決定，在 2014 年年底完成框架協定之後，2015 年進入負面清單的談判，如果中美投資協定達成，將對中國投資管理體制產生重大影響，因為它是以準入前國民待遇加負面清單作為談判模式的，這意味著投資體制會有重大變化。從這個角度講，自貿談判或投資談判也是「倒逼」對外經濟體制改革的一個過程。

臺灣在一帶一路中的戰略與地位

中韓自由貿易協定於 2015 年生效。臺灣地區有關機構認為，中韓 FTA 生效後，臺灣輸往大陸的工業產品 31％會受到影響，臺灣與南韓出口品類有大約 7 成重疊，因此加快推進兩岸之間第九次貨物貿易談判，盡力取得「比南韓更好的待遇」，是必然的反應。《海峽兩岸服務貿易協定》橫遭某些勢力阻隔，2013 年簽訂好的協定「空轉了一年還沒有開始審議」，這除了說明新舊「臺獨勢力」不僅心中沒有臺灣地區的發展，也是背經濟一體化潮流逆動的，所以臺灣的輿論痛批某些勢力「斷送臺灣經濟生機」。

但大陸不會置臺灣同胞的經濟利益於等閒，也會看到臺灣與南韓輸出產品各有強項。原本在 2014 年年底完成的兩岸貨物貿易協定，將使臺灣地區的產品銷往大陸更具競爭力，兩岸除了加快深化貿易關係的步伐，聯辦自貿區未必不是好的選項。但是，臺灣民進黨主席卻提出先與其他經濟體洽簽自貿協定，再與大陸進行服務貿易與貨貿談判，被臺灣地區媒體諷刺為「真唬人還是真迷思」。

此外，在自貿談判中，2008 年全球金融危機以來頻繁出現的貿易保護主義仍是一個威脅，世界銀行在 2014 年 6 月公布的「臨時貿易壁壘」資料庫年度新版顯示，中國和其他新興經濟體受影響的比例更高，到 2013 年年底，6.4％的中國商品遭遇 20 國集團設立的反傾銷措施和其他貿易壁壘，是美國這個比例的 5 倍。這種現象似乎有歷史慣性，因為 1980 年代，美國與歐洲就把新興的經濟體日本與南韓作為反傾銷對象。但資料也說明，新興經濟體之間的競爭也會導致此類問題的發

生。世界銀行經濟學家警告說，世界經濟進入關鍵期，2008年由於金融危機出現的臨時反傾銷措施已經到達頂點，接下來是要延續還是改變做法，如今是個問題。但真正解決這個問題，不僅要靠雙邊談判，也要靠多邊自貿談判。

為了加快這個進程，美國、歐盟、中國和其他11個國家在2014年1月達沃斯論壇年會期間宣布，將大力推動綠色產品貿易協定談判，因應全球氣候變化。這也是推動自由貿易的一個突破口。降低綠色產品貿易壁壘，曾是停止多年的杜哈回合貿易談判的初始目標，但由於綠色產品相對數量來自已開發國家，印度等國對由美國主導的小部分WTO成員參加的行業談判持悲觀看法。

在達沃斯論壇上簽署倡議的國家承諾，擴大亞太經合會在2012年提出的54個產品品類清單，並認為這是推動貿易自由化的一項首要任務。但如何落實，也還是一個焦點。參與談判的國家在全球貿易中所占的比例達85％，各方希望看到更嚴格的綠色產品清單。加拿大等國已向亞太經合會提出對清單上97％的商品給予本國市場的零關稅待遇，中國也對清單中的28類商品給予零關稅待遇。如果談判達成，其他國家取消相關的非關稅壁壘，減少中國企業經常成為反傾銷目標的情況，談判將會更順利地進行。

世界貿易組織對中國的第五次貿易政策審議結果，正面肯定了中國在促進貿易便利化方面的努力，以及中國作為全球最大的貨物貿易國對多邊貿易體制所做的貢獻。中國以實際行動推動「南南合作」，給予最落後國家「零關稅」待遇，也得到了肯定。中國執行世界貿易規則，符合中國的利益，也有利於世界貿易發展。

雙邊和多邊自貿協定談判、投資協定談判，在本質上是世界經濟

一體化、區域化的雙邊貿易或投資的規制化，與 WTO 或聯合國和其他
經濟組織進行的有關談判，一同成為協商世界貿易投資的基本規則和
特別規則的重要機制。2014 年 11 月 27 日，世貿組織通過了該組織歷
史上首個全球貿易協定《貿易便利化協定》。國際商會預測，這個協定
將促進高達 1 兆美元的投資。《貿易便利化協定》也會影響全球關稅體
制，減少商品過境的時間與成本。

資金融通放大資金流

在新絲路貿易、投資經濟合作中，最稀少和欠缺的商品還是資金。特別是在新興市場，資本與資金相對短缺也是一種常態。投資與融資是首要的市場行為。因此，擁有 1.2 兆美元美國國債和 4 兆美元外匯儲備的中國，也就成為資金市場與資本市場的重要金融力量。這種金融力量與日益壯大的產業資本結合在一起，形成更大的市場合力，在絲綢之路經濟帶和海上絲綢之路的建設中發揮中堅作用。人民幣的國際化進程不斷加快，新的國際金融機構和絲路基金也嶄露頭角，資金融通為「一帶一路」發展注入了新血液，為經濟全球化和為世界經濟從疲軟中走向持續發展增添了助力。

英國《金融時報》曾經報導，2014 年上半年，新興市場國家和前沿市場國家從資本市場的貸款達到創紀錄的水準。2014 年前 6 個月，新興市場在全球發行的主權債券達到 694.7 億美元。比 2013 年同期躍升了 54％。這個資料還不包括還沒有面向全球市場發行債券的中國。2013 年，全球外國直接投資規模達到 1.45 兆美元，2014 年達到 1.6 兆美元，未來幾年還要以 10％的速率增加。外國直接投資流向開發中經濟體的占 56％，流向已開發經濟體的占 39％。2013 年的全球外國直接投資的規模雖然略小於世界金融危機發生前的 1.49 兆美元的水準，但開始接近。

中國開始成為淨資本輸出國

2014 年，中國開始成為淨資本輸出國，從資本輸入國轉為既輸入又輸出，輸出開始大於輸入。2002 年，中國的對外直接投資只有 27 億美元，2013 年達到 1080 億美元，成長了 39 倍；2014 年增至 1078 億美元，11 年裡成長 40 倍。中國商務部與聯合國貿發會的報告均顯示，中國對外直接投資流量已經連續兩年名列世界第三位，對外直接投資存量超過 6600 億美元，居世界第十一位。從企業跨國併購來講，有關機構統計，截至 2014 年 6 月底，美國、中國、英國、日本和加拿大，併購交易金額超過 2.4 兆美元，占全球 3 兆美元的 80％。其中中國併購交易數量 5270 起，交易金額 3370 億美元，在全球僅次於美國，排名第二。中國對外投資呈現加速狀態，世界各國普遍看好中國企業的對外投資前景。

對資金的需求和亞洲新興經濟體基礎設施項目的實施，推動了新的國際金融機構誕生。長期以來，除了 IMF，大型國際金融機構主要是美日控股 25％的世界銀行、日本資本控制的亞洲開發銀行以及歐洲銀行等。世界銀行的法定資本 2200 億美元，亞洲開發銀行 1750 億美元，按金融槓桿放大 5—10 倍計算，可以分別具備 11000 億美元到 22000 億美元和 8750 億美元到 17500 億美元的資金規模。但全球金融治理結構本身具有的缺陷和隨之而來的壟斷性金融話語權，亞洲開發中經濟體資金的合理需求並不能及時得到滿足，特別是在新興經濟體要求改革、要求提高出資比例和相應話語權遭到否定後，也就只能反求諸己，建立新興經濟體自己說了算的新的金融機構。就拿中國來講，對世界經濟的貢獻率是 16％，但在世界銀行只擁有 3.8％的投票權，中

國希望世界銀行實行改革，但美國的國會採取了否定的態度，金融治理結構的不公平與不平等，在事實上阻礙了亞洲的發展。

試圖建立金融話語權

建立新的金融機構，也就成為順理成章的事情。正像一些西方學者所言，這雖然是一個「分解和抵消西方影響的機制」，動搖了一直被西方壟斷的金融話語權，但彌補了全球金融治理結構缺陷，積極推動了建立公平、公正、包容、有序的新型國際貨幣金融體系。但其真正的意義還在於推動亞洲的基礎設施建設，是利用更廣泛的市場機制解決發展資金短缺的努力。與現有國際金融機構不但不抵觸，相反還是一種補充與合作。據世界銀行測算，開發中國家每年在基礎設施建設方面的資金需求為 1 兆美元。世界銀行行長金墉說，光是南亞未來 10 年就需要 2500 億美元的基礎建設投資，而東亞一年的需求達 6000 億美元。

亞洲開發銀行的預測，單單亞太地區 2010 年到 2020 年就需要 8 兆美元，結論基本一致，但世界銀行也只能提供區區 600 億美元的貸款，亞洲開發銀行同樣也滿足不了如此龐大的資金需求。因此，在金磚國家銀行籌備的同時，中國在 2013 年 10 月就提出了建立亞洲基礎設施投資銀行的倡議，經過一年的時間，中國、印度等 21 國作為創始國簽署成立亞洲基礎設施投資銀行（AIIB，簡稱亞投行）備忘錄。亞投行法定資本為 1000 億美元，初始資本 500 億美元。亞投行是以投資準商業性基礎設施建設專案為經營目標的專業銀行，最終可以具備 5000 億美元到 10000 億美元的資金規模，將有效推動亞洲經濟體的互聯互通。

　　亞投行從 2014 年年初開始籌備，受到了美、日的阻遏與抑制，但有 27 個開發中經濟體陸續加入發起。2015 年 3 月 31 日是亞投行創始國成員資格確認截止日期，在確認期的最後一個月裡，英國帶頭，法、德、義 3 個歐洲大經濟體跟進提出加入亞投行創始國行列，接著又有瑞士和盧森堡申請加入。觀望中的澳洲和南韓也不顧美國的「阻攔」，在最後時刻加入。就連日本副首相麻生太郎也開始鬆口，表示要在 7 大工業國組織範圍磋商是否加入。

　　這個頗具戲劇性的變化和這樣一種美國盟國內部罕見的「不一致」，特別是英國與美國未經磋商就自行加入亞投行的決定，國際輿論普遍認為，中國倡議的亞投行具有「磁鐵效應」。盟國不顧美國的反對自行加入，也是美國經濟外交的一次大失敗。美國高盛資產管理公司前主席吉姆‧奧尼爾評論說，英國加入亞投行是明智的選擇，美國政府表示反對是不明智的。有項協議 2010 年就達成，也就是在世界銀行和 IMF 中給予中國和其他大型經濟體更多投票權的協議，但這項協議美國國會至今尚未批准，這同樣也是不明智的。

　　美國不僅「應明智地停止無視世界正在變化這個事實」，也「有必要在 20 國集團內部成立新的 7 國集團，從而向中國提供展現其經濟實力並要求其承擔相應比例全球責任的影響力」。英國等已開發經濟體加入亞投行，許多學者認為具有劃時代意義，是戰後金融秩序迎來一個轉捩點，也是世界新秩序的一個象徵。美國給亞投行設立障礙，以失敗告終，不得不放出是否加入亞投行應該是由各國自己決定的「場面話」。美國現任財政部長雅格布‧盧也不得不向美國眾議院金融機構委員會提出，「為了保持我們在 IMF 的領導地位，必須批准改革。不然的

話，美國將在一定程度上失去影響力」。

其實，亞投行的「磁鐵效應」也就是「一帶一路」的「磁鐵效應」。亞投行的籌備經過，是對「一帶一路」發展一種不言而喻的正面檢驗。英國的《金融時報》網站評論說：「曾幾何時，整個世界都拜倒在強大的美元面前，但亞投行一事說明，從目前來看，就連美國許多最親密的盟友都將人民幣放在眼裡。」英國財政大臣奧斯本在英國決定加入亞投行時就發表聲明說，「英國本屆政府一直以來積極促進和亞太地區的政治經濟往來，打造英國企業和亞洲經濟體的聯繫紐帶」就是「一帶一路」的英國版本。

中國與金磚國家在這之前還發起成立「金磚國家銀行」，5 個成員國在 7 年內向該行投入 1000 億美元。「金磚應急儲備安排基金」則由中國提供 410 億美元，俄、巴、印各 180 億美元，南非 50 億美元。中國出資的 400 億美元的絲路基金也在 2015 年 3 月正式成立。上海合作國家組織還醞釀建立上海合作組織國家銀行。

俄羅斯則提議成立金磚國家能源聯盟，並建議在此框架下設立「金磚國家能源儲備銀行」，對於新國際金融機構的籌建，美國表面上是平靜的，甚至認為，金磚國家銀行和亞投行規模既小，也缺乏管理經驗，能否成氣候是個問題。

另外對其是否會有「過度開發的危險」，也有微詞，但世界銀行前行長和美國貿易代表佐利克認為，美國拒入亞投行是「政策和執行上的雙重錯誤」，「對於亞投行有可能對抗世界銀行影響力的擔心是言過其實的」。「如果我還在世界銀行，我會努力接納亞投行作為合作夥伴。」「美國不應動輒拒絕北京的方案。」世界銀行也認為，世界銀行與「亞

投行」是互補和合作夥伴關係，認為它們會成為競爭對手的想法是愚蠢的，「因為僅靠世界銀行提供的資金不能滿足亞洲龐大的基礎設施建設需求」。

法國政府經濟顧問石巴胡則明確地說，法國加入亞投行，是歐洲國家對亞投行重要價值的理性認識。雖然亞投行支援的基礎設施建設主要在亞洲，但其產生的溢出效應將造福世界經濟。歐元區各國對外資放開了基礎設施領域的管制，亞投行有助於歐亞大陸的互聯互通、有利於歐洲企業的發展，符合該地區國家的發展利益。亞歐兩大洲存在共同的經濟利益，這在歐洲已經成為主流認識。亞投行必將為促進世界經濟成長發揮重要作用。

「亞投行」等新國際金融機構的籌備和建立意義重大，為金磚國家、「一帶一路」沿線國家和亞太經濟區域國家提供了新的融資管道，為絲路經濟發展中互聯互通基礎設施建設提供了最欠缺的資金，在全面經濟夥伴關係的打造中發揮「雪中送炭」的重要作用，同時也為金融和經濟風險發生的不確定性加上了減震器。

中國資本輸出目前排在世界第三位，但存量投資只占世界的 2.5％，因此也還是起步階段。對外投資數量將會繼續擴大，對外投資品質有待提升。按貿發會議的衡量，一國企業海外資產、海外收入、海外人員數量與資產和收入比重比較方法的「TNI」指標，中國企業能夠超過最低 20％底線的為數很少，這是一個軟肋。因此，要在「一帶一路」的總戰略下，制定新的集群化、一體化的對外投資戰略，整合國際資源，最終建立適應經濟全球化的生產體系和金融體系。

因此，中國金融市場的開放與人民幣國際化成為另一個重要話

題。中國金融開放雖然還有較長的過程，但同樣也是必經途徑。資本自由流動是人民幣國際化最高目標和成為國際儲備貨幣的前提，也是資本輸出的必要條件。據英格蘭銀行估計，如果人民幣能自由投資，那麼在 10 年內，中國的國際投資將從當前占全球 GDP 5％上升到 30％。

目前，全球跨境資本流動有所加速。儘管全球資本流動規模從 2007 年的 8.5 兆美元的最高點降至 2010 年到 2013 年的每年 3 兆美元，但全球金融化水準已恢復到歐元區危機前水準。國際金融協會的研究顯示，進入已開發經濟體的外資金額達到 2011 年以來最高點，從 2012 年占 GDP 的 4％上升到 5.8％。開發中經濟體每年維持在 1 兆美元的穩健水準，金融全球化相對企穩。在這個過程中，中國企業的直接投資將會發揮愈來愈大的作用。與跨境資本流動以及外貿密切相關的一個問題是以清算服務幫助推動人民幣國際化。

人民幣國際化是全球金融穩定的一個選擇，人們知道，第二次世界大戰之後，在 1961 年到 1971 年僅僅維持了 10 年的佈雷頓森林體系的崩潰表明，黃金匯兌本位制帶來的是通貨緊縮和經濟衰退，但之後形成的以單一美元貨幣為主導的國際貨幣體系也同樣不穩定。特別是 2008 年美國發生金融危機，不同程度地拖累了各國的經濟，貨幣多元化成為多數國家的呼聲。

人民幣國際化也是中國作為世界最大貿易國的一種現實走向。提升人民幣在跨境貿易中的計價地位，進一步完成全球人民幣清算網路，讓人民幣更進一步地成為各離岸金融市場的交易貨幣以及培育人民幣的合理定價機制，同樣是順理成章的事情。人民幣目前已經成為全球第五大支付貨幣、第九大交易貨幣，但在全球支付清算中使用的份額

僅為 1.4%，金融地位不僅與貿易規模不對稱，遲遲不能走向國際化也會為中國對外貿易帶來潛在的風險。

從建立人民幣離岸中心網路開始，人民幣國際化邁出了第一步。香港是人民幣的第一個也是最大的離岸中心，接著在臺灣、新加坡、德國、英國、盧森堡、法國、南韓、澳洲、加拿大和中國澳門地區相繼成立新的離岸中心，並向亞洲、歐洲、北美與拉丁美洲其他國家不斷拓展。從 2009 年開始跨境人民幣結算試點，人民幣跨境結算業務迅速發展，從 2009 年的 35.8 億元，成長到 2014 年 9 月的 4.8 兆元，成長了近 1300 倍。在此同時，2013 年年初人民幣進入國際融資領域。截至 2014 年 9 月，跨境人民幣貸款備案金額達到 597 億元，離岸人民幣總量超過 2 兆元。

2014 年 9 月底，中國央行宣布，繼近年來先後與日元、澳元和英鎊開始直接交易之後，人民幣與歐元開展直接交易，這是人民幣國際化過程中邁出的重要的一步。10 月上旬，中國央行與歐洲央行簽署規模為 3500 億元人民幣對 450 億歐元的中歐雙邊本幣互換協議，在此之前英國政府也成功發行人民幣計價的債券，並將發行債券的收入作為英格蘭銀行的外匯儲備。這是中歐、中英推動人民幣國際化的重大措施。

環球銀行金融電信協會（SWIFT）發布的報告說，在過去兩年裡，全球範圍內人民幣付款價值實現兩倍的成長，目前全球已有超過三分之一的金融機構在使用人民幣作為中國的付款貨幣。這表明，人民幣國際化已經取得階段性進展，愈來愈接近成為世界各地正式交易中普遍使用的貨幣單位。國際金融界已經開始談論中國加入 IMF 特別提款權（SDR）貨幣籃子的可能。

2015 年 5 月 11 日 IMF 將討論和決定特別提款權。IMF 關於 SDR 有兩個標準，一是一國在全球出口所占份額大小，人民幣完全滿足前一個條件。二是一國貨幣可否自由兌換。目前，中國經常帳戶交易的四分之一是以人民幣結算的，實際使用數量並不比日元少，自由使用雖然並不完全等於可自由兌換，但兩者是緊密相關的，人民幣一旦加入特別提款權的籃子，也將自動成為儲備貨幣。

國際上認為，人民幣加入 SDR 不應該會有障礙。這無疑會加快人民幣的國際化進程。據了解，跨境人民幣支付系統也將在 2015 年年底啟動，這是人民幣支付的快速通道。2014 年 6 月，中國與瑞士決定研究瑞士參與人民幣境外機構投資者的可能性，這個以國際金融中心著稱的國家央行，已經與中國央行達成互換規模為 1500 億元人民幣（約合 210 億瑞士法郎）的本幣互換協議，向瑞士人民幣離岸交易中心目標前進一大步。

建立「多元化清算體制」是比「去美元化」更好的選擇

2014 年 3 月，德國央行與中國簽署有關諒解備忘錄，建立一家人民幣清算行，英格蘭銀行也緊隨其後。2014 年 11 月，中國與加拿大也達成規模為 320 億美元的夥伴互換協定。根據彭博社報導，多倫多商界領袖認為，設立人民幣交易中心需要加拿大政府支援，加拿大財政部長也就在北美設立人民幣交易中心與中國方面進行討論。彭博社還稱，2013 年，人民幣在全球交易中超過歐元，成為僅次於美元的最廣泛使用貨幣。2014 年 11 月以來，人民幣清算又先後「落子」卡達杜哈和澳洲雪梨。

　　從 2010 年起，與人民幣直接交易的國家貨幣有馬來西亞令吉、俄羅斯盧布、日元、澳元、紐西蘭元、英鎊、歐元、新加坡元。韓元也在 2014 年年底啟動了中韓貨幣直接交易，並提出將人民幣結算額占對華貿易額的比例從目前的 1.2％提高到 20％，而之前南韓對外貿易額的 85％是以美元來結算的。對於人民幣的國際化形勢和市場強勢表現，連 IMF 的總裁克莉絲蒂娜・拉加德在英國倫敦經濟政治學院演講時也認真地說：「隨著形勢的變化，如果有朝一日 IMF 總部設在北京，我不會感到驚訝。」

　　不可諱言的是，全球「去美元化」呼聲不斷。2014 年 7 月，華盛頓以涉嫌違反美國對蘇丹、伊朗、敘利亞的金融制裁為由，對法國巴黎銀行處以 89 億美元的罰款，並被禁止在一年內用美元從事石油和天然氣交易。此事引起法國財政部長的「質問」，為什麼歐洲國家間的「飛機買賣只能用美元而不能用歐元結算」。他呼籲對全球結算貨幣「再平衡」，為了改善全球平衡，歐洲各國應當考慮如何推動在國際結算中更多使用歐元。俄羅斯、伊朗、委內瑞拉也都在探討棄用美元結算問題。當然，在石油交易領域，美元仍是相對穩定的貨幣，全球央行 60％的外匯儲備還是美元，但「去美元化」雖然呼聲高，並不是好的選擇，更好的選擇是建立多元化清算體制。

　　美元形成獨大獨霸的氣候，有一個歷史過程，許多近現代史家認為，第一次世界大戰時美國躲在幕後發了「戰爭財」，這是美國取代英國霸主地位的開始，第二次世界大戰後美國才真正取代英國，成為超級大國。但以美元為世界貨幣的佈雷頓森林體系的形成，以及佈雷頓森林體系動搖後的美元的霸權地位，才是美國霸權的真正來源。在美元獨大的格局下，國際貿易成了美國的掌中物和美國利益的代名詞，

我要發展，你就是我的「墊腳石」，我要是遇上「危機」，你就要「當墊背」。從屢試不爽的歷史經驗來看，或者從目前的貨幣動靜來看，結算貨幣多元化是一個發展趨勢，而這也是中國加快人民幣國際化進程的重要理由。

從目前來看，人民幣國際化步伐是穩健積極的，顯示了三個特點，一是從邊貿、邊境旅遊和民間貿易開始，逐步走向跨境貿易人民幣結算和建立人民幣離岸中心及國家間的貨幣互換。從 2009 年中國正式開展人民幣結算試點，一直到倫敦、雪梨、法蘭克福、巴黎等競相建立人民幣離岸中心，國際間對人民幣的信心和需求不斷上升。二是從周邊國家和地區走向亞太國家和地區，並進入歐洲和全球其他地區。

2009 年以來，中國人民銀行先後與 26 個境外央行簽署雙邊本幣互換協定，總額度將近 2.9 兆元，人民幣與美元、歐元、日元和英鎊實現了直接交易。三是人民幣由一般支付貨幣發展為以人民幣為計價單位的投資品，並受到國際市場歡迎。中國香港、倫敦、新加坡、法蘭克福等金融中心拓展人民幣金融產品，境外一些央行開始增持人民幣，為當地市場提供流動性，同時也開始了人民幣向國際儲備貨幣發展的過程。

跨境人民幣業務的發展在與人民幣跨境使用規模形成互動。「滬港通」之後還會有「深港通」跟進。境外機構投資中國國內銀行間債券市場試點在擴大，中國銀聯已在 140 個國家立足，日益成為 VISA 和萬事達卡的競爭對手。新加坡交易所首推人民幣期貨合約交易，人民幣回流機制也在完成，進一步提高了人民幣金融資產的吸引力。人民幣直接投資、境外放款和對外擔保，人民幣在大宗商品貿易中計價結算，以及境外投資者使用人民幣在中國境內設立、併購和參股金融機構，

將進一步開拓人民幣在資本項目下的跨境使用空間。

誠然，人民幣與全球主要儲備貨幣仍有較大的距離。在對外直接投資中，人民幣使用比例比較小，美元依然是全球投資結算與全球外匯最大儲備貨幣。美元占全球儲備貨幣 60.7%，歐元占 24.2%，日元、加元、英鎊分別占 4%、3.9% 和 2%，人民幣尚不足 2%。從境外人民幣流動規模上講，需要增大規模與流動空間。從美元來看，離岸美元占其美元全部資產的比例是 25%。因此，人民幣國際化並不是什麼「挑戰美元」或「替代美元」，而且也不可能替代。

人民幣國際化和金融全球化是個較長的過程，美元的國際化就經歷了半個世紀。美國的 GDP 在 19 世紀末就超過了英國，但過了五十多年之後美元才取代了英鎊的地位。德國的馬克保持強勢地位並進入歐元國際化的過程也很長，當時德國出口形成大量順差，外匯儲備不斷增加，其工業製造水準領先程度和金融機構的市場化程度以及資本市場的開放程度，都相對優於現在的中國，但也用了一個世紀的時間才實現貨幣國際化。

目前，中國簽署貨幣互換協定總規模為 2.9 兆元人民幣，人民幣國際債券和票據達 719.45 億美元，但這個數量還遠遠不足以達到真正意義上的國際化水準，只是回歸人民幣的實際價值。從 2012 年開始，中國人民大學提出和公布了一項人民幣國際化指數（RII），2012 年當年是 0.92，2013 年年底是 1.69。相較之下，美元是 52.96，歐元是 30.53，遠遠領先於人民幣。

英鎊指數溫和上升，為 4.3，日元略有下降，是 4.27。據相關研究者保守估計，2014 年年底，人民幣 RII 預測值升至 2.4，最多到 3，還

是低於英鎊與日元的國際化水準。有些預測比較樂觀，認為三、五年後，人民幣會超過英鎊和日元成為第三大貨幣，即便如此，人民幣與第一大貨幣美元與第二大貨幣歐元的距離依然很大，完全談不上對美元、歐元構成威脅。人民幣國際化水準的提升，歸根究底是它作為貿易大國地位的反映和開放型經濟發展的內在需求。中國作為全球第二大經濟體，也理應對國際金融流動性承擔責任，成為「最後貸款人」之一，即使做不到如美國以全球 20％的經濟總量承擔全球 52％的國際貨幣供給的國際金融流動性，也會是一個重要的、有益的補充。

有關資料指出，2012 年用人民幣結算的外貿額占外貿總額的比例是 3％，2013 年上升到 18％，2014 年將超過瑞士法郎，躍居全球最常用來支付貨幣中的第七位。預計在 2015 年將有 30％的外貿額用人民幣來結算，按照這種成長速度，實現人民幣可兌換為期不會很遠。

根據相關統計，截至 2014 年 10 月，在 161 個與中國內地和香港地區進行交易支付的國家中，50 個國家使用人民幣進行支付的比例達到 10％以上，其中包括新加坡和英國。瑞典的人民幣支付數量漲幅最快，自 2013 年上半年以來上漲 1050％。加拿大在簽訂人民幣互換協定並推動建立人民幣交易中心之後，人民幣結算增加 346％，但中國最大的交易夥伴是美國與日本，用人民幣結算的比例仍低於 10％。這反映了人民幣國際化的客觀狀況。繼續推動和加快人民幣國際化進程，需要進一步借助於「一帶一路」發展戰略，以及相繼籌建的亞投行、絲路基金、金磚國家銀行的多邊金融機構的籌備與運轉，衍生了更廣範圍的跨境使用需求，為人民幣持續國際化注入更新更大的動力。

金融全球化是經濟全球化的核心目標，也是經濟全球化的最終象

徵，因此，透過人民幣國際化逐步推動人民幣成為世界儲備貨幣之一，也必然是必經之路，儘管道路漫長，但要一步步向前走去。如何推動對外投資體制改革，逐步開放資本專案下的資本運作，建設內外聯通的資本大市場，也是必然的走向。

關於「亞洲世紀」和「下一個中國」

　　世界經濟走向和中國經濟走向是目前人們關注的焦點。對世界經濟的發展前景，有不少悲觀的論調，長期衰退論甚至極限論紛紛出現。對中國經濟從來是唱衰與捧殺交替出現，有的是學術性觀點，但也有瞎子摸象，以偏概全的嫌疑，意在尋求心理平衡，更有人希望中國經濟走下坡路的人，不顧經濟運行的客觀規律，把經濟發展的新常態說成是經濟滑坡。他們的這些唱衰論在中國的發展成果面前既顯無知，也使人感到悲哀。在「一帶一路」發展的新前景前，這些唱衰的「理論」終會一一破滅。

　　普華永道最近做出 2050 年的預測，並出版了《2050 年的世界》，對世界 32 個大型經濟體的經濟成長提出預測報告，他們的辦法依然是「購買力平價」同一尺度，可以作為一個重要參考。

　　報告指出，屆時中國經濟總量將達 61 兆美元，在全球 GDP 所占份額從 2014 年的 16.5％增加至 2030 年的 20％，2050 年小幅下跌至 19.5％。經濟成長速度放緩至 3.4％，而 2％到 3％是已開發經濟體的標準水準。印度從 2014 年的 7 兆美元成長到 2030 年的 17 兆美元和 2050 年的 42 兆美元，美國則是 41 兆美元，分列第二第三。印尼進入第四，巴西、墨西哥、奈及利亞都會進入前十。德國降到第十，英國跌出前十，法國下滑到第十三，義大利第十八，巴基斯坦可望從目前的第二十五上升到第十五位。日本則居第七，南韓第十七，澳洲從第十九降至第二十八位。中印的發展確保了「亞洲世紀」。進行長期預測比短期聰明，也更有可能符合實際。

　　一個時期以來，已開發國家經濟學界不時彌漫出一種悲觀的氣氛，對世界經濟的走勢感到擔憂，甚至認為世界經濟走到了極限和停滯時代。美國喬治梅森大學經濟學教授泰勒就提出，要謹防西方經濟陷入18世紀與19世紀之交所發生的「印度式」衰退。在他看來，本輪衰退沒有結束，也非同1930年代的大蕭條。1705年，印度製造業占世界製造業的四分之一，但到1900年只占2％。主要原因是沒有跟上工業革命的步伐實現規模化生產，「一個足夠大的國際貿易震動，就能導致一個大型經濟體數十年的經濟衰退」，他說，「如果法國或義大利的經濟停滯15年到20年（更不要說同時停滯），那麼歐元區將很難避免陷入另一場重大的經濟危機」。要想翻轉，只有再工業化和強化國際貿易。但翻轉需要在更大範圍的經濟全球化中去實現。對於美國，認為經濟衰退的機率較低，因為美國經濟相對靈活，找到了「再工業化」的新路徑，儘管復甦緩慢，基礎依然穩固。

　　有些語出驚人的是日本東京大學教授福田慎一提出的已開發國家面臨無法迴避的成長極限。他引用哈佛大學教授勞倫斯・薩默斯的警告說，正如日本經歷了「失去的20年」一樣，長期需求不足和通貨緊縮現象在美國也表現得愈來愈明顯。「長期停滯論」是美國經濟大蕭條後期哈佛大學教授阿爾文・漢森在1938年首先提出的，中心論點是大蕭條後的過度儲蓄與需求不足，促使低成長和失業時代來臨。薩默斯再提「長期停滯論」，主要論據是眼下美國經濟比金融危機前的水準低10％，而且是在極度寬鬆的貨幣政策下，即在實際利率為負的情況下勉強實現的。

「長期停滯論」是美國還是全球的經濟現況？

由於工資和物價上漲緩慢，美國經濟很可能進入一個實際成長率低於成長潛力的長期停滯期。福田慎一在薩默斯論述基礎上對日本經濟進行分析，認為今後數十年日本經濟的潛在成長率仍會低於其他主要已開發國家。「長期停滯」也就成為無法迴避的問題。為什麼「長期停滯論」會再次出現？有個分析是基於很難指望再出現過去250年裡取得的連續且重大技術進步的流行觀點，另一個分析則是量化寬鬆政策可以有效消除通貨緊縮，但會催生資產泡沫，泡沫再次破裂，又會陷入新的通貨緊縮，形成惡性循環。這些分析都不無道理。

但這未必是美國將會迅速衰敗的最終理論根據。經濟衰退有週期性和趨向性之分，也有絕對與相對之分，斷言美國經濟會迅速衰敗是輕率的。尤其在經濟全球化和區域經濟一體化繼續推進的情況下，各國經濟發展都有更大的進退空間，經濟互補將成世界經濟發展中的新常態。各國經濟進一步相互依賴會帶來新的風險，也會避免某個經濟體單獨陷入危機。

就以投資來說，《2014年世界投資報告》特別指出，美國仍是吸引FDI最多的國家，為1880億美元，較去年同期成長17％。中國位居第二，為1240億美元。俄羅斯位居第三，為790億美元。投資吸引力最強的是亞洲，為4260億美元，占全球總流量的30％。流入歐盟的FDI有所成長，總量為2460億美元，比2012年成長14％。歐洲最具吸引力的投資目的地是西班牙，為390億美元。義大利則從2012年的低水準激增至165億美元，成長率為1174％。外資流入量成長的還有墨西哥。

　　美國吸引外國直接投資的能力，說明其經濟具有較強的自我修復能力。美元作為各國外匯儲備的基準貨幣，在 2001 年 6 月曾達 73％的峰值。據 IMF 統計，2014 年 3 月美元在各國外匯儲備中降到 60.9％，這個比例不能說美國的美元地位十分穩固，也不能說美元地位已經完全不穩。事實上，美國經濟開始走出了低谷，重新成為已開發國家經濟發展的「領頭羊」，而中國則作為世界開發中國家的「領頭羊」，成為當前同時拉動世界經濟發展的主要動力來源。

　　美國經濟開始復甦，除了那個頁岩氣革命和資源稟賦，主要還是科技創新優勢明顯，正像美國的一位歷史學家約翰・斯蒂爾・戈登所言，「20 世紀幾乎每一項重大科技進展都源起於美國，或者主要在美國實現產業化，轉變成消費品」。美國作為移民國家，享盡了人口紅利，與多數富國不同，勞動人口持續擴大，老齡化速度緩慢。美國也是世界上教育水準最高的國家，美元仍然是世界上最大且最有影響的儲備貨幣。這些顯而易見的因素讓美國能夠走出危機。

　　誠然，對西方經濟復甦步伐不一致的問題，目前的看法是基本一致的。有預測指出，美國 2014 年成長 1.5％，但 IMF 的預測更為樂觀，認為美國 2014 年至 2015 年的實際成長率在 3％左右。歐洲的情況比較困難，因此歐洲央行不僅開始量化寬鬆，也要推出近兆歐元投資拉動計畫。

　　世界經濟衰退論和極限論為「去全球化」打出了灰暗的背景板，也影響到達沃斯論壇，影響到許多智庫機構。2015 年年初，美國麥肯錫全球研究所提出最新報告認為，未來幾十年如果生產率未能顯著提升，全球經濟成長將下降 40％，從而導致經濟嚴重崩潰。

　　事實上，全球經濟成長率可能只有 2％，而不是人們習慣的 3.6％。該報告指出，在過去 50 年裡，全球經濟規模擴大至原來的 6 倍，在未來 50 年只能增加一倍，遠不足以為福利制度和債務利息提供資金。為什麼這樣講呢，是因為人口紅利的減少甚至完全消失。過去勞動力每年成長 1.7％，而未來只有 0.3％，要彌補勞動力成長速度的放緩，每年生產率需要提高 3.3％。在這種情況下，開發中國家要優化經濟結構，已開發國家要彌補行業和企業之間的差距。生產率提升四分之一來自技術創新，但很多學者認為目前缺乏劃時代的新創新。

　　問題講得也許有理，但斷定創新不足還為時過早。人口數量紅利不足需要品質紅利來替代，這是創新驅動的理論邏輯來源。此外，該判斷似乎是針對高福利國家所做出的預測，對於開發中經濟體來說多少有些張冠李戴，大概是這些機構已經習慣於只從已開發經濟體去考察全球，這種判斷的準確度有待商榷。發展總是要有新的生長點，因此還要更進一步地分析開發中經濟體的走勢。

　　中國是最大的開發中經濟體，必然引起諸多評論。對於中國的經濟成長和總量問題的議論和預測不下五六種。影響較大的是那個有些離譜的「購買力平價」計算。繼 2013 年和 2014 年年初，IMF 連續提出 2014 年年底中國經濟規模超過美國的測算，2014 年秋季再一次提出「最新資料」，說根據購買力平價計算，中國在世界 GDP 總值中所占比例為 16.479％，達到 17.632 兆美元，美國則占 16.277％，總量為 17.416 兆美元。但也指出，按匯率法計算，美國經濟仍然比中國大三分之一左右，即相差 6.5 兆美元。

　　IMF 的計算未含中國香港與澳門特別行政區，兩地相加也有 4500

億美元。IMF 估計，按購買力平價計算，2019 年，中國經濟總量將比
美國高 20％，而按匯率法（也就是「名義 GDP」）估計，40 年後中國
經濟總量比美國高 20％。有分析指出，在 2024 年之前，中國不會在
「名義 GDP」上超過美國，而且中國的人均 GDP 不到美國的四分之
一，但著名的西方經濟史學家安格斯・麥迪森認為，從長期歷史的角
度來看，這是中國在恢復原狀的過程，1870 年以前，中國一直是世界
最大的經濟體。2015 年中國經濟總量已經達到 10 兆美元，若要按購買
力平價計算，又多超出許多。

購買力平價是一種根據各國不同價格水準計算出來的貨幣價值之
間的等值係數，與國際貿易中現行的匯率計算有很大的差距，因此並
不是一種常規的科學的方法。還有幾種還算比較「正常」的演算法，
一是經濟成長率的時間累加，即按目前中國經濟年均 7％左右的增幅計
算，在 10 年以後與美國 GDP 大致相當。但這裡應當考慮美國經濟復
甦之後的經濟成長，也要考慮中國發展速度在新常態中的變化。

但不管怎麼講，中國的人均 GDP 低於美國，因此也不會以趕超
的心態去做硬性的比較。二是美、日近來常用的「總要素生產率」法
（TFP），即檢測一國總產出與總要素投入，包括資本、勞動力等之
比。他們認為，中國 2001 年到 2007 年的平均值是 3.3％，2007 年到
2012 年是 -0.9％，總要素貢獻率減少，拖累中國經濟成長，甚至要面
臨「中等收入陷阱」。這終歸是又一種唱衰。

最新的一個唱衰是世界大型企業研究會的一份報告，認為中國經
濟成長從 2015 年到 2019 年將降至 5.5％，2020 年到 2025 年降至 3.9
％。因為改革會放緩發展的情勢。世界大型企業研究會的報告沒有任

何像樣的論證依據，只是把「房地產投資無法再取得昔日的成果」和中國政府「不讓市場發揮足夠大的力量」作為部分原因，因此遭到認為「中國生產效率成長遠未達到極限」的學者的反駁，甚至表示該研究「讓人瞠目結舌」。

　　購買力平價計算公布之後，也出現了「2020 年中國經濟要占全球經濟總量 22％，而美國經濟只占全球經濟總量 20％」的推論，但人們更願意相信澳洲財政部官方網站在 2013 年公布的一份分析報告，中國在 17 年後，也就是 2030 年才有可能趕上美國。這項報告透過勞動生產率和人口成長的長期趨勢，對世界 6 個主要國家和 6 個主要經濟體的經濟成長做出判斷。

　　該研究預測，中國的年平均經濟成長率將從 20 世紀的頭 10 年的 10.5％降至第二個 10 年的 8％，繼而降至 4.3％和 2.4％，並在 2040 年至 2050 年降至 2％。對印度的預測是從 21 世紀的頭 10 年的 7.5％降至 6.5％，隨後降至 6.1％、4.5％和 3.3％。已開發國家的年平均成長率則從 2.1％降至 1.6％，繼而在 2040 年後穩定在 1.7％。

　　不同的預測向來都有多種方法與計算的角度，但並不代表事實本身，因此只是一種參考。就說澳洲財政部官方網站 2014 年公布的分析報告，也是基於一個經濟體人口成長狀況甚至人口紅利的正比例關係的傳統理論，並沒有對生產要素（特別是資訊與技術的新的決定性要素）全面地去考量。美國的人口只有中國的五分之一，但它的勞動生產率所造成的經濟總量是中國的 1 倍，其關鍵是基於技術創新能力的持續性支撐，而這是預測能否反映和多大程度上反映未來事實的另一個關鍵。再說，一國經濟規模基數增大，成長速度必然變小，中國目前進入中高速成長新常態，再過 5 年或 10 年，還會有成長速度更低的

新常態出現。那是一般情況下的一種正常的比例變化，並非經濟下滑的表現。若能明白這些變化，也就會有新常態下的一種新心態。

近年來按讚的、唱衰的報告都不少，用資料說話的也很多。世界經濟論壇發布的競爭力排名也是基於要素法，美國在 6 年前排第一，現在是第七，第一位則是瑞士，第二位是新加坡，中國升至第二十八位，在新興國家表現突出。還有一種計算法是全球行業資料和分析公司資訊服務社（IHS）在 2014 年 9 月推出的，是基於消費開支數量成長的預測。

IHS 發布新聞說，今後 10 年中國的消費開支年均成長 7.7％，成為全球消費需求的重要引擎，隨著中國從投資引領成長轉向消費推動成長，按目前的價格水準，GDP 將從 2014 年的約 10 兆美元，成長到 2024 年的 28.3 兆美元，同一個時期，美國經濟將從 17.4 兆美元增加到 27.4 兆美元。在中國 GDP 成長中，消費是重點，預計會成長兩倍以上。到那時，中國在全球 GDP 所占份額將上升到 20％。比起前一種排名，這種預測更有些道理，但前提是要有效地啟動消費和大幅度地提升第三次產業的比例。

2015 年年初，有兩個關於中國的說法引人注目，一個是美國耶魯大學高級研究員史蒂芬・羅奇的「下一個中國」說，一個是諾貝爾獎得主施蒂格利茨的「中國世紀」說。羅奇的「下一個中國」也就是新常態下發展的中國。他說，「下一個中國」是以服務業增加值為導向的，「我個人的評估是，2015 年中國服務業產值將達到 GDP 的 60％，到 2035 年將達到 GDP 的 70％，服務業既是勞動密集型產業，也是資源緊縮產業」。

　　這個說法也有道理，但應該加上另一個導向，那就是製造業的創新導向，這兩個導向都應該是產業結構新常態中的新走向。施蒂格利茨則從更綜合的視野提出，2015年世界將開始進入「中國世紀」。施蒂格利茨關於2015年世界開始進入「中國世紀」的觀點，引起國際輿論場更大的反應。贊成者認為，中國「兩個一百年」目標的提出，是一個重要象徵。中國領導人提出有關建立國際經濟新秩序的重要倡議也是一個重要象徵。質疑者則認為，中國發展雖然有多種優勢，但中美力量均衡並未改變，中美同是世界經濟的重要引擎。

　　約瑟夫·奈也在英國《金融時報》網站發表了〈美國世紀不會因中國崛起而消失〉一文，再次表達了他在〈美國世紀結束了嗎？〉中的觀點。他提出自然盛衰週期，說羅馬西元117年達到鼎盛，300年後才消亡。「中國的規模和較快的經濟成長將使它的實力在今後幾十年接近美國，但未必意味著中國的軍事、經濟和軟實力將超過美國」，「美國衰落並非絕對」，「其實美國在未來幾十年可能比其他任何國家都更強大」。「不過，未來的美國世紀與前幾十年的不一樣。與20世紀中葉相比，美國占全球經濟比重將會減少」，「隨著美國的優勢減少以及世界的複雜性大為增加，雖然美國世紀仍將持續至少幾十年，但情況將與（1914年美國《時代週刊》主編亨利·盧斯）首次提出來這個概念時大不相同」。

「中國世紀」及「亞洲世紀」的來臨？

　　認識不同主要是因為著眼點不同。「中國世紀」應有廣義和狹義之分，應當有更加準確的內涵與外延。從中國自身的發展來講，中國世

紀就是中國復興的世紀，任何一個開發中國家都可以認為 21 世紀是它們發展的世紀，中國的持續發展深刻影響世界，這也是必然的，但不能說這是中國主導世界的世紀。英國知名學者馬丁・雅克說，中國經濟規模超越美國是難以扭轉的趨勢，以不同方法計算，超越的時間點是不同的，沒有必要確定一個時間點。美國需要接受的一點是，「在中美關係中，它已經不是過去那個占據支配地位的世界大國」。中美將互相依賴，中美發展都需要世界的和平穩定發展。

所謂「中國世紀」的說法，正如中國清華大學當代國際關係研究院院長閻學通先生在接受《參考消息》報記者採訪時所言，是沿襲了歷史上的英國世紀、美國世紀的說法，即所謂 19 世紀是英國世紀、20 世紀是美國世紀的說法，但現在並非是一極世界。閻學通先生在其《歷史的慣性》一書中預測，中國將於 2023 年成為超級大國，但美國很可能在 2040 年前依然維持其超級大國的地位。因為國力取決於開放程度，也取決於改革。今後 20 年內都應該是中美兩極化的趨勢。

「中國世紀」和「亞洲世紀」其實是統一的，中國的發展為亞洲帶來機會，亞洲的發展也為中國帶來機會。因此講「亞洲世紀」更客觀。從更大的視野來看，21 世紀也應當是歐亞的世紀，是全球化的世紀。中國的「兩個一百年」在經濟發展階段上對應為 2020 年與 2050 年間的兩個發展目標。2020 年是中國夢實現的第一步，也是關鍵一步，也就是中國在 2020 年將實現 60％都市化比率，成為互聯網大國，完成空間站建設，全面建成小康社會，這意味著人均收入要比 2010 年成長一倍，經濟總量也會在 2010 年至 2020 年增加一倍。達到這樣一個目標，年經濟成長率略超過 6％就可以實現，而這個成長速度也意味著中國將繼續保持世界經濟火車頭的作用。

　　2015 年，中國提出「全面建成小康社會」、「全面深化改革」、「全面依法治國」、「全面從嚴治黨」四個全面戰略布局，這是實現中國夢的理論實踐指南。第二個「一百年」的實現目標是，中國將成為富強、民主、文明、和諧的社會主義現代化國家。這個目標相當振奮人心。中國會不會成為超級大國，這其實是不容置辯的問題。泰國皇太后大學校長萬猜‧西差那認為，按照經濟實力、軍事實力和全球影響力三個標準，「中國正在成為超級大國的路上」，但將是一個與美國不同的超級大國。「原因之一是中國不像西方大國那樣將海外領土開拓成殖民地，相反的，中國的外交政策路線是開展互利互惠的貿易」。

　　預測也好，思辨也好，真正有發言權的是產業和市場，由此我們也不妨進行一下基於產業結構調整前景的市場預測。

　　據中國科技部的中國科學技術發展戰略研究院，裡頭的中國重點產業科技競爭力與發展潛力研究課題組，對中國 60 個行業、7 個新興戰略性產業以及美國等 6 個國家的經濟發展趨勢的初步研究顯示，2013 年中國人均 GDP 相當於美國 40 年前的水準，第三級產業占 GDP 的比重相當於美國 70 年前的水準，但中國第三級產業擁有 20 兆的市場潛力，這個「弱點」中國必須補上也能夠補上。

　　報告指出，當前中美經濟總量的差距在一定程度上主要是第三級產業（服務業）的差距。2013 年中國 GDP 為 91897.4 億美元，是美國 167997 億美元的 54.7％。第一級產業（初級產業，如農業、採礦業）增加值為 9201.5 億美元，是美國 2691 億美元的 3.42 倍。第二級產業（次級產業，如製造業、建築業）增加值為 40336.7 億美元，是美國 34274 億美元的 1.18 倍。第三級產業增加值為 42359.3 億美元，是美國 131033 億美元的 32.3％，也就是說，美國 GDP 的近 70％以上來自於

第三級產業。從人均 GDP 來看，中國是美國的 14.3％，第三級產業才是美國的 7.4％。

因此，補起這個 20 多兆的弱點，才能夠真正和美國比較。中國是 13 億人口的大市場，第三級產業的發育又與民生有關，這是中國經濟實力的真正來源。例如，中國的體育消費產業在 10 年後規模可達 5 兆元，如此一個一個領域預測，第三級產業總市場規模恐怕要超過 20 兆元。但是，中國的第三級產業從 32.3％的比率上升到 70％，至少是增加一倍，這不是三五年能做到的，必須有較長期的努力。特別還要看到，美國在重振製造業的同時，第三級產業發展仍未停止，每年仍以 0.5％的速率成長，因此，第三級產業的發育決定著經濟發展的未來。

已開發經濟體服務業 GDP 占的比例一般也是 70％左右，具有普遍性。中國過去重生產輕消費，內需偏弱，這也是歷史上實行計畫經濟國家的通病。伴隨著向市場經濟過渡，服務業地位隨之提升。從 2013 年開始，中國服務業比重就開始上升，當年占 GDP 46.1％，第一次超過第二級產業，目前是繼續提高，有一定程度的持續性。服務業比重上升，意味著中國的經濟正由工業主導型向服務業和製造業共同主導轉變，對中國的經濟成長結構、對擴大就業帶來深刻影響。有人擔心會不會出現一些國家地區出現的製造業「空心化」（生產部門外移至落後國家或城市），這正是一段時間裡一些論者對中國目前處於工業化中期還是已經接近後期，是否需要偏重服務業發展的爭論所在。

中國的工業化的確還在半路上，但服務業的發展不能等工業化完成之後再擴大，當然也不能為了擴大服務業冷落工業。工業和服務業本身就是生產與市場的關係，消費愈發達生產愈發展。而且，現代服務業

內涵已經發生大變化，服務不只意味著消費，還意味著生產，因此，在生產性服務業持續加快發展中提升生產性服務業的比重和增加值，實現服務業自身升級，這也是必經之路。服務業產業鏈相對較短，投資強度低於工業，勞動生產率也不如工業，在短期之內難以彌補工業成長速度下跌減少的產值數量，但就業量大，消費增加了，不僅有利於經濟成長的穩定性，也是內需拉動和外需拉動經濟極為重要的途徑。

已開發國家服務業比例高達 70％，主要是擴大和提升了服務的內涵，擴大到以健康、資訊、金融、物流配送、房地產、科技服務、旅遊、養老、醫療、教育、體育、餐飲、設計創意以及大數據、物聯網與互聯網、智慧系統等各個領域，提升到生產性服務業決定製造業競爭力的高度。過去數十年來，生產性服務業在美國經濟中占據的份額逐步增大，貫穿在製造業的價值鏈之中，大規模擴張是在 1980 年代和 1990 年代。1980 年以後，美國服務業成長 24％，但其中生產性服務業成長了 59％。2011 年美國製造業 25.3％的中間產品出自服務業，在電腦、電子行業裡高達 47.6％。

例如美國的高通公司本身沒有具體的通信產品，卻擁有最多的移動通信行業專利。或是例如協力廠商發動機設計公司，可以解決諸多汽車生產商的開發難題，成為汽車製造業的主要環節。即便是在以製造業為主的企業裡，從事服務業務的員工也有三分之一。服務業形態的變化和服務形式的演變，大幅提升了服務業的地位，例如電子商務就完全改變了傳統商務，以致出現了如比爾·蓋茨所言的「要麼電子商務，要麼無商可務」的顛覆性變化。電子商務在中國的發展還是比較超前的，這也是中國國內消費品銷售總額依然保持成長的原因。

中國第三級產業的未來前景

中國的電子商務巨頭阿里巴巴在美國上市，也說明了現代第三級產業的舉足輕重。電子商務是一個亮點，阿里巴巴不是事情的結尾，只能說是開頭。例如說，在中國絲路經濟的發展中出現了「網上絲路」的概念，已經引起各方面的重視，這是絲路經濟發展新的成長點。此外，以通信產業為基礎的資訊消費規模，光是在 2014 年前三個季度就達到 1.9 兆元。中國發布加快科技服務業發展的意見，提出在 2020 年科技服務業規模將達到 8 兆元。

生產性服務業的發展，不僅出自電子商務和資訊消費這樣的創新領域，也會出現在人們習以為常的領域中。資源綜合利用也是生產服務的大蛋糕，2013 年，中國露天煤礦、鐵礦回採率達 95％，廢鋼鐵、廢金屬、廢塑膠回收 1.6 億噸，工業固體廢物利用 20.59 億噸，農作物秸稈利用 6.4 億噸，資源綜合利用總產值達到 1.3 兆元。

中國國務院 2014 年印發的《關於促進旅遊業改革發展的若干意見》提出，到 2020 年，中國境內旅遊總收入額將達到 5.5 兆元，城鄉居民年人均出遊 4.5 次，旅遊增加值占 GDP 成長速度的比重超過 5％。國內旅遊與跨國旅遊都有急遽性的成長，每年跨境旅遊就達 1 億人次。如此規模的旅遊產業顯然不是低水準業者所能承擔的，需要從管理、行銷到服務水準都發生大的變化。

中國的第三級產業有發展潛力，中國的第二級產業也要升級。特別是提高新高技術產業的高附加值，同樣是拉動內需與外需的主要推手。中國的裝備製造業發展迅速，許多領域競爭力的提升都意味著兆元級市場的形成。即以中國的大飛機產業而言，隨著 C919 的分組裝下

線和總裝的開始，目前已經開始形成千億元級市場規模。上海商用飛機公司對 2010 年到 2029 年進行市場預測，全球需要 30230 架幹線、支線飛機，其中雙通道飛機 6916 架，單通道飛機 19921 架，加上渦輪扇支線飛機 3396 架，總價值 3.4 兆美元，同樣是個 20 兆元的大市場。

中國的 C919 由成都飛機工業集團、西安飛機工業集團、瀋陽飛機工業集團、昌河飛機工業集團、哈爾濱飛機工業集團、江西洪都航空等聯合製造，擁有完整的產業鏈，在技術上是「三減」：減重 14%、減阻 5%、減噪 10 個分貝，同時汙染排放物減少 50%，油耗下降 12%—15%，具有「更安全、更經濟、更舒適、更環保」的特點。未來很可能與空中巴士公司、波音形成三足鼎立之勢。

中國是世界第二大客機市場，市場需要量為 3750 架，粗略計算也是 4 千億美元，也就是 2 萬多億元人民幣的國內市場規模。空中巴士公司也發布報告說，未來 20 年有 31400 萬架的客機貨機需求，總價值 4.6 兆美元，同時全球航空業每年的經濟貢獻也達到 2.4 兆美元，而中國在未來 10 年內是全球最大的航空市場，大型飛機是主要的飛行器產品。

再例如太陽能光熱發電，幾經市場的起伏與波動，進入上升週期。2014 上半年多晶矽產量 6 萬多噸，較去年同期成長 100%，產值開始超過 1500 億元，下半年很可能出現跳躍式成長。光伏產品的外貿形勢也在回升，全球太陽能板 8 年來首現短缺。原因很簡單，是新能源的需求在拉動市場，不論是分散式光伏產品還是光熱發電，相信會成為兆元級市場的。這樣市場前景看好的產業在中國還有許多，有的已經成為現實的國內國際市場競爭力，有的蓄勢待發。中國的核電、

智慧電網、造船、大型精密機床以及其他新能源技術行業等，都是上千億上兆元級市場規模的潛在力量。

就連已經發展比較充分的國內鐵路建設，2014 年也要完成 8000 億元的投資量。中國海上風力發電剛起步，已經開始具有先發的競爭力，截至 2013 年年底，中國海上風能資源儲量和分布基本摸清，海上風力發電建設項目已投產 39 萬千瓦，居世界第五位。海上風力發電是世界風力發電開發最前沿產業，中國海上風力發電建設取得突破性進展，不僅為常規能源缺乏的中國東南沿海帶來新的能源結構變化，也會成為海上絲路經濟合作的重要市場專案。

目前世界風力發電已占總電力的 4％，其所帶來的經濟效益和對經濟的拉動，同樣不可小覷。再如工業機器人行業，目前世界的平均密度是每萬名員工 55 臺，中國是 23 臺，而且性能偏低，但中國市場對工業機器人的需求，粗略估計，在未來 10 年裡將形成 7200 億元至 18000 億元的市場。瑞士、日本和德國工業機器人企業紛紛進入中國，目前已占中國市場的 70％。如何在創新中掌握核心技術，是一個必須解決的問題。

綠色產業也是中國企業發展最有潛力、最有市場前景的產業，是絲路經濟發展中繼基礎設施產業之後最有後發優勢的產業。中國的綠色能源技術還有一個發展過程，但中國的可再生能源技術的廣泛運用程度不讓已開發國家專美於前，在絲綢之路經濟帶建設中更是「天生我材必有用」。從某個角度來說，舉凡有差距但在全力提升發展的製造業領域，都有未來的市場爆發力。即便是傳統產業，也會在「智慧化」中獲得市場新生。發揮舊有優勢，不斷產生新的優勢，中國的經濟發

展就有可持續性。還有，中國的海洋經濟起步不久，生產總值已達 5.4 兆元，發展空間還很大。

還要看到，中國的創新驅動已經開始取得成果，根據聯合國世界智慧財產權組織發布的報告，美國、日本和中國占 2014 年全球專利申請的 60％，美國為 61492 項，日本為 42459 項，中國是 25539 項，其中華為專利躍居全球第一。但中國的創新之路還很長，儘管在研發上增大了投入，但還沒有充分轉化為創新，相對落後的教育制度和輕視技能培訓是一個障礙，一旦這些體制弊病開始消除，中國製造業的創新力將會進一步迸發出來，而這是中國發展的後勁所在。

總之，中國經濟成長的潛力是不可小看的。2000 年經濟總量首次突破 1 兆美元，5 年後就達到了 2 兆美元，再後一個 5 年裡達到 5 兆美元，又一個 5 年裡跨入 10 兆美元的關口。5 年就增加一倍，即便是年均 7％甚至更低一些，到 2020 年會是什麼樣的水準呢？反觀美國，1970 年即為 1 兆美元，30 年後才達到 10 兆美元，所用的時間是中國的整整一倍。再看第三大經濟體日本，目前的經濟規模是中國的一半，約為 4.8 兆美元。

目前，中國經過三十多年的高速發展，進入了結構調整、經濟轉型的發展「三疊期」，進入了經濟發展由高速轉向中高速為主的新常態。「三疊期」是轉型陣痛期、結構調整期和處理落後過剩產能期的交集，是數量與品質交替並存、相互消長的發展過程，需要在內需與外需聯通發展中尋找新的平衡點。經濟轉型也是發展的一個規律，是由低到高的上升過程。在創新驅動中實現經濟結構調整和產業升級，並且在絲路經濟發展的大背景、大平臺上不斷地去努力，讓產業發展走

上可持續發展之路，讓企業找到更大的創業舞臺，前景將會更加明朗。

調結構、穩增長與「新常態」

　　中國經濟成長的「新常態」，並不就是經濟陸續放緩的同義語，而是經濟成長一般規律和經濟結構調整及外部環境相互作用的一種發展結果，具有正常性。從結構調整來講，從 2013 年開始，製造業的產出占經濟總量的比重就開始下降，而服務業的比重開始上升，但還沒有上升到足以抵消和超過製造業產出下降的水準，中國服務業的發展空間至少有占總量 15％以上的空間，一旦爆發能量很大。

　　與此相關，中國的收入分配占國民收入的比重也會大幅上升。現今「要素評價」比較流行，如人口結構已經成為預測的重要因素，認為中國的人口峰值自 2010 年達到頂峰以來，勞動人口從 72％的人口總比例開始下滑，這意味著中國的經濟發展速度也會下滑，甚至在未來 10 年裡會下滑到 6％至 7％。

　　且不說這個 10 年後的 6％至 7％是否依然是一個更大經濟體量下的中高速度，勞動人口對產出的貢獻是否依然表現為勞動密集型下的貢獻，中國未來的教育紅利、科技創新紅利和人口政策紅利對產出的貢獻會有多大，中國可觀的人口總量是不是已經在過去 30 年的不完全「都市化」中用光殆盡，再也沒有後備大軍可以投入等，這樣一些「刻舟求劍」的預測方法，本身就不是一個聰明的方法。整體而言，正像一些不帶偏見的經濟學家指出的，未來 10 年裡，中國的潛在成長率極有可能達到 7.27％的年平均值，這種常態「仍將是世界其他國家所羨

慕的物件」。

但是，對中國經濟存在的問題也不能定估，主要的問題是限制和降低地方政府債務、遏制影子銀行活動、解決落後產能過剩和減輕環境汙染。對於中國經濟新常態，習近平在第 22 次 APEC 會議期間做了全面深刻的論述。他說，中國經濟出現新常態，有幾個主要特點：一是從高速成長狀態轉為中高速成長。二是經濟結構不斷優化升級，第三級產業、消費需求逐步成為主體，出現差距逐步縮小，居民收入占比上升，發展成果惠及更廣大民眾。三是從要素驅動、投資驅動轉向創新驅動。新常態將為中國帶來新的發展機遇。

在新常態下，中國經濟雖然放緩，實際增量依然可觀，即是 7％ 的成長速度，無論是速度還是體量，在全球也是名列前茅。每年的成長相當於一個中等國家的經濟體量。7.4％ 的成長量相當於前幾年的 10％。新常態下，經濟成長更趨平穩，成長動力更為多元。中國經濟的強韌性是防範風險的最有力支撐。新常態下，中國經濟結構正在發生深刻變化，發展品質更好，結構更優。新常態下，中國政府簡政放權，市場活力進一步釋放，這是中國經濟發展看好的根本依據。

對於中國經濟發展新常態，連日本的一些媒體都有唱衰中國經濟「不合時宜」的認知。日本的經濟新聞與產經新聞，不僅比較了中國與日本的發展差，也回顧了日本從高速發展到後來的曲線。他們預測，2014 年，日本的 GDP 將是 4.8 兆美元，不及中國 10.4 兆美元的一半。按美元計算，日本實行「安倍經濟學」，GDP 兩年裡縮水 1.2 兆美元，人均 GDP 很可能跌至世界第二十六位，而在 1990 年代中期名列世界第三。他們說，日本的高成長期發生在 1956 年至 1973 年，平均成長率為 9.1％，1974 年後下降到 4.1％，中國的經濟成長速度從 1979 年到

2011 年平均 9.8％降至 2012 年的 7.7％，再到 2014 年的 7.4％，進入了穩定成長期。

中美經濟合作的可能與必然

從某種意義上講，合作與遏制是矛盾共生體，這也是事物的一種另類包容性。合理的邏輯是求同存異，盡可能和最大化地把遏制轉變為合作，讓遏制變得更少，合作變得更多，這更符合原有大國和新興大國良性互動的行為邏輯關係。

中美兩國共同利益多，直接衝突點少，這是誰也否認不了的事實，特別是在經濟領域裡，不說中美目前的貿易量和穩定的金融債務關係，目前中美兩國其實都在不同的經濟基礎和不同的經濟結構中進入新的經濟轉型期。中國在轉變經濟成長方式，調整結構，推動產業升級，美國也在轉變經濟成長方式，推動第二次工業化，這往往是人們忽略的一個極為重要的國際經濟發展的新特徵。

中國經濟的過渡特點

中國經濟目前具有「三期疊加」的過渡特點，即經濟成長速度進入中高速成長的常態期、結構調整產業升級期和多途徑消化剩餘產能的「陣痛期」。美國經濟也有不同的「三期疊加」，即經濟全面復甦與金融政策調整期、實體經濟回歸期和新的吸引外國投資力度空前加大的經濟轉型期。大家都在調整，經濟的互補性更強，相互依存度更高。

中美經濟合作的空間比以往任何時候都大。中美合作在一定意義上影響著世界經濟的走勢，影響著世界經濟一體化的進程。

諾貝爾獎得主施蒂格利茨 2014 年年底在《名利場》發表題為〈中國世紀〉的文章，分析了美國政策的一些誤區。其一是儘管美國有軟實力，但美國模式並沒有惠及美國大多數民眾，如果將通膨計算在內，普通美國家庭的生活都不如 25 年前。一種不能惠及大多數國民的經濟模式也就不能成為他國仿效的榜樣。雖然中國社會也存在不平等，但大多數中國人或多或少從經濟發展中獲益。因此，美國應將中國崛起視為一記警鐘，推進自身改革。

其二是「遏制」中國不僅成效不大，也會損害人們對美國的信心甚至領導地位。不管是那個想把中國擠出亞太供應鏈的 TPP，還是對中國與法國提出並得到聯合國支援的創造一種國際儲備貨幣的倡議，以及中國希望透過新組建的多邊機制向開發中國家提供更多說明等等，美國都會說「不」，這顯然是有問題的。

施蒂格利茨還指出，離開與中國的合作，美國的利益無法實現。美國應當抓住機會，使外交政策的立足點遠離遏制。中美兩國的經濟利益相互交織，緊密關聯，穩定正常的全球政治經濟秩序事關兩國利益。「不管願意不願意，美國都必須進行合作——而且應該拿出合作的誠意。」「在新經濟現實的影響下，新的全球政治經濟正在形成。我們無法改變這些經濟現實。但如果用錯誤的方法應對現實，我們就有可能受到反作用力，將會導致全球體系運轉不良，或是必須面對一個我們顯然不希望看到的全球秩序。」

對施蒂格利茨的觀點儘管有各種評價，但有一個重要的觀點是一致的，那就是如新加坡國立大學東亞研究所所長鄭永年所說的，中美關

係已經超越了雙邊關係，是世界整體關係的支柱。這既是中美關係引起廣泛關注的重要原因，也是人們認識中美關係重要性的更大的背景。

　　對於中美能否建立新型大國關係，有悲觀者，也有樂觀者。約瑟夫・奈在 2015 年年初發表的文章建議美國政界人士「必須在現實主義和融合之間找到平衡」，因為「誤判總是可能發生的，但衝突遠非不可避免」，「美國把中國視為敵人，那肯定會成為敵人」，一切取決於美國的態度。如果美國「避免採取遏制戰略」，中美就有機會建立相互尊重、合作共贏、互不衝突、互不對抗的新型大國關係。中美之間有分歧，更有廣泛的共同利益，妥善處理分歧，可以著力擴大利益交會點，目前的一個亮點就是以準入前國民待遇和負面清單為基礎的中美投資協定談判。

　　中美關係（特別是中美經濟關係）決定著世界經濟發展的狀態。傑夫・戴爾的《世紀爭鋒》，把中美關係看成是用四個 C 開頭的關係，這四個 C 就是對抗（confrontation）、競爭（competition）、合作（cooperation）、協調（collaboration）。中國不主張對抗與衝突，也不傾向惡性競爭，但合作與協調是絕不可少的。

　　中美之間的合作其實就是經濟全球化中世界經濟合作，特別是已開發經濟體與開發中經濟體的合作象徵，存在一種必然性。同在經濟全球化和區域經濟一體化的同一個市場裡，必然會有競爭中的企劃，有對利益的衡量與分歧，但同樣有利益的共同交集，終歸要在溝通互動中不斷擴大對共同利益的共識。因為這不僅關係到中美兩國，也關係到世界，關係到經濟全球化和世界各國的發展。中國的「一帶一路」具有發展戰略的建設性與巨大的開放性，也應當是一條中美經濟合作與全球經濟一體化協調發展之路。

　　在第 22 次 APEC 會議期間進行的「習奧會」中，中國國家主席習近平不僅強調從 6 個方向進一步推進中美新型大國關係建設，不衝突不對抗，達成對重大軍事行動相互通報與海空相遇規則制定的共識，在氣候變化合作、反恐合作、反腐敗合作和貿易合作方面都取得了成果。

　　在貿易問題上，中美就儘快恢復和結束《資訊技術協定》產品擴圍達成共識，約 200 項產品將取消關稅，具有重大商業意義。如果協定最後達成，將是世貿組織成立 19 年來第一份關稅減讓協定，有力地促進全球貿易和資訊產業的發展。該協議涉及上兆美元的貿易，涉及 78 個談判成員的 IT 產品總出口的 97％。

　　包括美英在內的各國際媒體認為，這是中美貿易進入新階段的一個「標誌」。中美聯合發表《中美聯合氣候變化聲明》，不僅為解決全球變暖帶來轉機與希望，推動巴黎氣候大會目標實現，也是惠及全球經濟的歷史性協議。特別是加強包括碳捕獲和封存在內的綠色能源與技術合作研和應用，經濟意義更加重大。中美在這些領域合作的突破性進展，說明了中美經濟合作的領域很寬闊。隨著中美之間的相互投資協定談判的陸續展開，對經濟全球化和區域經濟一體化也將產生新的影響。

　　在新的 FTAAP 亞太夥伴關係的合作框架裡，首次提出跨太平洋互聯互通，互聯互通夥伴關係讓區域合作關係更趨務實性，增強了發展效應。對啟動亞太自貿區進程，國際上也有正面積極的評價，甚至認為「中美走近了一步」，宣布開始進行有關的「聯合戰略研究」。美國的官員說，這項「聯合戰略研究」將會包括對亞太地區總數超過 80 項的貿易協定的研究。季辛吉接受中國記者採訪時評論，這也許可能成

為兩國關係的「分水嶺」，成為兩個國家、兩種體系致力於共同發展的「新起點」。

　　啟動亞太自貿區進程，也在某種意義上象徵著中美經濟關係出現了積極的因素。據彼得森國際經濟研究院的研究結果，建立亞太自貿區將使美國到 2025 年獲益 2020 億美元。毫無疑問，推進亞太自貿區進程和推動共建、共用、共同發展的亞太夥伴關係，將會變贏者通吃為各方共贏，共同做大亞太發展的蛋糕，共同促進亞太與世界的繁榮。習近平在 APEC 工商領導人高峰會上指出，大時代需要大格局，大格局需要大智慧。實現「中國夢」的同時實現「亞太夢」，進而實現世界發展夢，就是當今時代的最大發展格局，變贏者通吃為各方共贏，在區域主義中建設向世界開放的新體制就是真正的大智慧。

中美之間的核心利益分歧

　　中美之間的確存在一些分歧，有的還涉及領土、領海主權和中國的核心利益。在一些問題上有分歧並不可怕，可以溝通也可以暫時擱置，讓時間來明辨是非。對抗從來不是歷史的好選擇，更不是好結局。中美之間的合作大於分歧，更多的是利益交集和合作共贏，在求同化異中取得合作成功。中美經濟合作包括擴大貿易、投資、金融乃至技術合作，加快雙邊投資協定談判等，都有現實的需求和廣闊的市場前景。只有貿易才能促進繁榮，也只有繁榮才能促成更多且更大規模的貿易。這是合作共贏法則使然。美國政府也明白，解決當前各種全球性問題和挑戰，離不開中美合作。

　　中國歷來是以和為貴文化傳統的國家，同時也提倡「和而不同」

的價值判斷取向，在國家相對衰落時是這樣，在國家走向強盛時也是這樣。中國和一切主權國家一樣，需要國際間的平等與相互尊重，對各自文化和文明傳統的互相尊重，對國家自身核心利益的尊重，對制度與道路選擇的尊重。在相互尊重中不斷推進經濟合作，才有中美與世界的未來。

美國國內對遏制論持異議者並不少，美國《國家利益》雙月刊網站 2014 年 8 月 16 日刊出凱特學會高級研究員特德‧蓋倫的一篇文章說，「遏制加接觸終究是短暫的規避對策，而非連貫一致的政策，這種政策的時日不多了」。作者說，這種「政策是逐步構建對華遏制政策構架，同時又堅決否認它在推行這種政策」，「所有這些舉措都有一個共同點：都是與對中國有敵意或至少對中國在東亞力量增強深感擔憂的國家建立安全關係」。「然而，美國領導人必須要重視現實，儘管現實可能令人難以接受。

這種現實就是美國當前的戰略不僅自相矛盾，而且長期來看是不可持續的。鑑於西太平洋以及東中國海地區日漸形成的新戰略局面，在不遠的將來，美國將不得不採取一種更明確一致的政策。這就要求它在三個選項中做出選擇。」

第一個選項是「採取明顯的遏制政策」，也就是複製冷戰時期對付蘇聯的政策。但美國與蘇聯和中國的雙邊經濟聯繫程度大不相同。「中國不僅是美國重要的交易夥伴，而且持有大約 1.3 兆美元的美國國債，明目張膽地實行遏制政策會使這種關係面臨危險。」

第二個選項是「接受中國在東中國海的卓越地位」。「這種政策模式就如同 19 世紀末英政府承認美國在西半球位居主導地位一樣。英國

當時的這種讓步後來被證明是極其成功的。它不僅結束了英美兩國一百多年的摩擦，而且還為兩國後來在兩次世界大戰中結成盟友奠定了基礎。美國如果承認中國在東亞的地位，或許也會帶來類似的好處。」

第三個選項是「美國不要干涉該地區均勢發展」。「不僅是中國的崛起，其他東亞國家的日益繁榮和強大也使美國的優勢大為減弱。決策者要捫心自問，期望離東亞地區數千英里遠的美國，永遠保持在該地區的霸主地位是否有違現實？」

中美關係的現實與疙瘩

季辛吉這樣引述過尼克森總統在 1971 年就對美國《時代》週刊說的話：大國之間有必要擁有相交互疊的一系列目標，「如果我們擁有一個強大、健康的美國、歐洲、蘇聯（俄羅斯）、中國、日本，相互平衡，不彼此對抗，就將有一個更加安全、更加美好的世界」。季辛吉認為，「擁有相交互疊的一系列目標」、「不彼此對抗」的以相互尊重為基礎大國關係是必要的。

他還在接受媒體採訪中提到，就中美關係而言，「中美兩國有特殊的機會和責任為世界和平與進步共同努力。中國是一個正在崛起的國家，美國是一個老牌的已開發國家，因此兩國在國際事務中的互動是不可避免的」，「我相信中國與美國有機會建立一種新型大國關係。這不是一個抽象的理論，而是現代技術發展的必然要求，也是我們共同面對諸多問題的客觀要求」。

美國耶魯大學歷史系教授亞當·圖澤也在 2014 年表示，「毋庸置疑，中國復興將是 21 世紀初期具有決定意義的大事」，但美國崛起的

獨特條件很難在當今世界重演,「經濟史的一條長線或許能從 19 世紀的英國貫穿到 21 世紀的美國和 21 世紀的中國,但地緣政治的長繩卻是由更為粗糙的麻線織成」,因此,「假想中國的崛起會沿循美國當時的歷史軌跡,不僅無助於正確理解局勢,反而會激起不必要的對抗和衝突」。這應當是美國學界主流聲音。與此相應的是美國總統歐巴馬曾在西點軍校講話中略帶自嘲,「不能僅僅因為我們擁有最好的鎚子,就把所有問題都看成釘子」。

道理很簡單。那麼為什麼中美關係還是有那麼多的疙疙瘩瘩?

中美關係之所以出現波折甚至閃現陰影,從根本上講並非什麼「修昔底德陷阱」,也未必是擔心中國趕超美國,而是 2015 年 1 月 20 日歐巴馬總統在國情咨文中亮出了底牌:亞太地區的貿易規則應該由美國來制定,美國國會應當在貿易協定問題上給白宮更大的自由度。說來說去,是要美國來領導貿易,領導亞太,領導世界。

這誠然也與他們同時放出的口風有關:由美國、墨西哥、加拿大、日本、澳洲、智利、秘魯、越南、新加坡、馬來西亞等 12 國參與談判的 TPP「接近尾聲」。關於 TPP,新加坡總理李顯龍 2014 年在新加坡舉辦的「慧眼看中國環球論壇」上提到,作為一個貿易大國,中國應當同時參加兩個自貿協定,雖然兩個自貿協定的內容和參與的國家有重疊,但畢竟有所不同。他認為中國人才濟濟,要同時商討兩個自貿協定不是什麼難事。但問題的癥結似乎不是加入什麼夥伴關係,而是維護經濟全球化下的多邊體制。

「一帶一路」是多邊的,亞太自貿區也是區域內多邊的,任何一個「高水準」的夥伴關係都替代不了共同務實的夥伴關係。正像中國國家主席習近平所講,志同道合是夥伴,求同存異也是夥伴。亞太自貿

區路線圖受到亞太國家的認同，是完全按照區域經濟一體化的邏輯規劃與構造的，應當引起美國積極的反響，以不同的夥伴關係相互融入亞太自貿區，大家的規則大家訂，何來中國訂規則或者美國訂規則？

或者說，美國完全可以離開中國，這大概也不是事實。且不說在防止氣候變化、防止核擴散、反對和打擊恐怖主義、維和和人道救援等關係到全人類根本利益的重大問題離不開雙方的合作，僅就美國國內的經濟進一步復甦和中國的進一步發展，就需要考量天秤的兩端。不錯，美國的經濟正在好轉，頁岩氣革命也讓美國的經濟復甦有了信心，甚至有望成為油氣出口大國，雖然美國國內也在爭論出口價格下滑帶來的經營風險，人們還是有理由為美國高興的，至少是那場讓世界經濟走向困頓的金融危機出現轉機，讓所有人鬆了一口氣。但美國經濟復甦的步伐也在放慢，說明復甦同樣有週期。

美國產業資本回流就那麼簡單嗎？儘管官方不斷動員企業回歸，並責備選擇外遷的美國企業缺乏社會責任，是「丟掉自己國籍的企業逃兵」，但為了逃避美國高達 35％的稅收，許多企業還是選擇出走之路，而不是回歸之途。有評論說，這是已開發經濟體中，繼 2013 年法國富人外遷後，由個人延續到企業的一種「出走潮」。因此，要把引資作為第一位而不把回流當成全部的希望更為明智。

人們看到，在美國最需要投資的時候，中國人來了，從 2011 年到 2013 年，中國企業每年對美製造業投資不過 4 億美元，但 2014 年上半年就達到 20 億美元，中國企業提供的就業機會也從 2010 年的 2 萬個增加到 8 萬個。因此有經濟學家說，隨著中國在美國投資的持續成長，「有一天中國企業將在美國成為不容忽視的雇主」。中國的房地產商和文化產業企業也進入了美國，具有象徵性的是萬達集團，在斥資 2.65

億歐元收購西班牙馬德里的西班牙大廈的投資不久，一次投資 12 億美元買下位於美國洛杉磯比佛利山莊的地塊，並準備在紐約和芝加哥經營另外兩個酒店項目。

據了解，中國房地產外國直接投資，在 2014 年第一季度的增幅就是 17%。但美國在中國同期的投資併購額卻降到了 12 年來最低的 6 億美元。這只是管中窺豹，相信美國經濟在由虛轉實的結構調整過程中，有許多新的相互投資機會。尤其是美國的農產品，沒有哪個更大的市場可以容納與消費。儘管美國製造業擴張強勁，但這樣一些一目了然的領域也都提示了，在全球化的今天，資本與企業和產品的流動是一個新的常態，美國也不能例外。或者說，美國需要中國的時候並不比中國需要美國的時候少。美國經濟的繼續復甦也是要靠投資的。

舉例說，美國基礎設施排名世界第十六位，狀況堪憂。曼哈頓天然氣線路因老化而發生爆炸；紐約的 184 座橋樑存在隱患；上千公里長的水管線也已有百年歷史等等。據調查，整修基礎設施的成本需要 473 億美元，而錢對哪位當政者都是一個問題。

歐巴馬政府在 2011 年就推出了「選擇美國計畫」，2013 年舉辦了首屆「選擇美國高峰會」，2015 年 3 月又舉辦了第二屆，歐巴馬總統出席並宣布吸引投資新政策。實際上，被視為「低檔」的日常消費品的生產也非美國的長項，即便是說「生產襪子也可以賺錢」這句話說破了嘴，對於習慣高消費的美國人來講，轉這個彎子並不那麼容易。

面對美國，多維聯繫，中國改革與面向世界的必經之路

正像中國改革的總設計師鄧小平主席指出的：「中國威脅不了美

國，美國不應該把中國當作威脅自己的對手。我們沒有做任何一件傷害美國的事。」

豈止沒有傷害過美國，在美國的建設發展史上還有過中國人的辛勞與汗水。在一百多年前，美國修築第一座「大陸橋」，也就是「兩洋鐵路」，數十萬華工為之奠基與鋪軌。美國西海岸的開發也有中國人的辛勤勞作，美國當代經濟用今天的經濟術語來講，那就是人力資源的合作。至今，中國人在美入籍或工作的華僑並不比哪個國家少，更何況中國已經成為美國大學留學生的主要來源地，成為中國企業投資的優先目標和資本市場平臺，中國人出境旅遊的優先目的地也是美國。還是美國政治經濟學家吉爾平說的那句話，「儘管受到限制，但選擇永遠存在」。

加強合作，就必須尋求積極的戰略互動。將國家關係處理好，特別是大國關係，只著眼於國家實力（包括經濟實力）比較等外在力量影響，是遠遠不夠的，甚至還會出現負面效應。尋求和實現積極戰略互動，需要加強戰略互信，在全球事務中求同存異，相互實現更大的包容。在經濟全球化的大趨勢裡，國際關係出現多維聯繫，「零和博弈」不再是必然的結果，代之而起的是在合作中互信，在互利中共贏。

中國三十多年的發展，得益於中國的對外開放，也相應地得益於國際關係的開放。中國改革開放的成功，本身就是一個發展戰略互動的過程和戰略互動的結果，從貿易投資、經濟合作到各個方面的互動，是構建中美新型大國關係走向不衝突、不對抗的必經之路，而絲綢之路正是這樣一條和平、合作、互動之路。

　　2015 年 2 月 6 日，賴斯宣布美國邀請中國國家主席習近平訪美 [19]，日本、印尼、南韓領導人也在年內訪美。同一日，白宮也向國會提交《2015 年國家安全報告》。報告中提到，中美「有競爭但要避免對抗的必然性」。歐巴馬總統也多次表示，在 2014 年取得歷史性進展基礎上，保持兩國關係發展形勢，加強經貿等領域務實合作。共同應對地區與全球挑戰，管控好分歧。

　　從安納伯格莊園到瀛臺夜話再到即將到來的習近平訪美，中美關係有了很大進展，同時也說明，中美關係有彈性也有韌性，中美關係是多元、立體的關係。只要有現實的眼光，中美關係還會有大的進展。相關專家說，中國顯然正以更高的視野處理自身利益，因此更具主動性，這個視野就是「一帶一路」中的共同發展。

19　中國國家主席習近平已於 2015 年 9 月 22 日至 28 日訪美。

後記
POSTSCRIPT

「一帶一路」經濟發展戰略構想，從提出到呈現出大氣象還不到兩年時間，這在任何一個時代和任何一個國家都是極其罕見的，其對中國與世界的發展影響之廣、影響之深遠，也遠非我們目前目力所及，伴隨著「一帶一路」經濟發展戰略的不斷推進，研究理解將會不斷深化，圍繞「一帶一路」，國內與國外的研究也將會在政治、經濟、文化的多個領域不斷展開。

對絲路發展，我們過去更多的是對歷史的一種感知，對它的可逆性和復興的必然性頗為朦朧，甚至存在於幻影之中。在 21 世紀裡，習近平主席舉重若輕地提出了共同建設的跨國跨時代的命題，這既是推動中華復興的核心發展戰略，也將成為世界各國各地區的共同戰略思維。我們應當為生活在這樣一個偉大的新絲路開始的時代而感到幸運。

筆者在本書的前言裡提到，青少年時代曾在西北地方生活與工作，這給了我對古代絲綢之路歷史與地理直接接觸的興趣與機會。在從事新聞工作的近 20 年時間裡，筆者也一直對中國新聞事業的老前輩《中國的西北角》的作者范長江懷有敬意，很希望自己也能像他那樣抬起腳板，再返西部。雖然新聞工作也提供了這個機會，但客觀上會限定採編的時限，不可能長期離開工作崗位接連不斷地走下去。只能心有所繫，見縫插針。

記得 1980 年代中期，筆者在人民日報社工作期間，曾經利用走

下去自選採訪題目的機會，從銀川市到六盤山再折返陝北「三邊」、榆林、延安與黃陵，寫出一組《西行隨筆》，意外獲得藍翎先生的讚揚。後來筆者到機關工作再到經濟日報，主要從事經濟評論，在為改革鼓與呼中為東部沿海戰略的不斷推進 喊，先後發表了政論性系列隨筆「大戰略」和「大陸橋」以及後來的系列通訊「東北紀行」。應當說，這些政論性系列隨筆和通訊的筆鋒還是帶有感情的。「東北紀行」系列在駐站記者的配合下，由旅順口一直繞行到綏芬河與哈爾濱，如果不是報社有急事召回，按原計畫是要到三江口的。

在寫作這些經濟政論文章的同時，筆者的走訪興趣一直不減，特別是在擔任編委會工作後，在抓一些重點報導的同時，也盡量向邊疆和周邊地區「靠」，但從當時報紙的報導全域來講，有關內容不大可能撥出專欄或專文發表，因此多數散見在各種文章著作中，例如在2013年出版的《改版》中，就有不少關於貴州等西南地區的夾敘夾議。

細細想來，西北、西南、東北和沿海的國內古絲路筆者幾乎都走過，當然有的是浮光掠影，一帶而過，但對這些地方的發展印象還是頗深的。例如西南地區，遠至騰衝的「博南道」、從怒江至瑞麗的史迪威公路舊跡、版納附近的磨憨，筆者都去過，只有紅河一線沒有機會去。南疆、北疆是最早要去的地方，歐亞大陸橋聯通時，筆者幾乎在第一時間趕到阿拉山口。喀什與霍爾果斯分別去了兩次，有一次在喀什採訪了近一周。西藏則是因在體改委工作期間參加援藏調研，待了半個多月。前藏、後藏和林芝地區都去過，並在後來發生泥石流的易貢住了兩宿。那裡的茶園、茶場生產的喜馬拉雅茶有大雪山的雪水滋潤，是真正的有機茶。

筆者回京後曾對旅日商人說起過，他們很想在日本代理銷售，後

來不知如何。短途可以順訪，較長距離就要依靠假期。2004 年「五一」直飛成都，走上了川藏公路，並在高原之城理塘和神秘的亞丁打了個來回。這一次我和妻子同行，雖然我們在經過幾個山埡時氣都喘不過來，但她一路上學會了幾首藏歌。後來說起來有些後怕，但又很懷念走過的這些地方。從工作上退下來以後，妻子和我向年輕的「背包客」們學習，從貴陽下飛機，一站一站地乘坐大巴士和湘黔鐵路的火車，到了銅仁與鳳凰，中間經過了至今古色古香的鎮遠城。據聞，這條鐵路也要高鐵化，這畢竟是中國國內最古老的絲綢之路啊。

筆者以為，歷史和地理應當成為我們的必修課，這兩門學科不僅是一種知識體系，也是思維的重要元素，地緣認知是人類最早的實踐與認識活動。對歷史與地理的興趣，也是筆者能較快寫作這本書的一個因素。

最後，在再次感謝出版社同仁的同時，也感謝絲綢之路上一切幫助過我並給我寶貴資訊的人，感謝我的妻子宋嵐芹的支持。

馮並　2015 年 3 月

主要參考文獻
SELECTED BIBLIOGRAPHY

1. 威廉‧麥克尼爾著，《世界史》（第四版），中信出版社，2013 年版。

2. 羅伯特‧D‧卡普蘭著，《即將到來的地緣戰爭》，廣東人民出版社，2013 年版。

3. 高洪雷著，《另一半中國史》，文化藝術出版社，2010 年版。

4. 王彬主編，《大唐西市》，陝西人民出版社，2009 年版。

5. 唐晉主編，《大國的崛起》，人民出版社，2006 年版。

6. 伊恩‧莫里斯著，《西方將主宰多久》，2014 年版。

7. 宮崎正勝著，《航海國的世界史》，中信出版社，2014 年版。

8. 王偉著，《中國周邊》，九州出版社，2014 年版。

9. 吉原恒淑、詹姆斯‧霍姆斯著，《紅星照耀太平洋》，社會科學文獻出版社，2014 年版。

10. 比爾‧波特著，《絲綢之路》，四川文藝出版社，2013 年版。

11. 王炳華著，《絲綢之路考古研究》，新疆人民出版社，1993 年版。

12. 王博、祁小山著，《絲綢之路草原石人研究》，新疆人民出版社，1995 年版。

13. 蓋山林著，《絲綢之路草原民族文化》，新疆人民出版社，1996 年版。

14. 沈福偉著，《中西文化交流史》，上海人民出版社，1985 年版。

15. 范長江著，《塞上行》，寧夏人民出版社，2010 年版。

16. 范長江著，《中國的西北角》，四川大學出版社，2010 年版。

17. 高振剛主編，《新亞歐大陸橋戰略研究》，山東人民出版社，1996 年版。

18. 前田正名著，《河西歷史地理學研究》，中國藏學出版社，1993 年版。

19. 陳嘉厚主編，《現代伊斯蘭主義》，經濟日報出版社，1998 年版。

20. 馬歇爾著，《經濟學原理》（下卷），商務印書館，1965 年版。

21. 保羅・斯威齊著，《資本主義發展論》，商務印書館，1997 年版。

22. 彼得納爾斯基編，《古代地理學》，商務印書館，1986 年版。

23. 上田信著，《明清時代・海與帝國》，廣西師範大學出版社，2014 年版。

24. 奧利弗・斯通、彼得・庫茨尼克著，《躁動的帝國——不為人知的美國歷史》（上）重慶出版社，2014 年版。

25. 勞倫斯・貝爾格林著，《馬可・波羅》，海南出版社，2014 年版。

高寶書版集團
gobooks.com.tw

RI 299
一帶一路：全球發展的中國邏輯

作　　　者	馮並
總 編 輯	陳翠蘭
編　　　輯	葉惟禎
校　　　對	葉惟禎、洪春峰
排　　　版	趙小芳
封面設計	巫麗雪

發 行 人	朱凱蕾
出　　　版	英屬維京群島商高寶國際有限公司台灣分公司
	Global Group Holdings, Ltd.
地　　　址	台北市內湖區洲子街88號3樓
網　　　址	gobooks.com.tw
電　　　話	（02）27992788
電　　　郵	readers@gobooks.com.tw（讀者服務部）
	pr@gobooks.com.tw（公關諮詢部）
傳　　　真	出版部（02）27990909　行銷部（02）27993088
郵政劃撥	19394552
戶　　　名	英屬維京群島商高寶國際有限公司台灣分公司
發　　　行	希代多媒體書版股份有限公司/Printed in Taiwan
初版日期	2015年12月

本作品中文繁體版通過成都天鳶文化傳播有限公司代理，經中國民主法制出版社授予英屬維爾京群島商高寶國際有限公司臺灣分公司獨家發行，非經書面同意，不得以任何形式，任意重製轉載。

國家圖書館出版品預行編目（CIP）資料

一帶一路：全球發展的中國邏輯著 . -- 初版.
-- 臺北市：高寶國際出版：希代多媒體發行,
2015.12
　面；　公分. --（致富館；RI 299）
ISBN 978-986-361-231-5（平裝）
1.國際經濟　2.經濟發展
552.1　　　　　　　　　　　104023817